A voz do povo

Dados Internacionais de Catalogação na Publicação (CIP)
(Câmara Brasileira do Livro, SP, Brasil)

Piovezani, Carlos
A voz do povo : uma longa história de discriminações / Carlos Piovezani. – Petrópolis, RJ : Vozes, 2020.

Bibliografia.
ISBN 978-85-326-6305-4

1. Discriminação 2. Linguagem 3. Línguas 4. Linguística 5. Preconceitos 6. Retórica – Aspectos sociais I. Título.

19-29730   CDD-306.44

Índices para catálogo sistemático:
1. Fala popular : Preconceito da linguagem : Sociologia   306.44

Maria Alice Ferreira – Bibliotecária – CRB-8/7964

CARLOS PIOVEZANI

A voz do povo
UMA LONGA HISTÓRIA DE DISCRIMINAÇÕES

Petrópolis

© 2020, Editora Vozes Ltda.
Rua Frei Luís, 100
25689-900 Petrópolis, RJ
www.vozes.com.br
Brasil

Todos os direitos reservados. Nenhuma parte desta obra poderá ser reproduzida ou transmitida por qualquer forma e/ou quaisquer meios (eletrônico ou mecânico, incluindo fotocópia e gravação) ou arquivada em qualquer sistema ou banco de dados sem permissão escrita da editora.

CONSELHO EDITORIAL

Diretor
Gilberto Gonçalves Garcia

Editores
Aline dos Santos Carneiro
Edrian Josué Pasini
Marilac Loraine Oleniki
Welder Lancieri Marchini

Conselheiros
Francisco Morás
Ludovico Garmus
Teobaldo Heidemann
Volney J. Berkenbrock

Secretário executivo
João Batista Kreuch

Editoração: Ana Lucia Q.M. Carvalho
Diagramação: Raquel Nascimento
Revisão gráfica: Nilton Braz da Rocha / Nivaldo S. Menezes
Capa: Renan Rivero
Ilustração de capa: Bonga, Etiópia. Matthew Spiteri | unsplash

ISBN 978-85-326-6305-4

Editado conforme o novo acordo ortográfico.

Este livro foi composto e impresso pela Editora Vozes Ltda.

À minha mãe, *Dona* Cristina, ao meu pai, *Seu* Carlos, e a toda a gente do povo brasileiro, que já se resignou ou se entristeceu ao pensar ou ao dizer: ***Eu não sei falar direito.***

A cada pessoa de nosso povo empobrecido e marginalizado, que já passou pelo constrangimento de escutar um ***Você não entende nada!*** ou que já sofreu a dor e a violência de ouvir um ***Cala a boca!***

Sumário

Prefácio, 9

Apresentação, 11

Introdução, 15

1 Ouvir a voz do povo, 37

    A língua e a voz: filhas da escuta, 37

    Escutas, lutas e divisões sociais, 41

    Uma história política dos sentidos: os sons e os odores da distinção, 47

    Falas e silêncios no chão da fábrica, 62

2 Breve genealogia da voz e da escuta populares, 73

    A fala pública popular e a escuta popular da fala pública, 73

Fundações antigas, 83

    Antiguidade: igualdade e liberdade de fala, *ma non tropo*, 83

    Idade Média: a fala de Deus às gentes simples, 93

Revoluções modernas, 99

    Era Moderna: um antigo regime de discriminações, 99

Modernidade: uma revolução igualitária?, 108

Mutações contemporâneas, 123

Contemporaneidade: metamorfoses e reformas, avanços e conservações, 123

Brasil contemporâneo: (im)possibilidades de uma oratória popular brasileira, 166

3 Retratos de um porta-voz popular na mídia brasileira, 243

Nem livres nem iguais perante a língua, 243

O verbo, o corpo e a voz do candidato, 247

O verbo, o corpo e a voz do presidente, 256

O verbo, o corpo e a voz do ex-presidente, 260

Por uma metalinguagem da emancipação popular, 269

Agradecimentos, 295

Sobre o autor, 297

Prefácio

A voz do povo... O mínimo que podemos dizer é que este livro de Carlos Piovezani é de uma enorme atualidade política, histórica e teórica. Isso porque, se há um fato inegável na história política mais recente do mundo ocidental, esse fato é o avanço do populismo. E se há uma necessidade premente em nossos dias, essa necessidade é a de compreender real e profundamente esse fenômeno. A onda populista é global, pois está ligada, justamente, à globalização: percebemos seus efeitos inquietantes na Europa, na América do Norte, mas também na América Latina. Por todo o mundo, o populismo conquista novos territórios e provoca novos temores. Por toda parte, os que pretendem falar exclusivamente em nome do povo acabam por sequestrar sua voz. O populismo é uma ameaça à diversidade e, por isso, um risco à própria democracia.

Esta obra de Carlos Piovezani é um precioso esclarecimento histórico dessa pretensão populista de encarnar o que seria a única e verdadeira voz do povo. O autor nos mostra como a fala popular foi objeto de discriminações insistentes ao longo da história do Ocidente e nos mostra também que esses preconceitos são produtos e reflexos das desigualdades sociais e das dominações políticas. Entre outros tantos méritos, há uma notável originalidade nesta proposta: a de integrar a Análise do discurso à História social, à História das sensibilidades e à História das ideias linguísticas, em sua busca por compreender as práticas e as representações da fala e da escuta do povo. Vários efeitos políticos dessas práticas e representações foram durante muito tempo ou ignorados ou tomados parcialmente por análises que se limitaram às palavras, em detrimento de todo o poder que se concentra tanto no carisma dos porta-vozes populares quanto no dos oradores populistas. *A voz do povo* não padece desse mal. Muito ao contrário.

A fala pública popular e a escuta popular da fala pública são aqui concebidas como *fatos sociais totais*. O corpo e a voz, assim como as coisas ditas e as ouvidas, são materialidades históricas e realidades políticas e sensíveis.

Quando se trata de compreender as práticas da voz e da escuta do povo, as relações entre a história e as sensibilidades, entre a política e os afetos devem estar sempre presentes. É isso o que vemos nesta genealogia que atravessa e disseca **uma longa história de discriminações**. Isso porque essas práticas aparecem aqui como o objeto de um recalcamento histórico antigo, não apenas em regimes autoritários, mas também nos mais diversos contextos democráticos.

É, portanto, a partir de uma negação e de uma censura que se funda a mais fundamental das imposturas populistas: calar o povo para falar em seu nome e em seu lugar. Além de examinar essa dominação com uma exposição variada de casos e discursos da história brasileira e com outros tantos casos da história internacional, seguida de reflexões abrangentes e de análises precisas, Carlos Piovezani indica um caminho que permite contornar esses dispositivos de opressão política e discursiva. Essa via é a de uma "metalinguagem da emancipação popular". Ir em sua direção significa desconstruir os estigmas sofridos pela voz do povo, restituir a condição mais legítima desta última e contestar as hierarquias e as desigualdades impostas contra os empobrecidos e marginalizados.

No Brasil e no mundo, é mais do que urgente que escutemos a voz do povo. É mais do que urgente que esta voz adquira toda sua legitimidade. Para isso, a leitura deste livro é simplesmente fundamental.

Jean-Jacques Courtine
Professor emérito da *Sorbonne Nouvelle / Universidade de Paris III*
Professor visitante sênior na *Queen Mary, Universidade de Londres*
Professor emérito da *Universidade da Califórnia (UCLA)*
Professor honorário da *Universidade de Auckland* / Nova Zelândia

Apresentação

A voz do povo, as diversas formas populares de expressão e os "sotaques" dos marginalizados sempre foram alvo de preconceitos por parte de letrados, de pessoas distintas e de sujeitos das classes abastadas. Atitude de classe perversa e fato social permanente: trata-se, ao mesmo tempo, de uma prática constante, possivelmente seja algo que se repete em tempos e lugares diversos, e de um fenômeno histórico, que não cessa de se modificar. Em sua condição de eminente especialista em Análise do discurso e História das ideias linguísticas, Carlos Piovezani aborda nesta sua genealogia de **uma longa história de discriminações** um objeto durante muito tempo negligenciado pelas ciências sociais e pelas ciências da linguagem: a fala pública. Examina os desempenhos oratórios de um modo bastante original e absolutamente necessário: opera uma análise das representações a seu respeito, dos discursos a propósito das falas públicas, em geral, e das populares, em particular.

O objetivo desta obra fundamental consiste em interpretar a formação e as metamorfoses de um extenso processo histórico de conservação de preconceitos e de depreciações sofridas pelas falas e pelas formas de escuta dos membros das classes populares. Na primeira parte do livro, **Ouvir a voz do povo**, Piovezani desenvolve uma ideia inteiramente fecunda: existe uma história *política* dos sentidos. A escuta da fala alheia e as avaliações que essa escuta processa, ao ouvir, principalmente, o que não lhe é comum, derivam de uma construção histórica, na qual intervêm fatores sociais e culturais, que formam, *ipso facto*, os sentidos dos órgãos e as sensações dos afetos. É o desenvolvimento dessa ideia que conduzirá Piovezani a avançar esta hipótese, ao mesmo tempo, simples e engenhosa, potente e inovadora: as sociedades particularmente marcadas por maiores desigualdades sociais vão desdenhar e marginalizar ainda mais extensa e intensamente do que outras os hábitos populares e seus meios de expressão. Elas o farão de modo ainda mais veemente, nas circunstâncias em que as gentes do povo pretenderem acessar o espaço público.

Em seu segundo capítulo, **Breve genealogia da voz e da escuta populares**, o autor nos convida a atravessar uma história de práticas arbitrárias e de discursos normativos empreendidos por aqueles que se outorgam o monopólio da boa linguagem e dos julgamentos que pesam sobre a fala pública popular e sobre a escuta popular da fala pública. Conjugando linguagem clara, acuidade de análise e grande erudição, Piovezani nos mostra que o corpo e o espírito das discriminações persistem, a despeito da emergência tardia, rara e ambivalente de certa aceitação e, até mesmo, de uma legitimação das práticas populares de expressão. O terceiro capítulo ilustra admiravelmente bem um dos pontos de chegada desse longo processo histórico. Os **Retratos de um porta-voz popular na mídia brasileira** permitem decifrar o que é dito na grande e tradicional imprensa do Brasil contemporâneo sobre o desempenho oratório popular do ex-presidente Lula. Nos textos da mídia brasileira, encontram-se julgamentos, reticências, ataques e ironias que depreciam o que é dito e os estilos de dizer nas intervenções públicas desse notável orador popular.

Nada poderia ser, então, mais interessante e mesmo necessário do que abordar, em contrapartida, todo o potencial emancipador contido no que Piovezani nomeia de "metalinguagem da emancipação popular". Essa metalinguagem ocorre nos comentários *en retour* feitos seja pelo líder popular seja pela gente do povo, quando justamente tomam como objeto de sua reflexão as falas arrogantes das elites sobre as alegadas incapacidades de expressão e de interpretação dos pobres e marginalizados. Fazem-no para mais bem refutar essas acusações elitistas que depreciam as propostas populares, principalmente, mediante os estigmas que imputam ao que consideram ser o mau gosto e os usos "ilegítimos" que os iletrados fariam de seus corpos, de sua língua e de suas vozes.

Eis aqui, portanto, um estudo essencial dos meios, de outrora e de nossos tempos, de tentar calar a boca daqueles que, boa parte dos muitos privilegiados e dos que se tomam como tal, não querem ouvir nem desejam deixar falar. Trata-se de uma obra que irá desagradar todos os sujeitos que já discriminaram e que pretendem continuar a discriminar a voz e a escuta do povo. Mas ela será fundamentalmente útil e estimulante aos que almejam desconstruir seus próprios preconceitos e os alheios.

Carlos Piovezani não se arroga de um direito moralista de quem quer dar lições. Seu propósito é, antes, o de oferecer instrumentos para que possamos mais bem observar e compreender nossas sociedades desiguais e os mecanismos dos preconceitos e das discriminações que elas engendram e reproduzem. E isso, tal como se repetisse, ao seu modo, as palavras de Bertold Brecht: "Observem bem o comportamento destas pessoas. Vocês se surpreendem com o que elas fazem, mesmo que seja algo tão comum. Vocês acham que esse comportamento é inexplicável, mesmo que seja algo que acontece todos os dias".

Marc Angenot
Professor emérito da *McGill University* (Canadá)
Professor titular visitante da *Universidade Livre de Bruxelas*
Membro da Academia de *Artes, Letras e Ciências Humanas do Canadá*
Membro da *Sociedade Real do Canadá*

Introdução

A cena é bastante conhecida, mas é certamente muito mais trágica do que célebre: "Eu sou um homem pobre. Um operário. Sou presidente do sindicato e estou na luta das classes. Acho que tá tudo errado e eu não sei mesmo o que fazer. O país tá numa grande crise e o melhor é aguardar a ordem do presidente..."

Eis aí as palavras de Jerônimo, precedidas e insistentemente incitadas por Sara: "O povo é Jerônimo. Fala Jerônimo! Fala Jerônimo! Fala!..." O mesmo é feito, em seguida, por um aristocrata de Eldorado: "Não tenha medo, meu filho. Fale. Você é o povo. Fale!" A fala de Jerônimo seria interrompida e sucedida pela brutal intervenção de Paulo. Este último lhe tapa a boca, toma a palavra e o insulta: "Estão vendo o que é o povo? Um imbecil, um analfabeto, um despolitizado!" A cena, já inúmeras vezes ocorrida na história do Brasil, se tornou ficção numa *Terra em transe*[1], sem deixar de ser realidade dura, triste e ainda frequentemente repetida.

Mais uma vez, a arte imita a vida, porque Jerônimos, Macabéas, Fabianos e Rosinhas sentem na tela do cinema ou na letra impressa sobre o papel as dores que as Marias e os Josés do povo pobre brasileiro sofrem tanto na carne de seus corpos quanto nas paixões de suas almas. Privações e explorações impostas pelas desfavorecidas condições da vida material de todo oprimido se reproduzem e se agravam pelos estigmas atribuídos aos hábitos de seu corpo, às propriedades de sua língua e às marcas de sua voz. Essa estigmatização se reforça com os prestígios usufruídos pelas práticas e atributos dos gestos, falas e pronúncias das classes dominantes de nossa sociedade. Ao eleger eleitos e rebaixar rebaixados, essa perversa oposição se torna ainda mais cruel, na medida em que discrimina e tenta calar a voz pela qual o povo expressa suas dores e queixas, suas revoltas e reivindicações. Os preconceitos sofridos pela

---

1. Filme de Glauber Rocha, de 1967. Produção: *Mapa produções*. Distribuição: *Difilm*.

fala popular, mas também por sua escuta, distinguem-se por seus meios, mas não por seus fins, das mãos de Paulo sobre a boca de Jerônimo.

Ora, as discriminações fazem reiterada e constantemente dos sentidos do povo um alvo privilegiado. Sua visão, sua audição e seu olfato seriam grosseiros e desprovidos de sutileza para a devida apreciação das formas, cores, tons e odores elegantes. Seu paladar e seu tato seriam igualmente rudes e carentes de refinamento para a adequada degustação dos sabores complexos e para o apropriado contato com as texturas sublimes. Os ruídos e os comportamentos dos corpos da gente humilde, assim como sua língua e suas falas, não são tampouco poupados nos julgamentos que se produzem em olhares e escutas guiados pela lógica da distinção social.

No que se refere particularmente à escuta que quase nunca ouve, mas que sempre deprecia a voz do povo, não tenhamos dúvida alguma: ela tanto deriva de discursos discriminatórios quanto os reproduz, assentando-se não raras vezes na crença de que suas impressões consistiriam em pura e imediata percepção acústica. Assim concebida e cada vez mais convicta de sua própria convicção, essa escuta projeta nas palavras e em seus sons marcados pelas características e traços populares os vícios, as impurezas e os defeitos que ela mesma constitui como tais e difunde à exaustão.

Em vários sentidos, a língua, a fala e a voz são gestadas pela escuta das coisas ditas. Guardadas as devidas diferenças, o mesmo ocorre com a relação constitutiva entre os gestos e contornos do corpo, de um lado, e o olhar que os capta, processa e avalia, de outro. Antes de ver, a vista que distingue o que lhe parece belo e feio foi forjada por dizeres e experiências que produziram essa e outras tantas triagens e classificações. No interior das ciências humanas, o fenômeno e seu funcionamento já foram fartamente examinados e demonstrados. Mas, tal como quase tudo o que se presta a apontar e a criticar os mecanismos de reprodução dos privilégios de classe, permanecem ainda amplamente desconhecidos, convenientemente esquecidos ou deliberadamente omitidos: "o 'olho' é um produto histórico", reproduzido por afetos, imitações e instruções processados no seio das várias instituições sociais e nos trânsitos contínuos e recíprocos que se estabelecem entre elas, nos quais se desenvolvem os atos, falas e pensamentos ordinários e extraordinários de nossas vidas[2]. Estamos diante de uma construção histórica, que desta vez inventa a condição "natural" do olhar "puro", para mais bem identificar, sem peso na consciência, os predicados de que naturalmente estariam investidos os seres e as ações vistas.

---

2. BOURDIEU, P. *A distinção*: crítica social do julgamento. Porto Alegre: Zouk, 2007.

Essa invenção do olhar e da escuta conhece um funcionamento tão mais eficiente quanto mais ele for desconhecido, porque ignorado por uns e encoberto por outros. Dessa forma, o esquecimento de que os processos de aquisição de nossas preferências e aversões, assim como o desconhecimento de que os procedimentos de apropriação das práticas culturais carregadas de prestígios ou de estigmas são desenvolvidos no interior das instituições e das classes sociais desempenham um papel decisivo na crença, segundo a qual gostos e antipatias seriam suscitados espontaneamente por propriedades intrínsecas dos usos e objetos sobre os quais recaem as distinções que antes de tudo distinguem positivamente quem as produz. Além disso, o fato de haver um predominante consenso entre privilegiados e desfavorecidos sobre essa pureza dos sentidos e ainda uma série de divisões sociais nas experiências culturais e manejos simbólicos, ao longo do gradiente que os une e separa, concorre fundamentalmente com o mecanismo que engendra o fascínio, a indiferença e a repulsa, sempre em detrimento de quem pode menos.

Ao consenso injusto e às divisões desleais somam-se a tirania de um imaginário e a opressão de um julgamento. Na primeira, consideram-se erros, vícios ou desvios da chamada norma padrão do português os usos da língua e da voz que lhe são equivalentes, porque, mesmo distintos, mas não inferiores, consistem em maneiras de se empregar as unidades linguísticas e as regras de combinação da Língua portuguesa e de se pronunciar seus sons em completa conformidade com as normas gerais de nossa língua. Tachar os modos populares de falar de falhas ou deformidades é ignorância da heterogeneidade de usos e da dinâmica de mudança presentes em todas as línguas do mundo e/ou preconceito inconfessado de classe. Já consolidado, esse imaginário continua a ser extensa e intensamente reforçado em nome do seguinte julgamento social, que se fundamenta numa contradição, tão atuante quanto dissimulada: os desvalidos de bens materiais e de capital simbólico imaginam sua própria fala como algo bem mais distante do que ela realmente está da dita norma padrão, ao passo que aqueles que pertencem a camadas privilegiadas da sociedade tendem a crer que suas falas coincidem inteiramente, para os mais deslumbrados, ou quase, para os mais contidos, com um ideal de pretensa correção.

Os grupos dominantes acreditam e fazem acreditar que são detentores de uma maneira de dizer que é mais correta, culta e elegante do que a praticada por grupos dominados. Em consonância com os interesses dos primeiros, estes falariam e ouviriam melhor do que os últimos. Embora as relações de força emerjam e se nutram das lutas entre classes e grupos sociais, a experiência material e sentimental dessas lutas é vivida também pessoalmente nos contatos externos e internos às classes e aos grupos aos quais pertencemos cada um de nós e com os quais nos identificamos ou não. Nesse quadro, digamos, estrutural, adverso, a conjuntura contemporânea agrava ainda as condições: frente ao aumento exponencial das desigualdades econômicas entre as camadas da pirâmide social[3], constatamos sua existência e tendemos a lamentar suas consequências, mas assistimos ainda ao mesmo tempo a um crescendo dos pretextos que aspiram a legitimá-las, invocando os méritos e os deméritos pessoais, que, por seu turno, justificam a escassez de medidas para combatê-las. O que vale para os abismos econômicos vale igualmente para as enormes disparidades na produção e no consumo de práticas e bens culturais e simbólicos.

É sinal de nossos tempos o seguinte paradoxo: a observação inegável dessas desigualdades e o sentimento difuso de que elas são mesmo muito grandes (com razão, muitos as concebem como "injustas", outros tantos, como "escandalosas" e "insuportáveis") convivem com uma resignação discreta das ideias diante de seus efeitos e com uma resistência ora mais ora menos silenciosa em combater suas causas. As consequências materiais do capitalismo predatório vêm acompanhadas de sua justificação ideológica. Uma profunda crise histórica da noção de igualdade faz com que condenemos genérica e abstratamente as desigualdades e que as justifiquemos particular e concretamente. No paradoxo está implicado o fato de que, na rejeição das situações gerais de desigualdade, o que se considera são os fatos sociais e objetivos, ao passo que suas ocorrências concretas e particulares são atribuídas a comportamentos e escolhas individuais[4]. Assim, a "ilusão biográfica" contribui decisivamente para reproduzir e explicar os sucessos dos bem-sucedidos e os fracassos dos fracassados. O que vale para a vida de ambos vale igual e distintamente para o prestígio expressivo e cultural dos primeiros e para a estigmatização dos modos de ser, de agir e de falar dos últimos.

Em democracias formais, a posse de patrimônio econômico e de capital simbólico tende a ser considerada exclusiva ou preponderantemente como resultado do talento e do esforço individual, tendo em vista que os sujeitos sociais teriam à sua disposição iguais oportunidades de aquisição e acesso. Nada poderia ser mais ilusório e perverso. Nessas condições, como são concebidas a língua e a voz do povo? Todo indivíduo da espécie humana possui a faculdade da linguagem, que o torna biologicamente predisposto a apren-

---

3. Cf. a reportagem da Revista *Carta Capital*: https://www.cartacapital.com.br/economia/brasil-um-dos--paises-mais-desiguais-do-mundo, os estudos acessíveis via links da própria reportagem e as referências bibliográficas ali apresentadas.
4. ROSANVALON, P. *La société des égaux*. Paris: Seuil, 2011.

der sua língua materna. A capacidade adquirida pelo falante de se expressar em seu idioma lhe permite o desempenho da competência necessária para empregar os recursos de sua língua, de seu corpo e de sua voz conforme as diversas circunstâncias sociais de comunicação em que se encontra. Antes de 5 anos de idade, todo falante sabe falar sua língua, o que significa dizer que sua predisposição biológica e os dados e estímulos recebidos em seu convívio familiar e social fazem com que qualquer falante, ainda criança, possua e empregue um conhecimento sofisticado de regras para utilizar as palavras, para eventualmente formar algumas novas e para com elas produzir frases e textos. O cenário é democrático e o fenômeno é generoso: a todos os falantes de uma língua são oferecidas palavras e possibilidades de sua articulação umas às outras para a produção de tudo aquilo que se queira dizer. Não poderíamos estender esses dois nobres adjetivos aos julgamentos que rotulam os usos da língua como "corretos" ou "errados", "elegantes" ou "vulgares", assim como classificam as práticas de escuta como "rudimentares", "ingênuas" ou "sofisticadas" etc. Sua motivação e seus fins, definitivamente, não são linguísticos nem acústicos.

Produzir uma frase como "Us mininu vai jogá bola" não é de fato um erro de português, porque cumpre perfeitamente as exigências i) de assinalar que aqueles de quem se fala são conhecidos pelo interlocutor e/ou já foram mencionados pelo falante; ii) de indicar que se trata de plural com a marca "s" no artigo definido "Us", sem, aliás, a redundância da informação de que não é somente de um menino que se está falando, como seria o caso com a duplicação do "s" e com o uso de outra desinência no verbo auxiliar ("vão"); iii) de apontar que se trata de ação que será realizada "vai jogá", descartando a ideia de que pudesse ser algo já feito ou que está se realizando no mesmo momento em que se fala; e ainda iv) de dispor seus elementos na ordem correta – "Us mininu" e jamais "*Minimu us"; "vai jogá bola" e jamais "*bola jogá vai". As supostas "correções" fonéticas e morfológicas ("**O**s", "**m**eninos"; "**vã**o", "jo**gar**") não impediriam que estivéssemos, aqui, sim, diante dos seguintes erros gramaticais: *"Meninos os" e *"bola jogar vão". Essas sequências precedidas pelo asterisco seriam erros, que infringiriam as regras da língua portuguesa. Nenhum falante que tenha o português como língua materna, sem nunca ter frequentado escola alguma, sem nunca ter tocado numa gramática ou num dicionário, comete tais erros.

Por sua vez, a já referida frase não consiste tampouco em erro, porque corresponde ao modo como fala uma grande parte da população, principalmente quando ocorre em contexto espontâneo e informal de comunicação. Ou seja, é uma frase normal, produzida de acordo com uma das normas de nossa língua. Nessas condições, é certo que mesmo os sujeitos bastante instruídos pela educação formal e com grande domínio da chamada norma culta reproduzirão esses fenômenos fonéticos: pronunciarão "u" em "Us" e "mininu" e não "o", tal como sua grafia; materializarão "i" em "mininu" e não "e", tal como se escreve essa palavra e utilizarão "á" na marcação do infinitivo do verbo, como em "jogá", ao invés de "jogar". Além disso, haverá ainda a reprodução destes fenômenos morfológicos: ausência da duplicação do "s" de plural em "mininu" e opção pela locução verbal "vai jogá", em detrimento do verbo conjugado no futuro "jogarão". O fato de que insistentemente se chame de "erro" o que é feito sistematicamente por milhões de pessoas, que seguem criteriosamente regras complexas ao fazê-lo e cujo feito não implica prejuízo a ninguém, não deriva de mau uso da língua, mas de discriminação social, que será mais ou menos discreta, muito eficiente e ainda mais cruel[5].

Se a faculdade de linguagem, a capacidade idiomática e a competência comunicativa são democraticamente distribuídas entre todos os falantes de uma língua, as lutas de classe e as relações de poder constitutivas de nossas sociedades fazem com que seus grupos dominantes confiram arbitrariamente prestígio social a somente alguns usos e fenômenos linguísticos, assim como a poucos hábitos do corpo e a raras propriedades e inflexões da voz, de modo a torná-los recursos escassos, cujo acesso permanece praticamente interditado aos sujeitos das classes populares. Os usos da língua, do corpo e da voz que escapam a esse círculo restrito do prestígio tendem a ser estigmatizados. Resistir a esse processo não é tarefa fácil, tanto porque a difusão dos postulados básicos e das demonstrações científicas da Linguística é limitada e não raras vezes deturpada quanto porque a crença no avesso desses postulados e demonstrações é bastante consolidada e amplamente difundida. Não há, por exemplo, a devida divulgação do fato de que em termos linguísticos não existe língua que seja superior a outra e nem tampouco daquele, decorrente da constatação de que todas as línguas mudam e de que em todas elas há variação linguística, produzida por fatores sociais, econômicos, regionais, etários, profissionais etc., segundo o qual uma maneira de falar não é intrinsecamente melhor do que outra. Nos infrequentes casos em que essa primeira e quase intransponível barreira é ultrapassada, costuma haver outra: a que consiste

---

5. Para mais detalhes a respeito das discriminações sociais baseadas em julgamentos preconceituosos dos usos linguísticos, cf., entre outros: BAGNO, M. *Preconceito linguístico: o que é, como se faz*. São Paulo: Loyola, 2011. • LEITE, M.Q. *Preconceito e intolerância na linguagem*. São Paulo: Contexto, 2008. • POSSENTI, S. *A língua na mídia*. São Paulo: Parábola, 2009. • LUCCHESI, D. *Língua e sociedade partidas*. São Paulo: Contexto, 2015.

em menosprezar a força e a amplitude das discriminações sofridas pela fala e pela escuta, pelo corpo e pela voz do povo.

Mesmo entre os sujeitos progressistas, que combatem justamente a exploração econômica e social e as várias formas de racismo, de machismo e de colonialismo, há uma tendência a desconhecer os preconceitos – a lhes ser indiferentes ou a desdenhá-los – que depreciam as capacidades de fala e de escuta das camadas populares da sociedade, quando não a reiterá-los mais ou menos involuntariamente, a despeito de sua constância e visibilidade. Nos casos em que o sujeito bem-intencionado e identificado com ideologias igualitárias e emancipatórias menospreza o poder destrutivo das discriminações relativas às competências de produção e de interpretação da fala, sua posição se manifesta sob a forma de enunciados similares ao seguinte: "Tudo bem, existe o preconceito linguístico, mas o mais importante é combater a exploração capitalista / a homofobia / a misoginia / a xenofobia / o segregacionismo". Ora, o combate a esse preconceito e sua desconstrução são tão importantes e prementes quanto as demais lutas contra as variadas formas de opressão. Isso porque nossos atos de fala e nossos gestos de escuta, assim como nossas práticas de escrita e de leitura, são "fatos sociais totais"[6], isto é, são processos e produtos que derivam das lutas e dos consensos sociais e que os materializam de modo privilegiado, envolvendo, ao mesmo tempo, em maior ou menor grau fatores políticos, econômicos, jurídicos, psicológicos, morais, cognitivos e estéticos.

Fenômenos de linguagem aparentemente banais, ouvir e falar (e seus, digamos, correlatos na modalidade escrita da língua: ler e escrever) são ações humanas fundamentais que encerram palavras, poderes e perigos. Mediante a simples produção de um enunciado cotidiano, expressamos pensamentos e emoções, comunicamos informações, estabelecemos um diálogo, instauramos compromissos e descompromissos, produzimos imagens de nós mesmos, de nossos interlocutores e daquilo de que falamos, construímos pressupostos e subentendidos, ênfases e atenuações, elegemos certos temas e adotamos determinadas perspectivas, tentamos convencer ou dissuadir aqueles com quem falamos, agimos e fazemos agir, aderimos a algumas ideologias e recusamos outras, reproduzimos e materializamos discursos e nos inscrevemos em relações de força e de sentido próprias de nossa história e de

---

6. Ao tratar das trocas de bens e de presentes entre os membros de várias sociedades, Marcel Mauss afirma que tais trocas são "fatos sociais totais", uma vez que compreendem ao mesmo tempo dimensões sociais, políticas, religiosas, econômicas, jurídicas, morais e estéticas (MAUSS, M. *Sociologia e antropologia*. São Paulo: Cosac & Naify, 2003). Cf. ainda nosso *História da fala pública* (Vozes, 2015), no qual, de modo análogo ao que fazemos aqui, sustentamos que a prática de falar em público é um *fato social total*.

nossa sociedade. Em suma, fazemos jus à nossa própria condição humana. Ao falarmos e ouvirmos, em conjunto com a consideração do lugar institucional que ocupamos nos grupos sociais de que participamos (na família, numa ocasião específica, estou falando e ouvindo como pai, mãe, filho, filha, irmão, irmã, marido ou mulher etc.; na escola, como professora/professor ou como aluna/aluno; na política, como candidata/o, administrador/a ou legislador/a eleito/a, militante de um partido, cidadã/o comum...) e da posição ideológica à qual nos filiamos (anarquista, progressista, conservadora ou reacionária; pluralista ou purista; de esquerda ou de direita etc.), avaliamos os conteúdos do que dizemos e do que nos é dito e julgamos implícita ou manifestamente e mais ou menos conscientemente as formas das palavras, das expressões e das frases, os contornos e as disposições do corpo e as propriedades e as inflexões da voz ali empregadas por nós mesmos, por nossos interlocutores e/ou por terceiros.

O desempenho de nossa fala e o exercício de nossa escuta são constantemente constituídos e julgados a partir de representações que herdamos, reproduzimos e modificamos a respeito dessas nossas práticas de linguagem. Por essa razão, é frágil o lugar-comum de acordo com o qual poderíamos pensar que há separações estanques, sequências cronológicas absolutas e relações de causa e efeito definitivas entre ações e pensamentos, entre fatos e interpretações, entre processos e produtos, entre, enfim, práticas e representações. Com base em discursos que circulam na sociedade, são produzidas nossas concepções a propósito do que, de quem, de como e de onde se pode ou não se pode, se deve ou não se deve falar. Assim também se produzem as crenças sobre nossa escuta: haveria ou não tanto o que é preciso quanto o que é proibido ouvir? Nossas capacidades de escutar, decodificar e interpretar são consideradas inatas ou adquiridas? Acredita-se ou não que o direito à escuta é igualitariamente distribuído e usufruído por todos os sujeitos de uma sociedade? Haveria qualidades diversas de escuta, conforme ela é exercida em diferentes campos sociais, tais como a cultura e o entretenimento, a política, a ciência e a religião etc., por distintos sujeitos? A observação das diferenças que se materializam em nossas falas e interpretações transforma-se numa série de avaliações que premiam algumas poucas e punem muitas outras dessas atividades simbólicas. Dada a condição de fato social total de nossas práticas de linguagem, os prêmios e punições que lhes são atribuídos contribuem para o acesso a melhores condições de vida material ou para sua interdição, proporcionam, dificultam ou inviabilizam em ampla medida a participação política e o exercício da cidadania e intensificam ou atenuam a autoconfiança ou a insegurança emocionais sentidas por todos e cada um de nós.

Em fina sintonia com as contradições entre as indignações mais ou menos seletivas diante das absurdas desigualdades sociais e econômicas e as justificativas falaciosas, mas bastante eficientes para sua perpetuação, o mundo contemporâneo assiste ao mesmo tempo a estapafúrdias celebrações de celebridades midiáticas, a compreensíveis intensificações de buscas por reconhecimento pessoal, praticamente reduzido à acumulação financeira e ao consumo ostentatório, e a onipresentes sequestros da própria dignidade humana. Entre as gentes do povo pobre, há os que ante o bombardeio do entretenimento da pior espécie se deslumbram com a celebridade à qual nunca ascenderão; e há muitos que são arrebatados pelas falsas promessas do consumismo de produtos e serviços inacessíveis ou que sonham com bens que respondem a necessidades das primeiras ordens, mas que nem por isso podem ser adquiridos. Sem fama, sem poder, sem dinheiro e sem quase nenhum reconhecimento pessoal, restaria a essas gentes o orgulho e a dignidade de sua condição humana. É esse resto que em boa medida se lhes tenta retirar, quando se busca privá-las das competências que possuem em sua fala e em sua escuta, procurando suprimir destas últimas as propriedades cognitivas e espirituais humanas e reduzi-las à fisiologia de corpos e de vozes bestiais. Para tanto, há escutas e falas como as de Paulo: "Estão vendo o que é o povo? Um imbecil, um analfabeto, um despolitizado!", precedidas e sucedidas por outras não menos injustas e cruéis: "O povo não entende nada", "O povo acredita em tudo", "O povo não faz nada certo", "O povo fala tudo errado", "O povo tem um mau gosto"...

Diante da crise da *Terra em transe*, vivida pelo povo da república de Eldorado, a esperança de alguns era a de que ela pudesse começar a conhecer seu fim pela candidatura de Felipe Vieira ao governo da província de Alecrim. O político populista conta com o apoio de Paulo, que é jornalista e poeta, e ainda com o de Sara, uma ativista que defende as causas populares. Numa conversa entre os três sobre a campanha de Vieira, este último, estimulado pelo apoio recebido dos dois outros, se dirige a Paulo, dizendo o seguinte: "O país precisa de poetas. Dos bons poetas, revolucionários como aqueles românticos do passado". Ao que o jornalista replica: "Vozes que levantam multidões", antes que Sara acrescentasse os versos do poema "O povo ao poder", de Castro Alves: "A praça! A praça é do povo, como o céu é do condor." Nem tais versos, nem sua repetição minutos mais tarde entoada pela voz *off* do cantor Sérgio Ricardo, impedem que a conversa entre Vieira, Sara e Paulo seja encerrada com a declaração triunfante do jornalista: "Faremos majestosos, majestosos comícios nas praças de Alecrim, magníficos!" Assim, se a praça é do povo, é somente na medida em que lá, como uma multidão "imbecil", "analfabeta" e "despolitizada", ele será levantado, ou seja, liderado e conduzido, pelas vozes ouvidas em majestosos comícios. Ao tentar se fazer ouvir, como na intervenção de Felício, um legítimo representante popular, porque pobre e desvalido, a voz do povo foi ali mais uma vez desdenhosamente ignorada e violentamente calada. Vieira não consegue esconder seu desdém por Felício: "Fala meu filho...", "Pode ficar tranquilo, meu filho. Eu vou acabar com esses abusos. Vai tomando nota, Marinho..."; ao passo que Paulo, antes de agredi-lo, atirando-o ao chão, lhe diz o seguinte: "Cala a boca. Você e sua gente não sabe de nada!"

A aparente identificação de Paulo às causas populares não evita a repetição de seus gestos violentos e de suas falas preconceituosas contra a gente do povo de Eldorado. Ficamos bem menos surpresos, ao ouvir, vinda de outro ponto do espectro ideológico, a seguinte declaração do político conservador Porfírio Diaz: "O povo não vale nada. O povo é cego e vingativo". Mesmo sofrendo tantos reveses e sendo alvo de tantos preconceitos e discriminações – diferentemente do que diz o clichê, de ranço elitista e colonial: "O povo brasileiro é passivo, não faz nada para mudar o seu destino" –, a gente humilde e expropriada continua sua luta. Sara o diz e repete com grande convicção: "A culpa não é do povo!" Logo depois de ver Paulo calar Jerônimo e insultar a classe popular, Felício, um homem do povo atravessa a multidão, vence o entorpecimento provocado por um samba frenético e em alto volume, retira a mão de Paulo da boca de Jerônimo e corajosamente intervém: "Um momento, um momento. Um momento, minha gente. Eu vou falar agora. Eu vou falar... com a licença dos doutores. Seu Jerônimo faz a política da gente. Mas, o seu Jerônimo não é o povo. O povo sou eu, que tenho 7 filhos e não tenho onde morar". Imediatamente, ele passa a ser agredido e achincalhado. A cena se encerra com gritos irascíveis da multidão, com a volta do samba agitado em alto volume, com um discurso demagógico do aristocrata de plantão e com o violento silenciamento do homem do povo. Ele é calado com uma corda em seu pescoço e um revólver em sua boca. Tudo isso com as bênçãos da Igreja, cujo representante lhe põe uma cruz sobre a cabeça.

"A praça é do povo." Mas, o que significa isso? Qual é o sentido dessa afirmação? Ele não será o mesmo, caso ela seja proferida pelo pobre pai de 7 filhos, por Jerônimo, Sara, Paulo, Vieira ou Diaz. Esse enunciado pode ter ao menos as seguintes significações: "O povo pode/deve decidir seu futuro por meio de suas próprias decisões"; "O povo deve ter representantes que tratam dos interesses populares."; "O povo deve ser guiado por homens ilustres e bem preparados"; "O povo deve ser controlado, porque é volúvel, perigoso e vingativo"[7]. Baseados no princípio de que os sentidos não se encontram exclusiva e isoladamente nas palavras ou nas frases faladas ou escritas por alguém, mas resultam de suas combinações com outras palavras e outras frases e das condições históricas em que um sujeito as produz a partir de um determinado lugar social e de certa posição ideológica, pretendemos demonstrar que os sentidos conferidos à voz do povo, mas também à sua escuta, ora se conservam com maiores ou menores modificações ora se transformam ligeira ou profundamente, de acordo com essas determinações linguísticas, históricas e sociais[8]. Em outros termos, o que nos interessa aqui são os discursos que atribuem capacidades e prestígios ou deficiências e estigmas aos desempenhos da fala pública popular e da escuta popular da fala pública. Buscamos, portanto, formular respostas à seguinte questão: o que se diz e como se formulam os dizeres sobre as práticas de fala e de escuta públicas dos sujeitos oriundos das classes populares?

Com efeito, a identificação de uma série de representações acerca das práticas populares de linguagem e, em particular, daquelas realizadas publicamente, concorre para que possamos sustentar a tese de que os sujeitos do povo, apesar de terem sido empobrecidos econômica, política, simbólica e culturalmente, conseguiram a duras penas e a muito custo, tardia e ainda insuficientemente, conquistar algum espaço no ambiente público para fazer ouvir a sua voz e para fazer com que sua escuta não fosse invariavelmente desrespeitada. Contudo, foram e continuam a ser calados, deslegitimados e discriminados por diversos meios: por agressões físicas e simbólicas abertamente violentas e/ou dissimuladas, por ataques e discriminações verbais ora mais ora menos manifestas, mas também por demagogias e populismos de diversas sortes. A fala e a escuta do povo tendem a ser mais frequente e intensamente degradadas entre os sujeitos que se filiam a ideologias neoliberais, conservadoras e reacionárias, mas, tal como ocorrera na província de Alecrim, há também, talvez em menor medida e por vias distintas e mais ou menos sutis, depreciações dessas práticas de linguagem popular entre os que

---

7. O leitor poderá encontrar um conjunto detalhado de análises sobre os sentidos do termo "povo", empregado ou omitido em diversos contextos, na obra: SCHREIBER DA SILVA, S. (org.). *Sentidos do povo*. São Carlos: Claraluz, 2006.
8. Trata-se aí de um postulado fundamental da Análise do discurso. Para mais informações sobre a AD, cf., entre outros: BRANDÃO, H.N. *Introdução à Análise do discurso*. Campinas: Ed. da Unicamp, 1999. • PÊCHEUX, M. *Semântica e discurso*. Campinas: Ed. da Unicamp, 1997. • ORLANDI, E. *Análise de discurso*: princípios e procedimentos. Campinas: Pontes, 1999. • POSSENTI, S. Teorias do discurso: um caso de múltiplas rupturas. In: *Introdução à Linguística*. Vol. III. São Paulo: Cortez, 2003. • GREGOLIN, M.R. *Foucault e Pêcheux na Análise do discurso*: diálogos e duelos. São Carlos: Claraluz, 2004. • PIOVEZANI, C. • SARGENTINI, V. (org.) *Legados de Pêcheux*: inéditos em Análise do discurso. São Paulo: Contexto, 2011.

se identificam com as ideologias progressistas, igualitárias e emancipadoras. Se é certo que o que se diz sobre a voz e a escuta do povo modifica-se, na medida em que se o faz de diversos modos, em distintas posições do espectro ideológico e em diferentes tempos e lugares, não nos parece ser menos verdade que as discriminações sofridas por elas possuem solidez, força e alcance suficientes para ultrapassar fronteiras ideológicas, cronológicas e geográficas.

A voz do povo foi desdenhada, marginalizada e ultrajada na Grécia e na Roma antigas, na Europa medieval, moderna e contemporânea, mas o foi igualmente do outro lado do Atlântico, na fictícia, mas incrivelmente verossimilhante, república de Eldorado e em cada canto do Brasil real, em todos os tempos de sua história. Mas, não há voz do povo, nem voz alguma, sem a escuta. É com base na escuta (e nas diferentes recepções que ela compreende) de discursos sobre a fala popular que se incrustam e se reproduzem preconceitos e discriminações; mas é também a partir da escuta que eles podem ser modificados ou mesmo abolidos. Ora, a leitura de obras de linguística, tratados de filosofia, compêndios de retórica, livros de oratória, ensaios de psicologia social e textos literários, historiográficos e midiáticos nos conduziu a considerar, na esteira dos discursos sobre a fala pública popular, a escuta como um tema fundamental das discussões que fazemos aqui.

Em nosso diversificado conjunto de fontes e de dados, a escuta se apresenta como uma condição necessária para a fala e, por extensão, para as falas que imputam vícios e virtudes aos desempenhos populares da fala pública. Além disso, a escuta do povo é igualmente um alvo privilegiado dos preconceitos, ora em circunstâncias em que é depreciada em si ora em outras em que o é relativamente às falas que a seduziriam e ludibriariam. Seja porque haveria de modo inato e natural algumas escutas superiores a outras seja porque haveria de modo adquirido e estimulado certas escutas mais bem preparadas do que outras, o fato é que nem a natureza e, por vezes, nem mesmo a educação e as técnicas puderam livrar a escuta popular dos estigmas que lhe foram pregados no decurso de uma longa duração histórica. Por essa e outras razões, nos dedicamos a indicar no capítulo 1, **Ouvir a voz do povo**, os motivos pelos quais advogamos que a escuta é uma construção histórica, em que estão implicados fatores sociais, culturais, ideológicos e afetivos. Esses fatores materializam-se em práticas e discursos que produzirão distinções do que se ouve, classificando sons e vozes numa gradação que vai do sublime, passando pelo agradável e pelo incômodo, até o insuportável.

Com vistas a estabelecer uma ***Breve genealogia da voz e da escuta populares***, examinamos no capítulo 2 os discursos sobre as práticas de fala pública empreendidas por membros do povo, por seus porta-vozes e mesmo por seus antagonistas, desde que estes últimos lhes tenham dirigido a palavra de modo mais ou menos específico. Da mesma forma, serão identificados e interpretados os discursos sobre as propriedades da escuta popular, sobre as deficiências que lhe são frequentemente atribuídas e sobre as eventuais qualidades que lhe são imputadas em diversos contextos históricos. Uma vez que a fala, a voz e a escuta do povo são aqui focalizadas a partir dos discursos que as tematizam, que as representam e que, em boa medida, as constituem, torna-se necessário que os discursos sejam considerados nesta nossa genealogia como seu objeto fundamental. Numa abordagem discursiva, os discursos são concebidos ao mesmo tempo como elementos em que se materializam as diferentes ideologias de uma sociedade, como um universo que determina o que podemos ou não podemos dizer, em diversas condições de produção do que se diz, e finalmente como um processo em que se constituem os sentidos que passam a adquirir cada uma das coisas ditas. Esse processo produz os sentidos mediante a instauração de relações de equivalência e de encadeamento entre as palavras e enunciados pronunciados ou escritos antes e então pelos sujeitos do discurso. Desse modo, as mesmas palavras e enunciados podem produzir diferentes sentidos, quando inseridos num ou noutro discurso, tanto quanto as palavras e os enunciados distintos podem produzir os mesmos sentidos, quando inseridos num mesmo discurso[9]. Nos capítulos 2 e 3, poderemos mais bem observar esses dois funcionamentos discursivos em textos que tratam da fala e da escuta populares.

Em termos simples e diretos, o discurso é aquilo que dizemos sobre os seres, as coisas e os fenômenos. Ele pode ser assim definido, desde que entendamos que esse "dizemos" corresponde às posições ideológicas com as quais nos identificamos e às quais nos filiamos, que fazem com que, ao falarmos de algo ou de alguém, digamos isto ou aquilo, deste ou de outro modo. Podemos dizer a "mesma" coisa e produzir sentidos completamente distintos. O enunciado "A sociedade é injusta" pode ser equivalente de 1) "Porque como todos nós temos as mesmas oportunidades, não é justo que algumas famílias recebam ajuda do governo" ou de 2) "Porque alguns nascem ricos, cheios de oportunidades, enquanto a maioria das pessoas nasce pobre e é explorada durante toda sua vida". Quando dizemos algo sobre os fatos, sobre os objetos e sobre os entes, o fazemos sempre, a partir de certa perspectiva e de uma posição ideológica de direita ou de esquerda, conservadora ou progressista, machista ou feminista, xenófoba ou pluralista, crente ou ateia etc. A essa noção de discurso conjugamos a ideia de que sua produção "é ao mesmo tem-

---

9. PÊCHEUX, Op. cit., p. 160-161.

po controlada, selecionada, organizada e redistribuída por certo número de procedimentos que têm por função conjurar seus poderes e perigos, dominar seu acontecimento aleatório, esquivar sua pesada e temível materialidade"[10]. Assim, a filiação a determinadas ideologias, em conjunto com esses mecanismos de controle do discurso, faz com que não seja possível a qualquer um falar de qualquer coisa em qualquer circunstância. O discurso é, portanto, algo raro, porque consiste na diferença entre a abundante potência de tudo o que as regras da lógica e da língua nos permitiriam dizer e a escassez dos atos que materializam o que efetivamente dizemos.

Conforme afirmamos, a despeito de eventuais diferenças, há uma repartição democrática e uma distribuição generosa da faculdade de linguagem, da capacidade idiomática e da competência comunicativa entre todos os membros da espécie humana. Excetuados os casos patológicos, todos os homens e mulheres têm o que dizer e possuem os meios para fazê-lo. Contrastando com essa farta e equitativa distribuição, as lutas de classes e as relações de poder entre distintos grupos sociais e entre os sujeitos no próprio interior dessas classes e grupos produzem a escassez do discurso. Os consensos e os conflitos sociais controlam, selecionam, organizam e redistribuem os direitos e as interdições do dizer: o que pode ser dito, quem pode dizê-lo, de que maneira e em quais circunstâncias. Instaura-se assim uma repartição desigual entre os sujeitos, as coisas ditas, as condições e os modos do dizer.

Por um lado, o discurso é uma materialização privilegiada das lutas sociais, porque dá corpo e difusão às ideologias, e, por outro, consiste numa prática de poder, pela qual lutamos. Ele é, enfim, um "poder de que queremos nos apoderar"[11], porque encerra o direito de dizermos e de nos fazermos ouvir e compreende a legitimidade, a força, a conservação e o alcance das formas e dos conteúdos do que dizemos. As relações sociais desniveladas, os mecanismos de reprodução social e os sistemas diversos de opressão e dominação produzem esta repartição desigual: os discursos opressivos, que aberta ou dissimuladamente afagam poderosos e que direta ou indiretamente apedrejam despossuídos, estão muito mais arraigados e são muito mais duradouros e difundidos do que os discursos emancipatórios, que os denunciam como engodo interesseiro ou como ignorância de que alguns podem se beneficiar mais ou menos inconscientemente. A voz e a escuta do povo não vicejam numa terra em transe, injusta e discriminatória.

---

10. FOUCAULT, M. *A ordem do discurso*. São Paulo: Loyola, 2001, p. 8-9.
11. Ibid., p. 10.

A partir do pressuposto de que a produção e a circulação desiguais dos discursos contribuem decisivamente para a perpetuação dessa triste realidade em que se sequestram ou difamam a voz e a escuta populares, no capítulo 3, **Retratos de um porta-voz popular na mídia brasileira**, analisamos o que se diz e como se fala dos usos da língua, do corpo e da voz de Luiz Inácio Lula da Silva, tal como eles são empregados em suas falas públicas, como candidato, presidente da República e ex-presidente. Identificamos e interpretamos os discursos que tratam do desempenho oratório de Lula, mediante o exame de enunciados e textos, de diferentes gêneros discursivos (notícias, reportagens, crônicas, colunas, cartas de leitores etc.), que foram produzidos e transmitidos por jornais e revistas da mídia brasileira contemporânea, cuja circulação é de âmbito nacional. Em outros termos, nosso propósito nesse capítulo é o de responder a questões como as seguintes: o que, a partir de que perspectiva e de qual modo a mídia brasileira fala dos pronunciamentos de Lula? Quais são os já-ditos sobre a eloquência popular retomados, reformulados e apagados pela mídia para tratar de sua performance retórica, para descrevê-la e avaliá-la? Nos jornais e revistas analisados, aceita-se ou não a identificação de Lula com as classes populares, ou seja, ele ali é apresentado como um homem do povo, como um seu representante ou como um estranho à condição popular? Quais são as estratégias retóricas e as qualidades oratórias do candidato, do presidente e do ex-presidente mencionadas por especialistas e não especialistas em textos midiáticos? Há ou não variações no tratamento dispensado à fala, ao corpo e à voz de Lula, na medida em que elas são descritas e julgadas por jornalistas, colunistas e veículos de imprensa considerados progressistas ou conservadores? O leitor encontrará principalmente nesse capítulo 3 respostas diretas e indiretas a essas questões. Para que pudéssemos formulá-las, selecionamos e submetemos à análise uma série de textos dos jornais *Folha de S. Paulo* e *O Estado de S. Paulo* e das revistas *Veja* e *Carta Capital*, publicados a partir de 1989 até nossos dias, aos quais eventualmente acrescentamos textos de outros veículos, quando estes dispensaram um tratamento privilegiado às falas públicas de Lula.

A língua, o corpo e a voz de Lula carregam marcas do povo brasileiro. Com efeito, essa é uma das razões fundamentais para que se tenham tornado privilegiadamente objeto de preconceitos, discriminações e intolerâncias na boca e na pena dos que aderem a ideologias conservadoras, elitistas e excludentes e mesmo de outros que não se identificam exatamente com elas. Ao aderir parcial ou integralmente a tais ideologias, por interesse, cinismo ou arrogância, por orgulho ou desconhecimento, sujeitos absolutamente tão distintos e diversos, desde muitos dos bem instalados nas elites, passando por boa parte dos acomodados nas classes médias, até vários dos condenados à pobreza e à miséria brasileiras, consolidam um discurso hegemônico cujos sentidos e efeitos são os de excluir excluídos e privilegiar privilegiados. Se essa hegemonia conseguiu se estabelecer como tal, investindo-se de uma imensa força e adquirindo um enorme alcance, a perenidade dessa conquista perversa se deve em larga medida à difusão ampla e repetida de suas crenças. A qualquer instante e em qualquer lugar, os usos e hábitos do povo pobre sofrem desprezos, ataques e condenações. Quando é a mídia brasileira de grande circulação quem os produz e os publica, buscando rebaixar, difamar e deslegitimar as falas públicas e os atos políticos da gente do povo ou dos que se apresentam como seus porta-vozes, os poderes e os perigos desses gestos tornam-se ainda mais robustos e danosos. Eis aqui abaixo uma pequena, mas significativa amostra das coisas ditas pela mídia brasileira a propósito dos empregos da língua, do corpo e da voz de Lula em seus pronunciamentos:

> O povo também estropia a língua, mas com inocência. Na fala estropiada de Lula há de tudo, menos inocência.
>
> O candidato do PT com sua barba de camponês, sua barriga de Pancho Villa e seus erros de concordância de quem não completou o curso ginasial...
>
> ...um operário barbudo, que fala português errado e não tem o dedo mínimo na mão esquerda...
>
> Sua voz rouca, com erros de português, metáforas de futebol e piadas do povão...

Já lemos, ouvimos e talvez, até mesmo, já tenhamos dito coisas parecidas. Em todo caso, já vimos esse filme: um operário, presidente de sindicato, que tem sua boca tapada e sua fala interrompida e espezinhada. Jerônimo é do povo, mas não é o povo. Em Alecrim, o povo é ainda mais bem representado pelo homem pobre, pai de 7 filhos, sem casa para morar. Lula foi pobre, operário e presidente do sindicato. Esquematizando, é possível conceber seus seguintes ciclos de vida: primavera na miséria, verão na pobreza, outono na classe média e inverno na elite. Lula não é o povo, mas veio do povo. Ascensão social e dissimetria identitária parecem não ser suficientes para apagar as origens. O fato de não haver identidade absoluta entre Lula e o povo não impede que as agressões, os preconceitos e as discriminações sofridos por um se estendam ao outro. Tal extensão é ainda mais cruel, na medida em que o último não goza da ascensão conhecida pelo primeiro. Apesar das miseráveis condições de vida, como exceção que confirma a regra e a eficiência dos mecanismos de reprodução social, Lula ascendeu e fez da linguagem e da metalinguagem ferramentas importantes para sua emancipação. Às Marias, Rosinhas e Macabéas e aos Josés, Jerônimos e Fabianos, que não tiveram a mesma sorte e que lutam com unhas e dentes pela sobrevida, são impostos silêncios, descréditos e humilhações. Por essa e outras razões, há tantos rostos cabisbaixos e tantos lábios cerrados. Há também muitos lamentos e resignações nas declarações que contrariam a observação e a lógica, mas que consentem perfeitamente a ideologia hegemônica: "Eu não sei falar", "Eu não sei falar português", "Eu falo tudo errado", "Eu não entendo nada do que eles falam"...

Se é verdade que o domínio da dita norma culta da língua não é condição necessária nem suficiente para a ascensão social e para a construção de uma sociedade menos injusta[12], não é menos verdade que a desconstrução de mitos que fazem crer que a voz e a escuta do povo valem intrinsecamente menos do que suas congêneres das classes médias e altas consiste numa tarefa urgente e fundamental. Embora não seja suficiente, esta é sem dúvida uma condição necessária para a diminuição real de desigualdades e para o exercício efetivo da cidadania. Até o ponto a que possamos recuar e nos caminhos pelos quais as possamos seguir, a voz, a fala e a escuta do povo sempre foram acusadas e condenadas. Trata-se aí de uma longa história de discriminações, que nos acompanha até nossos dias. Ainda assim, podemos afirmar que o século XIX assistiu a emergências sem precedentes: a de uma eloquência popular e a de uma atenção inédita aos auditórios populares. O surgimento tardio, mas capital, de novos e de mais bem definidos e apreciados contornos da fala pública do povo ou para o povo e de discursos menos estereotipados sobre essa fala e sobre sua recepção por audiências populares representou uma enorme conquista, ainda que seu advento tenha carregado ambivalências e insuficiências de diversas ordens.

Ao percorrer a genealogia que empreendemos aqui, observamos tanto esse recente e inestimável espaço adquirido pela voz do povo e pela escuta popular quanto constatamos as consideráveis limitações que esse acontecimento comporta, quando comparado à história de longa duração das práticas e discursos que sempre conceberam ou simularam conceber tais voz e escuta como inferiores e ilegítimas. Guardadas as devidas diferenças e proporções, a chegada de Lula à presidência da República é na história do Brasil um acontecimento equivalente ao que foi a emergência da eloquência popular na história da fala pública. O fenômeno compreende uma tamanha importância real, simbólica e imaginária que provavelmente ainda não consigamos

---

12. Cf. BAGNO. Op. cit., p. 89-92.

avaliar seu alcance e as modificações que se processam nas ideologias e sensibilidades das distintas classes e grupos sociais brasileiros. A despeito dessa conquista popular, também ela não sem oscilações e insatisfações, não vimos uma suficiente modificação nos discursos sobre as práticas populares de linguagem. O que de fato ocorre é, antes, o contrário. Para confirmá-lo, basta que observemos os textos da mídia brasileira que continuam a depreciar as práticas populares de linguagem. Como uma metonímia perversa, a mídia é a parte poderosa de um todo que é a injusta sociedade brasileira, na qual o gesto de calar a gente pobre por distintos meios é incessantemente repetido. Ante esse diagnóstico nada animador, o que devemos fazer? Com que armas podemos lutar?

Para avançarmos uma resposta a essas questões de nosso presente e de nosso futuro e encerrarmos esta nossa Introdução, retornemos rapidamente a passagens de alguns textos antigos. Em sua turbulenta volta ao lar, entre outras tantas provações, Ulisses passará pela ilha em que se encontram as sereias. Para que pudesse desfrutar ao mesmo da beleza de suas vozes e da promessa de conhecimento que elas lhe aportariam, sem o ônus da perdição, o herói da *Odisseia* amarra-se ao mastro de seu navio, tapa os ouvidos de seus companheiros de embarcação e ouve sozinho o canto das sereias. Já no retorno da busca de Jasão pelo velo de ouro, os argonautas se deparam com um de seus mais perigosos desafios: o de resistir, também eles, ao canto de morte das sereias. Desta feita, a salvação viria de outro modo e com outro canto, ainda mais encantador do que aquele dos seres fabulosos: o canto de Orfeu. Ele combate o mal da sedução da voz com uma sedução vocal ainda mais eficiente e fatal. Diante dos poderes e perigos das ideologias e discursos hegemônicos, podemos tapar nossos próprios ou os ouvidos alheios, de modo a privá-los de belezas e de saberes, com a boa intenção de afastá-los de embustes e ludíbrios, ou podemos falar da nossa fala e de nossa escuta, escrever e ler sobre nossa escrita e sobre nossa leitura[13], mostrando toda beleza e todo saber que elas contêm e que podem ainda adquirir e buscando emancipar aquelas que sofrem com os preconceitos e discriminações que tentam constantemente deslegitimá-las.

Em nosso epílogo, apostamos no potencial da luta **Por uma metalinguagem da emancipação popular**, sem negligenciar o caráter ambivalente do remédio proposto. Outros dois textos da Antiguidade nos oferecem inspira-

---

13. Para mais bem conhecer as representações sociais das práticas de leitura e de escrita e do leitor no Brasil contemporâneo, cf. CURCINO, L. Discursos hegemônicos sobre a leitura e suas formas de hierarquização dos leitores. In: *(In)Subordinações contemporâneas*: consensos e resistências nos discursos. São Carlos: EdUFSCar, 2016, p. 231-249.

ção, porque tratam dessa ambivalência e do poder restaurador e equitativo da palavra. Num deles, lemos que "tal como se dá com diferentes drogas, que provocam diferentes efeitos no corpo, algumas dando cabo às doenças e outras, à vida, ocorre com diferentes discursos: alguns afligem, outros deleitam, alguns amedrontam, outros encorajam". Górgias usa o mesmo meio para outro fim: absolver Helena de Tróia com recurso idêntico ao que provavelmente fora empregado em sua condenação: as palavras. E o fez, por acreditar que "o discurso é um soberano todo poderoso que, por meio do menor e do mais discreto dos corpos, realiza os atos mais divinos"[14]. Por sua vez, numa tragédia grega, em que se acolhem as súplicas de mulheres pobres, injustiçadas e perseguidas, seu protagonista, entusiasta de certa democracia, declara e confessa: "Não chegaremos a lugar algum, se mantivermos nossas bocas fechadas"; acrescentando adiante o seguinte: "Desejo que todos os cidadãos me aprovem. E eles me aprovarão, porque essa é a minha vontade. Mas, se eu lhes conceder alguma voz e vez, atrairei ainda mais a simpatia do povo"[15].

Esses fragmentos ilustram emblematicamente um aspecto fundamental de nossa aposta e a abordagem que empregamos aqui para examinar os discursos sobre a voz e a escuta do povo: não chegaremos a lugar algum, se mantivermos os ouvidos tapados e as bocas fechadas. O que chamamos de "metalinguagem da emancipação popular" consiste no dizer sobre os atos de dizer e de ouvir, no intuito de contribuir para a desconstrução das evidências segundo as quais haveria falas e escutas essencialmente melhores do que outras e, por extensão, para o desembaraço dos estigmas imputados por distintas elites à fala e à escuta populares, que tentam tampar os ouvidos e fechar as bocas daqueles a quem não querem ouvir e nem tampouco pretendem deixar falar. Para fazê-lo, nossa genealogia dos discursos sobre as práticas de fala e de escuta do povo não busca identificar as origens absolutas dos frequentes preconceitos e discriminações e das eventuais apologias, mas volta ao passado, percorre a história e chega a nossos dias, para demonstrar sua resistência e conservação, ao lado de algumas de suas modificações profundas e de suas inflexões mais ou menos discretas.

O mito, a filosofia e as ciências já indicaram que a atribuição de nomes aos seres, às coisas e aos fenômenos é um recurso escasso, um direito restri-

---

14. GÓRGIAS. O elogio de Helena. In: *Gorgias de Platon, suivi de l'Éloge d'Hélène*. Paris: Les Belles Lettres, 2016, p. 368.
15. EURIPEDES. *As suplicantes*. In: *Les tragiques grecs* – Eschyle, Sophocle, Euripide: Théâtre complet. Paris: Fallois, 1999, versos 108 e 346-350, p. 1.066 e 1.073. Teseu, o rei de Atenas, dirá ainda: "Porque é o povo que eu instituí como o único soberano desta nação, que libertei e à qual concedi o direito de um voto igual para todos seus cidadãos" (ibid., versos 352-353, p. 1.073).

to e um poder distintivo. Criada à semelhança de Deus, a espécie humana ascende sobre a natureza bestial, na medida em que a Adão é concedida a prerrogativa de nomear os animais: "tudo o que Adão chamou a toda a alma vivente, isso foi o seu nome. E Adão pôs os nomes a todo o gado, e às aves dos céus, e a todo o animal do campo"[16]. Com esse ato de fala se instaura ao mesmo tempo uma distinção e uma hierarquia absolutamente essencializadas. É o que em outros termos encontramos em outro registro: "A natureza concede a fala exclusivamente ao homem. A voz, que permite exprimir a alegria e a dor, é algo de que estão dotados todos os animais. Mas, a fala é feita para exprimir o bem e o mal e, por extensão, o justo e o injusto. O homem possui este privilégio em relação aos outros animais: o de ser o único que concebe o bem e o mal, o justo e o injusto"[17]. Nessa ordenação, se baseia um direito fundamental: o de poder matar. O mecanismo que separa os homens dos animais, rebaixando os últimos e elevando os primeiros, se reproduz a partir de um princípio análogo na distinção dos sujeitos das diferentes etnias e das diversas classes e grupos sociais. Assim, os direitos provêm, em larga medida, do direito de dizer: "O latim *dico* e o grego *díkē* impõem a representação de um direito de formular, determinando para cada situação particular o que se deve fazer"; desse modo, em sociedades arcaicas, o juiz é concebido como aquele que conhece e retém um conjunto de fórmulas a serem devidamente ditas e que "pronuncia com autoridade a sentença apropriada"[18].

De distintos modos, se diz aí o que já fora dito em outros lugares e o que aqui repetimos: não é qualquer um que pode dizer qualquer coisa, em qualquer circunstância. A poucos está reservado o direito de um dizer investido de legitimidade, de credibilidade e de poder, por meio do qual se distribuem os nomes aos semelhantes e aos diferentes da mesma espécie, determinando o que são ou quem devem ser, onde podem estar e como devem agir. Definitivamente, não é sem razão que se afirma que o discurso é um poder de que queremos nos apoderar. O trajeto, que traçamos aqui, partindo da escuta da voz do povo e passando pela genealogia da fala e da escuta populares e pelos discursos da mídia sobre a oratória de Lula, só fará sentido, caso nos conduza à *metalinguagem da emancipação popular*. Esta última, por seu turno, apenas cumprirá seu destino, se nos ajudar a compreender que as mulheres e os homens do povo pobre podem e devem se apoderar do discurso e dos efetivos

---

16. Gn 2,19-20.
17. ARISTÓTELES. *Política*. Brasília: Ed. da UnB, 1985, livro I, cap. I, par. 10.
18. BENVENISTE, E. Díkē. In: *O Vocabulário das Instituições Indo-europeias*. Vol. II. Campinas: Ed. da Unicamp, 1995, p. 109.

exercícios da cidadania. A quem já sofre tantas injustiças, não deveríamos jamais imputar mais esta dupla exclusão[19]: a de viver na miséria e ter de falar e ouvir como as elites, sob a pena de ter sua boca e seus ouvidos tapados pelos vários opressores de plantão.

---

19. "Para que o protesto das oficinas tenha voz, para que a emancipação operária tenha uma face a mostrar, para que os proletários existam como sujeitos de um discurso coletivo que dê sentido à multiplicidade de seus agrupamentos e de suas lutas, é preciso que essas pessoas já se tenham transformado em *outras*, na dupla e irremediável exclusão de viver *como* operários e falar *como* burgueses" (RANCIÈRE, J. *A noite dos proletários*: arquivos do sonho operário. São Paulo: Companhia das Letras, 1988, p. 11).

1
Ouvir a voz do povo

A língua e a voz: filhas da escuta

Há um princípio nas ciências da natureza que poderia ser assim resumido: o que se passa na evolução de uma espécie ocorre também na vida de seus indivíduos. Em termos mais técnicos, esse princípio está formulado numa frase mais ou menos bem conhecida: "A ontogênese repete a filogênese". Mesmo sem tomá-lo como uma verdade absoluta, talvez pudéssemos estabelecê-lo como um ponto de partida para esta nossa primeira investida: retomar e avançar algumas reflexões sobre o entrecruzamento entre a audição e a escuta e sobre sua importância tanto para o indivíduo quanto para a espécie humana. É nessa direção que podemos dizer que o ouvido precede a língua e que a voz nasce da escuta. Ora, uma série de pesquisas no campo da aquisição da linguagem[20] demonstrou que a audição dos sons da língua materna vai ao mesmo tempo tornar possível ao recém-nascido a reprodução desses sons e impedir ou, ao menos, dificultar a articulação de outras fonações, ou seja, a produção dos sons de outras línguas. Esses estudos constatam igualmente que a língua materna é identificada desde os primeiros dias de vida da criança e que os bebês não apenas se orientam em direção aos sons, mas também distinguem várias propriedades e modulações vocais e ainda reconhecem nessas sonoridades diferentes melodias e distintos timbres de voz.

Assim, a audição e a escuta permitem discriminar os sons da voz humana de outros ruídos e rumores da natureza e da cultura. Elas proporcionam a distinção dos sons da língua materna daqueles de outras línguas e ainda tornam possível a identificação de escolhas fonéticas e prosódicas diversas no interior de uma mesma língua. É por essa razão que os adultos, em geral, e as mães, em particular, observam a preferência de seus filhos pelo *baby talk* e

---

20. Para uma síntese dessas pesquisas, cf. KALIL, M. *Aquisição da linguagem*. São Paulo: Parábola, 2013.

pelas características desse tipo de fala, tais como a voz aguda e as entonações exageradas.

Um recém-nascido é um ser potencialmente capaz de balbuciar todos os sons articuláveis pelo aparelho fonador humano e imagináveis por sua mente, entre os quais aqueles que não estão presentes em sua língua materna. Porém, ele perde de fato essa capacidade virtual de pronunciar todos esses sons, a partir do momento em que, por imitação dos comportamentos das pessoas de seu entorno e por compreensão dos contextos em que se situa, se aproxima cada vez mais da pronúncia daqueles que lhe são próximos. Essa perda é a condição para a conquista do que se chama de código fonético da língua materna. Aos adultos esse código permite reconhecer e reproduzir os sons de sua língua e inibe a possibilidade de distinguir certos contrastes sonoros que pertencem especificamente às línguas estrangeiras.

As diferenças sonoras entre as línguas estão sempre investidas de valores históricos e políticos que produzem prestígios e discriminações. Desse modo, não é raro que alguém que seja confrontado a sons diferentes dos de sua língua materna considere as propriedades fonéticas e prosódicas desses sons como marcas de um sotaque que pode ir de "charmoso", passando por "exótico", "estranho" ou "inapropriado", até ser considerado "desagradável" ou mesmo "insuportável". Aqui pode haver tanto um "complexo de vira-latas" quanto uma "síndrome de pureza do pedigree": enquanto o primeiro leva a crer que a própria língua é inferior a todas aquelas dos países considerados desenvolvidos, a segunda consiste na ilusão de que os sons, as palavras e a sintaxe de sua língua são mais complexos e sofisticados do que aqueles das línguas alheias. O funcionamento dessas avaliações e desses valores construídos nas relações entre os sujeitos de comunidades linguísticas distintas é bastante semelhante ao que se passa no interior de uma mesma comunidade, falante de uma mesma língua, quando se trata das relações entre os sujeitos que a constituem e que se organizam sob a forma de classes e de grupos sociais diversos.

Cabe, portanto, uma vez mais à escuta a produção das avaliações sociais das variações linguísticas, ou seja, das diferentes normas e realizações de uma língua no interior de uma sociedade. Ora, a partir das pesquisas no campo da sociolinguística, nós sabemos que há ao mesmo tempo as variações e a mudança linguística. As primeiras correspondem ao fato de que há diferentes formas e usos linguísticos numa mesma época, ao passo que a segunda consiste nas transformações pelas quais passam essas formas e usos no decurso do tempo numa comunidade de fala. Com base no par "variação e mudança", os estudos da sociolinguística nos conduzem à seguinte constatação: em função de fatores internos, mas principalmente em razão de fatores externos à língua, o fenômeno linguístico que é hoje objeto de preconceito e discriminação pode ser amanhã considerado como algo natural e bem aceito, como algo que não mais incomoda a escuta de ninguém, nem mesmo dos supostamente mais sensíveis.

Eis aqui uma conquista científica maior da linguística, na esteira de outra, cuja importância não é absolutamente menor: assim como não há uma língua que seja superior a outra, não há tampouco normas, formas e usos linguísticos que sejam superiores a outros no interior de uma mesma comunidade de falantes. Se ainda por volta da metade do século XIX, a linguística moderna então nascente compreendia em suas ambivalências a tentativa de estabelecer uma hierarquia entre as línguas, quando propunha, no encalço das ciências naturais e de certo darwinismo, compor uma "tipologia morfológica das línguas", esse gênero de proposta será combatido, renunciado e ultrapassado entre o último quarto do século XIX e o início do século XX. Desde então, vimos se reafirmar e se consolidar o reconhecimento dos diferentes meios de expressão de que dispõe cada língua, sem que se lhe atribua um lugar numa escala hierarquizada. Todas as línguas são capazes de oferecer aos seus falantes meios para a constituição e a expressão dos pensamentos mais diversos, dos mais prosaicos aos mais sofisticados. E o farão com suas formas e recursos que tendem a ser mais ou menos distintos dos que se encontram em outras línguas. Essa conquista científica pode ser sintetizada nesta fórmula: "Sem colonialismo, talvez nós não tivéssemos linguística. Mas, a linguística não é colonialista". Após enunciá-la, seu autor acrescenta ainda: "Ao contrário: a linguística é um passo decisivo no caminho para a descolonização, porque ela respeita e celebra a alteridade dos seres humanos"[21]. A sociolinguística também o faz, ao descrever e explicar os fenômenos de variação e mudança no seio de uma mesma língua. Há vários fatores que dificultam a divulgação dos resultados de suas pesquisas. Entre eles, a força das ideologias dominantes e das práticas distintivas e elitistas desempenham uma função fundamental.

Aos que buscam de distintos e perversos modos se distinguir e se sobrepor a seus semelhantes, não interessa que as diferenças sejam apenas diferenças e não superioridade. As fontes de prestígio e de discriminação das diversas formas de se falar uma língua não residem nas próprias unidades linguísticas nem igualmente nos usos que delas são feitos, mas se trata aí de construções históricas e sociais, que servem a interesses de classe e poder. Ainda que essa

---

21. TRABANT, J. Constitution du langage en objet du savoir et tradition linguistiques. Revue *Histoire, Epistémologie, Langage*, vol. 30, n. 1, 2008, p. 124.

seja uma verdade científica, sua difusão não é interessante nem conveniente às camadas dominantes, que pretendem manter essa sua condição privilegiada. Os julgamentos que fazemos das práticas linguísticas são, antes, decorrentes de pertencimentos reais a classes e grupos sociais e/ou de identificações imaginárias dos sujeitos a essas classes e grupos. Nossa escuta não se reduz à física e à fisiologia, nem aprecia ou se incomoda com belezas ou repugnâncias essenciais. Os gostos aos quais nossos ouvidos tornam-se sensíveis são produzidos pela história e pela sociedade, pelas práticas e pelos discursos que vemos e ouvimos a propósito do que seria belo ou feio, agradável ou incômodo. Por sua vez, tais práticas e discursos têm relações constitutivas com o que se vive e se diz das divisões e distinções sociais: os civilizados e os selvagens, os instruídos e os iletrados, os ricos e os pobres, os jovens e os idosos, os homens e as mulheres, os heterossexuais e os homossexuais, os habitantes do Sul e do Sudeste e os do Norte e do Nordeste etc. etc.

Em geral, na vida cotidiana, tudo isso é bastante atuante e presente, ao ser experimentado, sentido e interpretado, mas, frequentemente, se passa de maneira discreta, salvo nos casos em que os fenômenos linguísticos se tornam objeto de discussão. Nessas circunstâncias, quando essa espécie de regra habitual da linguagem, de acordo com a qual o uso das operações linguísticas tende a ser mais ou menos inconsciente[22], é suspensa, as unidades e empregos da língua que então ocorrem serão ora mais ou menos mantidos por alguns grupos sociais ora mais ou menos abandonados por outros. Evidentemente, à medida que certas formas e utilizações passam a ser desprezadas e estigmatizadas por sujeitos de grupos sociais dominantes, tais formas e utilizações são por eles abandonadas e somente serão mantidas entre os falantes que não dispõem de outros recursos linguísticos prestigiados para substituí-las. Nesse tribunal cotidiano da língua legítima, que se manifesta tanto mais quanto maior for o nível de formalidade das circunstâncias, tal como ocorre em boa parte dos contextos de fala pública, quando se trata de unidades linguísticas desprezadas, muito frequentemente há apenas duas saídas: ou elas mesmas são eliminadas ou se elimina a legitimidade e a credibilidade do falante que as emprega.

Consequentemente e por essas e outras razões, não há escuta pura, uma vez que todos os elementos fonéticos, prosódicos, morfológicos e sintáticos que ouvimos nos chegam já impregnados, ora mais ora menos discretamente,

---

22. Enquanto a atividade linguística tende a ser realizada sem que pensemos conscientemente sobre as unidades da língua e as regras de combinação de que nos valemos para falar, a atividade epilinguística consiste em maior ou menor tomada de consciência dos usos e das unidades linguísticas, de modo que se tornam objeto de nossa fala e que se transformam durante a própria realização do que falamos.

ora mais ora menos manifestamente, de avaliações e classificações, ou seja, de julgamentos e de suas resultantes: condenações, indiferenças e entusiasmos. De modo análogo, mas não idêntico, ao que ocorre com os ruídos da natureza e da civilização, as sonoridades da voz humana vêm invariavelmente acompanhadas do que já se ouviu direta ou indiretamente a seu respeito, em consonância com as cisões e os imaginários sociais que elas compreendem. Ouvimos os elementos vocais e linguísticos, mas também e ao mesmo tempo escutamos mais ou menos inconscientemente os discursos que os avaliam e que os classificam.

Com base nas experiências culturais e sociais e nesses discursos ouvidos, que as precedem e constituem, as propriedades e as inflexões da voz e da língua funcionam como índex do sexo, da faixa etária e do estado de saúde do falante, mas são também, de modo mais fluido e ambivalente, traços de seu temperamento e de seus estados de espírito, assim como podem ser ainda marcas de sua proveniência regional, de sua classe social e eventualmente até mesmo de suas funções profissionais. Em nossa escuta da fala humana, são ouvidas as informações codificadas nas unidades linguísticas, ou seja, os significados mais ou menos literais das palavras e de suas componentes morfológicas, mas não são menos percebidas as indicações biológicas, psicológicas, históricas e sociais inscritas nessas unidades e nas características vocais dos sujeitos falantes. Jamais ouvimos as primeiras sem a incidência destas últimas e nossa relativamente frequente impressão de indiferença da escuta não consiste em ausência de classificação e de maior ou menor aceitação da coisa ouvida.

Escutas, lutas e divisões sociais

Talvez pudéssemos pensar que o prazer e a insatisfação que sentimos diante dos sotaques e das maneiras de falar de uns e de outros não se trata de algo assim tão grave, porque afinal de contas seria somente uma questão de gosto pessoal e um fenômeno de menor importância. Contudo, essas postura e atitude equivaleriam, na verdade, a subestimar mecanismos e funcionamentos cuja grande força e cujo amplo alcance consistem justamente no fato de que suas existências e atuações ou não são devidamente consideradas ou são simplesmente ignoradas. Tais força e alcance residem, em larga medida, nas frequentes e estreitas relações que estabelecemos entre aparências linguísticas sedutoras, inconvenientes ou desagradáveis e essências que o seriam igualmente. São relações que articulam a maneira como os sujeitos se exprimem e se comportam e o que eles seriam, com seus vícios e virtudes atávicas e com suas "justificáveis" inferioridades e superioridades econômicas e sociais.

Os usos da língua, do corpo e da voz na fala, em geral, e na fala pública, em particular, são investidos de diferentes valores no "mercado das trocas simbólicas", cujo funcionamento é regido por uma lógica da distinção, conforme a concebeu Bourdieu[23]: há relações intrínsecas entre o *habitus* linguístico, ele próprio produto de sanções desse mercado, e os graus dessas sanções, à medida que os usos da fala se aproximem ou se distanciem do que é concebido como a língua legítima. Oriundo da relação entre certas competências linguísticas, mas também de formas e desempenhos do corpo e da voz, sempre social e historicamente adquiridos e avaliados, e um mercado determinado por seu nível de tensão, de acordo com os diversos contextos de fala e pela distribuição de diferentes imaginários sobre as classes e os grupos sociais, o estabelecimento dos preços e valores produz tanto posições e comportamentos visíveis quanto estados psicológicos e emocionais experimentados: a garantia fundamentada na certeza de um julgamento positivo de sua performance linguística produz uma fala e um sujeito seguros de si mesmos, ao passo que a timidez e a insegurança, que antecipam sanções negativas, embargos e ataques, produzem não raramente o silêncio e a ausência ou, ao menos, uma grande insuficiência das iniciativas emancipadoras e cidadãs. Assim, à propriedade e à espoliação dos capitais econômicos, políticos e simbólicos se acrescentam a posse e o despojamento dos valores psicológicos e emocionais.

A despeito da crença bastante difundida de que competências técnicas, simbólicas e linguísticas, que seriam decorrentes do talento e do mérito individual, permitem e promovem a ascensão econômica e social e o exercício dos direitos políticos, o que ocorre maciçamente é, antes, uma aquisição familiar, escolar e social dessas capacidades, em conjunto com os valores de que já está investida a própria frequentação de espaços restritos e ambientes seletivos. Mais do que se costuma imaginar, palavra, performance, prosódia e poder possuem vínculos sólidos e estreitos: "a eficácia de um discurso, o poder de convencimento que lhe é reconhecido, depende da *pronúncia* (e secundariamente do vocabulário) daquele que o pronuncia"[24]. Mas, não nos enganemos, porque nem só de pronúncias pomposas e de léxico raro vive a atuação do poder. Crédito, confiança e comando podem ser também con-

---

23. Cf., p. ex.: BOURDIEU, P. *A distinção*: crítica social do julgamento. Porto Alegre, Zouk, 2006. • BOURDIEU, P. *A economia das trocas linguísticas*. São Paulo: Edusp, 1996.
24. BOURDIEU, 1996. Op. cit., p. 57.

quistados a partir de uma legitimidade que comporta a mistura da descontração com o controle.

Se a busca por se distinguir da "vulgaridade" e da "incorreção" da fala popular compreende o policiamento, a tensão e mesmo a hipercorreção linguística, corporal e vocal por parte dos que estão econômica e socialmente próximos das camadas marginalizadas, as elites sociais, econômicas e/ou culturais produzem não raras vezes seu distanciamento e sua distinção tanto das classes populares quanto das camadas médias e dotadas de alguma instrução formal pela desenvoltura espontânea que se materializa em certa distensão da pronúncia e num relativo despojamento lexical, compensados por uma sintaxe elaborada, que relaxadamente manifesta e mesmo ostenta a pretensa superioridade de seu falante. Para tanto, quase basta a substituição do usual pronome relativo "que" por pronomes ou locuções pronominais relativas mais complexos, tais como "no qual/nos quais", "para o/a qual/para os/as quais", "cujo/cuja/cujos/cujas", "em/de/para cujo(a/s)", acompanhada do "devido" respeito às normas prescritivas das regências e concordâncias verbal e nominal e das colocações pronominais.

Dominar a competência linguística e executar bons desempenhos oratórios não garantem por si e exclusivamente a ascensão social e econômica ou a emancipação política e o exercício da cidadania, mas as ausências ou deficiências nesses quesitos, sempre julgados a partir da ótica dominante, funcionam como elementos e justificativas para a estigmatização, para a discriminação e para a barragem social. Concebido frequentemente como espaço em que se aprende a falar ("corretamente") e a escrever, o sistema de ensino nem sempre cumpre um papel libertador, seja efetivamente proporcionando o domínio dos meios de expressão legitimados seja desconstruindo os próprios mecanismos históricos e sociais de legitimação. Se a passagem pela educação formal não assegura por uma ou outra via a liberação dos preconceitos, sua privação é ainda mais sentida como "uma mutilação essencial que atinge a pessoa em sua identidade e dignidade de homem, condenando-a ao silêncio em todas as situações oficiais em que tem de 'aparecer em público', mostrar-se diante dos outros com seu corpo, sua maneira de ser e sua linguagem"[25].

Para demonstrar a pertinência de sua afirmação, Bourdieu menciona nas duas obras que citamos aqui o emblemático caso do camponês da região francesa de Bearne, que, ao responder por que não aceitaria ser prefeito de sua cidade, apesar de ter obtido o maior número de votos, dizia (em francês) o

---

25. BOURDIEU, 2006. Op. cit., p. 363.

seguinte: "Mas eu não sei falar!"[26] Esse fenômeno contraditório que consiste no fato de alguém *falar* (e, portanto, sabê-lo e fazê-lo) que *não sabe falar* não causa maior estranheza, porque o funcionamento das distinções e opressões sociais tem razões que a lógica desconhece e um alcance que estende mecanismos idênticos ou análogos de Bearne ao Brasil. Por aqui, cotidianamente, conforme já dissemos, ouvimos os sujeitos das classes populares repetirem-no com algumas variações: "Eu não sei falar"; "Eu não sei falar direito"; "Eu não sei falar (o) português (correto)"; "Eu falo tudo errado"... Uma desigual repartição dos usos e conhecimentos exclusivamente considerados legítimos da língua, acompanhada de um assentado e difundido reconhecimento da legitimidade linguística, concorre para a produção desta injusta e não rara equação: quanto menos autoridade econômica, social e institucional possuir o falante, maior tende a ser a demanda de que sua fala esteja em conformidade com a linguagem aceita como legítima.

Ao encontro dessa equação, se processa e se intensifica uma divisão de classes e de espaços sociais e ainda de estados de espírito. Os sujeitos das classes dominantes podem frequentar ambientes públicos e privados e neles agir com a desenvoltura que a competência nos usos autorizados e bem aceitos da língua, do corpo e da voz lhes proporcionam, ao passo que aos oprimidos estão quase exclusivamente reservados os embaraços, os silêncios e as humilhações. Mesmo que não seja suficiente, a competência linguística é condição frequentemente necessária ao acesso às posições de prestígio social e ao espaço público, no qual a exposição de queixas, propostas, reivindicações, denúncias e revoltas pode produzir algum efeito. Sua relativa defasagem, assiduamente imaginada como completa inaptidão, converge para o silenciamento público dos que já pouco falam, enquanto seu domínio, quase sempre concebido como capacidade absoluta, inata e/ou merecidamente adquirida, além do acesso, é manifestação e reforço do direito à fala pública, ao poder da palavra e a tantos outros poderes.

Justamente porque o emprego da língua, do corpo e da voz na produção da comunicação implica constitutivamente e ao mesmo tempo a presença e a antecipação das avaliações e das autoavaliações, cujos níveis de exigência e rigor serão tanto maiores quanto mais pública for a situação de fala e quanto maior for seu grau de oficialidade e protocolo, o desempenho da fala está desde sempre afetado pelas sanções positivas e negativas do passado, do presente e do futuro. Num cruel mercado simbólico, em que uns, dotados desse e de outros capitais, tentam a jusante maximizar seus lucros, e outros,

---

26. BOURDIEU, 1996. Op. cit., p. 56. • BOURDIEU, 2006. Op. cit., p. 539.

praticamente destituídos dessa e de outras posses, buscam a montante reduzir suas perdas, se fixa, por um lado, "o preço de um produto linguístico que a antecipação prática deste preço contribui para determinar em sua natureza e, portanto, em seu valor objetivo; e, por outro lado, a relação prática com o mercado (traquejo, timidez, tensão, embaraço, silêncio etc.), ao contribuir para fundar a sanção do mercado, oferece uma justificação aparente para esta sanção da qual ela é em parte o produto"[27]. Assim, o círculo vicioso está fechado e perfeito: a antecipação da sanção incide decisivamente sobre a performance e a qualidade desta última, por sua vez, ratifica e justifica a própria sanção.

Tal como se diz do peixe, o pobre morre pela boca. Miseráveis e marginalizados são mortos em larga medida, tendo suas bocas como pretexto. As maneiras de comer e de beber, de rir e de chorar, de falar e de calar se congregam no que se designa como "estilo global dos usos da boca"[28]. Há aí sons e silêncios distintamente carimbados com os estigmas e laureados com o prestígio. Numa luta de classes travada também pelas sonoridades da língua, do corpo, da voz e ainda pelas de outras técnicas e instrumentos, os barulhos, o tropel, o estardalhaço e a estridência são marcas atribuídas ao povo pobre e supostamente índices de sua deselegância. Como se fosse possível a existência de conteúdo sem expressão e de função sem forma, tudo se passa como se dominados e oprimidos somente se ocupassem com as funções da ingestão e com o conteúdo do que sentem e comunicam, descurando o cuidado com a estilização formal e a graça expressiva e, assim, agredindo o refinamento das sensíveis escutas burguesas e aristocráticas com a crueza e a grosseria de seus sons e ruídos.

O que podemos observar aqui é que falta nuance exatamente aos que inconsciente, proposital ou cinicamente reivindicam esse refinamento, uma vez que substituem a complexidade dos *continua* e dos gradientes pela simplificação de oposições oportunistas e opressoras. Nestas separações estanques natureza/cultura, corpo/alma e barbárie/civilização, mas também nestas outras popular/erudito, oralidade/escrita, voz/fala e erro gramatical/correção linguística, se estabelece uma hierarquia entre cada um de seus componentes. Nelas se instaura ainda certa identidade entre aqueles situados à es-

---

27. BOURDIEU, 1996. Op. cit., p. 65.
28. Esse estilo, de que fala Bourdieu (1996, p. 74), enseja igualmente preconceitos de outras ordens, tal como o sofrido pela comunidade *LGBT*. Sobre as discriminações e intolerâncias de que são vítimas as qualidades de voz e as pronúncias *gays*, cf. MENDES, R.B. Gênero/sexo, variação linguística e intolerância. In: BARROS, D.L.P. (org.). *Preconceito e intolerância*: reflexões linguístico-discursivas. São Paulo: Mackenzie, 2011, p. 99-116.

querda dos pares e avaliados disforicamente, por um lado, e entre os que se encontram à direita e qualificados de modo eufórico, por outro. Costuma-se afirmar que essas oposições contribuem para a organização cognitiva do mundo. Se isso ocorre, não é menos verdade que elas concorrem igualmente para reproduzir relações de dominação. As pesquisas sociolinguísticas já demonstraram que não há uma cisão absoluta entre uma norma linguística popular e uma culta, mas, antes, uma espécie de *continuum*, pois tende a não haver maiores distâncias e diferenças entre os considerados usos populares praticados em contextos formais e os empregos ditos cultos em situações familiares.

É com base, portanto, num consenso bastante expandido e arraigado, que se acredita na existência de uma separação bem estabelecida entre um português popular, uma língua do povo, falada pelos sujeitos das camadas desvalidas, de um lado, e um português padrão, uma língua das classes médias e altas, falada pelos sujeitos com bons níveis de instrução formal, de outro. Com efeito, as fronteiras entre os empregos desse chamado português popular e os usos de nossa língua realizados em contextos familiares praticamente por todas as classes sociais são muito mais fluidas do que se costuma imaginar. Além disso, há na consideração dos desempenhos populares de fala, e nos de fala pública, em particular, um mecanismo que repousa sobre as modalidades oral e escrita da língua: as descrições e os julgamentos dos "dominantes" sobre performances orais dos "dominados" são frequentemente escritos e reiteram o esquema profundamente ancorado em práticas e no imaginário cotidiano: "nós" *versus* "eles", "metrópole civilizada" *versus* "colônia selvagem" etc.

Assim, as distinções entre as modalidades linguísticas e as oposições entre voz (animal) e linguagem (humana) cumprem um importante papel nessas separações e hierarquias, ou ao menos incidem sobre elas ou recebem seus influxos. Sem maiores dificuldades, é possível conceber a extensão desse funcionamento a outras separações e a diversas relações de força e dominação entre elites e classes populares, homens e mulheres, brancos e negros/indígenas, normais e loucos, adultos e crianças etc. Além de vantagens econômicas, políticas e sociais, os primeiros integrantes de cada uma dessas duplas pretendem usufruir – e, de fato, conseguiram-no e ainda o conseguem com grande frequência – o privilégio da "razão gráfica", mediante a qual julgam e classificam as vozes produzidas pelos últimos. A somatória desses mecanismos e fenômenos, dessas práticas e representações tende a produzir o efeito de evidentes diferenças e hierarquias que justificariam a contínua e desigual distribuição de estímulos aos que já se encontram acima e à frente, sob a forma de escutas receptivas e aplausos, e de desencorajamentos aos que já estão abaixo e atrás, mediante escutas pouco ou nada acolhedoras e desaprovações de toda sorte. Por essas razões, a fala popular só não será frequentemente inibida, calada ou humilhada na família ou no folclore.

Uma história política dos sentidos: os sons e os odores da distinção

Além de alguns postulados fundamentais da Análise do discurso, brevemente apresentados em nossa Introdução, expusemos até este ponto um conjunto de contribuições básicas da linguística, da sociolinguística e da sociologia da linguagem para que pudéssemos mais bem compreender os mecanismos e fatores simbólicos e sociais, por meio dos quais são criados os rótulos que silenciosa, discreta ou manifestamente afixamos aos usos próprios e alheios da língua, mas também do corpo e da voz. A compreensão do fenômeno é condição necessária para que possamos reduzir nossos preconceitos e as discriminações que sofremos e as que fazemos sofrer. Sua desconstrução passa por reflexões e análises que os tomam pelo que são, a saber, produtos de um processo de julgamento estético fundamentado nas divisões e contradições sociais.

Na medida em que sabemos que esse processo de construção das preferências de nossa escuta é fundamentalmente histórico, seu exame impõe o recurso à História como um campo incontornável do conhecimento. É principalmente a partir da História cultural e da História das sensibilidades[29] que podemos aprender que os objetos, as práticas e as representações do universo da cultura e da estética, mas também os do campo dos sentidos (a visão, o paladar, a audição, o tato e o olfato), estão sensíveis às variações do tempo, às distribuições no espaço e às partilhas e fragmentações sociais. De fato, de modo ainda mais capital, tais objetos, práticas e representações são constituídos no bojo dessas variações e distribuições das eras e dos lugares e em meio aos consensos e conflitos que constituem as sociedades.

Tendo em vista o fato de que a História cultural é entre nós já bastante conhecida[30] e o de que o percurso que passamos a empreender aqui visa principalmente à exposição de elementos da construção histórica da escuta e, especialmente, da escuta da fala pública, nos limitaremos a apresentar a

---

29. Sobre esse campo da História e sobre a flutuação nas designações que ele recebe, cf. o prefácio de Pascal Ory à obra *Alain Corbin* – Une histoire des sens. Paris: Robert Lafont, 2016, p. VII-XXX.

30. Para o leitor eventualmente ainda não familiarizado, cf. BURKE, P. *O que é História cultural*. Rio de Janeiro: Zahar, 2008. • ROGER. C. *A História cultural*: entre práticas e representações. Lisboa: Difel, 1990. • DE CERTEAU, M. *A invenção do cotidiano*. 2 vols. Petrópolis: Vozes, 2000.

seguir algumas passagens de duas obras daquele que é considerado uma espécie de precursor da História das sensibilidades, o historiador francês, Alain Corbin, às quais acrescentaremos certos comentários e discussões oriundas de estudos contíguos. Antes, porém, de passarmos imediatamente às nossas explanações sobre esses textos de Corbin e à apresentação de alguns de seus excertos, faremos um rápido esclarecimento sobre a afirmação, que fizemos logo acima, de que as rotulações eufóricas ou pejorativas de nossos próprios usos da língua, do corpo e da voz, bem como as dos usos alheios, não são exclusivamente feitas com alarde, mas podem sê-lo igualmente com reserva, com relativa indiferença e mesmo com silêncio.

Se o afirmamos, é porque estas últimas maneiras de fazê-lo, ao invés de corresponderem à sua efetiva ausência, indicam, antes, que não raras vezes julgamos em segredo e/ou mais ou menos inconscientemente as formas e modos de fala de nosso interlocutor ou passamos mais ou menos incólumes por suas formas e modos, nas circunstâncias ordinárias e distensas ou nas ocasiões em que as palavras que ele emprega, as articulações que estabelece entre elas e as maneiras como as pronuncia são por nós ouvidas e julgadas como adequadas ao seu contexto de uso e como não marcadas. Ou seja, seu léxico, sua sintaxe e sua prosódia não nos causam estranheza alguma, justamente porque são consideradas por fatores históricos, sociais e culturais, conscientemente ou não, como neutras, médias e ideais. Tudo se passa como se houvesse um grau-zero do vocabulário, da gramática, da pronúncia e de suas próprias condições de produção, unidades e empregos que não seriam ácidos nem alcalinos. Daí, não sem razão, acreditarmos frequentemente que quem tem sotaque são os outros, desde que não pertençamos a um grupo menos numeroso ou desde que, mais simples e decisivamente, não tenhamos menos poder e, por isso, passemos a acreditar que somos nós os únicos que os têm.

Com efeito, nossos padrões, sensibilidades e regimes de escuta modificam-se ao longo do tempo, alteram-se na passagem de um espaço a outro e transformam-se de acordo com nossas pertenças e identificações a classes e grupos sociais. Nossa escuta não se reduz nem se limita ao encontro entre a articulação mecânica dos sons de nossa voz, a acústica dessas sonoridades e a percepção fisiológica da audição. Guardadas as devidas diferenças e proporções, o mesmo ocorre com os demais de nossos cinco sentidos. Se o preconceito tem cor, ele também tem som, gosto, cheiro e sabor. Diante de nossas limitações, que nos impedem de considerá-los em sua totalidade, optamos por abordar rápida e somente a condição histórica do olfato e da escuta e algumas das lutas e divisões sociais que esses dois sentidos compreendem e contribuem para reforçar. Comecemos pelas transformações e pelas discriminações dos odores, para que, posteriormente, retornemos aos sons e à escuta.

É exatamente essa condição histórica o que fora demonstrado por Alain Corbin em *Le miasme et la jonquille: L'odorat et l'imaginaire social: XVIIIe-XIX^è siècles*[31] (O miasma e o narciso. O odor e o imaginário social: séculos XVIII e XIX), a propósito das modificações da sensibilidade do olfato e de seus usos para as distinções sociais. Em sua obra, estamos diante de uma "história do sentido dos sentidos apreendidos na recepção das mensagens sensoriais e na maneira pela qual essa recepção, historicamente determinada e, portanto, em permanente evolução, determina, por seu turno, os julgamentos de valor e, por conseguinte, as práticas individuais ou coletivas, sociais ou políticas"[32]. Essa história dos sentidos nos revela que há uma historicidade das representações sensoriais e, por extensão, das ações que as experimentam e exprimem e ainda de outras que elas suscitam; ela nos mostra igualmente que se trata aí de uma história plena de hierarquias sociais, que vão do agradável e do desagradável, passando pelo aceitável e pelo intolerável, até o sedutor e o perigoso, cujas posições podem sofrer importantes e mais ou menos repentinas modificações ou conhecer conservações de considerável duração. Em suma, como sujeitos de uma sociedade, estamos imersos num mundo de odores, bem como de sons, formas, matérias, luzes e sabores, aos quais atribuímos sentidos a partir de um conjunto de dados empíricos que nos chegam certamente por meio da fisiologia de nossos órgãos, mas também e provavelmente, sobretudo, mediante a história e suas avaliações e discriminações culturais, sociais e políticas.

Precisamente no que concerne o olfato, suas práticas e representações e no que elas nos interessam aqui, Corbin afirma que houve entre os séculos XVIII e XIX a produção do "fedor do pobre", baseada numa "gestão burguesa dos odores". Assim, naquelas condições, essa gestão preconceituosa de classe pintava o seguinte quadro olfativo, saturado de emanações: "o trabalhador braçal, mergulhado dia e noite numa atmosfera viciada, impregnado de odores ensebados, ocupado constantemente com o trabalho de suas mãos e cujo corpo exala cheiros fortes, perde sua sensibilidade olfativa". Isso se daria pela seguinte razão: em virtude de uma lei de compensação que rege

---

31. CORBIN, A. *Le miasme et la jonquille* – L'odorat et l'imaginaire social: XVIIIe-XIX^è siècles. Paris: Aubier, 1982. A edição de que extraímos as passagens citadas aqui é a que se encontra na obra *Alain Corbin* – Une histoire des sens. Paris: Robert Lafont, 2016. A edição original francesa foi publicada em 1982 e a edição brasileira, em 1987, com o título *Saberes e odores* e com o mesmo subtítulo da obra francesa. A edição brasileira se encontra atualmente esgotada. Não dispondo da publicação brasileira, optamos por traduzir os trechos citados do texto em francês.

32. ORY. Ibid., p. XIX.

o desenvolvimento dos órgãos, o vigor dos braços impede a delicadeza do nariz". Corbin acrescenta ainda que essa delicadeza permanecerá "o apanágio daqueles que não estão limitados e coagidos pelo trabalho manual"[33], de modo que a desigualdade entre os órgãos e os sentidos somente reflete aquela que reina entre as classes sociais e seus sujeitos.

No momento em que suas deficiências e defeitos tendiam a já não ser mais exclusivamente considerados como algo derivado de seu nascimento, os membros das classes populares ainda assim eram mantidos na condição de quem possuía menos dons e refinamentos de espírito do que os abastados, porque apenas se consagrariam aos trabalhos de suas mãos, que exigiriam a força e a técnica de seus corpos e que, consequentemente, reduziriam a delicadeza e a sofisticação de suas mentes e de suas almas. Além disso, não é somente o odor que é assim considerado, uma vez que esses julgamentos se estendem igualmente a todos os sentidos. Os pobres teriam pobreza de espírito e de sentidos: seu paladar, seu tato, sua visão e sua escuta eram ou se tornariam menos refinadas ou até mesmo rudes e grosseiros. Em conformidade com que dissemos ainda há pouco, podemos acrescentar que as desigualdades entre as supostas competências e inaptidões sensíveis dos indivíduos apenas reiteram, reforçam e justificam aquelas que existem entre as classes e os grupos sociais:

> Sentindo-se repelida pelos fortes odores, a burguesia se mostra cada vez mais sensível a respirar estas perturbadoras mensagens da intimidade em suas próprias moradas. [...] A ausência de cheiros indesejáveis em suas casas lhes permitiria distinguir as pessoas pútridas, aquelas que federiam como a morte e como o pecado e, ao mesmo tempo, lhes permitiria ainda justificar os tratamentos a serem impostos aos que fediam. [...] Eis então que os excrementos passam a ordenar as representações sociais. O burguês projeta sobre o pobre o que ele próprio está tentando reprimir em si mesmo. A visão que ele tem do povo está estruturada de acordo com a imundície que ele atribui exclusivamente ao outro. Seria, portanto, inútil tentar separar o foco sobre o fedor dos pobres e a vontade da classe média de se desodorizar[34].

De acordo com Corbin, durante a chamada Monarquia de Julho, na França, algumas dessas transformações históricas e sociais do olfato se intensificaram: às relações entre o odor nauseabundo e as fraquezas morais das classes populares, se acrescentam as preocupações com a higiene. Seria ne-

---

33. CORBIN, 2016. Op. cit., p. 130-131.
34. Ibid., p. 132-133.

cessário desencardir os pobres, sobretudo, após a terrível epidemia de cólera, que ocorreu em 1832. Para tanto, nesse cenário de crise de saúde pública, ainda na primeira metade do século XIX, o Estado francês impõe uma lei sobre as habitações insalubres: a administração estatal deverá "vigiar as casas e alojamentos dos pobres, assim como as jaulas dos animais, nos jardins zoológicos"[35]. Contudo, mesmo a partir do momento em que houve um considerável recuo nas infecções, o comportamento e a moralidade populares continuaram a ser alvejados, com o pretexto de que haveria falta de higiene e odores desagradáveis junto aos pobres, tal como já se dizia ao menos desde as primeiras décadas daquele século. Aí se encontram a higiene, o olfato e a moral: "o povo que for amigo da limpeza, em breve, o será da ordem e da disciplina". Asseio e sanidade eram considerados ao mesmo tempo "um meio de conservação e um signo que anunciava o espírito de ordem e de proteção; as classes bem favorecidas se afligiam, ao ver a que ponto a limpeza era desconhecida pela maioria dos indigentes e era concebida como um triste sintoma das doenças morais pelas quais eles eram atingidos"[36].

É na sequência da produção histórica de oposições cristalizadas entre as virtudes olfativas e morais das classes médias e das elites e os vícios dos pobres e dos marginais que ouvimos frequentemente ainda em nossos dias no Brasil enunciados como os seguintes: "Eu sou pobre, mas eu sou limpo" e "Eu sou pobre, mas sou honesto". Como podemos observar a olhos vistos, essas afirmações derivam da produção histórica de um efeito de disjunção entre pobreza e limpeza e entre pobreza e honestidade. Ao repeti-las, continuamos a perpetuar as discriminações sobre os homens e mulheres que mais sofrem em nossa sociedade; nesse caso, sob o pretexto de que a sujeira encontrada ou projetada em suas casas, em suas roupas e em seus corpos seriam a faceta visível e fétida do que carregariam em seus corações e em suas almas. Temos, então, aqui, no plano do olfato, o reforço daquelas relações análogas entre expressão e conteúdo, entre linguagem e pensamento, quando se trata da escuta. Por essa mesma razão, não é difícil conceber que "a inferioridade, para não dizer a enfermidade sensível do povo, engendra a pobreza de ideias e grosseria dos sentidos"[37]. O odor é, portanto, produto da história. Ocorre o mesmo no que diz respeito à escuta, em que pesem as eventuais especificidades de cada um dos cinco sentidos. A consideração dessa condição histórica dos sentidos é essencial para compreendermos as questões e os riscos envol-

---

35. Ibid., p. 146.
36. Respectivamente: MOLEON, V. *Rapports généraux sur les travaux du Conseil de Salubrité.* • DE GERANDO. *Le visiteur du pauvre.* Apud CORBIN, 2016. Op. cit., p. 146.
37. CORBIN. Ibid., p. 137.

vidos nas práticas e representações da fala pública e de sua escuta, em geral, e nas de seus congêneres populares, em particular.

Numa pichação em letras azuis sobre o fundo branco de um muro do mais elitizado clube de uma cidade do interior paulista, lemos o seguinte: "Ricos fedem igual"[38]. Considerando o fato de que sempre que pensamos, falamos ou escrevemos, estamos nos relacionando com as coisas que já foram pensadas, faladas ou escritas, aderindo relativa ou completamente ao que elas dizem, lhes sendo mais ou menos indiferentes ou as refutando em graus variados, podemos conceber o enunciado pichado como uma réplica ao discurso que afirma que as pessoas pobres cheiram mal. Embora possamos crer que se trataria de algo injusta e injustificadamente pensado, mas estrategicamente não dito, e, se dito, não escrito nem falado em circunstâncias públicas, dada a condição abertamente preconceituosa e discriminatória de uma tal afirmação, há ocorrências de falas públicas, veiculadas na grande mídia conservadora brasileira e com sua chancela, nas quais esse discurso elitista se materializa em alto e bom som.

Havemos infelizmente de nos lembrar da célebre, desastrosa e reveladora frase de João Batista Figueiredo – então chefe do Serviço Nacional de Informações (SNI) e indicado pelo presidente Ernesto Geisel à sucessão presidencial – proferida durante uma entrevista que fazia parte da campanha para torná-lo conhecido como "João do povo". Ao lhe ser perguntado se gostava do cheiro das massas populares, o futuro presidente respondeu: "O cheirinho dos cavalos é melhor do que o do povo". Não seria a última vez que Figueiredo manifestaria sua aversão ao que julgava ser o desagradável odor popular. Se o havia feito em público, com mais forte razão, não se eximiria de fazê-lo em condições privadas. Durante uma festa particular, ocorrida já no ano de 1987, numa cidade do interior do Rio de Janeiro, em que suas falas estavam sendo gravadas em áudio e vídeo, ao relatar uma viagem à Bahia, Figueiredo diz o seguinte: "Cheguei na Igreja do Bonfim, tinha gente como o diabo. Quando subi aquela escadinha pequeninha, eu entrei na ala das baianas e elas vieram falar comigo. A primeira que chegou me deu um abraço que não terminava mais". A essa altura, aproveitando-se de uma pausa na fala de Figueiredo, um dos convivas demonstra seu elitismo, consoante com o dos demais convidados, que riam entusiasmadamente, nestes termos: "E não usava Rexona". O ex-presidente, então, retoma a palavra, não menos eufórico, e diz: "Não, não usava Rexona". Figueiredo descreve, em seguida, com

---

[38]. Ao menos até o dia 12 de outubro de 2018, a referida pichação ainda não havia sido apagada do muro do São Carlos Clube, situado à Avenida Episcopal, na cidade de São Carlos/SP.

humor e asco, sempre acompanhado pelas gargalhadas de sua audiência, uma sequência de beijos que recebeu das baianas, antes de assim finalizar seu relato: "Eu fui pro hotel, suado. Tirei toda aquela roupa. Tomei uns dez banhos: esfregava sabão, esfregava, fazia assim (a imagem mostra Figueiredo passando a mão em seu pescoço e a levando até a altura de seu nariz para cheirá-la)..., e ainda tinha o cheirinho de crioulo..."

O elitismo brasileiro nada deve aos de outros tempos e lugares. Shakespeare coloca na boca do general romano, Caio Marcio, o Coriolano, célebre por sua posição antipopular, a seguinte declaração: "A vocês, meus nobres amigos, peço-lhes perdão. Mas a essa ignóbil e fedorenta multidão vou dizer umas boas verdades"[39]. Como é onipresente na história do Brasil, os preconceitos sociais e étnicos andam de mãos dadas e com todo vigor. Mais recentemente, ainda testemunharíamos outro episódio absolutamente lamentável da postura elitista. Ao cobrir uma convenção do PSDB, realizada em abril de 2010, para o lançamento da candidatura de José Serra às eleições presidenciais daquele ano – ocasião por ela descrita, empregando um tom que mistura sarcasmo, surpresa e ojeriza, como inusitada, porque se tratava de uma reunião "do PSDB diferente em todos os sentidos", a qual "todos estão estranhando", por contar com "muita gente, muita bagunça, muita confusão" –, uma jornalista, de grandes veículos da mídia nacional, afirmava com especiais ênfase e euforia o seguinte: "Parece até que o PSDB está virando um partido popular, um partido de massa". Na sequência, supostamente resguardada pelo efeito de que se trataria ali da reprodução de uma fala alheia, a jornalista aumenta ainda mais o deboche e a discriminação que lhe acompanha: "Mas, um velho assessor, que conhece bem o PSDB, brincou: 'Partido de massa, mas de uma massa cheirosa'". A condição de mera "brincadeira", ainda mais porque atribuída a outrem, tornaria aceitáveis o preconceito, o desprezo e o escárnio pelo que novamente se classifica como o mau cheiro das classes populares.

Sempre com a escusa de se tratar supostamente de troça de terceira pessoa, a jornalista se vale de modulações de voz simplesmente odiosas, tal como em sua pronúncia de "cheirosa": a palavra é destacada por uma tessitura vocal mais alta, por uma desaceleração de seu tempo de fala, por uma ênfase na sílaba tônica "ro" e por uma quase silabação em sua articulação. No que é dito pela jornalista e em seus modos de dizer, em suas palavras, em seu rosto e em sua voz, se destila cruel e jocosamente o veneno do preconceito

---

39. SHAKESPEARE, W. *Coriolanus*. Ato III, cena 1 [disponível em http://shakespeare.mit.edu/coriolanus/index.html].

de classe. Diante dessas euforias e ironias e desses estigmas e menosprezos, formulados em dizeres que contam com as formas da língua "culta" e materializados numa voz bem-posta, cuja circulação se alastra praticamente por todo território nacional, com a hegemonia que adquire e com a aura de que se investe quase tudo o que se transmite pela tevê, um gesto gráfico de resistência se levanta sob a forma de pichação, um signo de luta tão clandestino e efêmero quanto corajoso e necessário.

Sua inscrição em letras em caixa alta no muro de uma instituição na qual a assepsia, o frescor e a aromatização são onipresentes, com suas duchas, saunas e piscinas, e para a qual seus frequentadores tendem a não se encaminhar sem diversos cuidados higiênicos, odoríficos e estéticos, não nos parece ser aleatória; isto é, talvez o lugar em que foi posta não tenha sido escolhido somente pelo contraste que o fundo branco proporcionaria com a sobreposição das letras azuis. Em todo caso, de modo deliberado e por essas razões ou sem que isso nem sequer tenha sido especulado por seu autor, o fato de que seja esse seu endereço não deixa de concorrer para a produção de um efeito de refutação, tal como se afirmasse: "não adianta todo esse arsenal, toda essa pompa e perfume, pois *ricos fedem igual*". Se tal gesto provém de uma posição de resistência análoga àquela que se encontra nos versos da canção de Cazuza – "A burguesia fede / [...] Pobre de mim que vim do seio da burguesia / Sou rico mas não sou mesquinho / Eu também cheiro mal"[40] –, não conta com a legitimidade e o prestígio atribuídos à música e à poesia nem com a transmissão difusa e o longo alcance das canções da MPB.

Caso fosse visto pelas forças da ordem, ao executar seu compreensível ato de legítima defesa, o autor daquele relativamente surpreendente enunciado sofreria punições sem demora e provavelmente violência policial imediata. Ora, sabemos que quanto mais desigual é uma sociedade, maior será a distância entre a lei e a justiça. Por essa razão, a réplica justa teve de se formular no escuro da noite, se valendo de alguns recursos da língua e de certos traços da tinta. Em sua formulação, a omissão de artigo ou de outro determinante que precedesse "ricos" produz um efeito de generalização: não são apenas alguns, estes ou aqueles, mas todos, indistintamente... A escolha do substantivo e do verbo que figuram como sujeito e núcleo do predicado indicam com precisão a dimensão econômica nas disputas pelos bons e maus sentidos, nas batalhas pelo direito de dizer o que cheira bem ou mal, isto é, apontam a existência de uma luta de classes dos odores. Particularmente, a seleção do verbo constrói ainda o efeito de uma incisiva acusação, porque o enunciador que diz

---

40. CAZUZA. *Burguesia*. Polygran, 1989.

"fedem" poderia, no limite, até dizer algo similar, mas não o faria do mesmo modo, se tivesse optado por "cheiram", "não cheiram muito bem", "cheiram mal", "não têm um odor muito agradável" ou por "têm um cheiro peculiar". Além disso, sua condição de verbo dinâmico parece menos sugerir uma ação do que indicar uma propriedade não contingente, mas intrínseca do sujeito de que ali se fala.

Em que pese a força do nome e do verbo na construção dos sentidos desse enunciado, cremos haver uma sobredeterminação do advérbio que os sucede. Isso porque, diferentemente de certo consenso social, menos dito do que pensado, sentido e praticado, segundo o qual as distintas categorias sociais e as diversas situações econômicas seriam causa e/ou efeito de diferenças de competência e de mérito, de corpo e de caráter entre os indivíduos da espécie humana, é a igualdade entre os homens que nele se pretende afirmar e reivindicar, relembrar e destacar. É como se ali se falasse, portanto, menos da riqueza e do odor de uns do que da equivalência entre todos, da igual condição de corpo perecível e de matéria orgânica de todo ser humano, independentemente de sua posição social e de seu poder econômico. Assim, o sentido de "Ricos fedem igual" poderia ser parafraseado nos seguintes termos: "Vocês, ricos, que se creem superiores e vocês que creem que os ricos são superiores, porque possuiriam naturalmente qualidades que os tornariam distintos, tal como seus inatos odor agradável e refinada sensibilidade olfativa..., vocês estão enganados. Somos todos iguais". A recusa do rebaixamento e do menosprezo vem com uma afirmação da igualdade feita de modo particular e coerente com sua adesão a um discurso igualitário; ou seja, ela é construída com um advérbio que dispensa o sufixo "-mente" e, dessa maneira, proclama a igualdade, conforme uma norma linguística informal e popular, se valendo de "igual" e não de seu correspondente, solene e desagregador, "igualmente".

O que vale para o olfato não é menos válido para a escuta: há uma história política dos sentidos. Durante muito tempo, se a escuta de sábios e profetas foi uma via privilegiada para o bem e a virtude, a audição esteve também associada ao erro e à perdição produzidos pelas paixões despertadas por sonoridades, vozes e melodias tão belas quanto perversas. Parecia, então, haver certa predileção ocidental pela visão, que seria o sentido por meio do qual teríamos acesso ao que é sublime, inteligível e verdadeiro. Sem eliminá-la completamente, os desenvolvimentos tecnológicos da modernidade contribuíram para tornar mais complexa essa relação entre os dois sentidos e suas relações com o corpo e a alma, com as paixões e a razão e com o erro e a verdade. Além disso, desde então, o som se expandiu física, social e culturalmente: de um fluxo etéreo materializou-se em onda sonora, tornou-se recurso artístico no cinema, no teatro e na televisão, passou à condição de mercadoria fonográfica que enseja comportamentos e busca criar identidades sonoras de marketing, transformou-se em arma de guerra e em prova judiciária. A despeito da ocorrência moderna e contemporânea dessas metamorfoses sonoras e de sua incidência na sensibilidade auditiva, oriundas da invenção e difusão de tecnologias de captação, registro e reprodução dos sons, em geral, e da voz humana, em particular, durante os séculos XIX e XX, a escuta sempre foi um sentido constituído por relações sociais e imersa numa densidade histórica. Somente depois de ter sido objeto de estudos da acústica, da estética e da música, é que a paisagem sonora e seus ruídos e silêncios passaram a interessar aos estudos culturais, à sociologia e à história.

Nem sempre vemos alguém que ouve e é ainda mais difícil ouvirmos alguém à escuta. Sua real condição discreta e seu presumido caráter passivo talvez tenham concorrido para que os *Sound Studies* apenas conhecessem uma emergência tardia; o que não significa, porém, que não tenha havido uma importante série de estudos sobre as relações entre o som e a sociedade. Antes de seu advento, já havia tentativas ora mais ora menos bem-sucedidas de controle das massas pelo som. Enquanto a origem dessas tentativas está perdida na noite dos tempos, desde quando soberanos e sacerdotes eram intérpretes e porta-vozes dos trovões e dos gorjeios das aves, a análise de sua consolidação e inegável subida de patamar a partir da segunda metade do século XIX até nossos dias foi empreendida por alguns estudos relativamente recentes[41]. A épocas anteriores e a técnicas e tecnologias específicas já se haviam dedicado trabalhos que focalizaram particularmente as performances orais, o rádio, o telefone[42] etc., mas a "paisagem sonora" como objeto teórico propriamente dito apenas conheceu recentemente sua concepção. Em que pesem suas diferenças, com essas reflexões sobre a sonoridade, de modo geral, e sobre a fala e voz humana, em particular, aprendemos que há mudanças nos padrões sonoros e nas sensibilidades de escuta ao longo do tempo e variações sociais nesses padrões e sensibilidades no interior de cada sociedade em dado período.

---

41. Cf. STERNE, J. *The Audible Past* – Cultural origins of sound reproduction. Durham: Duke University Press, 2003. • SCHAFER, R.M. *Afinando o mundo*. São Paulo: Ed. Unesp, 2001. • VOLCLER, J. *Contrôle*: comment s'invente l'art de la manipulation sonore. Paris: La Découverte, 2016.

42. ZUMTHOR, P. *A letra e a voz*. São Paulo: Companhia das Letras, 1993. • SALAZAR, P.-J. *Le culte de la voix au XVIIᵉ siècle*. Paris: Honoré Champion, 1995. • SZENDY, P. *Écoute: une histoire de nos oreilles*. Paris: Minuit, 2001. • LACHENAUD, G. *Les routes de la voix Les routes de la voix*: l'Antiquité grecque et le mystère de la voix. Paris: Les Belles Lettres, 2013. • CALABRE, L. *A era do rádio*. Rio de Janeiro: Zahar, 2004.

Os sinos não dobram para qualquer um nem o fazem indistintamente das classes e grupos sociais, das ideologias de uma sociedade e das relações de poder entre os sujeitos que a constituem. Em *Les cloches de la terre* (Os sinos da terra), Corbin começa por descrever o embate ocorrido ainda no final do século XVIII entre os administradores municipais, partidários do estado laico pós-revolucionário, e os clérigos, que queriam conservar hábitos e prestígios da Igreja na organização da vida cotidiana. Embora houvesse interdição legal, os sinos continuavam a soar conforme padrões religiosos. A administração local designa os gestos como um "uso antiquado e consagrado pelo fanatismo". Trinta anos mais tarde, a legislação havia se modificado e os toques dos sinos voltaram a ser autorizados nas principais cerimônias religiosas. Nem por isso as lutas haviam cessado. Com vistas a reforçar suas defesas com a aquisição de material bélico, o subprefeito do vilarejo *Bar-sur-Aube*, impedido de aumentar os impostos para fazê-lo, resolveu vender um dos quatro sinos da igreja local, justamente aquele que, já em mau estado de conservação, estava inutilizado. A reação de sua comunidade não foi das melhores. No dia do leilão daquele sino, explode uma sublevação: "se acreditarmos na narrativa do prefeito, 'fanáticos vociferantes' invadiram o salão da prefeitura. Em seguida, começa a circular uma petição que reclama a anulação do leilão"[43].

Inicialmente configurado como um confronto ideológico entre a administração e a igreja, a disputa ensejada pela venda do sino passa a tomar aspectos de classe. Para o bispo de Troyes, o movimento fora empreendido por "pessoas de muita coragem", movidas pela "grande pena" que experimentavam com a possibilidade de perda do sino. A partir de outra posição, o prefeito classifica os envolvidos como uma "turba" e o subprefeito, como "o povo da última classe", como "fanáticos de uma repugnante grosseria". Os sons que desagradavam os governantes e os membros das classes instruídas e laicas podiam ainda, porém, encantar bem-nascidos e burgueses românticos. Estes últimos eram tomados pela nostalgia e compartilhavam o gosto pelos sinos e por sua sonoridade. Assim, ao menos eventualmente, a sensibilidade das elites poderia não se distinguir da rudeza do povo de última classe. Divisão análoga ocorreria já na segunda metade do século XX, quando uma torre da abadia benedita, destruída durante a II Guerra Mundial, fora restaurada e passara a substituir a sirene da prefeitura. *Grosso modo*, enquanto "os moradores dos vilarejos exigem a manutenção da sirene", porque, segundo eles, o som do sino praticamente não era ouvido pelos trabalhadores que moravam

---

43. CORBIN, A. *Les cloches de la terre* – Paysage sonore et culture sensible dans les campagnes au XIXe siècle. Paris: Albin Michel, 1994, p. 9-10.

longe da igreja, "as pessoas do burgo, assim como a maioria do conselho municipal, eram bastante sensíveis à qualidade estética dos sinos"[44].

As distintas sensibilidades da escuta reavivariam outras disputas e concorreriam para aumentar a tensão e as contendas: "A querela fez ressurgir as antigas clivagens e é testemunha da vivacidade das paixões daquela localidade". Por um lado, "as 'pessoas do campo' atacam as 'pessoas da cidade', por outro, correlativamente ou não, os partidários de De Gaulle agridem os de Pétain". No calor dos embates, não há espaço nem razão para a discrição: "o desvelamento das vidas privadas entra em cena como tática nos desdobramentos do conflito. Velhos ódios se despertam. As suscetibilidades, que se pretendiam bem escondidas, afloram. Os 'camponeses' invadem a cidade, lançam invectivas e algumas pedras. Atacam surdamente o padre, o tabelião e o médico". Novamente, uma contenda de sinos havia desencadeado efeitos que mal se poderiam supor: rendeu um romance, ganhou repercussão midiática, produziu o espanto de uns e a derrisão de outros e, enfim, direta ou indiretamente provocou um infarto no prefeito: "os notáveis do conselho municipal recorreram então a um antigo deputado e lhe suplicaram que ele se tornasse o prefeito da cidade, a fim de resolver um conflito que se tornara insolúvel". Passada sua efervescência, sua difusão e seus surpreendentes desfechos, os *affaires* dos sinos nos soam hoje em dia praticamente incompreensíveis. Em seu tempo, sua sonoridade se constituía como uma linguagem, que ritmava a dinâmica da vida, do trabalho e da religião, indicava categorias e relações sociais e exprimia ou suscitava dores e prazeres de viver numa sociedade.

> Dominar a voz da autoridade, que se irradiava a partir do centro do território, constituía uma forma de dominação ardentemente cobiçada, mas que parece, em nossos dias, somente como algo derrisório. A detenção desse privilégio, impregnado de promessas e de riscos, comandava numerosos conflitos no seio de comunidade. O bronze dos sinos e as sonoridades de honra afirmavam as hierarquias. Sancionavam a mobilidade social e registravam o deslizamento de valores dominantes e as transferências de autoridade[45].

Os capítulos de uma história dos sentidos e das sensibilidades não podem de modo algum prescindir do exame dos limiares e dos limites da tolerância. Não se trata de tarefa fácil e é por essa razão que Corbin fala das dificuldades para se "explorar o inatual", em sua análise da paisagem sonora francesa. Se

---

44. Ibid., p. 10-12.
45. Ibid., p. 14-15, 232.

a dimensão física da sonoridade, bem como suas regras de comunicação, já é praticamente inapreensível – "a frequência dos sons, a intensidade de seu volume, a multiplicação dos golpes, a complexidade dos códigos e a diversidade dos regulamentos episcopais" –, os efeitos sociais, políticos e psicológicos dos repiques festivos e dos dobres fúnebres dos sinos de um outro tempo são quase impossíveis de serem identificados de modo preciso. Mesmo que uma mensuração precisa dos padrões rítmicos e melódicos pudesse ser feita, não poderíamos ultrapassar as contingências de uma interpretação e de uma relativa compreensão das relações entre sons, sentidos e sociedade: "a medida objetiva da frequência, da forma e da intensidade das mensagens sonoras não basta para a reconstituição do efeito produzido sobre o indivíduo que as percebe". Isso porque "essa recepção está submetida, ao mesmo tempo, à textura do ambiente sensorial, às modalidades de atenção e aos procedimentos de decodificação"[46].

Associadas às possibilidades de identificação de tendências da sensibilidade auditiva devem estar as abordagens complexas e a recusa de pretensões totalizantes. Se, por um lado, podemos postular a existência de uma "preocupação com a dessonorização", sob formas tão diversas quanto a lei do silêncio, a relativamente recente substituição de vozes graves e, eventualmente, até mesmo ásperas, por vozes neutras e fluidas na televisão, na canção e em sistemas públicos de som, por outro, observamos o aumento do volume na música ambiente em estabelecimentos comerciais e noturnos. Daí deriva a dificuldade para se estabelecer um único limiar de tolerância auditiva que se estenda a toda sociedade. Para que nos aproximemos de sua identificação, é necessário multiplicá-los e concebê-los no interior de suas distintas condições de produção. Ao cotejar seu estudo da escuta com aquele que havia dispensado ao olfato, em ambos observando as transformações ocorridas durante o século XIX, Corbin afirma que "a hostilidade ao barulho é bem menos perceptível que o incômodo suscitado pelos maus odores". Nesse contexto, alguns ruídos passaram a ser aceitos e certas ascensões nos volumes sonoros, benquistos: "não se poderia, portanto, propor um processo global de crescimento das delicadezas"[47]. Seria, antes, mais apropriado levantar a hipótese de uma eventual elevação dos limiares do que é ouvido e tolerado.

Não resta dúvida de que as propriedades e as transformações de um sistema de apreciação emergem e se processam não somente segundo os

---

46. Ibid., p. 20.
47. Ibid., p. 475-476.

distintos aspectos dos ruídos, dos sons e das vozes ouvidas, mas também e principalmente com as determinações culturais, históricas e sociais dos meios e condições da escuta. Direitos e deveres, opressões e privilégios materializam-se emblematicamente na produção dos sons. No funcionamento da linguagem dos sinos, podemos observar a desigual distribuição do direito de falar, de fazer falar e de não deixar dizer: "aquele que exerce seu domínio sobre a sonoridade detém igualmente o poder de silenciar". Esses donos do som e do silêncio, "graças à potência e à ubiquidade dos dobres dos sinos, podem, no exato sentido do termo, forçar o outro a se calar". Além disso, poder "decidir a maneira de soar é signo do refinamento da autoridade". Corbin ressalta, finalmente, que um dos pontos fundamentais para que se compreenda a efervescência dos *affaires* dos sinos consiste no seguinte conflito social: "a denúncia do incômodo provocado pelo intenso barulho dos sinos é uma bastante antiga *tradição citadina*", que envolve "a luta conduzida pelas elites, entusiastas da delicadeza e do harmonioso ordenamento dos ruídos, contra a agitação, o tumulto e a algazarra, que seriam por definição os sons do povo"[48]. Evidentemente, essa sonora luta de classes não ocorre somente na França do século XIX.

Há registros históricos dessas relações de força materializadas nos sons dos sinos em cidades de Minas Gerais e da Bahia nos séculos XVIII e XIX. Essas lutas ora mais ou menos surdas ora mais ou menos sonoras já se processavam antes e em outros lugares e continuariam a existir por meio dessas e de outras sonoridades em outros tempos e espaços da história brasileira. A partir da analogia proposta por Pierre Nora entre a importância dos sinos para os antigos e a da televisão para os modernos como meio privilegiado de difusão de informações e de organização social, de modo que a tevê seria para a cidade contemporânea o que o campanário foi para os remotos vilarejos, em "Sinos de Minas: mídia e protesto" são apresentados dois episódios aparentemente pitorescos, mas bastante reveladores tanto dos jogos de poder e das buscas por reconhecimento social entre poderosos quanto da discreta marginalização imposta a desvalidos. O primeiro deles refere-se à ocasião da partida do bispo D. Frei João da Cruz da então Vila de Nossa Senhora do Ribeirão do Carmo, atualmente cidade de Mariana, no ano de 1743. Dados os poderes e perigos envolvidos nos dobres e repiques dos sinos, havia normatização rigorosa que os prescrevia, o que não impedia, contudo, que o regulamento fosse desrespeitado, ao encontro da vontade de distinção: "sobretudo quando dobravam a finados para avisar a comunidade da morte de

---

48. Ibid., p. 339 e 476.

alguém ou repicavam comunicando que alguma figura de destaque – nobre ou eclesiástica – chega à vila ou cidade ou dela saía"[49].

Os encontros e despedidas da gente ilustre não poderiam passar incólumes: "prescrevem os manuais eclesiásticos que a chegada, partida ou passagem de um bispo, de um legado apostólico ou de um grande príncipe devem ser anunciadas pelo som dos sinos". Em tais circunstâncias, o silêncio do campanário não corresponde à ausência de linguagem e de sentido; é, antes, um acinte à autoridade:

> Na partida de Dom Frei João da Cruz, os sinos deveriam tanger festivamente, avisando a comunidade do que ocorria e saudando a alta patente eclesiástica do bispo. Estando sua comitiva a deixar a cidade, deu-se pela falta dos repiques dos sinos da matriz e da capela de São Gonçalo: constatou-se que seus badalos haviam sido retirados. Chegando a notícia ao bispo, ele voltou, ordenou a retirada dos badalos de outras igrejas e interditou os templos da freguesia. A Ouvidoria instaurou uma devassa para apurar a responsabilidade pelo ato. Concluiu-se, dois anos depois (1745), que o responsável fora o padre Francisco da Costa Oliveira, já falecido na ocasião. Segundo apurou-se, este clérigo não fora admitido a exames pelo bispo, razão pela qual se vingou[50].

Já o segundo episódio envolve a monarquia oitocentista brasileira. No início de 1831, Dom Pedro I realizava sua segunda viagem a Minas Gerais. Com base nos relatos do historiador Salomão de Vasconcelos, passamos a conhecer a controvérsia a que teria dado ensejo essa passagem do monarca pelo Estado de Minas. O embate político entre os apoiadores do governo e seus opositores teve nos sons dos sinos e em outros ruídos um elemento fundamental. Na versão oficial, os cronistas registravam a recepção de Dom Pedro nas localidades mineiras com os seguintes termos: "nenhum incidente perturbou a visita do soberano à terra de Tiradentes. Ao contrário – em todos os lugares por onde passou, foi a imperial comitiva acolhida em triunfo, debaixo de inequívocas demonstrações de simpatia e das mais delirantes aclamações"[51]. Em contrapartida, nos periódicos adeptos do Partido liberal, opositor ao governo de Dom Pedro, se lia que "em várias cidades e vilas do seu trajeto em território mineiro fora Dom Pedro irreverentemente recebido a dobres de sinos a

---

49. MONTANHEIRO, F. "Sinos de Minas: mídia e protesto". In: GREGOLIN, M.R.; CRUVINEL, M.F. & KHALIL, M.G. (orgs.). *Análise do discurso*: entornos do sentido. São Paulo: Cultura Acadêmica, 2001, p. 179-189.
50. Ibid., p. 184-185.
51. VASCONCELLOS, S. "A viagem de D. Pedro I a Minas em 1831 e os dobres a finados", 1936, p. 61. Apud MONTANHEIRO. Op. cit., p. 187.

finados, em sinal de protesto por suas tendências absolutistas"[52]. Conforme essa versão, diferentemente do que era esperado em tais circunstâncias, a saber, os repiques festivos, teria havido uma série de dobres lúgubres.

Falas e silêncios no chão da fábrica

Bem mais funestos, porém, seriam outros sons na história do Brasil: os que constituem, reproduzem ou intensificam as opressões de distintas sortes sobre os trabalhadores pobres e sobre outros tantos abandonados. Logo no início do primeiro capítulo de *Parque industrial*, Patrícia Galvão, a Pagu, descreve uma das rotinas de trabalhadores e trabalhadoras das indústrias de tecelagem do Bairro do Brás em São Paulo, na passagem dos anos de 1920 aos de 1930: "Os chinelos de cor se arrastam sonolentos ainda e sem pressa na segunda-feira. Com vontade de ficar para trás. Aproveitando o último restinho de liberdade". Apesar do pouco tempo de que dispõem no trajeto, "as meninas contam os romances da véspera espremendo os lanches embrulhados em papel pardo e verde. – Eu só me caso com trabalhador. – Sai azar! Pra pobre basta eu. Passar a vida inteira nesta merda!" A conversa mal prossegue até que se ouve um som tão potente quanto conhecido, opressor e deprimente: "O grito possante da chaminé envolve o bairro. Os retardatários voam, beirando a parede da fábrica, granulada, longo, coroada de bicos. Resfolegam como cães cansados para não perder o dia". Na pressa, o pé ferido é metáfora da dor do corpo e da alma: "Uma chinelinha vermelha é largada sem contraforte na sarjeta. Um pé descalço se fere em cacos de uma garrafa de leite. Uma garota parda vai pulando e chorando alcançar a porta negra". Os sons e silêncios que se seguem não são menos angustiantes: "O apito acaba num sopro. As máquinas se movimentam com desespero. A rua está triste e deserta. [...] Sangue misturado com leite. Na grande penitenciária social os teares se elevam e marcham esgoelando"[53].

Na condição operária, há mecanismos cujos funcionamentos e efeitos tentam limitar o pleno exercício da linguagem e, por extensão, da própria condição humana. Sabemos que aos homens e às mulheres do chão das fábricas e aos demais trabalhadores e trabalhadoras que têm de vender a força de trabalho de seus corpos são impostas atividades repetitivas e extenuantes. Assim, se lhes busca retirar a porção de sua humanidade composta de mente e de alma, de fala e de escuta. O esgotamento imposto rouba, em graus di-

---

52. Op. cit.
53. GALVÃO, P. (PAGU, 1933). *Parque industrial*. Rio de Janeiro: José Olympio, 2006, p. 17-18.

versos e com distintos níveis de consciência e eficácia, de quase todos quase todo tempo e boa parte das ações reflexivas e especulativas e das práticas de emancipação, mas não impede que os sujeitos desses contingentes esgotados sejam, se não os donos absolutos de sua história, ao menos em boa medida os mestres de suas noites e de seus sonhos. Noites e sonhos em que se produzem falas e escritas operárias não são o bastante, porém, para que o corpo exaurido não torne mais difíceis as plenas potências do pensamento: "Infelizmente a experiência ensina, aos que não leram *A República*, que não é possível ser a um só tempo poeta e operário, pensador e trabalhador"[54]. Dificuldade, contudo, não corresponde exatamente à inexistência. Esta última tende a ser, aliás, conveniente e perversamente afirmada por muitos dos que pretendem pensar e falar contra o povo, sobre ele e mesmo em seu nome.

Uma das constatações fundamentais de Jacques Rancière e Alain Faure, em sua obra *La parole ouvrière* (A fala operária)[55], é a de que a partir de 1830 os membros da classe operária francesa passaram a atribuir à linguagem uma importância inédita. A produção da fala pública e da escrita a ser publicada havia se tornado tão frequente e intensa como jamais fora, justamente no intuito de demonstrar que eles próprios, sujeitos da classe operária, eram também oradores e escritores e podiam, assim, reivindicar e dar provas de sua condição humana, dotada de razão e de linguagem. Naquele contexto, a fala e a escrita são meios privilegiados para a recusa do limitador rótulo de "operários", que reduz homens e mulheres à função do trabalho que desempenham. Eles e elas trabalham com a energia de seus corpos, mas não se restringem a essa força natural. Antes e além de serem operários e operárias, são humanos; antes de se limitarem a um corpo, têm um espírito; e, além da voz e da ira, que compartilham com as demais feras da natureza, são dotados de língua e de lógica. Para quem sofre com a exploração econômica, com a indigência social e com distintas sortes de discriminações culturais, tão necessária quanto a luta contra a expropriação do trabalho é a luta contra a alienação da inteligência; ou seja, tão importante quanto combater e eliminar a despossessão da força de trabalho dispendida, dos bens materiais produzidos e da mais-valia gerada é o combate à despossessão da capacidade cognitiva e expressiva.

"Porque a fala operária recusa-se a ser somente a queixa aflita ou o grito selvagem da miséria. Os operários não falam, principalmente, para gemer ou ameaçar, antes, falam para ser compreendidos". A busca pela compreensão e pelo reconhecimento é a réplica em prejuízo do mecanismo que limita

---

54. RANCIÈRE. Op. cit., p. 26.
55. FAURE, A. & RANCIÈRE, J. *La parole ouvrière*. Paris: La Fabrique, 2007.

ou mesmo suprime a humanidade alheia, quando, ao ouvir sua língua e sua fala, escuta ou simula escutar somente um ruído bestial. Tal como o veremos no próximo capítulo, esse é um procedimento reiteradamente empregado para discriminar, oprimir e mesmo eliminar os semelhantes, cujas diferenças, excessiva e perversamente ressaltadas, são apresentadas como justificativas para fazê-lo. Cabe então aos que sofrem essas discriminações, opressões e ainda maiores violências lutar para reconquistar sua própria condição humana: "eles falam para serem reconhecidos como algo distinto da força do número e do vigor dos braços, como algo mais do que meros manipuladores de ferramentas e ou do que portadores de armas; lutam para mostrar que os operários podem dizer o que é justo e razoável". Trata-se aí, enfim, da intuição ou da consciência de que "o desejo de serem reconhecidos conjuga-se com a recusa de serem desprezados"[56]. Limitar drasticamente os usos da língua e mesmo sequestrar a condição de ser de linguagem dos que trabalham com suas mãos e/ou em tarefas excessivamente repetitivas são ações que estão no cerne da produção capitalista, cujo efeito é o de fazer crer que alguns poucos são mais humanos do que outros tantos.

Sentidos fundamentais dos poucos sons e dos muitos silêncios da língua de homens e mulheres no desempenho de sua condição operária, bem como as muitas falas e os vários ruídos que os oprimem e angustiam, foram descritos por Simone Weil, a partir de sua própria experiência no chão da fábrica. Comandos e repreensões ouvidos, falas controladas e hesitantes e imposições de submissão e de silenciamento são tão ou mais constantes que as dores sentidas pelo corpo obrigado a se extenuar:

> As ordens: desde o momento em que se bate o cartão na entrada até aquele em que se bate o cartão na saída, elas podem ser dadas, a qualquer momento, de qualquer teor. E é preciso sempre se calar e obedecer. A ordem pode ser difícil ou perigosa de se executar, até mesmo inexequível; ou então, dois chefes dando ordens contraditórias; não faz mal: calar-se e dobrar-se. Dirigir a palavra a um chefe (mesmo que para algo indispensável) – é sempre, ainda que se trate de um "cara legal" (até os "caras legais" têm momentos de irritação), expor-se a uma bronca; e quando isso acontece, mais uma vez é preciso calar-se. Engolir nossos próprios gestos de enervamento e de mau-humor; nenhuma tradução deles em palavras, nem em gestos, pois os gestos estão determinados, minuto a minuto, pelo trabalho. Essa situação faz com que o pensamento se dobre sobre si,

---

56. RANCIÈRE, apud ibid., p. 9-12.

se retraia, como a carne se contrai debaixo do bisturi. Não se pode ser "consciente"[57].

Por essa razão, além da extenuação física e do desânimo de saber que aquela rotina esmagadora vai se perpetuar, as opressões emocionais e psicológicas são onipresentes e profundamente dolorosas:

> A importância extraordinária que toma a condescendência e a hostilidade dos superiores imediatos, dos fiscais, do chefe da equipe, do contramestre, de todos aqueles que lhe atribuem segundo suas vontades as "boas" ou as "más" tarefas, que podem segundo suas vontades nos ajudar ou nos esmagar com duros golpes. É preciso se calar o tempo todo. [...] A necessidade perpétua de não desagradar. A necessidade de responder às falas mais brutais sem nenhuma nuance de mau-humor e mesmo com deferência.
>
> Nós tínhamos apenas um direito: o direito de se calar. Às vezes, quando estávamos no trabalho, diante de uma máquina, o desgosto, o esgotamento e a revolta carregavam nosso coração; a um metro de nós, um camarada estava sofrendo as mesmas dores, experimentava o mesmo rancor, a mesma amargura; mas, nós não podíamos ousar trocar uma palavra que poderia nos aliviar, porque nós tínhamos medo[58].

De modo análogo ao que ocorre com todos os sujeitos das classes populares, as operárias e os operários devem falar servilmente e se manter calados quase todo tempo, assim como são expostos aos sons maquíneos e condenados a regimes de escuta em que predominam a indiferença e a depreciação: "As repetições da usina, os ritmos da máquina e a reificação do homem, cujas queixas não serão ouvidas fora do círculo daqueles que estão no interior da condição operária". A escuta atenta e a produção de falas, cantos e risos se tornam, porque absolutamente raros, um bálsamo no sofrimento e um oásis no deserto de silêncios e submissões humanas. Na condição operária, isso só ocorre em contextos excepcionais, tais como os das assembleias e das greves. Após reiterar que só quem experimenta no próprio corpo a experiência de ser operário é que pode entender as dores de seu corpo e as angústias de sua alma, Weil trata da greve e dos contentamentos decorrentes da insurgência, da tomada de fala e de uma escuta incomum nos seguintes termos:

---

57. WEIL, S. *A condição operária e outros estudos sobre a opressão*. Org. de Ecléa Bosi. Rio de Janeiro: Paz e Terra, 1979, p. 80.
58. WEIL, S. *La condition ouvrière*. Paris: Gallimard, 1951, p. 148 e 149.

> Trata-se de, depois de ter de sempre se dobrar, depois de sofrer de toda sorte de dor, guardando todas elas em silêncio durante meses e anos e anos, ousar, enfim, se reerguer. De ficar de pé. De tomar a palavra. De se sentir humano, durante alguns dias. Independentemente das reivindicações, essa greve é em si mesma uma alegria. Uma pura alegria. Uma alegria absoluta. [...]
>
> Alegria de ouvir, no lugar dos ruídos impiedosos das máquinas, símbolo tão chocante da dura necessidade sob a qual nos dobrávamos, a música, os cantos e os risos[59].

Revoltar-se, mas também falar, ouvir e ser ouvido equivalem a uma reconquista da condição humana, ao gosto "de se sentir humano". O que pode ser observado com o relato da experiência empírica e "etnográfica" vivida por Simone Weil pode igualmente ser aprendido com uma célebre narrativa produzida por Graciliano Ramos. A despeito das distâncias e diferenças entre o real relatado pela socióloga francesa e a literatura engendrada pelo escritor brasileiro, é a gente do povo pobre que sofre mais ou menos indistintamente no chão da fábrica e no sertão nordestino. Aqui, novamente, tal como ocorre com muita frequência, a ficção nos dá terríveis e imprescindíveis choques de realidade. Críticos e comentadores já reiteraram que em *Vidas Secas* a linguagem é áspera e agreste. No romance, mais do que isso, os usos da língua e da voz e suas supressões são uma produtiva chave de leitura para a compreensão das dimensões simbólica, expressiva e psicológica contíguas à exploração material e às miseráveis condições de existência a que são submetidas as famílias desvalidas. O caso de Fabiano, seu protagonista, é emblemático: ele pode ser caracterizado em ampla medida pelos silenciamentos, por suas próprias falas e suas inflexões vocais e pelos dizeres e vozes alheias. São, portanto, reveladores seus encontros e confrontos com seu Tomás da bolandeira, com o patrão e consigo mesmo, nos quais se destacam sua revolta, mas principalmente a dominação que se lhe impõe:

> – Fabiano, você é um homem, exclamou em voz alta. Conteve-se, notou que os meninos estavam perto, com certeza iam admirar-se ouvindo-o falar só. E, pensando bem, ele não era homem: era apenas um cabra ocupado em guardar coisas dos outros. [...] como vivia em terra alheia, cuidava de animais alheios, descobria-se, encolhia-se na presença dos brancos e julgava-se cabra. Olhou em torno, com receio de que, fora os meninos, alguém tivesse percebido a frase imprudente. Corrigiu-a, murmurando: Você é um bicho, Fabiano.

---

59. Ibid., p. 149 e 153.

Lembrou-se de seu Tomás da bolandeira. Dos homens do sertão o mais arrasado era seu Tomás da bolandeira. Porquê? Só se era porque lia demais. [...] Em horas de maluqueira Fabiano desejava imitá-lo: dizia palavras difíceis, truncando tudo, e convencia-se de que melhorava. Tolice. Via-se perfeitamente que um sujeito como ele não tinha nascido para falar certo. Seu Tomás da bolandeira falava bem, estragava os olhos em cima de jornais e livros, mas não sabia mandar: pedia. Esquisitice um homem remediado ser cortês. Até o povo censurava aquelas maneiras. Mas todos obedeciam a ele. Ah! Quem disse que não obedeciam?

O patrão atual, por exemplo, berrava sem precisão. Quase nunca vinha à fazenda, só botava os pés nela para achar tudo ruim. O gado aumentava, o serviço ia bem, mas o proprietário descompunha o vaqueiro. Natural. Descompunha porque podia descompor, e Fabiano ouvia as descomposturas com o chapéu de couro debaixo do braço, desculpava-se e prometia emendar-se. Mentalmente jurava não emendar nada, porque estava tudo em ordem, e o amo só queria mostrar autoridade, gritar que era dono. Quem tinha dúvida?[60]

Fabiano fora tornado bicho. Práticas e discursos compõem a matéria, a forma e o fundo desse embrutecimento. O processo compreende a alienação do gênero humano ("Vivia longe dos homens"), a aproximação com as feras ("só se dava bem com animais"; "Montado, confundia-se com o cavalo, grudava-se a ele"), a redução de sua língua a quase ruído ("falava uma linguagem cantada, monossilábica e gutural"), seu uso inapropriado ("Às vezes utilizava nas relações com as pessoas a mesma língua com que se dirigia aos brutos"), seu silenciamento ("Na verdade, falava pouco") e a consagração de alto apreço pela fala alheia, julgada superior ("Admirava as palavras compridas e difíceis da gente da cidade"). Compreende ainda e em suma o fato de que a língua e a voz que falam e as que são caladas se encontram no âmago das relações sociais e de suas violências e injustiças. Uns poucos que saberiam "falar certo" e "bem" e/ou que berram "sem precisão", apenas para "mostrar autoridade", e outros tantos a quem só caberiam falas e escutas submissas e resignadas: ouvir, cabisbaixo, as descomposturas e ainda assim se desculpar e prometer melhorar, leia-se, se entregar ainda mais servilmente a toda sorte de exploração e de opressão. Em que pese certa crença na ideia, que nos é constante e diversamente incutida, de que, distintamente de predestinados, "ele não tinha nascido para falar certo", Fabiano apresenta uma aguçada percepção dos papéis desempenhados pela linguagem no mando e na obediência

---

60. RAMOS, G. *Vidas secas*. 72. ed. Rio de Janeiro/São Paulo: Record, 1997, p. 18-23.

e de sua performatividade social: suas tentativas de reproduzir algumas dessas "palavras compridas e difíceis da gente da cidade" se revelavam infrutíferas, porque "sabia que elas eram inúteis e talvez perigosas" na voz e na boca de quem, como ele, pertence ao povo. Na indigência, as ideologias dominantes somente veem e ouvem, ou simulam-no, a miséria e os murmúrios.

Em princípio, a hostilidade autoritária do patrão não parece se conjugar com a cordialidade letrada de seu Tomás. Mas, apesar de cada uma fazê-lo a seu modo, ambas consolidam a superioridade e o mando de quem pode e a fragilidade e a obediência de quem deve e padece. Entre outros sofrimentos, o corpo e a alma, a língua e a voz de Fabiano são ainda espezinhados pelo soldado amarelo, que lhe dá dois empurrões, que lhe dirige a fala aos brados e o insulta, ao passo que ele afirma estar quieto, gagueja e engasga-se. Vai para a cadeia, ouve a acusação que não entende, apanha e é aprisionado. Fabiano revolta-se, mas continua a sofrer entre silêncios e sussurros. Bruna, do *Parque industrial*, de Pagu, e Macabéa, de *A hora da estrela*, de Clarice Lispector, não conhecem melhor sorte. A esta última "faltava-lhe o jeito de se ajeitar. Tanto que (explosão) nada argumentou em seu próprio favor quando o chefe da firma de roldanas avisou-lhe com brutalidade (brutalidade essa que ela parecia provocar com sua cara de tola, rosto que pedia tapa), com brutalidade que só ia manter no emprego Glória, sua colega, porque quanto a ela, errava demais na datilografia, além de sujar invariavelmente o papel." Rudeza da repriменda, de um lado, e escuta resignada e fala reverenciosa, de outro: "Quanto à moça, achou que se deve por respeito responder alguma coisa e falou cerimoniosa a seu escondidamente amado chefe: – Me desculpe o aborrecimento"[61]. Por sua vez, a operária da fábrica têxtil está sonolenta:

> Bruna está com sono. Estivera num baile até tarde. Para e aperta com raiva os olhos ardentes. Abre a boca cariada, boceja. [...]
>
> – Puxa! Que esse domingo não durou... Os ricos podem dormir à vontade.
>
> – Bruna você se machuca. Olha as tranças!
>
> É o seu companheiro perto.
>
> O chefe da oficina se aproxima, vagaroso, carrancudo.
>
> – Eu já falei que não quero prosa aqui!
>
> – Ela podia se machucar...
>
> Malandros! É por isso que o trabalho não rende! Sua vagabunda!

---

61. LISPECTOR, C. *A hora da estrela*. Rio de Janeiro: Rocco, 1999, p. 24-25.

> Bruna desperta. A moça abaixa a cabeça revoltada. É preciso calar a boca![62]

As falas do chão da fábrica, das periferias das metrópoles ou dos chamados grotões brasileiros ou ainda aquelas dos que não mais habitam esses espaços e compartilham suas vivências, mas ainda carregam suas marcas, tendem a constantemente passar incólumes pelos que fazem ouvidos moucos, a ser reduzidas ao silêncio pela escuta autoritária e a padecer com os estigmas que lhes são imputados pelos sectários. Com efeito, são graves e perversas as adversidades e exigências que pesam sobre a língua e a voz do povo, bem como sobre sua escuta, em função da condição econômica e social de seus falantes, da depreciação simbólica de que são alvo suas práticas e hábitos expressivos e das exclusões que dela derivam. Num desigual jogo de relações de força, são impostos às práticas de fala e de escuta populares tanto a necessidade de incessantemente reclamar o reconhecimento de seu direito de exercício e sua legitimidade quanto o infortúnio de desesperadamente reivindicar as mudanças em suas condições de existência. Se as lutas entre as classes, os grupos e os sujeitos de uma sociedade são lutas de palavras, entre dizeres e por direito de fala, é preciso reconhecer e ressaltar que se trata de uma batalha ingrata e injusta para os membros das classes populares, porque disputada em terreno adversário e em condições mais do que desfavoráveis, na medida em que sua linguagem, sua escuta e seu pensamento são invariavelmente concebidos como deficitários, rudes ou mesmo inexistentes.

O círculo é vicioso e sua consistência é de uma enorme solidez. Sem que aí se operem funcionamentos mecânicos ou leis da natureza, as condições materiais e os hábitos culturais se alimentam mutuamente, assim como há relações intrínsecas e constitutivas entre as práticas e as representações, entre tudo o que se diz e tudo o que se faz em sociedade. Por essa razão, não é falso, mas é insuficiente supor que burgueses e aristocratas e ainda aqueles que se identificam com seus valores e julgamentos apenas imputam toda sorte de atributos negativos às práticas e aos valores dos sujeitos das classes dominadas e desfavorecidas, como uma projeção fictícia, como um recurso imaginário de autodefesa e um expediente de ataque real. O que ocorre é algo ainda mais nefasto: em conjunto com as representações preconceituosas e discriminatórias impingidas aos costumes, às crenças e às práticas expressivas e interpretativas dos pobres, marginais e não escolarizados, as elites e burguesias de posses econômicas e simbólicas impõem e fazem perpetuar condições de vida cujo efeito é o de determinar que as ações de empobrecidos

---

62. PAGU. Op. cit., p. 19.

e marginalizados não possam diferir dos estigmas que lhes foram atribuídos. Somente lhes resta confirmar por pensamentos e palavras, atos e omissões os preconceitos de que são vítimas e, assim, mais bem "fundamentar" as discriminações. Em nossa injusta sociedade, não se cessa de rebaixar os rebaixados por meio de uma forjada, mas cada vez mais real, conformidade entre as restritas ações que lhes são possíveis e os discursos que os classificam como essencialmente frágeis e inferiores.

Entre as palavras, as coisas e as ações, há relações mais complexas e fundamentais do que poderiam supor realismos, idealismos e humanismos ingênuos ou ortodoxos. Uma dessas relações consiste justamente no poder do discurso sobre as nossas próprias ações e sobre as alheias. Nossas práticas de fala e de escuta, em âmbito privado, mas talvez principalmente no espaço público, são gestadas e moldadas pelo que se diz a propósito da produção e da interpretação da linguagem. Ao falarmos, ouvimos vozes que nos dizem o que dizer e como fazê-lo. Essa escuta constante, mas nem sempre realizada com elevados graus de consciência, faz com que mobilizemos nosso corpo, nossa língua e nossa voz em nossas práticas de fala, de acordo com as ideologias e os discursos com os quais nos identificamos. No que respeita, particularmente, a certas inflexões prosódicas e a determinada qualidade de voz utilizada por boa parte dos sujeitos do sexo masculino, "todos os estudos já realizados indicam que um dos fatores essenciais que impedem que os homens empreguem explícita e frequentemente o *baby-talk* é o imperativo masculino de não falar como uma mulher"[63]. É certo que tal imperativo se exerce distintamente em tempos, espaços e contextos diversos e que, portanto, não pese de modo idêntico sobre todos os homens nem igualmente em condições públicas e privadas de fala. As formas e os conteúdos das falas de homens e mulheres, de pobres e ricos e de ilustrados e não instruídos, bem como os regimes de escuta que lhes prestamos, são fundamentalmente condicionados por aquilo que se ouve, se lê e em que se acredita.

Se os discursos não criam a matéria empírica, constituem, sem dúvida, a realidade humana. Eis a razão para seguirmos aqui estes dois postulados: i) apesar da existência tangível dos seres, dos fenômenos e dos objetos, a apreensão e o conhecimento de sua materialidade não podem ser separados dos discursos, ou seja, das posições ideológicas, dos quadros históricos, culturais e cognitivos e das formas materiais e simbólicas, por meio dos quais nós os apreendemos e conhecemos; e ii) o que se diz em sociedade sobre os

---

63. KARPF, A. *The Human Voice* – The Story of a Remarkable Talent. Londres: Bloomsbury, 2006, p. 166.

sujeitos das diferentes classes e grupos sociais e sobre seus recursos, unidades e usos de linguagem consistem direta e/ou indiretamente em avaliações e classificações dessas formas e empregos da língua, do corpo e da voz na produção da fala e constituem, por extensão, o que dizemos, nossos modos de dizer e nossas maneiras de ouvir as coisas ditas. Desse modo, o estudo e a compreensão dos discursos sobre as práticas, fenômenos e objetos são tão, se não mais, importantes quanto o exame que se dedica aos próprios fatos e ações. Seguindo esses postulados e essa convicção, empreenderemos no próximo capítulo uma genealogia dos discursos sobre a fala pública popular e sobre a escuta popular da fala pública.

Da inspiração genealógica, alguns aspectos são particularmente importantes para a construção de uma história dos discursos sobre a fala pública, que busca compreender sua incidência na distribuição de prêmios e punições, de privilégios e de exclusões aos sujeitos de uma sociedade: trata-se de empreender aqui uma análise histórica que se opõe à procura de origens e de causas finais bem estabelecidas; trata-se igualmente de depreender os acontecimentos discursivos sem aspirar a preencher lacunas nem tampouco a postular degenerações ou evoluções; trata-se ainda de reconhecer que as relações sociais são constituídas por lutas de classes e relações de poder, que o estado de direito, a paz civil e a sociedade democrática devem ser compreendidos com distanciamento e crítica, uma vez que são, com maior ou menor grau de manifestação, continuações da guerra por outros meios; trata-se, finalmente, de abrigar a contingência da história e os poderes e perigos do dizer[64]. Em suma, conceber os discursos sobre as modalidades populares da fala pública e de sua escuta numa abordagem genealógica significa compreender i) que o que se diz sobre essas práticas e suas maneiras de fazê-lo modificam-se em distintas condições de produção e possuem diferentes temporalidades e durações históricas; ii) que não interessam e se recusam suas origens míticas, suas finalidades ideais e sua essência natural; e iii) que tais discursos, bem como as práticas que eles instituem, são fatos sociais e objetos privilegiados do ensejo, da materialização e dos desdobramentos das lutas coletivas e individuais.

---

64. Para mais bem compreender as propostas genealógicas, cf.: NIETZSCHE, F. *A genealogia da moral*. São Paulo: Companhia das Letras, 2002. • FOUCAULT, M. *Microfísica do poder*. Rio de Janeiro: Graal, 1985. Uma abordagem similar dispensada aos fenômenos de linguagem pode ser encontrada no campo da História ideias linguísticas: AUROUX, S. (org.). *Histoire des idées linguistiques*. Bruxelas: Pierre Mardaga – Tomo I, 1989; Tomo II, 1992; Tomo III, 2000. • COLOMBAT, B.; FOURNIER, J.-M. & PUECH, C. *Uma história das ideias linguísticas*. São Paulo: Contexto, 2017. Cf. tb. nosso *História da fala pública*. Op. cit.

A voz do povo e sua escuta não são essências puras. Nossa genealogia não pressupõe, portanto, a existência de um núcleo duro do que seriam as autênticas práticas populares de produção e recepção da fala pública. Também não as concebemos nem como um balbucio primitivo que estaria predestinado a uma evolução nem como a expressão perfeita de bons selvagens à qual deveríamos retornar. O interesse pela fala pública popular e pela escuta popular da fala pública não deve substituir os estigmas que lhe são impostos por auras e nimbos, que talvez não lhes fossem tão menos prejudiciais. Com efeito, são urgentes a compreensão, a crítica e a desconstrução desses estigmas e das discriminações e exclusões que os acompanham. Essa é uma condição necessária para que a fala e a escuta do povo conquistem ou intensifiquem legitimidades que lhes foram usurpadas, para que as classes populares possam, assim, combater suas degradantes condições materiais e simbólicas de existência e para que possamos operar as transformações históricas necessárias rumo a uma sociedade menos injusta e desigual. Caso não nos comprometamos com essa causa e não entremos nesse combate, nossos pensamentos e palavras, nossos atos e omissões estarão perpetuando de diversos modos os silenciamentos, as censuras, as depreciações e as condenações que os poucos, mas poderosos Paulos, impõem aos tantos e tão sofridos Jerônimos do povo brasileiro.

2
Breve genealogia da voz e da escuta populares

A fala pública popular e a escuta popular da fala pública

O combate aos preconceitos e discriminações exige que conheçamos suas proveniências e seus funcionamentos, os fatores e as razões de sua força e de seu alcance e suas diversas configurações, em distintas condições históricas de produção. No intuito de mais bem compreender os discursos que inventam e consolidam os preconceitos e discriminações sobre a fala e a escuta popular, sobretudo nas ocasiões em que essas práticas de linguagem são desempenhadas no espaço público, para que possamos contribuir com o desenvolvimento de um aparato crítico que os analise e que concorra para sua desconstrução, buscaremos traçar aqui uma genealogia de dizeres antigos e recentes a propósito dos vícios e incapacidades atribuídos aos desempenhos oratórios e interpretativos dos sujeitos das classes populares. Antes, porém, de empreendermos o percurso histórico que passará por formações e estabilizações, inflexões e modificações dos discursos que depreciam e deslegitimam as capacidades de expressão e de compreensão de empobrecidos e marginalizados, acrescentaremos imediatamente abaixo breves comentários sobre alguns fundamentos da lógica da distinção aplicada à voz e à escuta.

Vimos acima que no estabelecimento de nossas concepções a propósito da fala e da escuta, a distinção entre natureza e cultura, graças à qual separamos frequentemente a barbárie da civilização, desempenha uma função decisiva. Natureza *x* cultura, barbárie *x* civilização conjugam-se com corpo *x* alma, bem como com rudeza *x* elegância, oralidade *x* escrita e erro gramatical *x* correção linguística, consignam classificações e hierarquias e distribuem depreciações a muitos e prêmios a uns poucos. Reiteramos que, se essas oposições podem concorrer para a organização cognitiva dos seres, coisas e fenômenos, no mundo ocidental, convergem certamente para reproduzir relações de dominação. Há aí o funcionamento do seguinte mecanismo[65]: os desempenhos *orais* dos "proletários" tornam-se frequentemente objeto de descrições e julgamentos *escritos* por "burgueses". Nele, reitera-se o esquema profundamente ancorado em práticas e no imaginário cotidiano, qual seja, o das oposições "metrópole civilizada" *versus* "colônia selvagem", "alma santificada" *versus* "corpo corrompido".

Assim, a distinção entre as modalidades linguísticas da oralidade e da escrita assenta-se nessas oposições fundadoras de nosso pensamento ocidental e as reitera e consolida, recebe seus influxos e incide sobre elas. Com efeito, essa separação não é absoluta, uma vez que é sobredeterminada por outros fatores, que permitirão chegar a fins análogos por meios distintos: falas orais, formuladas em norma padrão e em registro linguístico mais ou menos formal, por um lado, e escritas, constituídas no interior de normas linguísticas populares e em níveis de linguagem mais ou menos informais, por outro. Talvez em função de sua relativa discrição, nem sempre estejamos atentos ao importante papel que cumprem na perpetuação dessas distinções e hierarquias. É a crença na distância e na distinção entre o homem e o animal que justifica as prerrogativas de uns e os sofrimentos de outros entre os humanos. Essa diferença que se pretende integral tende a perdurar, apoiando-se na oposição entre a voz, de que está dotado o animal, e a linguagem, que seria exclusivamente humana:

> A própria expressão "voz humana" é mais complexa do que parece sê-lo em sua ilusória ingenuidade, assim como em seu caráter imediato e em sua aparente naturalidade. Por essa razão, ela nos impõe uma primeira interrogação: excetuando-se a espécie humana, os animais têm uma voz? Sem dúvida, eles produzem sons e ruídos; alguns grunhem, outros rugem. Mas, num sentido mais preciso, eles possuem efetivamente uma voz?
>
> Entre os antigos romanos, havia dois paradigmas para explicar as diferenças entre o animal e o humano quanto às suas vozes. O primeiro deles deriva da palavra *rumor*; o rumor que denotava os ruídos da natureza, os sons do mundo que estão por aí e que se estendem desde o barulho provocado pelo vento nas árvores até os gritos dos animais. Tratava-se da natureza como um fundo sonoro, do qual emergem os brados animalescos, os ruídos da terra e até mesmo alguns sons produzidos pelos humanos, quando estes últimos se aproximam daqueles primeiros, tal como ocorre com a eructação

---

65. Concebido por Michel de Certeau, em *A escrita da história*. Rio de Janeiro, Forense Universitária, 2000, em particular, no capítulo V "Etno-grafia", p. 211-242, e aqui ligeiramente modificado.

e o soluço, por exemplo. Já o segundo paradigma compunha-se a partir do termo *vox*, da voz que é aqui exclusiva e eminentemente humana. Em grego, o termo é *phônê-logos*, que é a soma do som vocal e da faculdade da razão, ou seja, é a fala humana, composta de sons articulados e dotada de sentido[66].

De modo análogo ao que ocorre com a separação entre *vox* e *rumor*, isto é, entre a linguagem e a razão humanas, de um lado, e os sons naturais e bestiais, de outro, a audição e a escuta são frequentemente distintas, porque enquanto a primeira consistiria numa capacidade natural da audição, partilhada entre todos os seres vivos, a segunda estaria, antes, investida do aspecto cultural da ação humana de perceber, interpretar e compreender, com graus variados de sofisticação. Desde o começo dos tempos, o homem, tal como os animais, sempre ouviu, mas ele descobriu, e ao fazê-lo passou a tratar constantemente deste tema, que poderia desenvolver sua capacidade auditiva e postulou que haveria diferentes níveis qualitativos de escuta. A emergência do humano como ser falante corresponde igualmente e ao mesmo tempo ao advento da fala sobre a própria fala, mas também sobre o que seriam as rudes e refinadas competências de escuta e entendimento.

Entre outros pensadores da Antiguidade, Plutarco consagrou um pequeno tratado à arte da escuta, intitulado *Como escutar* e dirigido principalmente aos jovens: "Acredito, pois, que você receberá com prazer estas lições cujo fim é o de investir de sabedoria aquele entre nossos cinco sentidos que está mais propenso às paixões: a percepção pelo ouvido." A audição estaria, contudo, tão disposta às perturbações de ânimo quanto ao raciocínio: "Este mesmo órgão, porém, é ainda mais apropriado ao recolhimento da razão do que aos abalos das paixões. O vício encontra vários de nossos sentidos abertos por meio dos quais se infiltram até o âmago de nossa alma e dela se apoderam. A virtude não conhece outra entrada que não seja a dos ouvidos para se incutir nos corações dos jovens"[67]. Num contexto em que as práticas de escrita e de leitura ainda não eram amplamente dominadas, cabia à escuta promover o acesso ao pensamento racional. Sabemos que ao longo dos séculos, até seu apogeu no Iluminismo, ainda que não se tratasse de uma hegemonia absoluta nas práticas e no imaginário, a modalidade escrita iria substituir a oralidade, e a leitura substituiria a escuta, no desempenho das funções de instruir outrem pela razão e de afastá-lo das emoções, mentiras e manipulações presentes na fala de viva voz.

---

66. SALAZAR, P.-J. & PIOVEZANI, C. A voz humana na era das redes sociais. *Caderno de Estudos Linguísticos*, vol. 58, n. 1, 2016, p. 171-172.
67. PLUTARQUE. *Comment écouter*. Paris: Payot & Rivages, 1995, p. 10.

Era, portanto, possível e necessário aprender a ouvir[68]. Essa aprendizagem seria desenvolvida no intuito de que o ouvinte bem preparado não somente se tornasse capaz de saber guardar o silêncio, mas também estivesse cada vez mais apto a mais bem se exprimir. Aprender a escutar possibilitaria que o ouvinte pudesse se instruir, de modo a não deixar escapar o que lhe fosse útil, e lhe permitiria ainda, por extensão, rever sua conduta e purificar sua alma. Finalmente, e, sem dúvida, ainda mais decisivo na formação instruída da escuta, era o cuidado em evitar o ludíbrio e a sedução promovidos pela escuta das charmosas palavras, em geral, e daquelas dos sofistas, em particular:

> Porque nas conferências, tal como ocorre em um campo de batalha, há muitos detalhes supérfluos: os cabelos grisalhos do orador, suas entonações encantadoras, suas franzidas de supercílios, o que ele diz para se vangloriar e, acima de tudo, os gritos, os aplausos e a trepidação do público, tudo isso concorre para chocar o jovem neófito, que se deixa levar, tal como por uma torrente. O estilo também compreende virtudes capciosas, uma vez que, quando é doce e copioso, encanta o auditório e acrescenta ao assunto tratado um considerável aumento de sua relevância. Os músicos que cantam, acompanhados de uma flauta, escondem, por meio deste instrumento, as falsas notas que cometeram, assim como um estilo exuberante e hiperbólico deslumbra o ouvinte e perturba seu julgamento. [...] A maioria dos sofistas, em suas palestras e arengas, não se contenta em esconder seus pensamentos sob o véu enganador das expressões, mas ainda as pronunciam, na busca por seu desejo de agradar, com uma voz sedutora, que joga com a harmonia de entonações e com a doçura das inflexões e modulações que suscitam na audiência transtornos dionisíacos e manifestações de frenesi[69].

As preocupações com os recursos atraentes dos oradores e com as fraquezas de caráter e deficiências de sabedoria dos públicos ouvintes estavam já bastante presentes entre os filósofos e retores antigos e serão ainda correntes nos escritos humanistas de outros tempos, espaços e campos de conhecimento, conforme veremos adiante. Se não antes, ao menos desde Plutarco, afirmava-se a existência de escutas dotadas de diferentes propriedades e de diversos níveis de qualidade: escutas passiva e ativa; a escuta dos

---

68. "As pessoas acreditam que o uso da fala requer prática e aprendizagem, ao passo que a audição seria somente um eterno receptáculo de benefícios, independentemente da maneira pela qual nos servimos desse sentido. No entanto, os que pretendem jogar bem a palma não devem aprender tanto a lançar a bola quanto a recebê-la devidamente? Do mesmo modo, quando escutamos alguém que nos instrui, nosso primeiro dever é o de ouvir apropriadamente o que ele diz e o segundo é o de responder convenientemente às suas instruções" (ibid., p. 14).

69. Ibid., p. 28-29.

jovens e a dos adultos; a escuta da diversão e aquela da instrução; a escuta do povo e a dos sábios: "Quando ao passar por um recinto em que um filósofo pronuncia um discurso e a multidão exulta em gritos e bravos que ressoam por toda parte, os transeuntes se perguntaram se quem colocou toda aquela multidão em estado de delírio é um flautista ou citarista virtuoso ou ainda uma exímia dançarina"[70].

Ora, os discursos sobre a fala e a escuta públicas possuem ao mesmo tempo, mas não necessariamente na mesma medida nem com a mesma constância, continuidades relativas e atributos de longa duração histórica, por um lado, e inflexões discretas, modificações não negligenciáveis e transformações profundas, por outro. Eis aí uma razão fundamental para uma abordagem genealógica desses discursos, que, por sua vez, não estão apartados das próprias práticas de que eles falam, uma vez que aquilo que é dito a seu respeito constitui direta e/ou indiretamente tanto as ações dos sujeitos que falam em público quanto os gestos, as condutas e os julgamentos dos que compõem suas audiências.

Também entre os contemporâneos, encontramos coisas ditas sobre os distintos níveis e aspectos da escuta. Roland Barthes, por exemplo, escreveu belas páginas sobre as diferenças entre a decodificação, a interpretação e a imaginação, que marcam a audição e que correspondem respectivamente à *escuta dos índices*, à *escuta dos signos* e à *escuta da significância*[71]. Elas consistiriam em três fenômenos diversos, mas integrados e simultâneos, sob a forma de variados graus, na ação humana de ouvir o mundo e os homens: um gesto fisiológico que se resume a um reflexo do ouvido, partilhado, inclusive, com outros animais, cujo fim é o de nos manter alertas às presas e aos predadores, que se anunciam por seus próprios sons e pelos ruídos que produzem; um ato psicológico intencional que visa a decifrar os sentidos presentes nos rumores do ambiente, nas palavras e nas vozes humanas; e um estado de flutuação inconsciente, que não se serve da escuta para o alcance de um objetivo específico, seja ele a identificação de vestígios sonoros seja a interpretação dos signos de um código, mas que permite surgir dispersões de significâncias. Estas últimas podem ser desencadeadas pela escuta, mas também por outros sentidos, tal como na célebre experiência de paladar vivida pelo narrador de *Em busca do tempo perdido*:

---

70. PLUTARCO, 1995; capítulo "Uma sábia maneira de aplaudir. Da insolência e da idiotice dos ouvintes", p. 55-56.
71. BARTHES, R. A escuta. In: *Óbvio e o obtuso*. Rio de Janeiro: Nova Fronteira, 1990, p. 217.

> E logo, maquinalmente, acabrunhado pelo dia tristonho e a perspectiva de um dia seguinte igualmente sombrio, levei à boca uma colherada de chá onde deixara amolecer um pedaço da madeleine. Mas no mesmo instante em que esse gole, misturado com os farelos do biscoito, tocou meu paladar, estremeci, atento ao que se passava de extraordinário em mim. Invadira-me um prazer delicioso, isolado, sem a noção de sua causa. Rapidamente se me tornaram indiferentes as vicissitudes da minha vida, inofensivos os seus desastres, ilusória a sua brevidade, da mesma forma como opera o amor, enchendo-me de uma essência preciosa; ou antes, essa essência não estava em mim, ela era eu. Já não me sentia medíocre, contingente, mortal. De onde poderia ter vindo essa alegria poderosa? Sentia que estava ligada ao gosto do chá e do biscoito, mas ultrapassava-o infinitivamente, não deveria ser da mesma espécie. De onde vinha? Que significaria? Onde apreendê-la? Bebi um segundo gole no qual não achei nada além do que no primeiro, um terceiro que me trouxe um tanto menos que o segundo. É tempo de parar, o dom da bebida parece diminuir. É claro que a verdade que busco não está nela, mas em mim[72].

Em que pesem suas diferenças, o que podemos identificar, desde tempos remotos até nossos dias, de Plutarco a Barthes, é a distinção entre o estado natural da audição e a condição cultural da escuta, da qual deriva a ideia de que esta última seja objeto de um processo de aprendizagem e de aperfeiçoamento. Conceder seja à fala seja à escuta a possibilidade de ser desenvolvida por meio de reflexões, práticas e técnicas parece ir na direção dos ideais igualitários, mas não é isso que sempre e forçosamente ocorre. Esse princípio não é necessariamente igualitário, porque permite aos que se filiam a posições ideológicas conservadoras produzir uma hierarquia nos níveis qualitativos da escuta; ou seja, permite que se estipule uma escala que pode ir de uma mera constatação da existência de diferentes escutas, passando pelas preocupações de instrução daqueles que teriam eventuais dificuldades de compreensão, até os desprezos por supostas deficiências atávicas de entendimento, atribuídas, em particular, à escuta popular, tal como veremos logo adiante.

Afastemo-nos um instante da escuta, sem que com isso a deixemos efetivamente, para voltarmos a tratar da fala, mais uma vez mediante a oposição entre natureza e cultura, que, por seu turno, recobre aquela entre os gêneros animal e humano. Essa distinção, que é também uma hierarquia, é uma base bastante sólida em nosso pensamento a partir da qual procedemos à sepa-

---

72. PROUST, M. *À la recherche du temps perdu*. Vol. I: "Du côté de chez Swann". Paris, 1987, p. 44-45 [Em busca do tempo perdido. Trad. de Fernando Py. Rio de Janeiro: Nova Fronteira, 2016].

ração entre homens e animais, mas que serve igualmente para estabelecer divisões entre os próprios humanos, que não seriam nem deveriam ser iguais. Esta ilustre passagem da *Política*, de Aristóteles,

> Se o homem é infinitamente mais sociável do que as abelhas e do que todos os outros animais que vivem coletivamente, é evidente que a natureza nada fez em vão. Ora, ela concedeu exclusivamente a fala ao homem. De fato, a voz pode exprimir o prazer e a dor e ela está presente em todos os animais, porque sua organização promove a experiência dessas duas sensações e lhes permite comunicá-las entre si por meio da voz. Porém, a fala foi concebida para expressar o bem e o mal e, por conseguinte, o justo e o injusto. Distintamente dos demais animais, somente o homem possui este dom especial: apenas os humanos concebem o bem e o mal, o justo e o injusto e todos os outros sentimentos da mesma ordem, cuja associação constitui precisamente a família e o Estado[73]

já foi inúmeras vezes retomada, com vistas a demonstrar o que corresponderia a uma distinção definitiva entre o homem e o animal, mas também para inscrever o primeiro no campo da razão e da política, ao atribuir a voz às duas espécies e reservar a exclusividade da linguagem ao ser humano. Assim, a voz indica "o ser vivo, biológico e bruto", ao passo que a linguagem funda as sociedades humanas. À oposição entre *phonè* e *logos* responde esta outra entre *zoè* e *bios*, e ambas, por conseguinte, instauram a diferença e a hierarquia entre as vidas que poderiam e as que não poderiam ser suprimidas[74]. De maneira análoga a esse princípio que permitiria matar aqueles que não pertencem à nossa espécie, foram e são produzidas as práticas e as ideias que matam e que calam literal ou simbolicamente, mais ou menos sem remorsos, os seres humanos, de quem a própria condição humana foi rebaixada ou simplesmente apagada.

Esse mecanismo consiste em considerar as diferenças de outrem como defeitos, degenerações ou ameaças. Não raras vezes, corpos e rostos, línguas e sotaques são concebidos real e/ou imaginariamente como signos de fraqueza ou de perigo e esses julgamentos manifestam-se sob a forma do desdém, da exclusão e até mesmo da eliminação de povos, com base em relações étnicas ou religiosas, econômicas e geopolíticas, mas também de certos grupos sociais desfavorecidos e das classes populares, no interior de uma mesma sociedade.

---

73. ARISTOTE. *Politique*. Paris: Librarie Philosophique de Ladrange, 1874, livro I, cap. I, par. 10.
74. POIZAT, M. *Vox populi, vox Dei* – Voix et pouvoir. Paris: Métailié, 2001, p. 24-25. O próprio Poizat retoma essas oposições de Giorgio Agamben e suas reflexões sobre a biopolítica, concebida na esteira de Michel Foucault.

Não requer muito esforço de nossa parte para encontrarmos os preconceitos sobre a fala e sobre a voz de mulheres, idosos, subalternos, judeus etc.

> Porque não pretendo que a criança que passa por essa formação que visa a tão nobre fim se habitue a imitar a voz frágil e esganiçada das mulheres ou a voz trêmula dos velhos; nem a seguir os hábitos de um bêbado ou de um escravo baixamente obsequioso. [...] Em primeiro lugar, é preciso fortalecer a força do corpo, de sorte que a voz do orador não tenha o sotaque agudo e desagradável dos eunucos, das mulheres ou dos doentes.
>
> Uma voz forte e sonora compreende uma energia seminal, que produz a elegância masculina e que é a única que pode sustentar a firmeza viril. [...] Os homens devem ter uma voz masculina. O maior pecado que afeta os oradores doces e delicados, dos quais escorre excessiva ternura, é que seus corpos são efeminados, de sorte que suas vozes se parecem com aquela dos pássaros de desagradável gorjeio.
>
> O judeu fala a língua da nação na qual vive ao menos desde uma geração, mas a fala sempre como um estrangeiro. Em particular, a expressão puramente física do sotaque judeu nos é repugnante. Nosso ouvido é afetado de uma maneira estranha e desagradável pelo som agudo, estridente, dissonante e arrastado da pronúncia judia. O uso totalmente impróprio de nosso idioma nacional e a alteração arbitrária de palavras e das entonações das frases produzem em sua maneira de falar um ruído confuso e insuportável, e nos obrigam em conversas com os judeus a prestar mais atenção a esse seu desprezível *modo* de falar do que *ao que* eles dizem[75].

Quanto à *vox populi*, ela não conhece melhor sorte. Poizat sustenta que, de maneira análoga ao que ocorre com a voz humana, cujas forças e significâncias tendem a ser quase sempre reduzidas, em benefício dos signos linguísticos e de suas significações, tal como se o chá e a madeleine valessem apenas pelo paladar e não pelas lembranças e sensações da alma, a voz do povo foi frequentemente submetida às vozes dos poderosos: "Durante muito tempo, a *vox populi* somente tem algum valor, na medida em que era concebida como expressão da *vox Dei*". Se lhe fosse retirada a caução divina, ela não passava de uma vociferação do populacho e era estigmatizada como manifestação privilegiada das violências, excessos e perigos. "Mais tarde, a

---

75. Os três excertos foram respectivamente extraídos de: QUINTILIANO. *Institutions oratoires*. Paris: Les Belles Lettres, 2003, livro I, cap. 11 e livro XI, cap. 3. • CRESSOLES, L. *Vacationes autumnales, siue de perfecta oratoris actione et pronuntiationne*, 1620, cap. V, Vox virilis [Effoeminata], p. 472-473. • WAGNER, R. Le judaïsme dans la musique, apud POIZAT. Op. cit., p. 204.

voz do rei ou do imperador, como receptáculo de certo modo tanto da *vox Dei* quanto da *vox populi*, viria amparar o exercício de seu poder absoluto, com base nessa sua encarnação das vozes do povo e de Deus". Ainda segundo Poizat, após os levantes da Revolução Francesa, teria surgido um grande entusiasmo a propósito da voz popular, que a conceberia como "a própria expressão da voz de Deus", antes que ela voltasse a ser reduzida à condição do voto depositado na urna a cada eleição, de modo a interditar ou ao menos a sublimar os desdobramentos do que seria a viva voz do povo.

O caráter mais ou menos difuso dessa abordagem de Poizat e sua idealização do que seria a "verdadeira" voz do povo não impedem a constatação de que a fala pública popular foi, e continua a sê-lo, ainda que em diferentes graus e por distintos meios, objeto de uma escuta elitizada e impregnada de incômodos, desdéns e condenações. Assim, processa-se um regime de escuta que, ao dispensar maior atenção ao "como", aos meios e modos "desagradáveis" da fala, abre amplo espaço para a deslegitimação do que é dito pelo povo, ou seja, dos "conteúdos" das queixas, das reivindicações e das denúncias justas e legítimas. Não é algo diferente do que encontramos numa exploração histórica mais rigorosa e atenta a fontes do século XVIII francês, tal como a empreendida por Arlette Farge. A despeito da efervescência de práticas e ideias ora mais ora menos igualitárias, no decurso das Luzes e da Revolução, as vozes desfavorecidas não conseguiram ecoar favorável e efetivamente: "A voz do povo, sempre rebaixada ao que seria sua condição desfavorecida e agredida por ser marcada por sotaques provinciais e por proferir fulminações grosseiras, é maltratada pelo trabalho, desqualificada e considerada como signo do perigo"[76].

Ela não o é necessariamente e sempre de modo idêntico. Há, antes, uma espécie de gradiente, que mostra tanto as transformações históricas pelas quais passam as considerações acerca da voz popular quanto uma tenaz continuidade das perseguições e depreciações que ela sofre e continua a sofrer: "As elites a temem e leem em seu ritmo, em suas entonações e em suas escansões a revelação imediata dos problemas cotidianos", ao passo que "os menos bem-intencionados a fustigam, ao qualificá-la de inepta e de animalesca". Finalmente, a partir da Revolução Francesa, "alguns governantes creem que é preciso corrigi-la e policiá-la". Em todo caso e a despeito dessas transformações, "a linguagem do povo parece ferir permanentemente os ouvidos dos letrados"[77].

---

76. FARGE, A. *Essai pour une histoire des voix au XVIIIème siècle*. Paris: Bayard, 2009, p. 199-200.
77. Ibid., p. 202.

Na França, antes e depois do século XVIII, mas também em outros tempos e lugares, os estigmas da deformidade e da violência foram constantemente atribuídos à fala do povo, enquanto outras e igualmente infames marcas, tais como a suscetibilidade, a ingenuidade e a ferocidade, foram imputadas à escuta das massas populares. Reiteramos que a força e o alcance dessas atribuições são tão amplos e consistentes que elas ultrapassam as fronteiras cronológicas e espaciais, ainda que sem dúvida sofram consideráveis modificações na longa duração, desde a Antiguidade até a época contemporânea, e no longo percurso de um continente a outro. Além disso, a construção discursiva dos vícios de fala, comportamento e caráter dos sujeitos de uma comunidade, de uma classe ou de um grupo social compreende imputação direta e indireta de virtudes a outros que lhes são exteriores e/ou estranhos: minha língua será tanto mais bela e sofisticada quanto mais a fala de outrem for reduzida a um ruído de natureza. Nesse caso, sem dúvida, a recíproca é verdadeira.

Esta consiste numa razão contígua àquela de que falamos logo acima e mediante a qual reivindicamos a relevância da abordagem genealógica que aqui propomos: os discursos que depreciam a língua, o corpo, a voz e a escuta do povo são, ao mesmo tempo, i) traços audíveis e legíveis que retomam os dizeres de outrora, quando forjaram as escutas do passado, e ii) elementos materiais em que se constroem as escutas contemporâneas e as vindouras. Essa construção histórica da escuta depreciativa da voz popular, que concorre ela mesma para a instauração tanto de práticas da fala do povo e das que dela pretendem se distanciar e distinguir quanto de outras práticas que com elas se relacionam direta e indiretamente, produz desprezos estéticos, distanciamentos e exclusões simbólicas, mas também deslegitimações políticas e perturbações emocionais e comportamentais. A partir dessa constatação, devemos passar a nos perguntar: quem despreza, rejeita, descarta e teme a fala e a escuta populares? Por quais razões e motivados por quais fatores o fazem? O que se diz e como se fala das diversas expressões populares: os gritos de sofrimento, as denúncias da miséria, as palavras que demandam a consideração da condição desvalida e as que reclamam o reconhecimento da razão e da inteligência na voz do povo?

No intuito de responder direta ou indiretamente essas e outras questões, o que, por seu turno, nos permitirá mais bem compreender os discursos da mídia brasileira sobre a fala pública de Lula, que serão objeto de nossa análise no próximo capítulo, buscaremos imediatamente abaixo depreender certas tendências, propriedades e modificações presentes numa história da fala pública popular e da escuta popular da fala pública. Mesmo que nossa abordagem e nosso procedimento sejam genealógicos, o que implica distanciamento dos marcos da cronologia e das concepções históricas que tendem a lhes ser correlatas, a saber, a que concebe a passagem do tempo como encaminhamento do progresso e a que a considera como degeneração, por razões de clareza e comodidade, seguiremos em boa medida a linha cronológica composta pela tradicional sequência de cronônimos – Antiguidade, Idade Média, Era Moderna, Modernidade e Contemporaneidade – antes de chegarmos ao Brasil contemporâneo. Assim, o emprego desses nomes dos tempos funciona mais ou menos como o princípio aparentemente antilógico e efetivamente real do "Sei que X não existe, mas falo de X, mesmo assim". Se não podemos nos livrar facilmente desses cronônimos, frequentemente tão arbitrários quanto solidamente inscritos na tradição de certa historiografia e do ensino de História, convém, antes, utilizá-los para justamente demonstrarmos que as práticas e as representações, ou seja, o que os homens pensam, dizem e fazem, possuem uma historicidade que não se reduz a esses limites do tempo nem às fronteiras dos espaços que abrigam as ideias, as palavras e as ações humanas.

Fundações antigas

Antiguidade: igualdade e liberdade de fala, *ma non troppo*

> A ação oratória será correta e sem defeitos, se a emissão da voz for fácil, nítida, agradável e bem romana, isto é, sem sotaque campesino nem estrangeiro. Com efeito, não é sem motivo que dizemos que alguém "fala como um bárbaro", porque reconhecemos os homens por suas diferentes maneiras de pronunciar as palavras.
>
> Quintiliano

Um de nossos principais interesses neste capítulo é o de identificar marcas atribuídas aos desempenhos públicos de fala e de escuta populares por certos autores da retórica antiga. Para tanto, passaremos rapidamente por alguns pontos de suas obras clássicas, na tentativa de demonstrar que, ao menos, desde seus primórdios impunha-se a ideia de que a *eloquentia popularis* consagrava uma grande importância à performance oratória, ao que os romanos chamavam de *actio*. A ação oratória era concebida como a última parte das técnicas retóricas e dizia respeito aos procedimentos aconselhados para os devidos usos do corpo e dos gestos, do rosto e da voz do orador nas diversas circunstâncias de fala pública. Sua condição de última etapa devia-se ao fato de ela ser precedida por outras quatro: a busca e preparação do que iria ser dito (*inventio*), a distribuição das partes de seu discurso (*dispositio*), a formulação linguística (*elocutio*) e a memorização de seu texto (*memoria*):

> As qualidades do orador são, portanto, a invenção, a disposição, a elocução, a memória e a ação. A invenção consiste em encontrar os argumentos verdadeiros ou verossimilhantes que tornam a causa convincente. A disposição ordena e reparte os argumentos, porque lhe cabe fixar o lugar que deve ser assinalado a cada uma das coisas a serem ditas. A elocução reveste os argumentos encontrados de palavras e frases que lhes convenham. A memória consiste em fixar solidamente no espírito os argumentos, as palavras e a disposição do discurso. A emissão da fala deve regular agradavelmente a voz, a fisionomia e os gestos com o que vai ser dito[78].

Tanto entre os romanos quanto entre os gregos antigos, podemos observar o que aparentemente se apresenta como uma valorização do corpo e da voz nos pronunciamentos públicos, não somente nas ocasiões em que o orador se endereçava particularmente aos públicos populares, mas também em outras circunstâncias de fala pública. Com efeito, os retores pareciam conceder tamanho crédito à *actio* que eles a situavam acima das demais partes e técnicas da retórica, tal como constatamos nas seguintes passagens:

> Porque não é suficiente possuir bons argumentos para produzir o discurso; é ainda necessário apresentá-los como se deve, visto que isso contribuirá decisivamente para que o discurso tenha este ou aquele caráter. [...] A ação consiste no uso da voz, tal como se deve servir-se dela para exprimir cada paixão, ou seja, quando se deve empregar a forte, a fraca e a média, como devem ser utilizadas as entonações, a saber, a aguda, a grave e mediana, e ainda a quais ritmos se deve recorrer para a expressão de cada sentimento.
>
> Mas todas as qualidades do orador somente existirão, à medida que a ação as fizer valer. É a ação, sim, é a ação que, na arte oratória, desempenha verdadeiramente a função preponderante. Sem ela, o maior dos oradores nada valerá, ao passo que um orador medíocre, que possua esse dom, poderá frequentemente sair vencedor de um embate com os maiores mestres da palavra. [...] As palavras de Graco, asseguram-no as testemunhas, ele as pronunciou com tamanha expressão no olhar, na voz e nos gestos que mesmo seus adversários não puderam conter suas lágrimas.
>
> A ação é frequentemente concebida como a qualidade mais útil ao orador e como a mais importante para a persuasão. Quanto a mim,

---

78. *Retórica a Herênio*. Paris: Panckoucke, 1835, livro I, cap. 2, par. 2, p. 11-13.

não indicaria uma entre as cinco partes da retórica como a mais importante; mas, poderia afirmar sem receio que a ação é mesmo excepcionalmente útil. Porque a habilidade na invenção, a elegância na elocução, a arte na disposição das partes do discurso e uma memória fiel a todas essas relações não desempenham um papel de maior importância, sem a ação oratória. [...] Porque é preciso tratar da voz, da fisionomia e dos gestos e lhes atribuir grande importância, estimo que toda essa parte não deve ser negligenciada.

Quanto à pronúncia, ela possui uma eficácia e um poder surpreendentes no discurso: a qualidade do que nós compusemos em nosso espírito importa menos do que a maneira pela qual nós o exprimimos. Com efeito, a emoção do interlocutor depende do que ele ouve. Toda ação comporta a voz e o gesto, que agem uma sobre os ouvidos e o outro sobre os olhos; ou seja, os dois sentidos pelos quais toda impressão penetra na alma. É preciso falar antes da voz, à qual mesmo o gesto está subordinado. A chama dos sentimentos mais vivos pode apagar-se, caso ela não seja alimentada pela voz, pelo rosto e pelo corpo inteiro do orador[79].

Ainda que esta não fosse uma posição integralmente compartilhada pelo autor da *Retórica a Herênio*, uma vez que, sem descurar da força e dos efeitos da *actio*, ele não lhe concede a mesma primazia que encontramos em Aristóteles, Cícero e Quintiliano, afirmando nesta mesma passagem que "a ação não vale independentemente das demais qualidades oratórias", no decurso de toda longa história da retórica, desde os tratados antigos, passando pelos compêndios modernos, até os manuais de fala pública de nossos dias, repetiu-se que os trechos acima reproduzidos, entre outros, corresponderiam a um elogio do desempenho oratório, a um reconhecimento dos poderes da *gesticulatio* e da *pronunciatio*, que o compõem. Contudo, ao invés de constatarmos e reproduzirmos essa suposta evidência, sustentaremos que aí está, antes, em jogo o fundamento de um estigma de longa duração.

Tendo em vista a defesa dessa ideia, examinaremos as relações de equivalência e encadeamento entre os enunciados acima, nos quais se manifestam essa aparente e exclusiva apologia da performance oratória, e outros que se encontram nesses mesmos clássicos da Retórica antiga, considerando suas condições de produção. Assumindo o risco de eventualmente incidir em certo anacronismo, julgamos que a instauração dessas relações permite que

---

79. Os quatro fragmentos encontram-se respectivamente em: ARISTÓTELES. *Rhétorique*. Paris: Les Belles Lettres, 2002, livro III, cap. 1, 1.403b. • CICERO. *De l'orateur*. Paris: Les Belles Lettres, 2002, livro III, cap. 56, p. 213. • *Retórica a Herênio*. Op. cit, livro III, cap. 11, p. 181. • QUINTILIANO. Op. cit. livro XI, cap. 3, p. 2.

interpretemos a seguinte alusão de Aristóteles a Górgias e à audiência como duas faces de um mesmo preconceito: a sofística populista, de um lado, cuja fala somente buscaria agradar e ludibriar o povo, e a natureza volátil, suscetível e irracional da escuta deste último. Nessa direção, o filósofo grego estará na boa companhia de Cícero:

> Pode-se praticamente afirmar que é pelo desempenho oratório que se conquistam os prêmios nos concursos e que, por essa mesma razão, os atores fazem mais sucesso que os poetas; é também o que ocorre nas assembleias da cidade, tendo em vista a imperfeição de suas constituições. A arte da ação oratória nos parece, aliás, grosseira, se a julgamos com bom senso. Porém, uma vez que em toda sua extensão a retórica somente dedica-se à opinião, será preciso, ainda que isto não seja o ideal, mas o seja imperativo, atribuir à ação os cuidados necessários; porque, com estrita justiça, não deveríamos de modo algum buscar despertar pena ou prazer no discurso; porque as únicas armas com as quais deveria ser justo lutar seriam os fatos e tudo o que não correspondesse à demonstração dos fatos deveria ser considerado supérfluo. Contudo, a ação possui um grande poder na perversão do auditório. [...] Aliás, a ação é, antes, um dom da natureza; ela é bastante estranha à técnica. É por essa razão que aqueles que são dotados de talento conquistam os prêmios, tal como fazem os oradores naturalmente talentosos quanto à ação. De modo análogo ao que já ocorria com os poetas, que, não obstante a insignificância do que diziam, pareciam sempre atingir a glória pela maneira de dizê-lo, o estilo dos oradores foi inicialmente poético, como o de Górgias; e ainda hoje a maioria das pessoas incultas pensam que oradores desse gênero falam magnificamente.

> Todos os movimentos da alma devem ser acompanhados de gestos, que esclareçam o conjunto da ideia e do pensamento, de modo a torná-los compreensíveis. [...] Se a ação é a linguagem do corpo, ela deve estar em harmonia com o pensamento. Acrescento que, em tudo aquilo que se refere à ação, reside uma certa força natural; também está aí o que toca sobretudo os ignorantes e até os bárbaros. As falas agem unicamente sobre aqueles que se encontram reunidos em uma comunidade que compartilha uma mesma língua; frequentemente, pensamentos refinados passam além da compreensão das gentes a quem falta o refinamento; já a ação, que expressa fora do corpo as emoções da alma, emociona a todos, porque são as mesmas emoções da alma que experimentam todos os homens. Eles reco-

nhecem nos outros os signos de que se servem eles mesmos para manifestar suas emoções[80].

Podemos depreender nessas passagens algumas das clivagens fundamentais que já mencionamos aqui e ainda algumas outras que lhes são associadas: natureza/cultura, supérfluo/necessário, corpo/alma, linguagem corporal/linguagem verbal etc. Em seu bojo, advêm distinções e hierarquias. Ainda que a ação possua "um grande poder na persuasão do auditório", trata-se de uma arte oratória "grosseira"; a atenção a lhe ser dispensada é necessária, mas não deveria sê-lo, porque seria algo supérfluo, na medida em que desperta pena ou prazer, distanciando-se dos fatos e da demonstração dos fatos; consiste, antes, em dom natural do que em aquisição técnica; e impressiona "a maioria das pessoas incultas", "os ignorantes e até os bárbaros". Identificamos, então, tanto no pensador grego quanto no romano, uma oposição que se repete e que se fundamenta nessas outras separações: de um lado, uma aristocracia ilustrada, e, de outro, uma plebe analfabeta. A experiência das emoções pode até assemelhar os homens, mas a razão e o refinamento os separam e distinguem. Assim, a ação oratória seria superior aos demais domínios e recursos retóricos, em função da deficiente racionalidade da audiência das massas populares.

Ante reais ou imaginárias emergências e consolidações de avanços igualitários em sociedades desiguais, não tardam os discursos reacionários a lhes imputar prejuízos e deteriorações. Na Antiguidade, um contexto histórico que se mostrou bastante propício ao desenvolvimento de dizeres que depreciavam a fala pública popular e a escuta popular da fala pública foi justamente o da Grécia clássica. Trata-se frequentemente de um tempo e lugar qualificado com grande entusiasmo, porque nele teriam surgido a filosofia e a democracia. Pois bem, é exatamente o advento e a estabilização de um regime democrático que dá ensejo às críticas a esse modo de governo e às práticas de fala e de escuta que se produzem em seu interior. E isso ocorre tanto no interior do campo da retórica e da oratória, mas também no da própria filosofia. Para demonstrar esse fenômeno, nos limitaremos a indicar e comentar rapidamente alguns poucos enunciados extraídos dos dois seguintes textos: *Constituição dos atenienses*, atribuído a Xenofonte e escrito na virada do século V para o século IV a.C., e *A República*, de Platão, escrito no século IV a.C.

---

80. Os dois trechos foram extraídos respectivamente de: ARISTÓTELES. Op. cit., livro III, cap. 1, 1.403b. • CÍCERO. Op. cit., livro III, cap. LIX, p. 223.

Em suma, nos dois textos vigora a ideia de que uma democracia – *Demos* (povo) + *Kratos-ia* (força, poder, governo) = poder/governo do povo – não apenas possibilita, mas acaba por impor oradores demagogos e bajuladores e massas ouvintes manipuláveis e irracionais. Nessa reação crítica ao estabelecimento da democracia, se afirma que ao funcionamento das instituições democráticas falta a "diferenciação ética", apanágio dos aristocratas. Em a *Constituição dos atenienses*, seu autor assim concebe a democracia: "Chama-se democracia aquele regime em que é a maioria pobre que governa"; e desqualifica o regime, dizendo da inexplicável razão para que houvesse espanto de alguns frente a uma de suas propriedades constitutivas: "Há pessoas que se espantam que em toda ocasião os atenienses favoreçam mais os maus, os pobres e os homens do povo do que os bons: é justamente nisso que aparece sua habilidade em manter o Estado popular"[81]. A equivalência entre maldade, pobreza e condição popular é evidente e cada um desses predicados é o avesso do que reúnem em si os "melhores" e mais bem preparados indivíduos que deveriam falar, que deveriam ser ouvidos e que deveriam, enfim, governar a cidade.

Já no diálogo de Platão, uma vez mais é Sócrates quem encarna em sua voz a posição platônica. Após se valer do argumento de que o governo ideal seria aquele exercido por um filósofo-rei, Sócrates é replicado por Adimanto, que lhe objeta que os filósofos, tal como se podia observar em sua atuação na cidade daquela época, eram maçantes, inúteis e até mesmo perversos para a sociedade. Em seguida, Sócrates tenta demonstrar que a culpa por essa situação não era da filosofia, mas da sociedade que acabava por estragar os melhores talentos. Em sua demonstração, ele emprega os seguintes recursos: a parábola do navio; a descrição das assembleias barulhentas; e a alegoria do adestramento de um poderoso animal. Na primeira, encontramos o que parece ser uma materialização do discurso meritocrático: aqueles que detêm o conhecimento é que deveriam governar; mas, na cidade corrompida, eles são ridicularizados, postos de lado, e quem governa são demagogos ignorantes. Já na segunda, Sócrates aponta o efeito maléfico das assembleias que, com elogios e vaias, corrompem os jovens oradores. Enfim, na terceira, sustenta que os oradores, conhecedores dos desejos e das paixões das massas, manipulam as audiências como um adestrador manipula o comportamento de um animal grande e forte. Há nas duas últimas, aliás, um recíproco enfraquecimento dos cidadãos: de um lado, as massas pervertem os oradores, e, de outro, os

---

81. (PSEUDO) XENOFONTE. *La République des Athéniens*. Paris: Garnier, 1967, apud FOUCAULT, M. *A coragem da verdade*. São Paulo: Martins Fontes, 2011, p. 49.

oradores manipulam as massas. Leiamos somente uma única passagem que sintetiza esses argumentos de Platão:

> Quando os membros das multidões se encontram assentados em suas fileiras apertadas das assembleias, dos tribunais, dos teatros, dos campos ou em qualquer outro lugar, há sempre sofistas e oradores que fazem acusações, que se pronunciam em alto e bom som e que, assim, fazem aprovar suas propostas. Em todas essas ocasiões, há um grande tumulto, há falas veementes, gritos e aplausos. [...] Em meio a essas cenas, os jovens não perderão suas convicções? Que educação seria capaz de impedi-los de serem levados por essa correnteza? Esses jovens não se pronunciariam sempre seguindo os rumos ditados pela multidão?[82]

Caso esses trechos retirados de obras da filosofia, da retórica e da oratória antigas ainda não sejam suficientes para nos convencer da existência da produção, da reprodução e da consolidação de preconceitos sobre a fala e a escuta popular, podemos examinar as passagens abaixo, nas quais novamente são estabelecidos laços entre o orador não instruído e os públicos ouvintes populares e nas quais ainda se materializam discursos com base nos quais se constroem regimes de escuta que distinguirão as "boas" vozes das "más":

> São principalmente as pessoas provincianas que apreciam as máximas. Uma máxima deve ser proferida com grande carga patética. Elas auxiliam bastante nos discursos, graças ao déficit de cultura da massa de ouvintes. Eles se alegram com um orador que enuncia uma fórmula geral que vai ao encontro do que acreditam ser válido para seus casos particulares. [...]
>
> Os oradores sem instrução persuadem melhor as massas do que os instruídos. Assim, as pessoas incultas são mais versadas na arte de falar diante das multidões. Porque os cultos enunciam proposições gerais, ao passo que os incultos se abastecem do que sabem e enunciam proposições que são próprias do universo particular de seu auditório.
>
> As regras para a pronúncia são as mesmas que aquelas para o próprio estilo. Este último deve ser correto, límpido, elegante e bem adaptado; do mesmo modo, a ação oratória será correta e sem defeitos, se a emissão da voz for fácil, nítida, agradável e bem romana, isto é, sem sotaque campesino nem estrangeiro. Com efeito, não é sem motivo que dizemos que alguém "fala como um bárbaro" [...], porque reconhecemos os homens por suas diferentes maneiras de

---

82. PLATÃO. *A República*. Paris: Garnier, 1936, livro VI, 492b-d, p. 219-220.

pronunciar as palavras, assim como reconhecemos o bronze por seu timbre[83].

Vemos aí um fluxo depreciativo de mão dupla: transferências recíprocas entre os déficits dos oradores incultos e os defeitos das massas populares; verificamos ainda que tanto a "fórmula geral" das máximas quanto "as proposições próprias do universo particular" agradam os auditórios provincianos e incultos; e observamos finalmente o estabelecimento de sólidos vínculos entre sofisticação do pensamento, elegância de linguagem e reconhecimento social. A partir de seu exame particularmente dedicado às obras de Cícero, Jean-Michel David demonstra que a expressão *eloquentia popularis*, assim como outras similares igualmente encontradas nas mesmas obras, tais como *oratio popularis, exercitatione et consuetudine dicendi populari, populare dicendi genus* e *locuti populariter*, remete à seguinte concepção partilhada pelos antigos: "aqueles que se dirigem ao povo tendem a empregar um estilo particular"[84]. De fato, não se trata aí de uma fala do povo, mas da palavra que lhe é dirigida por membros de aristocracias externas a Roma. A oratória era então considerada como uma das vias de acesso aos círculos do poder romano na medida em que por seu intermédio os porta-vozes do povo poderiam angariar o apoio popular e, com ele, se infiltrar nas redes de influências e nos meios de decisão política.

Ainda com base em David, constatamos nos textos de Cícero a disposição de dois eixos distintos de qualidades oratórias: "o dos qualificativos *suavis, lepidus, urbanus, elegans*, e o dos qualificativos *acer, vehemens, acerbus, asper*". Após apresentar esses dois polos, David acrescenta que "os oradores da veemência são, antes, os *populares* ou aqueles que desempenham a função de acusadores", e que, para tanto, se valeriam de excessos patéticos para granjear a adesão das camadas plebeias. Em contrapartida, "os oradores da elegância tendem a ser os adversários dos defensores do povo". Ora, a fala popular é identificada tanto com a agressividade da língua, do corpo e da voz dos oradores quanto com o efeito desagradável que ela produz nos ouvintes das elites. Vejamos dois trechos que exemplificam essa distinção entre a elegância de dois oradores romanos e a veemência de outro, proveniente da cidade de Arpino, numa mesma obra de Cícero:

---

83. Os dois fragmentos se encontram respectivamente em: ARISTÓTELES. Op. cit., livro II, cap. 21-22, 1395b, p. 110-111; e Livro III, chap. 1, 1403b, p. 39. • QUINTILIANO. Op. cit., livro XI, cap. 3, 30, p. 230.
84. DAVID, J.-M. "Eloquentia popularis et conduites symboliques des orateurs à la fin de la République". In: *Quaderni Storici*, n. 12, 1980, p. 171-211. Bolonha: Il Mullino.

Catulus falava com pureza, um grande mérito e algo de que se descuidam muitos oradores. Isso para não mencionar o som de sua voz e o charme de sua pronúncia. Ao seu filho também não faltava brilho, ao opinar no senado, além de possuir elegância e bom gosto na maneira de falar. [...] Marcus Aurelius Scaurus falava raramente, mas com bom gosto. Ele se distinguia, sobretudo, pela elegância e pureza de sua dicção.

Marcus Pontidius fará acusações em várias causas particulares. Era bastante volúvel e não era ingênuo na defesa de suas causas. Mas ele se enfurecia quando falava e se entregava a acessos violentos de impaciência e de cólera, a ponto de não somente ralhar com seu adversário, mas mesmo, o que é surpreendente, com o próprio juiz, a quem, ao contrário, ele deveria agradar para persuadir[85].

Essas e outras tantas passagens permitem que David avance a seguinte formulação a propósito do que então era considerada por Cícero como a maneira de se dirigir aos sujeitos da plebe romana:

A *eloquentia popularis* é ali definida como uma força, uma veemência e uma ira oratória, que profere enunciados simples e diretos e mobiliza na gestualidade do orador a cólera ou o ódio. Esse tipo de eloquência designa as impressões físicas desagradáveis que esses discursos provocariam, na medida em que sua elocução poderia chegar aos gritos, em sua máxima potência sonora. Assim, esses discursos indicariam a agressividade daqueles que os proferem, mas também evocariam a irritação e o transtorno experimentados por aqueles que os ouvem e criticam. Os qualificativos do comportamento oratório *popularis* são descritos como *turbulentus* e, sobretudo, como *furor* e *audacia*. Em resumo, os critérios para a definição desse estilo destacam como sua característica a violência da expressão e da gestualidade oratória[86].

Para depreciar a fala que ouve, a escuta lhe projeta a falta do que julgaria possuir em si de modo exclusivo: a discriminação mais fundamental de que eram objeto os oradores da *eloquentia popularis* era a falta de *urbanitas*. Embora carregada de valores semânticos diversos, essa noção significava, em todo caso, o que era próprio de Roma, uma vez que *urbani* designava as pessoas da cidade eterna e compreendia igualmente a língua e os gostos de Roma. Nesses dois últimos campos, os aristocratas italianos não romanos se encon-

---

85. CÍCERO. *Brutus*. Paris: Les Belles Lettres, 2002, respectivamente cap. XXV, 133-135, p. 47 e cap. LXX, 246, p. 88.
86. DAVID. Op. cit., p. 171, 177 e 182.

travam muito desprovidos: "seu primeiro defeito era o de 'mal' pronunciar o latim. Havia na Cidade uma pronúncia especificamente romana, feita de nuances insensíveis e inacessíveis aos que não haviam vivido em Roma desde sua infância. Era o sotaque que definia o latim legítimo". O orador estrangeiro era identificado, ao cometer "erros" linguísticos e prosódicos, ou seja, nas circunstâncias em que dava indícios de não dominar os idiomatismos e as entonações romanas. Tratava-se de uma série de nuances que justificavam um distanciamento, que "era ao mesmo tempo insuportável e insuperável e que se tornava decisivo nos obstáculos à promoção e à integração dos italianos: o som de suas vozes então operava essa distinção"[87].

Guardadas as devidas diferenças e proporções, os oradores da *eloquentia popularis* eram então concebidos e depreciados pela elite romana como já o haviam sido, séculos antes, ao longo da República de Roma, os tribunos da plebe. Ante a revolta dos plebeus, que até então estavam destituídos de direitos e que sofriam de opressões e explorações diversas, o estabelecimento do tribunato do povo surgia ao mesmo tempo como uma conquista popular e como uma concessão aristocrática[88]. A partir daí, os sem-voz e voto teriam ao menos seus porta-vozes. Uma relativa conquista emancipatória e certa concessão apaziguadora que não ficariam imunes às reações conservadoras. Caio Márcio, o Coriolano, personifica emblematicamente essas reações. Antes de Cícero e de modo bem menos discreto, Coriolano já havia depreciado o povo e seus tribunos. Por meio da pena de Shakespeare, em sua tragédia sobre o patrício e militar romano, Coriolano, seus amigos e seus partidários desdobram uma enorme série de declarações elitistas.

Eis aqui somente algumas dessas declarações: "Arranque a língua do populacho, para que ele não mais lamba o veneno destilado por seus bajuladores"; "Vejam o rebanho que vocês, tribunos, conduzem. Eles merecem ter voz? Vocês que são suas bocas, por que não reprimem a fúria de seus dentes?"; "essa ignóbil e fedorenta multidão"; "Esses tribunos imbecis, que, ligados aos vis plebeus, detestam tua glória, Coriolano"; "Se o povo ama sem motivo, ele também odeia sem fundamento"; "Vejam os tribunos do povo, as línguas das bocas vulgares. Eu os desprezo". No momento em que, após muita insistência de seus próximos para que ele vá se dirigir ao povo, no intuito

---

87. DAVID, J.-M. "Eloquentia popularis et urbanitas – Les orateurs originaires des villes italiennes à Rome à la fin de la République". In: *Actes de la Recherche en Sciences Sociales*, vol. 60, n. 1, 1985, p. 70 e 72. Paris: Seuil.
88. LANFRANCHI, T. *Les tribuns de la plèbe et la formation de la République romaine*: 494-287 avant J.-C. Roma: École Française de Rome, 2015.

de convencer seus membros a elegê-lo cônsul de Roma, Coriolano nos brinda com mais esta lapidar afirmação eivada de preconceitos:

> Pois bem! Que eu abandone meu coração e minhas inclinações naturais para ceder ao espírito de uma cortesã. Que minha voz viril e guerreira, que fazia coro com as cornetas das batalhas, se torne estridente como o falsete de um eunuco ou como a voz de uma mocinha que embala um bebê em seu berço. [...] Que a língua suplicante de um mendigo se mova entre meus lábios e que meus joelhos, cobertos de ferro e que jamais se dobraram sobre meu estribo, se prostrem tão baixo quanto os dos miseráveis que recebem esmolas[89].

Em que medida a consideração de passagens de clássicos da retórica antiga e de seus comentadores nos permite mais bem compreender os discursos sobre a fala pública popular e sobre a escuta popular da fala pública presentes na sociedade brasileira de nossos tempos? Estaríamos equivocados, se pensássemos que os estigmas atribuídos à língua, ao corpo, à voz e aos ouvidos do povo na Grécia clássica ou na República romana não seriam suficientemente potentes para atravessar as fronteiras do espaço e do tempo e para, assim, chegar ao Brasil moderno e contemporâneo, depois de percorrer um longo trajeto, durante o qual passou por diversas modificações. Voltaremos a essas conservações e transformações da depreciação dos desempenhos públicos de fala e de escuta populares em contextos brasileiros, ao final deste capítulo e, principalmente, no próximo, após tratarmos bastante rapidamente de representações da fala e da escuta públicas do povo na Idade Média e na era moderna e de fazê-lo de modo um pouco mais detalhado na abordagem desse fenômeno, desde o final do século XIX até nossos dias.

Idade Média: *a fala de Deus às gentes simples*

> *É melhor receber a repreenda dos gramáticos do que não sermos compreendidos pelo povo.*
> Santo Agostinho

O enunciado desse grande teólogo cristão indica algo interessante sobre a fala pública sagrada, a saber, a preocupação que deveriam dispensar os padres pregadores à escuta popular da palavra de Deus: "Desde seus primeiros séculos, a Igreja sempre esteve atenta à necessidade de fazer com que sua

---

89. SHAKESPEARE. Op. cit., ato III, cena 1 e 2 [Disponível em http://shakespeare.mit.edu/coriolanus/index.html].

nova mensagem fosse compreendida, para que os fiéis pudessem segui-la. No que respeita à escrita, para a conquista dessa necessária compreensão, ela prescreve a adoção de um estilo simples, o *sermo humilis*, de que fala Cícero, a adoção do que se tornaria a própria prática da retórica cotidiana de uma literatura cristã, cujo público é popular (literatura de uma retórica simples, que os pagãos cultos julgam ser pueril), e até mesmo o uso de uma língua que eventualmente incorpore inovações de uma linguagem partilhada no convívio ordinário".

Se isso é verdade para a modalidade escrita e para a leitura, tanto mais o é para tudo o que concerne a fala e a escuta: "No que se refere à oralidade, a ser utilizada na pregação, convinha avançar ainda mais longe, de modo a falar ao povo por meio de uma língua que ele compreendesse sem maiores dificuldades. Os bispos, não somente o recomendavam, mas insistiam na determinação de que era preciso empregar uma língua próxima daquela usada por seus fiéis"[90]. Entretanto, difundir o evangelho numa língua que possa ser compreendida pelo povo implica um ônus. É o que indica Agostinho, quando afirma que, ao falar ao povo em linguagem que lhe fosse compreensível, tal como deveria fazer o pregador cioso de transmitir a palavra de Deus, o orador cristão seria objeto da repreensão dos gramáticos; ou seja, para ser compreendido pelo povo, seria necessário valer-se de usos linguísticos concebidos como erros de gramática em latim ou mais simplesmente usar as formas cotidianas das línguas vernáculas, sintomaticamente chamadas de "vulgares".

Mesmo no interior do funcionamento, que poderíamos chamar de elitista, da sociedade e da cultura escrita da Idade Média, num domínio ao qual se poderia, com ressalvas, chamar de literatura, o endereçamento ao povo contava em alguma medida com certo espaço. Michel Zink demonstrou que havia um filão das práticas de escrita dedicado aos leitores-ouvintes que eram designados à época como as "gentes simples", na esteira de preocupações oriundas do universo pedagógico religioso. A expressão *"simples gens"* vem do "antigo francês e era empregada para se referir às pessoas de espírito simples, desprovidos de conhecimentos formais e de formação intelectual", o que equivalia quase completamente "àqueles que não possuíam educação religiosa". Isso não significa, contudo, que se tratava de uma designação depreciativa, porque ela podia até mesmo indicar "os bem-aventurados", isto é, os escolhidos de Deus: "Naquele tempo, respondendo, Jesus disse: Graças te dou, ó Pai, Senhor do céu e da terra, que ocultaste estas coisas aos sábios e entendidos, e as revelaste às gentes simples" (Mt 11,25).

---

90. CERQUILINI, B. *La naissance du français*. Paris: PUF, 1991, p. 32.

Naquele contexto, parecia ainda haver uma espécie de condescendência em relação às camadas populares e uma forma de resignação quanto às suas miseráveis condições materiais de vida. É uma faceta dessa condescendência que encontramos na seguinte afirmação do teólogo, pregador, *Doctor Christianissimus* e chanceler da Universidade de Paris, Jean de Gerson: "É uma grande dádiva ouvir falar de Deus e das coisas divinas. Não se trata de modo algum de tempo perdido. Ainda que as gentes simples não entendam nada dos ofícios da Igreja em latim, elas conseguirão sempre tirar certo proveito do que ouviram"[91]. O que observamos nessas cessão e benevolência religiosas é tanto a convicta declaração de que o povo não instruído nada compreenderia do que ali ouvisse quanto a manifestação da crença de que, mesmo assim, aproveitariam algo mediante sua escuta da fala sagrada.

No que respeita à própria fala religiosa, Zink nos informa que no século XII os públicos populares eram considerados de duas maneiras distintas, que podem ser representadas por dois oradores daquela época: Jacques de Vitry e Maurice de Sully. Enquanto o primeiro podia eventualmente falar às gentes simples por meio de sermões *ad status*, nos quais ele se endereçava aos instruídos e eruditos, mas também ao povo, fazendo-o "separadamente, um após o outro", o segundo produzia efetivamente "predicações populares":

> Ao comentar detalhadamente diversos sermões franceses de Maurice de Sully e ao compará-los ao texto das homilias latinas, ressaltamos os argumentos que permitem sustentar que eles realmente se configuram como uma predicação endereçada ao povo. Esses argumentos são de três ordens. Os primeiros referem-se ao fato de que tanto o plano quanto o conteúdo dos sermões são concebidos de modo a facilitar sua compreensão. Os segundos dizem respeito ao fato de que o predicador está sempre atento às circunstâncias concretas nas quais ele fala, aos comportamentos de seus ouvintes e ao seu estatuto social. Os terceiros concernem ao tom e ao estilo: insistência repetitiva e tom típico do que então era considerado como a fala popular[92].

Este apanhado bastante circunscrito sobre a fala pública popular e sobre a escuta popular da fala pública na Idade Média[93] não poderia passar incólume

---

91. O Evangelho de Mateus e a frase de Jean de Gerson são citadas por Michel Zink, em seu curso no Collège de France: ZINK, M. Curso "Parler aux 'simples gens' – Un art littéraire medieval". Collège de France, aula do dia 10 de dezembro de 2014 [Disponível em www.college-de-france.fr – Acesso em 16/02/2017].

92. Resumo do curso de Zink. Op. cit.

93. Para reflexões e análises mais amplas e aprofundadas acerca das práticas medievais de fala e de escuta públicas, cf. BOUHAÏK-GIRONÈS, M. & BEAULIEU, M.A.P. (dir.). *Prédication et performance*: du XIIe

por dois de seus aspectos fundamentais, quais sejam, os espaços e dispositivos materiais em que elas eram praticadas e as configurações do povo em sua condição de auditório dos sermões e suas modificações durante aquele período. Consideraremos essas duas dimensões, seguindo de perto o que fora avançado, principalmente, por Hervé Martin e por Charles Mazouer, que se dedicaram ao estudo da pregação dos últimos séculos da Idade Média clássica até o fim da Idade Média tardia. "Nem todo pregador nem tampouco todo missionário da Baixa Idade Média discursava do alto de uma cátedra", afirma Martin, para, em seguida, acrescentar que é justamente durante esse período que se assiste à emergência de púlpitos, cátedras e tribunas fixas e móveis e, mais geralmente, de um conjunto de instrumentos e mecanismos cuja função essencial consistia em elevar o orador sagrado bem acima da massa de ouvintes, alçando-o a uma posição manifestamente privilegiada, porque intermediária entre Deus e os homens.

Essas consideráveis e relativamente repentinas diversificação e delimitação dos espaços de fala divina e de suas tribunas respondem às necessidades de agregar e circunscrever públicos distintos, de dar certos contornos teatrais à pregação, com vistas a torná-la mais atraente para os públicos ouvintes que eram cada vez mais urbanos. Mais precisamente no que concerne os públicos da fala pública sagrada, Martin afirma que desde o final do século XII até o século XIII, havia tanto "sermões *do tempo* e *dos santos* que se endereçavam a todos os fiéis" quanto outros que "eram explicitamente destinados a públicos específicos: aos agricultores, aos artesãos, aos mercadores, aos juízes, aos peregrinos, às mulheres etc." Os dois séculos seguintes conheceram uma modificação importante a esse respeito, porque desde então há uma tendência de que as falas endereçadas da cátedra religiosa "aos cavaleiros, aos mercadores, aos camponeses e aos demais" não se distingam mais de maneira tão nítida quanto antes, ainda que eventualmente possam ainda ser encontrados algumas referências ou interpelações específicas dos oradores a certos grupos sociais: "Convinha-lhes, mormente, distinguir a elite da massa ('Não se o faz do mesmo modo, se tu pregas diante de um príncipe ou se tu te diriges ao povo comum...'), distinguir também os jovens, cujos castos ouvidos precisam ser conduzidos, dos adultos que estão prontos a tudo compreender"[94].

---

au XVIᵉ siècle. Paris: Classiques Garnier, 2013. • MARTIN, H. *Le métier de prédicateur en à la fin du Moyen-Âge*. Paris: Le Cerf, 1988. • BATAILLON, L.J. *La prédication au XIIIᵉ siècle en France et Italie*. Aldershot: Variorum Reprints, 1993. Cf. tb. vários verbetes de LE GOFF, J., apud SCHMITT, J.-C. (org.). *Dicionário Temático do Ocidente Medieval*. Bauru: Edusc, 2002.
94. MARTIN, H. A tribuna, a pregação e a construção do público cristão na Idade Média. In: COURTINE, J.-J. & PIOVEZANI, C. (orgs.). *História da fala pública*: uma arqueologia dos poderes do discurso. Petrópolis: Vozes, 2015, p. 53-67.

Em que pese a inclinação dos sermões do final da Idade Média a generalizar seu público ouvinte, neles mesmos e ainda em outras fontes, se pode verificar uma considerável diversidade das atitudes possíveis adotadas pelos cristãos, em razão das distintas escutas que eram consagradas às palavras de Deus. Em nossos termos, diríamos que havia então diferentes regimes de escuta, que iam da "extrema atenção", passando pela "solene indiferença" e pelo "distanciamento crítico", até a "aberta hostilidade": "Tal fato era tão presente que um ilustrador chegou a representar uma altercação entre o ocupante da cátedra e alguns fiéis insubordinados e até mesmo uma expulsão, pura e simples, para fora da igreja de pecadores empedernidos"[95]. Havia, portanto, ou, ao menos, se pressupunha que houvesse diferentes escutas e sensibilidades auditivas: a fala pública religiosa era ouvida com atenção devota, mas também com apatia indiscreta e até com antipatia virulenta; e ao príncipe não se falava da mesma maneira que ao povo.

O fato de os públicos populares serem objeto de preocupação dos pregadores medievais não corresponde a uma boa consideração da capacidade de escuta dos servos e plebeus e ainda menos de sua fala. Tudo se passa praticamente como se os ecos do profeta estivessem ainda absolutamente presentes nas representações que a maioria dos religiosos tinha a respeito das camadas populares: "Então disse eu: 'Ai de mim, que vou perecendo! Porque eu sou um homem de lábios impuros, e habito no meio de um povo de impuros lábios'. [...] Então disse o Senhor: 'Vai, e dize a este povo: Ouvis, de fato, e não entendeis, e vedes, em verdade, mas não enxergais'" (Is 6,5.9). Ouvintes, em geral, e aí compreendidos os populares, tidos por indiferentes, hostis e ineptos, exigiam que a pregação se tornasse um espetáculo: "Empoleirado em seu pequeno andaime, o pregador popular reúne uma audiência que ele tenta interessar, mover, instruir ou invectivar. O caráter teatral e espetacular da pregação está provado"[96]. Assim como o orador, seu auditório também era frequentemente chamado de 'popular'. Mas, Mazouer afirma que "essa designação precisa ser mais bem definida" e, para tanto, acrescenta o seguinte:

> Documentos históricos e testemunhos registrados em vários textos concordam com o seguinte, porque o pregador popular interpela esta ou aquela categoria social de seu auditório: as pessoas do povo humilde não constituíam absolutamente a maioria da audiência. Em suma, o público dos sermões pertencia, antes, às camadas médias e dominantes da sociedade; era constituído, sobretudo, pela burgue-

---

95. MARTIN. Op. cit., p. 65.
96. MAZOUER, C. Praedicator sive histrio: le spectacle de la prédication. In: GIRONES, M.B. & BEAULIEU, M.A.P. (dirs.). *Prédication et performance*: du XIIe au XVIe siècle. Paris: Classiques Garnier, 2013.

sia e não pelos marginalizados. O público dos "mistérios", gênero do teatro religioso medieval, era efetivamente mais amplo e era popular, na medida em que reunia a imensa maioria da população de um burgo ou de um vilarejo e que essas falas teatrais se endereçavam a todos os ouvintes ali reunidos[97].

Além de relativizar o adjetivo "popular" então empregado na qualificação de oradores, sermões e auditórios e de reiterar a heterogeneidade nos regimes de atenção e escuta dos públicos compósitos das pregações, Mazouer ressalta ainda a existência de uma variação de estilos de fala nestas últimas. Isto porque na performance dos sermões e em suas representações nos "mistérios" havia tanto uma eloquência sagrada suave – "O Jesus, dos "mistérios" de Arnoul Gébran, é paciente, doce e apenas eleva sua voz contra os fariseus" – quanto uma veemente: "Quando o João Batista, dos "mistérios" de Jehan Michel, fala, ele admoesta com veemência, a fim de enterrar com força a mensagem de arrependimento no coração dos ouvintes"[98]. Com elas, se pregava ora de modo mais ou menos uniforme para um público geral, que podia conter referências e, principalmente, interpelações específicas a certas categorias sociais, ora se o fazia de maneira mais dirigida a uma audiência segmentada. Em todo caso, as imagens dos pregadores populares os apresentam como bastante ciosos da manutenção de um laço vivo com seu público, depois de terem captado sua atenção. Para consegui-lo, os recursos empregados tendem a não ser exatamente discretos: "o ouvinte é sempre evocado, interpelado, incessantemente fisgado e solicitado; o pregador põe-se à sua frente, busca fazê-lo reagir, fazê-lo participar"[99].

Eis aí alguns traços da fala pública endereçada ao povo, tal como ela parece ter sido praticada na Idade Média: é preciso ser compreendido pelas gentes simples, mesmo que isso implique as reprimendas dos gramáticos; é preciso, portanto, conservar a preocupação de se dirigir a essas gentes, manifesta, por exemplo, nas "pregações populares" de Maurice de Sully; é preciso, enfim, respeitar a diversidade das tribunas, dos públicos e dos regimes de escuta. Seria, contudo, excessivo crer que o povo fosse efetivamente uma audiência a ser privilegiada na fala pública medieval. A grande maioria dos pregadores se contentava, sem dúvida, com o fato de não ignorá-lo completamente. Conforme veremos, em outras condições históricas, ou seja, num contexto em que a ideia de igualdade terá adquirido uma força poucas vezes

---

97. Ibid., p. 113-114.
98. Ibid., p. 116.
99. Ibid., p. 118.

observada até então no dito mundo ocidental, a retórica eclesiástica consagrará uma atenção distinta e favorecida.

Nos sermões medievais, contudo, o povo estava de certo modo presente *par défaut*. O fim da Idade Média não corresponde, evidentemente, ao esgotamento das pregações populares e "nem tampouco às acusações de 'histriônica', que elas continuariam a receber: Voltaire ainda identifica esses pregadores como *Arlecchini* de batina"[100]. Não nos esqueçamos, o arlequim porta roupas multicores, retalhadas e de mau gosto, que representam seu caráter multifacetado e sua pobreza material. Ora, a partir desse quadro, podemos compreender que, quando a fala pública religiosa é endereçada ao povo, ela é concebida como sendo mais veemente. A imagem que faziam do povo os pregadores daquele tempo e a que foi feita dos oradores sagrados populares e de seus públicos pobres e marginais pelos sacerdotes que os sucederam e ainda por terceiros reproduziram e consolidaram a ideia de que a escuta do povo seria dispersa e inepta e a de que a fala que lhe era dirigida seria e deveria mesmo ser histriônica.

Revoluções modernas

Era Moderna: *um antigo regime de discriminações*

> *O povo é somente o mestre do mau uso.*
> Vaugelas

Esta seria "a era da eloquência". Por qual razão Marc Fumaroli, titular da cátedra de *Retórica e Sociedade na Europa (séculos XVI e XVII)*, atribuiu um tal título ao período, que vai do Renascimento ao limiar da chamada Idade clássica? Teria, enfim, chegado o tempo em que o espaço dedicado à fala pública seria tão amplo e franco que a fala e a escuta populares poderiam ali encontrar seus lugares legítimos e reconhecidos? Certo recuo da Igreja e, por conseguinte, da predominância da eloquência sagrada, conjugado com o processo de intensa revalorização da Antiguidade poderiam corresponder a uma renovação dos regimes democráticos, das técnicas retóricas e das práticas oratórias civis e populares? Não foi exata e verdadeiramente esse o caso. A voz do povo permanece um objeto não identificado ou, ao menos, continua a ser algo que não merece respeito e que não possui legitimidade nem nas ruas, nem em fóruns públicos e tampouco nas tribunas políticas. De fato, nas

---

100. Ibid., p. 119.

ruas, as vozes populares não apenas estavam bastante presentes, mas também eram clara e frequentemente ouvidas. Eram reconhecidas como tais e, por isso, chegaram a receber um terno apelido na capital da França: "os gritos de Paris". Desde o século XVI até o XIX, "os mais humildes representantes do povo, os mercadores ambulantes, as gentes pobres e rudes, os músicos e os cantores de rua, os assalariados do pequeno comércio parisiense, todos eles compunham e produziam 'os gritos de Paris'" e, como tal, se tornaram "tema recorrente de inspiração literária, iconográfica e mesmo musical"[101].

Os preconceitos sobre o povo e suas formas de expressão se manifestam abertamente nas palavras empregadas para designar seus agentes e seus fenômenos ("primitivos", "anomalias" etc.) e nas caricaturas que os representam com traços grotescos, durante os séculos XVI e XVII, antes que uma transformação histórica ocorresse a partir da segunda metade desse último século, a saber, uma idealização não menos nociva desses gritos: "A realidade social do povo pobre parisiense está ausente dessas imagens. Nelas, apenas se encontra uma representação eufemística de sua miséria material. Todas as personagens não são mais caracterizadas por seus gestos produtivos ou pelo esforço físico e muscular do trabalhador sem qualificação". Além dessa edulcoração e daquela não raras vezes produzida no imediato contexto pós-Revolução, nas quais as pessoas do povo são representadas como urbanas e bem-comportadas, na sequência dos levantes populares e de sua agressividade, reemergem "uma tipologia conservadora e conveniente dessas personagens das ruas, cuja indigência material remete quase invariavelmente aos vícios morais, e as anedotas moralistas que louvam a humildade dos trabalhadores resignados e servis"[102].

A depreciação ou a idealização da voz do povo não impedem que a fala popular esteja presente na Idade Moderna. Como parece ser o caso, o século XVII é "um século em que a fala, a voz, o grito, a leitura oral, as conversas rápidas e espalhafatosas e as brincadeiras maliciosas são os veículos essenciais da comunicação entre os membros das classes populares e pouco letradas, seja no mundo do trabalho, tanto urbano quanto rural, seja em suas relações com o rei, com a Igreja ou com a justiça". Isso não significa, porém, que essas expressões do povo gozassem de ampla liberdade e consideração: "as vozes populares não cessam de inquietar os governantes, que ainda as ridicularizam, tratando-as de coaxo de rãs", entre outras depreciações, e "perseguindo

---

101. MILLOT, V. Les Cris de Paris, figures d'un peuple apprivoisé. In: *Revue de la BNF* – Dossier "De quoi le peuple est-il le nom?", n. 52, 2016, p. 12-25. Paris: BNF.
102. Ibid., p. 21-24.

suas emissões em todos os jardins, esquinas, praças e igrejas da capital"[103]. Numa imagem mais ou menos redutora, mas não equivocada, poderíamos dizer que a época das Luzes, generosa com as ideias racionais dos filósofos e cientistas, correspondeu também a uma idade das trevas para a comunicação de viva voz dos pobres e dos marginalizados: "A escrita sobrepõe-se à oralidade e, evidentemente, a racionalidade das Luzes aceita com reticências a palavra falada, considerada muito vaga e estéril. A linguagem cotidiana é concebida como algo vil, desagradável e grosseiro". O desejo de emancipar as gentes de suas coerções, mediante o ensino da escrita e da leitura ao maior número possível de pessoas, não excluía o desprezo pela língua falada pelo povo. Em *Noites de Paris*, Rétif de la Bretonne afirma que essa língua popular é "um monstro horrível, feito de todas as barbaridades e solecismos, que se poderiam cometer contra a língua francesa"[104].

No que concerne à língua, os debates já se haviam intensificado bastante, desde o século XVI. Por diversas razões, se assiste nesse período ao nascimento ou ao aumento das comparações e das oposições entre o latim e as línguas vernáculas, entre as línguas da Europa e aquelas do Novo Mundo e ainda entre as diferentes maneiras de escrever e de falar o latim e as línguas europeias. Nesse contexto, a produção de gramáticas e de dicionários conhece um grande desenvolvimento[105], assim como crescerão os debates sobre as línguas e sobre a imposição dos bons usos linguísticos. Estabelecem-se lutas contra os "corruptores" da língua francesa, que se estendem até a defesa, já no século XVII, por Vaugelas, das ideias de que a corte deveria ser a sede exclusiva das boas e belas falas e de que o cortesão encarnava a própria pureza linguística: "Há sem dúvida dois tipos de usos, um bom e um ruim. O ruim se forma entre as multidões, que quase sempre produzem coisas malfeitas, e o bom, ao contrário, é composto não pela pluralidade, mas pela voz das elites"[106]. Desde então a questão da língua legítima e de seus bons e belos empregos torna-se muito importante e atribui ao mesmo tempo a autoridade dos usos corretos aos eruditos e aos cortesãos[107]. Quanto à fala popular, podemos observar que ela não ocupa um bom lugar nesses espaços e discussões:

---

103. FARGE. Op. cit., p. 14-15.
104. Apud FARGE. Ibid., p. 26.
105. Para mais detalhes sobre esse processo, cf. AUROUX, S. A revolução tecnológica da gramatização. Campinas: Ed. da Unicamp, 1992.
106. VAUGELAS, C.F. *Remarques sur la langue françoise*. Paris: Pierre Le Petit, 1647. Ainda no prefácio de sua obra, Vaugelas acrescenta o seguinte: "Eis, portanto, como se define o bom uso da língua: é a maneira de falar da mais alta e sã elite da corte, do mesmo modo que ocorre com a maneira de escrever da mais alta e sã elite dos autores de nossos tempos".
107. TRUDEAU, D. *Les inventeurs du bon usage* (1529-1647). Paris: Minuit, 1992.

"O povo é somente o mestre do mau uso; ao passo que, ao contrário, é o bom uso que deve ser o mestre de nossa língua"[108].

Mesmo as práticas de fala pública que poderiam ser legítimas tornam-se cada vez mais restritas ante o reforço do poder real absolutista, de modo a quase eliminar os discursos deliberativos e jurídicos, em benefício da hegemonia dos pronunciamentos do gênero epidítico, a esboçar as bases sobre as quais acontecerá a redução da retórica à *elocutio* e, assim, a praticamente restringir as alocuções orais à escrita e as escutas públicas, à leitura. A oratória parlamentar perde, portanto, seu prestígio e a eloquência dos louvores domina aquele cenário que, sobretudo a partir do século XVII, torna as celebrações e os espetáculos cada vez mais bem-vindos e mesmo necessários[109]. A retórica era então enfraquecida pelo recrudescimento do poder real, mas também pela ascensão da filosofia e da ciência, pela importância adquirida pelas questões de gramática e de literatura e pelos progressos do teatro e da ópera[110]. No domínio da fala pública, praticamente apenas a eloquência religiosa terá ainda um verdadeiro espaço e uma boa reputação. A retórica sagrada será também a única cujos desempenhos oratórios cumprirão um papel de relevo, tal como se observa, em particular, na reflexão e na prática dos jesuítas. Entre esses últimos, no contexto francês, o padre Louis de Cressolles se destaca, principalmente na medida em que mobilizava com talento os usos de todos os recursos do corpo e que os descrevia com minúcia e os recomendava com autoridade, no intuito de fazer ouvir a fala divina, num cenário em que vicejavam formas de secularização da fala pública nas artes cênicas ou na teatralidade profana da vida na corte[111].

Tais preocupações, se não são idênticas às dos europeus, não são, contudo, estranhas aos jesuítas que se encontram no Brasil colonial. Por aqui, naqueles tempos, as notas dominantes da oratória sacra brasileira, desde a chegada dos membros da Companhia de Jesus até o início da segunda metade do século XVIII, consistiam de uma interpretação escolástica de noções e preceitos da retórica antiga[112]. Naquela que talvez seja a peça mais emble-

---

108. VAUGELAS. Op. cit.
109. FUMAROLI, M. O corpo eloquente: *actio* et *pronunciatio* no século XVII. In: COURTINE, J.-J. & PIOVEZANI, C. Op. cit., p. 83-117. • FUMAROLI, M. Le corps éloquent: une somme d'*actio* et *pronuntiatio rhetorica* au XVIIe siècle – les *Vacationes autumnales* du P. Louis de Cressolles. In: *Revue XVIIe siècle*, 1981, p. 237-264.
110. CONTE, S. "La rhétorique au XVIIe siècle: un règne contesté". *Modèles Linguistiques*, n. 58, 2008, p. 111-130.
111. FUMAROLI. Op. cit., p. 117 e 264.
112. Cf. HANSEN, J.A. Política católica, instituição retórica e oratória sacra no Brasil Colonial. In: *História da fala pública*. Op. cit., p. 118-153.

mática da eloquência sagrada colonial brasileira, o Sermão da Sexagésima, de Antônio Vieira, além da conhecida imputação aos pregadores da culpa pelo fato de "fazer pouco fruto a palavra de Deus no mundo"[113], notamos a exposição do que em sua perspectiva seria a doutrina oratória católica. Oposta à tese protestante de que o clero, os ritos e as cerimônias da Igreja deveriam ser substituídos pela leitura individual e silenciosa da Bíblia, o Padre Vieira ressalta o imperativo da pregação oral aos cristãos. Na oratória católica deve imperar, antes, a clareza do verbo que a eloquência do corpo, embora ambas sejam necessárias no propósito de governar as almas pela fala de Deus e de seus porta-vozes sagrados. Se os excessos da agudeza e do artifício mundanos na disposição, na elocução e no desempenho das pregações são condenados, o público, que é inocentado e projetado por Vieira, não parece ser exatamente constituído por sujeitos das classes populares.

Nem a escuta popular nem tampouco o corpo e a voz do povo encontram efetiva presença e espaço na erudição jesuítica. Também na performance oratória, a retórica da igreja é muito ciosa de não se confundir com o profano: o Padre Vieira "julga inverossímil e indecorosa no púlpito a técnica da voz e do corpo que é adequada ao teatro onde se representam farsas. Levado pela evidência do artifício, o público pode se esquecer de que está na Igreja e mesmo pôr em dúvida a naturalidade do artifício de falar do sagrado. O púlpito pode tornar-se um lugar profano, o que desestabiliza as hierarquias. A *actio* que lhe convém exige também gestos proporcionais à circunstância e voz adequada à dignidade do lugar, das matérias e do fundamento sagrado"[114]. No bojo dessa preocupação, o impasse entre a voz forte e a moderada recobre mais ou menos diretamente um outro: convence-se mais com a força do *pathos* ou com discernimento do *logos*? A resposta de Vieira consiste em afirmar que se, por um lado, "há muita gente neste mundo com quem podem mais os brados que a razão", por outro, "o falar mais ao ouvido que aos ouvidos, não só concilia maior atenção, mas naturalmente e sem força se insinua, entra, penetra e se mete na alma"[115] (2011, p. 158-159). Se um ou outro uso da voz não é o único responsável pela alegada infecundidade da palavra de Deus, retores e oradores, mas também governantes e governados, desde os antigos até os modernos, ressaltaram e continuam a reiterar por atos, palavras e omissões que as falas sagradas ou profanas dirigidas ao povo não frutificarão, caso não

---

113. VIEIRA, A. Sermão da Sexagésima. In: *Padre Antônio Vieira*: essencial. Org. e intr. de Alfredo Bosi. São Paulo: Companhia das Letras, 2011, p. 139.
114. HANSEN. Op. cit., p. 153.
115. VIEIRA. Op. cit., p. 158-159.

tenham a simplificação da linguagem e a ênfase do desempenho oratório como suas marcas registradas.

Na tradição sacra da Idade Moderna, o preceito segundo o qual não se pode falar de qualquer tema, de qualquer modo, a qualquer público e em quaisquer circunstâncias se encontra bem assentado. Por essa razão, a oratória sagrada desse período compreendia quatro tipos distintos de pregação: "a *homilia*, exposição do texto da Sagrada Escritura de tipo literal ou alegórico; o *sermo*, palavra que emerge a partir do século XIII para indicar a pregação temática; a *oratio sacra*, oração de corte; e a *concio*, oração deliberativa destinada ao meio popular"[116]. Resguardadas as devidas diferenças, seria recomendável aqui interpretar a referência a "meio popular" de modo análogo às indicações que fizemos acima a propósito dos públicos populares dos sermões medievais. Além de outras distinções em relação ao contexto europeu, no Novo Mundo, em geral, e no Brasil, em particular, a prática de pregação tinha frequentemente como seus ouvintes populares os nativos da terra, que atribuíam grande importância aos desempenhos de fala e de canto. Dada sua consideração dos auditórios brasileiros e a despeito da divisão quadripartida da oratória sagrada moderna, as falas públicas religiosas de então podem ser reduzidas *grosso modo* às orações eruditas e às pregações populares, respectivamente destinadas aos ouvintes letrados e aos analfabetos.

Uma vez mais assistiríamos à repetição do mote "o povo é emotivo e gosta dos espetáculos, dos exageros e da veemência". Num dos mais tradicionais e difundidos tratados de retórica sagrada da Idade Moderna, que era frequentemente tomado como fonte de instrução e modelo de pregação, *Los seis libros de la Retorica Eclesiastica o dela Manera de Predicar*, publicado por Luís de Granada em 1576, seu autor afirma o seguinte: "os ouvintes rudes e imperitos, se lhes dizemos algo com força e veemência, também eles com veemência se comoverão; e deste modo experimentam o mesmo afeto que expressamos com palavras, voz e semblante"[117]. Assim como outros, Granada considerava que as pregações endereçadas às multidões incultas não poderiam se restringir à dimensão intelectual para a conversão dos descrentes e para a consolidação da fé dos que já criam. Se sua posição indica, sem dúvida, que a escuta das camadas populares era bastante depreciada, aponta também a necessidade de contar com a razão e com uma diversidade de modos de pregação para a difusão da fala cristã. Essa diversidade compreendia, inclusive, a elegância da elocução e a brandura da ação oratória: "o povo deve

---

116. MASSIMI, M. *Palavras, almas e corpos no Brasil colonial*. São Paulo: Loyola, 2005, p. 84.
117. Apud MASSIMI. Op. cit., p. 88.

não apenas ser convencido com razões, mas também deve ser comovido com afetos; deve ser atraído brandamente com as maneiras de dizer e com a elegância da oração"[118].

Há ao menos duas razões para que, em que pese o preconceito em relação à escuta popular, a oratória religiosa não prescindisse de argumentação racional e de diversidade estilística no desempenho de suas falas públicas destinadas aos públicos sem instrução formal: a primeira reside no fato de que no mais das vezes se tratava de uma prática partilhada por públicos heterogêneos, que compreendiam sujeitos provenientes de classes sociais distintas, com formações e experiências culturais diversas; já a segunda deriva de certo entendimento da ação de persuadir que não segmenta em termos absolutos as pregações em racionais aos instruídos e emotivas aos analfabetos. Nem só de emoção vive a palavra que sai da boca de Deus e que se endereça às audiências populares. Por um lado, havia de fato adeptos da ideia de que a oratória sagrada deve conceber o povo como um público não somente específico, mas inferior em sua capacidade de compreensão, e sua persuasão como domesticação dos rudes por meio dos apelos emotivos, por outro, não deixava de haver uma tendência, provavelmente predominante entre os religiosos, que julgava ser necessária a conciliação entre o entusiasmo e o convencimento na fala dirigida às massas populares:

> o desejo de provocar a comoção não seria a única finalidade da encenação piedosa, realizada com o objetivo de teatralizar a prática oratória. Ao invés, pretendia-se tocar a inteligência, de modo a atingir a vontade. Exigia-se a coerência intelectual do discurso e uma ordem a ser seguida, quer nas falas, quer nos gestos. Pois o objetivo era, pelo visível e pelo sensível, chegar à compreensão intelectual, num percurso que alcançaria o espírito passando pela sensibilidade anímica[119].

À diversidade das ordens religiosas correspondiam distintos estilos de pregação no Brasil colonial. Franciscanos, capuchinhos, beneditinos, carmelitas e jesuítas não pregavam exatamente do mesmo modo. Entre duas dessas ordens, capuchinhos e jesuítas, há mesmo uma oposição profunda no valor concedido às técnicas retóricas e aos desempenhos oratórios discretos ou exuberantes: "muitos pregadores realizaram a opção radical de recusar totalmente a retórica: foi o caso dos capuchinhos, que apostavam na palavra pura e o mais possível independente das formas teatrais. Por sua vez, os jesuítas

---

118. GRANADA. Apud MASSIMI. Ibid., p. 88.
119. MASSIMI. Ibid., p. 15.

colocavam-se do lado da oratória *total*, buscando alcançar uma maior eficácia pelo uso de todos os meios comunicativos disponíveis"[120]. A opção dos primeiros pelo despojamento, espontaneidade e recato parecia resultar da crença de que a retórica e a estética oratória se haviam imposto na pregação, em detrimento da teologia. Já os segundos talvez possuíssem outras razões para sua clara e ativa adesão a uma retórica espetacular.

O esforço dos jesuítas para promover os usos do corpo, da língua e da voz na oratória sacra total pode ser interpretado como signo do crescimento da dessacralização da voz de Deus, ou, para empregar a consagrada expressão de Max Weber, como indício do processo de "desencantamento do mundo". Não tardaria para que a voz do rei e ainda as formas teatrais e estéticas da fala pública, após o século XVII, perdessem boa parte de seus encantos. Assim, percebemos o desenvolvimento do gosto pela conversação na corte e em outros refinados ambientes como uma espécie de nostalgia monárquica e aristocrática dos tempos em que o poder das vozes dos poderosos fora dominante e praticamente exclusivo. Mas, constatamos igualmente que o empenho para tornar mais refinada a fala das elites, de um lado, e para estigmatizar ainda mais a voz dos desvalidos, de outro, pode significar também certo recrudescimento e certa ampliação dos poderes da fala, em geral, e da fala popular, em particular.

O silenciamento da voz do povo é um indício do potencial libertário que ela contém. Além de serem resultantes das opressões de formas e pesos diversos, a relativa escassez de registros históricos deixados por colonos pobres e por soldados rasos, por pequenos comerciantes e por padres do baixo clero, por indígenas e por escravizados do Brasil colonial é também marca do temor que suas possíveis revoltas então poderiam suscitar entre os que buscavam mantê-los sob seu comando. Houve por aqui, ao longo dos séculos XVI e XIX, levantes entre os nativos, insurreições entre os negros e formação de quilombos, e resistências entre religiosos e rebeliões entre os militares. Como a versão da história que nos chega vem por meio de documentos majoritariamente produzidos por aqueles que foram alvo dessas sublevações e responsáveis por exterminá-las, as raras referências às expressões dos revoltosos as qualificam como "gritos", "tumultos" e afins. Foi nesses termos que Pedro Miguel de Almeida Portugal e Vasconcelos, o conde de Assumar, governador das capitanias de Minas Gerais e São Paulo, descreveu uma rebelião ocorrida em 1720, em Vila Rica. Mesmo a produção historiográfica bem qualificada e ciosa de reconhecer a atuação política dos populares emprega termos análogos:

---

120. Ibid., p. 95.

O parecer do conde não nasceu da mera contemplação. Ele assistira ao cerco a seu palácio por uma multidão furiosa gritando palavras de ódio contra o governo. Acompanhara impotente a destruição de residências, o tropel de bandos armados no coração de Minas e se vira obrigado a concordar com todas as reivindicações dos amotinados e ainda perdoar por escrito aqueles insolentes vassalos[121].

Além de sua formulação em linguagem bastante clara, *Rebeliões no Brasil colônia* apresenta uma sólida e precisa fundamentação teórica, além de ser provida de relatos e interpretações de vários levantes ocorridos em diversas regiões do Brasil colonial. Entre os postulados em que se apoia a obra, se destaca o da recusa da irracionalidade e da violência frequente e aprioristicamente atribuídas por versões hegemônicas da história aos movimentos rebeldes populares[122]. Notamos, porém, que o dito e os modos de dizer que se encontram nos documentos produzidos por poderosos a propósito dos oprimidos nem sempre são apresentados com o devido distanciamento crítico e enunciativo: "causando imediato furor", "aos gritos para o Colégio, arrombaram a porta com um machado e invadiram o prédio gritando 'Mata, mata, bota fora, bota fora da terra, padres da Companhia'", "reação igualmente furiosa com gritos", "Pelas ruas gritavam por 'Liberdade', repicavam o sino da Câmara, dirigiam palavras de ódio às autoridades", "vozes, sinos, tropel, agressões, desafios e inversões hierárquicas, destruições de bens, invasão e ocupação das instituições do governo"[123].

Em interpretações que os reduzem à brutalidade e a excessos de sentimentalidade, os sujeitos do povo são frequentemente destituídos de linguagem ou dotados de recursos expressivos rudimentares: "Eis a razão para que suas vozes estivessem supostamente parasitadas pela baixeza dos elementos que os envolvem – sujeira, pobreza, trabalho duro, instabilidade afetiva e social e grosseria dos costumes"[124]. Vividas essas condições históricas, não se

---

121. FIGUEIREDO, L. *Rebeliões no Brasil colônia*. Rio de Janeiro: Zahar, 2005, p. 8.
122. "Em *A multidão na história*, o historiador George Rudé, inconformado com interpretações que acreditavam no caráter irracional e sanguinário dos motins, atribuídos a criminosos, vadios e desajustados sociais, define caminhos para se encontrar 'os rostos da multidão'. É um método de relativa simplicidade: definir as razões e consequências dos protestos, conhecer a composição social e a forma de ação da multidão, analisar as lideranças, buscar a forma de encaminhamento das reivindicações e seus principais alvos e vítimas, como se processou a repressão, seus objetivos sociais e políticos. Essa investigação sistemática revela detalhes empíricos previstos. Mas surpreende e confunde em alguns aspectos que fogem aos modelos iniciais ao produzir muitas inquietações e dúvidas. Fornece, todavia, a base segura para se escapar das projeções e anacronismos que o pesquisador imperceptivelmente traz" (Ibid., p. 15-16).
123. Ibid., p. 41, 42, 53 e 61, respectivamente.
124. FARGE. Op. cit., p. 30.

abriria um caminho rumo à modernidade, na qual um tal desprezo, finalmente, anunciasse o poder da expressão e da escuta popular?

Modernidade: *uma revolução igualitária?*

> O *povo, a parte mais numerosa, mais laboriosa, mais útil da sociedade, não tinha o direito de falar por si mesmo.*
> Barão de Holbach

Já se disse que o imperfeito não participa do passado. Em outra perspectiva, se poderia dizer que o imperfeito só participa do passado. É neste último sentido que assistimos a este encontro entre tempo verbal e certa concepção histórica: "Sob o governo feudal, a nobreza e o clero mantiveram durante muito tempo o direito de falar em nome de toda a nação, ou de ser seus únicos representantes. O povo, composto de agricultores, habitantes das cidades e dos campos, manufatureiros, numa palavra, a parte mais numerosa, mais laboriosa, mais útil da sociedade não tinha o direito de falar por si mesma". Os efeitos produzidos são os de duração e de encerramento de um cenário passado e defeituoso, de algo indesejado que se estendeu no tempo e que, finalmente, conheceu seu fim. Isso tanto com o *imparfait*, tal como no original francês do verbete "Representantes" da *Enciclopédia*, de Diderot e D'Alembert[125], formulado pelo Barão de Holbach, quanto com o *pretérito imperfeito* da tradução brasileira. Se o povo, antes, passou um longo período sem poder falar por si mesmo, agora, numa nova era, tem, enfim, o direito de fazê-lo.

A mudança reside tanto na crítica à fundamentação divina do poder político quanto no advento da soberania popular. Se "nenhum homem recebeu da natureza o direito de comandar os outros", "o governo não é um bem particular, mas um bem público, que nunca pode ser tirado das mãos do povo"[126], a fonte da autoridade política não poderia mais baixar de uma instância celestial e se exercer sem limites por um monarca eleito por Deus, mas deveria emanar de um fundamento humano – "Os homens nascem e permanecem livres e iguais perante a lei"; "Todos os seres humanos nascem livres e iguais em dignidade e direitos"... – e se cumprir direta ou indiretamente pelo

---

125. HOLBACH, P.H.T. Representantes. In: *Verbetes políticos da Enciclopédia*. São Paulo: Discurso Ed./ Ed. Unesp, 2006, p. 230-244.
126. DIDEROT, D. Autoridade política. In: *Verbetes políticos da Enciclopédia*. São Paulo: Discurso Ed./ Ed. Unesp, 2006, p. 37-46.

conjunto da população. Do povo, que é a comunidade governada, procede o poder do governo.

Nas Luzes do século XVIII, assistimos a uma "invenção da igualdade". Desde ao menos o século XVI, a nobreza não hesitava em ostentar o que cria ser sua condição de uma linhagem à parte, ao passo que a burguesia começava sua busca por distinção por meio da produção e do comércio, dos comportamentos e das práticas expressivas[127]. Somente após relativa consolidação das teses de filósofos contratualistas, tais como Thomas Hobbes, John Locke e Jean-Jacques Rousseau, a despeito de suas diferenças, é que se poderia conceber a ideia de uma igualdade natural entre indivíduos da espécie humana: "a igualdade natural é aquela que existe entre os homens tão somente pela constituição de sua natureza. Esta igualdade é o princípio e o fundamento da liberdade. A igualdade natural ou moral é, pois, fundada sobre a constituição da natureza humana, comum a todos os homens, que nascem, crescem, subsistem e morrem da mesma maneira". Decorre dessa premissa o imperativo de que "cada homem deve estimar e tratar os outros como seres que lhe são naturalmente iguais, ou seja, homens tanto quanto ele"[128].

Não podemos, porém, concluir que a afirmação dessa ideia então correspondesse à demanda de igualdade das condições sociais, econômicas e políticas entre os sujeitos de classes e categorias distintas. Ainda no mesmo verbete "Igualdade natural", poucos parágrafos adiante, seu autor sustenta que "apesar de todas as desigualdades produzidas no governo político pelas diferenças de condições, pela nobreza, pelo poder, pela riqueza etc., os que são elevados acima dos outros devem tratar seus inferiores como lhes sendo naturalmente iguais, evitando qualquer ultraje, não exigindo nada além do que é devido". Há aí uma pressuposição e uma evidência de que existem os "elevados" e os "inferiores", assim como haverá na sequência uma defesa dessas e de outras diferenças: "não se enganem supondo que, por um espírito de fanatismo, eu aprove, num Estado, esta quimera da igualdade absoluta. [...] conheço bastante a necessidade de condições diferentes, dos graus, das honras, das distinções, prerrogativas, subordinações que devem reinar em todos os governos"[129].

Embora não se possa negar que reside nesse discurso sobre a igualdade relativa dos homens certo avanço no combate às injustiças, explorações e

---

127. Para mais detalhes, cf. a noção de "paradigma da expressão" em COURTINE, J.-J. & HAROCHE, C. *História do rosto*: exprimir e calar as emoções. Petrópolis: Vozes, 2016.
128. JAUCOURT, L. Igualdade natural. In: *Verbetes políticos da Enciclopédia*. São Paulo: Discurso Ed./ Ed. Unesp, 2006, p. 193-195.
129. Ibid., p. 194-195.

discriminações, não se pode fazê-lo corresponder ao fato de que o povo, sua voz e sua escuta teriam finalmente conquistado nessa concepção uma real consideração e um efetivo lugar no espaço público. Por essa razão, não nos espanta a ambivalência da seguinte passagem:

> Os homens das leis se retiraram da classe do povo ao se enobrecerem sem o auxílio da espada. Os literatos consideram o povo profano. Não seria honesto chamar de povo aqueles que cultivam as belas artes nem mesmo deixar na classe do povo essa espécie de artistas maneirosos que trabalham com produtos de luxo. Mãos que pintam divinamente, que montam perfeitamente um diamante, que ajustam uma vestimenta de modo superior, tais mãos não se parecem com as mãos do povo.
>
> Os financistas moram sob ricos tetos. Usam ouro e seda para suas roupas. Respiram perfumes, procuram o apetite na arte dos cozinheiros. E quando o repouso sucede à sua ociosidade, adormecem indolentemente sobre plumas. Seus palácios na cidade e no campo, suas roupas de bom gosto, seus elegantes móveis, suas rápidas carruagens, isto cheira a povo? Este homem que soube surpreender a fortuna pela porta das finanças come nobremente numa refeição o alimento de cem famílias do povo, varia sem cessar seus prazeres...
>
> Na massa do povo, portanto, restam apenas os operários e os camponeses. Contemplo com interesse sua maneira de viver. Acho que este operário mora ou sob a palha ou em algum reduto que a cidade lhe entrega porque tem necessidade de sua força. Levanta-se com o sol, e sem olhar para a fortuna que ri acima dele, pega sua roupa de todas as estações, escava nossas minas e pedreiras, seca nossos pântanos, limpa nossas ruas, constrói nossas casas, fabrica nossos móveis. A fome chega, qualquer coisa lhe serve. O dia acaba, ele se deita duramente nos braços da fadiga[130].

Por um lado, há a crítica social e a denúncia: a gente do povo sofre toda sorte de exploração e vive em enorme dificuldade. Mas, por outro, observamos também a perpetuação de estigmas que lhe são imputados: a frequentação das leis, das letras e das artes, que exigiria a sofisticação do espírito e o refinamento dos sentidos, não poderia ser estendida ao povo. Ainda assim, já se impunha no século XVIII um afastamento dessa mentalidade esclarecida em relação ao elitismo da nobreza. No último quarto desse século uma considerável radicalização sucederia esses já crescentes distanciamentos e críticas

---

130. JAUCOURT, L. Povo. In: *Verbetes políticos da Enciclopédia*. São Paulo: Discurso Ed./Ed. Unesp, 2006, p. 221-226.

às práticas e ideias elitistas. Tratava-se da condenação dos privilégios e da luta por seu banimento. Diante dos privilegiados, que eram todos os que julgavam pertencer a uma categoria social superior e distinta da condição humana, os que podiam submeter e explorar economicamente outros homens e os que detinham prerrogativas jurídicas, começava a se estabelecer a chamada "invenção da igualdade", com base nas propostas de um "mundo de semelhantes", de uma "sociedade de indivíduos independentes" e de uma "comunidade de cidadãos"[131]. A formação desses pensamentos e de suas ações tendia a limitar e/ou a tornar secundárias as diferenças entre os membros de uma sociedade. Assim, as desigualdades de situação não deveriam corresponder a distinções de condição, na medida em que se ressaltava o fato de que todos os homens pertenciam à mesma espécie humana e que, por tal razão, todos deveriam indistintamente possuir uma autonomia econômica e iguais direitos civis e políticos.

À medida que foram sendo relativamente consolidados, esses discursos e as práticas em defesa da igualdade conduziram às revoluções do final do século XVIII. No que respeita às ações e representações da oratória popular e de sua escuta, a Revolução Francesa consiste num capítulo à parte, a propósito do qual daremos aqui apenas algumas sumárias indicações. A entrada na modernidade tardia vai perturbar tradições e equilíbrios antigos, porque novos atores e desempenhos surgem no palco da história da fala pública, sem que necessariamente essas perturbações e esses surgimentos carreassem a completa eliminação de velhos hábitos, de imaginários persistentes e de estigmas e desprezos ancestrais. Com base em interpretações historiográficas da Revolução Francesa, poderíamos dizer que, finalmente, parcelas do povo ou, ao menos, seus porta-vozes conquistam o direito à fala e fazem ouvir sua voz. A emergência da soberania popular oferece à fala pública um novo campo de experimentação, no qual se elaboram formas modernas do discurso político produzidos na assembleia dos deputados e onde surgem novas figuras do orador, tais como o popular e o cidadão. O advento de tais formas e figuras se deve à aparição e ao fortalecimento de procedimentos igualitários de formação de opiniões políticas e à constituição de novos usos de um espaço público até então relativamente inédito, no interior dos quais as falas democráticas e as vozes populares começam a adquirir certa legitimidade.

Isso não significa necessariamente que o contexto revolucionário francês tenha se tornado um livre e franco ambiente para o surgimento e o exercício da fala pública do povo. A despeito de suas conquistas mais ou

---

131. ROSANVALLON. Op. cit., p. 25-106.

menos democráticas e populares, na assembleia nacional, os deputados continuavam a ser os únicos que atendiam a critérios legais exclusivos e que dispunham de condições práticas de vida para o acesso à palavra e para o desempenho da fala pública legitimada, mesmo que fosse em nome da representação dos interesses do povo. Era com base nesses critérios que se excluía a maioria da população, em particular os pobres e as mulheres, da efetiva participação nos debates públicos e nas ações políticas. De fato, entre boa parte dos deputados havia o interesse de se conservar uma distinção entre uma participação democrática nos debates e um efetivo exercício político sob a forma da atividade legislativa. Sua própria condição de representantes do povo era alegada como razão pela qual não caberia diretamente aos membros do povo legislar e governar. Ante essa situação emerge outro e mais próximo representante popular: o porta-voz. Trata-se de uma figura que se situa "em posição mediadora" e cuja função consistia em transferir a potência e o ato legislativo para o povo, "segundo as modalidades concretas em que os cidadãos podem falar no interior do campo do direito e em nome da soberania do povo". Numa palavra, "os cidadãos podem *fazer falar a lei*", podem exprimi-la e sancioná-la[132].

Naquele contexto, buscava-se desconsiderar a fala pública dos porta-vozes populares em termos relativos e absolutos: tanto pelas diferenças entre as autoridades devidamente constituídas e suas falas legais, seus discursos de assembleia, por um lado, e as sublevações do povo e as falas "absolutamente estranhas" de seus porta-vozes, por outro, quanto pelas propriedades "inadequadas" e "irracionais" dos modos populares de manifestação e expressão pública. Nas narrações dos episódios de revolta popular em que se denunciam os riscos à própria subsistência do povo, observamos uma dissociação entre "a fala de razão dos 'cidadãos de todas as ordens', encarregados de 'conter o povo'" e "'os altos gritos' e 'os movimentos de um entusiasmo excessivo'", por meio dos quais o "povo sublevador" pedia "a redução do preço do trigo". A *Declaração dos direitos do homem e do cidadão*, de 1789, e seu princípio de que "Todos os seres humanos nascem livres e iguais em dignidade e direitos" garantiam a presença das mulheres, que haviam marchado sobre Versalhes, no interior da Assembleia Nacional, para pedir pão e justiça, e de seu porta-voz, Stanislas Maillard, mas não asseguravam o fim da estigmatização da fala popular. O relator da Assembleia descreve aquele contexto com os seguintes termos: "M. Maillard está a sua frente e é seu porta-voz"; "expressões pouco

---

132. GUILHAUMOU, J. Falas democráticas e poderes intermediários durante a Revolução Francesa. In: *História da fala pública*: uma arqueologia dos poderes do discurso. Petrópolis, Vozes, 2015, p. 157-184.

mensuradas, que escapam ao orador, impõem ao presidente a necessidade de adverti-lo do respeito que ele deve à Assembleia Nacional"[133].

A afirmação comum entre os revolucionários da liberdade e da igualdade entre todos não recebia a mesma interpretação a partir das diferentes posições ideológicas que eles ocupavam. Se a necessidade de superar o antigo regime monárquico não era absoluta, era ao menos hegemônica. Entre os que se situavam nessa posição, não havia um acordo sobre a extensão do princípio da igualdade ao "direito natural de falar", ou seja, o fato de que todos os homens fossem livres e iguais não correspondia ao de que pudessem e soubessem falar e ouvir em circunstâncias públicas. Os moderados girondinos e os radicais jacobinos compartilhavam a crença de que o povo poderia e deveria falar e divergiam quanto às modalidades da expressão popular. Enquanto os primeiros preferiam a fala de seus representantes legais e o desenvolvimento da instrução pública, porque esta última prepararia os membros das classes populares para os debates e deliberações, à concessão direta ao povo e a seus porta-vozes, os últimos ressaltavam a necessidade de reforçar cada vez mais o sentimento de igualdade, que passaria pelo livre acesso à fala pública a todos os cidadãos. Dois fragmentos, um do girondino Jacques Pierre Brissot e outro do jacobino François Robert, ilustram essas duas posições:

> Os senhores querem instruir a juventude, prepará-la para a aprendizagem das virtudes públicas, para os debates. Haveria uma escola melhor do que as sociedades deliberantes? Não é nelas que se torna possível mais bem aprender a arte da escuta, arte tão necessária, e a da argumentação, parte de nossa eloquência moderna, que se aperfeiçoa em nossas tribunas? Não é lá que o cidadão pode se formar na arte de falar com justeza, substituindo a estéril verbosidade dos palácios por uma concisão vibrante e sublime?
>
> O eloquente Jacobino, hábil na arte oratória, formado por estudos rigorosos e percurso acadêmico brilhante, é combatido e frequentemente reconduzido ao caminho correto por um artesão ou por um simples operário, a quem o sentimento ensinou o único meio de ser livre[134].

Instrução da juventude, recomendada como preparação necessária por uns, e igualdade ou mesmo superioridade da fala operária em relação à burguesa, destacada como fundamento político por outros, convergem para uma

---

133. Ibid., p. 162-163.
134. Respectivamente: BRISSOT, J.P. *Discours sur l'utilité des sociétés patriotiques et populaires*, 28/09/1791. • ROBERT, F. *Invitation de l'orateur du peuple aux citoyens à se faire défendre*, 23/04/1791. Ambos são citados em GUILHAUMOU. Op. cit., p. 169-170.

guerra declarada aos artifícios da retórica e da eloquência. Eis aí um dos mais presentes fenômenos da produção metalinguística dos revolucionários: a fala democrática corresponde frequentemente a uma verdadeira *antirretórica*, que pretende se assentar quase exclusivamente na razão e recusar a sensibilidade e as emoções como recursos e fonte de verdade do que é dito publicamente. Como consequência do combate à verborragia, às técnicas e adornos retóricos e à legitimidade exclusiva dos discursos dos deputados da Assembleia Nacional, começa a se impor a partir de 1792 a reivindicação de um espaço em que o povo pudesse se estabelecer como agente legítimo no interior do próprio funcionamento legislativo e no qual as falas de seus porta-vozes fossem devidamente ouvidas. No dia 10 de agosto daquele ano, Robespierre, ao falar na condição de delegado da Comuna de Paris, afirma que é preciso fazer ressoar "a linguagem da verdade expressa pelos porta-vozes do povo": "Enunciando as primeiras expressões adequadas ao novo estatuto enunciativo do povo, o discurso robespierriano significa a emergência de uma 'língua do povo', ao encontro do postulado da soberania popular"[135].

Fundamentando-se na ideia de que o povo era soberano, o orador revolucionário passa a privilegiar as falas breves e mesmo lacônicas, como meio para produzir uma correspondência entre legisladores e cidadãos, de modo que mesmo os pronunciamentos dos primeiros fossem conduzidos a se valer cada vez mais das formas e recursos linguísticos dos últimos. As falas públicas democráticas, raramente proferidas pelos sujeitos das classes populares e frequentemente pronunciadas por seus porta-vozes, empregaram progressivamente as unidades e os expedientes de uma língua que não era conforme àquela que se designava como a da norma culta, em formas de expressão que mesclavam estilos tradicionais e modernos e que davam vazão ascendente aos conflitos sociais. Essa fala do povo emerge, portanto, em "um francês heterogêneo, proveniente de uma fala que é, no entanto, escrita e que testemunha a maneira pela qual os enunciadores não legítimos elaboram seus discursos institucionais"[136]. Uma língua mais cotidiana e mesmo popular, mas também um corpo e uma voz, que destoariam dos elegantes e moderados padrões retóricos tradicionais, marcam o estilo oratório que concede grande importância ao povo. Se não antes, ao menos desde então, emergirá certo mimetismo entre a força do trabalho braçal executado por operários e camponeses e uma eloquência enérgica, que se dirige às classes trabalhadoras.

---

135. GUILHAUMOU. Ibid., p. 174. Para mais detalhes sobre a dimensão linguística, retórica e discursiva da Revolução Francesa, cf. tb. GUILHAUMOU, J. *La langue politique et la Revolution Française*. Paris: Méridiens Klinckieck, 1989.
136. GUILHAUMOU. Ibid., p. 178.

No retrato que Pierre-François Tissot faz de seu amigo Jean-Marie Goujon, uma das personalidades políticas da Revolução Francesa, são destacadas interdependentemente suas características pessoais e oratórias. Já em sua juventude, Goujon teria manifestado capacidades intelectuais precoces e comportamentos exemplares e contagiantes. Sua distinção era, então, devida, antes, às suas condutas do que a seus hábitos e dotes retóricos, pois era "naturalmente, pouco falante". Adepto da eloquência dos bons exemplos e do laconismo, é somente quando impelido a contribuir para a consolidação do movimento revolucionário que Goujon sai de seu silêncio e produz sua primeira fala pública, que é assim descrita por Tissot: "Lembro-me de tê-lo visto nesse tempo, em pé sobre o tablado de uma tribuna no meio da grande sala de audiência, discorrer sobre a moral e a virtude, bradando contra a tirania e exaltando os encantos da liberdade"[137]. Já nessa primeira circunstância de um pronunciamento público, sua energia oratória é uma das características ressaltadas, uma vez que Goujon teria conseguido "tocar a todos que o ouviam com seu ardor".

A ocasião mais marcante de demonstração de seus talentos oratórios ainda estaria por vir. Honoré Mirabeau havia falecido no mês anterior, quando a administração da cidade de Meudon solicitou a Goujon que pronunciasse o elogio fúnebre em homenagem ao "orador do povo", no dia 22 de maio de 1791. Seria a confirmação de sua eloquência, de sua competência oratória marcada pela adoção da linguagem popular e veemente e destinada a produzir entusiasmadas reações: "o orador em pé sobre uma tribuna no meio do cortejo pronunciou seu discurso com uma voz forte e viril. Uma multidão de cidadãos dos arredores formava o auditório. [...] O elogio fúnebre causou um enorme impacto". Outros convites sucederiam àquele para a realização da oração fúnebre de Mirabeau. Goujon faria ainda pronunciamentos públicos em Sèvres e Seine-et-Oise. De suas falas, são frequentemente destacadas a "língua do povo" que ele emprega, a "simplicidade" de suas formulações e a "energia" de seu desempenho oratório. Ali, "fala, sobretudo, a alma", uma vez que Goujon "colocava em sua elocução não a graça nem os gestos estudados, mas a veemência e o calor patético do sentimento". Assim procedendo, em particular em sua atuação como membro do Conselho Geral do Departamento, ele contribuiria de modo decisivo para a "legitimação da fala popular no discurso de assembleia"[138].

---

137. Apud GUILHAUMOU. Ibid., p. 182.
138. Ibid., p. 182.

Conferir relativa legitimidade ao uso de formas de expressão associadas aos meios populares em contextos institucionais não equivale a suplantar o antigo e largo abismo que separa o povo das falas plenamente admitidas, devidamente respeitadas e manifestamente apreciadas no espaço público. Se isso não nos surpreende, quando os sujeitos filiados a posições ideológicas conservadoras não as admitem, não as respeitam nem tampouco as apreciam, é provável que nos choquemos diante de um julgamento desfavorável ao povo e a seus modos de manifestação pública, tal como ele foi emitido por um dos mais ferrenhos defensores das camadas populares durante a Revolução Francesa. No dia 28 de dezembro de 1792, Robespierre faz um pronunciamento na Convenção, com o qual buscava dissuadir seus colegas deputados da realização de um plebiscito popular para decidir se Louis XVI seria ou não condenado à morte. Sua tarefa não era das mais fáceis. Isso por duas razões: seus adversários girondinos defendiam a concretização daquela consulta pública, já antevendo a vitória do "não", dadas as inclinações moderadas e mesmo monarquistas das províncias francesas. Além disso, até então o próprio Robespierre era concebido como o principal paladino da deliberação direta e popular, de modo que o poder fosse o mais diretamente possível exercido pelo povo. A certa altura desse seu pronunciamento, ele dirá o seguinte:

> Para forçá-los a acolher este estranho sistema, lhes é proposto um dilema não menos estranho, para mim: "Ou bem o povo quer a morte do tirano, ou ele não a quer. Se ele a quer, qual o inconveniente de se recorrer a esse sistema? Se ele não a quer, sob que direito os senhores podem ordená-la?"

> Eis minha resposta: primeiramente, não duvido que o povo a queira, se os senhores entenderem por esta palavra a maioria da nação, sem excluir dela sua porção mais numerosa, a mais desafortunada e a mais pura da sociedade, aquela sobre a qual pesam todos os crimes do egoísmo e da tirania. Esta maioria exprimiu seu voto, no momento em que se libertou do jugo e da tirania do rei. Ela começou e sustentou a Revolução: ela tem seus honestos costumes, esta maioria. Ela tem coragem, mas não tem refinamento nem eloquência. Ela elimina os tiranos, mas é frequentemente enganada por pessoas de má índole. Esta maioria não estaria cansada de assembleias contínuas e muito longas, nas quais uma minoria intrigante se impõe muito frequentemente? Ela não pode estar nas assembleias políticas, quando está nas fábricas, oficinas e ateliês[139].

---

139. Segundo discurso de Maximilien Robespierre sobre o julgamento de Louis de Capet. Pronunciado na Convenção no dia 28 de dezembro do primeiro ano da República (1792). *Société Les Amis de la*

Nas equivalências e encadeamentos que podemos observar no enunciado de Robespierre, o "povo" é concebido em termos quantitativos: "a maioria da nação", "sua porção mais numerosa" etc.; e qualitativos: "a porção mais desafortunada e a mais pura da sociedade", "aquela sobre a qual pesam todos os crimes do egoísmo e da tirania". O termo é ainda definido por ações: vota, começa e apoia a Revolução; por virtudes: a honestidade e a coragem; e por imperfeições: "não tem refinamento nem eloquência", "é frequentemente enganada". Além disso, em razão de sua vida cotidiana de trabalho, o povo não pode participar de longas e parciais assembleias políticas. Trata-se aí da materialização de um discurso que deriva de uma posição ideológica progressista, igualitária e popular, o que, por sua vez, não impede que em seu bojo sejam trazidos elementos de outros discursos. A presença desses elementos de ideologias conservadoras no interior do discurso progressista a que adere Robespierre indica a condição quase perene de certas coisas ditas. Porque provenientes de posições hegemônicas e, por isso, repetidas ao longo de séculos, as depreciações sofridas pelo povo acabam sendo reproduzidas até mesmo por seus ardorosos defensores. Ainda que seja em enunciados que os apoiem e defendam, estes últimos repetem que os sujeitos das camadas populares são rudes, não dominam a arte de bem falar e estão suscetíveis à manipulação.

Embora tenha havido ora maior ora menor conservação de preconceitos contra o povo, não podemos deixar de reconhecer as sensíveis modificações ocasionadas pela Revolução Francesa nas dimensões econômica, social e política, mas também nas simbólica e linguística. Lutar contra privilégios implicava combater desigualdades de bens materiais, de modos de comportamento e de meios de expressão. Se os liberais já condenavam a vida luxuosa de uns e a miserável de outros: "O estômago do rico não é proporcional aos seus desejos e não digere mais do que o do rude camponês"[140]; maior condenação ainda virá dos revolucionários, inspirados por Rousseau: "Que nenhum cidadão seja opulento para poder comprar um outro e que nenhum seja tão pobre de sorte a ser obrigado a se vender"[141]. Essa condenação dos excessos da desigualdade econômica impôs medidas de limitação dessas diferenças. Ao encontro dessas medidas, outras de urbanidade e de interlocução foram tomadas e mais profundamente sentidas.

Liberté et de l'Égalité, p. 20 e 21 [Disponível em http://gallica.bnf.fr/ark:/12148/bpt6k6267992v/f5 – Acesso em 29/11/2017]. Para detalhadas análises desse e de outros pronunciamentos e documentos da Revolução Francesa, cf. GUMBRECHT, H.U. *As funções da retórica parlamentar na Revolução Francesa*. Belo Horizonte: Ed. UFMG, 2003.

140. SMITH, A. *Teoria dos sentimentos morais*, apud ROSANVALLON. Op. cit., p. 76.
141. ROUSSEAU, J.-J. *Do contrato social*, apud ROSANVALLON. Op. cit., p. 77.

Entre 1790 e 1792, a Revolução aprovou decretos que interditavam o uso de títulos de nobreza, de brasões e de insígnias e que obrigavam as proclamações legais, antes dirigidas "aos súditos de sua majestade", a serem destinadas aos "cidadãos franceses". Em detrimento do *vous* (o senhor, a senhora), que passara a ser considerado solene e hierárquico, foi se impondo a adoção do *tu* (você), como forma de tratamento. Nos termos da época, se dizia que a "civilidade republicana" demandava uma "língua pura, simples e natural" para o "restabelecimento da igualdade": "estimando que 'a palavra *Vous* era contrária ao direito à igualdade', a Assembleia geral dos *sans-culottes* de Paris decidiu em dezembro de 1792 banir aquele 'resto de feudalismo' e passou a exigir o emprego de *Tu* 'como a verdadeira palavra digna de homens livres e iguais'"[142]. Havia então profunda consciência de que a redução das disparidades materiais deveria ser acompanhada de ações de civilidade que distribuíssem equitativamente o respeito e o reconhecimento a todos os cidadãos da república. Assim, as limitadas diferenças econômicas seriam subsumidas na igualdade das relações sociais, das formas de tratamento e dos meios de expressão.

Já na Revolução norte-americana, também ela ocorrida no século XVIII, as transformações de linguagem foram diversas das que aconteceram na França e somente se iniciaram com os sucessores dos *Founding Fathers*, no início do século seguinte. Contudo, a razão de sua emergência e os efeitos que pretendiam alcançar eram basicamente os mesmos: o ideal e as práticas igualitárias. Enquanto os pais fundadores estavam associados à aristocracia, concebiam a democracia como um regime caótico e defendiam um sistema federalista, os governantes posteriores, tal como o presidente Andrew Jackson, buscavam estar associados às causas populares, consideravam a democracia não somente como o melhor regime de governo, mas também pregavam sua expansão para todas as formas da vida em sociedade, e estabeleciam a república como modelo de administração pública. Para Jackson e seus partidários, "o povo não é mais uma entidade política abstrata da soberania, uma inscrição gravada nas fachadas dos monumentos públicos". Em seus pronunciamentos, cada vez mais, eles davam contornos definidos e concretude às classes populares, uma vez que "se endereçavam às categorias imediatamente perceptíveis dos trabalhadores de diferentes ofícios, os qualificando como 'classes trabalhadoras', 'honestos operários', 'pobres camponeses', 'pessoas humildes'. O povo então encarnava a *great mass of the people*"[143].

---

142. ROSANVALLON. Ibid., p. 86-87.
143. Ibid., p. 91-92.

O *common man* norte-americano era reconhecido por uma civilidade democrática despojada de excessivos protocolos de polidez, por facilidade de abordagem e de contato com o outro, por formas cotidianas de respeito mútuo, por tentativa de desnivelamento nas discussões e por adoção de estilos linguísticos que primavam pela espontaneidade e pela simplicidade e que se coadunavam com a valorizada ideia de igualdade. Com a substituição francesa do *vous* pelo *tu* e com a predileção estadunidense pelo estilo de vida e de linguagem democrático, tudo pareceria se passar como se o despojamento de cerimônia fosse causa e efeito, forma e meio do sentimento de igualdade e do tratamento equitativo. Nos EUA, porém, a sociedade democrática daquele período, que tendia a conceber uns e outros como dignos de consideração e reconhecimento, passou a estabelecer "uma generalização de designações e interpelações excessivamente lisonjeiras para todos os cidadãos".

Assim, a tentativa de promover igualdade nas relações, ao invés de rebaixar os privilegiados e distintos, operou uma elevação geral nas referências e tratamentos dispensados a todos: "todas as mulheres mereciam ser chamadas de *ladies* e todos os homens, de *gentlemen*. A fórmula de polidez *sir* também se banalizou na América dos anos de 1830". Em contrapartida, "se zombava frequente e abertamente das pessoas cujos modos de vida, atitudes e linguagem ostentassem uma pretensão à distinção"[144]. Por sua vez, na França contemporânea, são os usos do *vous* e de um conjunto de formas de protocolo e de polidez que produzem os efeitos de respeito e reconhecimento do outro a quem abordamos. A não ser quando utilizado em condições específicas, o *tu* tende a ser concebido como invasivo e desrespeitoso. Dito isso, é preciso que tenhamos em mente que esses fenômenos de relações sociais, civilidade e modos de expressão referidos à França e aos franceses, aos EUA e aos norte-americanos não são aqui interpretados como marcas atávicas das diferenças culturais entre sociedades diversas. Suas próprias modificações no decurso da história são índices de sua condição social e política.

Em si mesmos, os dados que marcam as metamorfoses da linguagem empregada no campo político e na sociedade, em geral, não são essencialmente igualitários. A referência aos membros das camadas populares e sua interpelação por seus ofícios, "honestos operários", "pobres camponeses" etc., o tratamento por *tu*, em detrimento do *vous*, e o posterior retorno deste último, e ainda os usos generalizados de formas distintivas como *ladies*, *gentlemen* e *sir* somente puderam produzir os efeitos de nivelamento, respeito e reconhecimento entre os membros das diferentes classes e grupos sociais, porque

---

144. Ibid., p. 94.

foram constituídos e utilizados em determinadas condições históricas por sujeitos afetados por traços de ideologias igualitárias. Essas mesmas formas linguísticas podem produzir efeitos contrários, como o rebaixamento de uns e a elevação de outros, o desrespeito e o menosprezo por outrem, bastando para tanto que seu emprego seja feito em contextos diversos e por adeptos parciais, eventuais ou resolutos de ideologias conservadoras.

A condição relativamente vazia dessas unidades das línguas, constatável pelo fato de que são passíveis de acolher e construir sentidos igualitários ou discriminatórios, não nos impede de identificar tendências ideológicas em vários de seus usos predominantes e em diversas situações sociais. Não são poucos os exemplos do modo como funciona esse fenômeno no Brasil contemporâneo. Mediante sua observação, facilmente identificamos como as formas e os usos linguísticos estão relacionados de maneira intrínseca aos processos históricos, às lutas entre as classes e os grupos de uma sociedade e às relações de poder entre os sujeitos que os compõem. É a pressuposição de que o outro lá está à nossa disposição e ali se encontra para nos servir e a de que sua situação de trabalho indica sua inferior condição econômica e cultural que nos conduzem muito frequentemente a abordar funcionários de lojas, postos de combustível e supermercados, pedreiros, jardineiros e faxineiras sem saudações, escusas e agradecimentos. Nosso apego a esses pressupostos e às inferências que eles implicam ("Ela/ele trabalha aqui, porque não se esforçou/porque não quis estudar/porque não deve ter nenhum talento intelectual...") nos levam, quando muito, a lhes dirigir a palavra, os interpelando por um "você".

Já no sentido inverso, intrusão, rebaixamento e depreciação cedem a vez ao agrado, à exaltação e à alta consideração. Na abordagem daqueles que por signos diversos, tanto por suas funções e lugares sociais quanto por seus carros, roupas e modos de fala e comportamento, atestam seu poder de compra e seu nível de instrução, muito frequentemente ouvimos estas frases e expressões ou outras que lhe são análogas: "Oh, doutor!", "O que vai ser hoje, patrão?", "O que o senhor manda, doutor?", "Oh, meu chefe, o que é que manda?" Eis aí produtos linguísticos de um processo histórico que apenas equivocada, perversa e/ou cinicamente poderiam ser atribuídos à cordialidade brasileira ou concebidos como escolhas livres e individuais dos sujeitos que os empregam. As enormes desigualdades econômicas, sociais e culturais brasileiras não somente prescindem os tratamentos nivelados e respeitosos, mas, antes, impõem os que produzem distinções e hierarquias. Não cabe às brasileiras e aos brasileiros pobres apenas a mais do que perfeita e explorada execução de seus trabalhos, pois, além disso, elas e eles devem sempre agradar quem pode mais.

Deixemos por ora nossos comentários sobre o Brasil de nossos dias, com vistas a encerrar nossas considerações a respeito das transformações históricas, políticas e sociais ocasionadas e/ou consolidadas pelas Revoluções do século XVIII e de suas incidências nas práticas e representações da fala pública, de modo geral, e nos discursos sobre a fala pública popular e a escuta popular da fala pública, de modo particular. Se tais transformações foram profundas, nem por isso foram igualmente sentidas pelos sujeitos de outros tempos e lugares. Ora, nem mesmo no próprio berço da Revolução Francesa a emergência da soberania popular correspondeu ao exercício efetivo da fala pública pelos oradores do povo. Com mais forte razão, as camadas populares continuaram a ser excluídas dos debates e das ações políticas e das práticas públicas de linguagem nas sociedades intensamente desiguais, que nada mais eram do que meras colônias de metrópoles europeias. Não poderíamos, porém, subestimar a força das mudanças ocorridas nas Revoluções setecentistas e afirmar que elas não produziram nenhum efeito nas terras brasileiras. Por seu turno, isso não significa que por aqui tenhamos vivenciado os mesmos fenômenos, enfrentado os mesmos problemas e encontrado as mesmas soluções.

Na Revolução Francesa, vimos que o advento de porta-vozes do povo acabou por relativizar a exclusividade do direito de fala até então reservado aos deputados. Entre estes últimos, a divisão entre jacobinos e girondinos era fundamental, na medida em que os primeiros se apresentavam como "amigos do povo oprimido", ao passo que os segundos se mostravam como "representantes do povo francês". A despeito dessas suas diferenças, foi imposto aos deputados de modo geral que se pronunciassem como parte do povo e outorgassem a seus adversários a condição de inimigos das classes populares; que falassem como protetores do povo e inscrevessem seus oponentes na categoria de sedutores das multidões sem instrução; e que se manifestassem como perseguidos em nome do povo, imputando a seus rivais o título de usurpadores da soberania popular[145]. No Brasil, daquele período, o povo estava longe de adquirir tamanha centralidade no domínio político e no campo da fala pública. As ideias iluministas que então aportaram por aqui vieram e se instalaram de forma seletiva. Como na Europa, entre nós também passou a existir a crença na instrução pública e o discurso antirretórica, em cujo bojo viriam certo culto da razão e da expressão clara e espontânea. Diferentemente de lá, praticamente apenas continuamos a depreciar por muito tempo e não raras vezes ainda hoje as camadas populares.

---

145. GUMBRECHT. Op. cit., p. 72 e 80.

Sob o influxo das transformações sofridas pelo ensino de retórica e pelas práticas de oratória em Portugal, decorrentes, *grosso modo*, da substituição da *Ratio Studiorum* jesuíta pelos métodos de tendência iluminista na Europa, começaríamos a observar uma difusão mais ou menos tímida no Brasil da valorização da língua vernácula e dos estilos simples e naturais de fala pública. Não se deveria mais ensinar retórica em latim, mas em português: "a Retórica deve ser em português, para os que nasceram em Portugal: porque assim se entendem os preceitos". Já a simplicidade e a naturalidade não deveriam ser confundidas com a baixeza e a ignorância da plebe, tal como estas se expressariam nas conversações e elocuções populares:

> Isto que digo, das expressões comuns e naturais, deve-se entender com proporção. Não quero dizer, que um homem civil fale como a plebe; mas que fale naturalmente. A matéria do estilo humilde, não pede elevação de figuras etc. mas nem por isso se deve exprimir, com aquelas toscas palavras, de que usa o povo ignorante. Não é o mesmo estilo baixo, que estilo simples: o estilo baixo, são modos de falar dos ignorantes e pouco cultos: o estilo simples, é modo de falar natural e sem ornamentos; mas com palavras próprias e puras [146].

A ideia de que "um homem civil" deveria falar naturalmente e com estilo simples, mas que não poderia de modo algum se exprimir "como a plebe" sai de Portugal, chega no Brasil e viceja entre nós ainda nas primeiras décadas do século XIX. Seria em boa medida por intermédio da formação retórica e da experiência das práticas oratórias que o papel de constituir os quadros administrativos do Estado nas terras brasileiras seria cumprido, para que uma parte da população pudesse dar conta dos ofícios da vida urbana. Mas seria também por sua mediação que se executariam as funções de se ensinar a pensar logicamente sobre o mundo e a organizar, receber e transmitir boas ideias, de incutir comportamentos civis e condutas disciplinadas e mesmo de promover valores morais. Interesses burocráticos, empenhos cognitivos, comunicativos e civilizatórios e ainda compromissos éticos presentes na preparação retórica e nas práticas públicas de linguagem não excluíam, muito antes, ao contrário, as lutas de classes e as lógicas da distinção.

Com base na aprendizagem das técnicas retóricas, o desempenho oratório eloquente na fala e na escrita era concebido como via rápida de obtenção de conhecimentos e de brilho social, na medida em que era signo distintivo de sabedoria dos letrados brasileiros. Ademais, as práticas de eloquência eram

---

146. VERNEY, L.A. *Verdadeiro metodo de estudar, para ser util à Republica, e à Igreja*: proporcionado ao estilo, e necessidade de Portugal. Valensa: Antonio Balle, 1746, p. 167-168.

valorizadas como "moção dos afetos porque atingia as paixões mesmo dos homens menos polidos". Estando o ensino retórico destinado aos "homens cujas condições socioeconômicas permitiam aspirar ao trabalho burocrático do Estado", a "eloquência *à moda brasileira*" teria se caracterizado pela "busca de glória" e "pelo medo de errar". Em suma, "entre meados do século XVIII e XIX, a Retórica era uma peça tanto da cultura escrita quanto da tradição oral. Era mobilizada para engendrar um estilo cultural próprio das camadas sociais que, enriquecendo, vinham aos poucos ganhando distinção, [...] uma camada de brasileiros que disputava o protagonismo da cena social, cultural e política da nação". A solenidade dos pronunciamentos, os tons de louvor e o verbo pomposo materializam uma dinâmica de estratificação das classes e dos grupos da sociedade brasileira oitocentista: "entre palavras, gestos e movimentos, a cultura retórica firmava clivagens, interdições e diferenciações sociais" [147]. Nessa ânsia pelo brilho e pela distinção, não havia espaço para o povo nem grande consideração por suas formas de expressão e de escuta.

Mutações contemporâneas

Contemporaneidade: *metamorfoses e reformas, avanços e conservações*

> *Por não terem sido ensinados a falar, os mais honestos deixarão perorar o líder, que é inescrupuloso, mas eloquente. Por não ter sido ensinado a ouvir, o público mais honesto dará as costas a quem o esclarece e seguirá o patife que o encanta.*
> Ferdinand Gache

O caminho que conduziria a certa emergência histórica da voz do povo não foi facilmente seguido. Tampouco foi ele integralmente trilhado ao longo do século XIX. Além disso, continuidades relativas, inflexões de maior ou de menor grau e rupturas mais ou menos drásticas ou sutis marcaram os desempenhos oratórios populares e seus regimes de escuta das falas públicas. Consoante com as modificações e conservações nas práticas, houve também transformações e permanências nos discursos a seu respeito. Em que pese a condição relativamente inédita de alguns atores sociais e de certas ocasiões,

---

147. Os cinco primeiros fragmentos citados no parágrafo foram extraídos de DURAN, M.R.C. *Retórica à moda brasileira* – Transições da cultura oral para a cultura escrita no ensino fluminense de 1746 a 1834. São Paulo: Ed. Unesp, 2013, p. 176-179. Já os dois últimos trechos citados no mesmo parágrafo são de BOTO, C. Prefácio. In: DURAN. Op. cit., p. 15-17.

nas quais as práticas de fala pública popular e de sua escuta foram realizadas, infelizmente, elas não puderam legar muitos traços e registros. Conforme costuma ocorrer, aos oprimidos de diferentes sortes é quase vedado o direito de deixar marcas na história. Ainda assim, é possível identificar alguns vestígios de suas ações de fala e de escuta públicas e certas descrições, comentários e avaliações que as tomaram por objeto.

Na esteira de alguns estudos sobre a retórica e a oratória oitocentistas, que mencionaremos abaixo, podemos afirmar que o século XIX conheceu uma "renovação da fala pública", em cinco domínios distintos: nas cátedras religiosa e acadêmica, nos tribunais judiciários, nos palanques políticos e nas cortes e frentes militares[148]. Se a renovação nesses já tradicionais campos da eloquência merece ser destacada, com mais forte razão, nos cabe ressaltar o que se poderia chamar de surgimento de uma oratória popular. Considerando nosso objetivo de examinar os discursos sobre as performances populares de fala e de escuta públicas, retomaremos aqui somente alguns dos pontos fundamentais sugeridos por análises que examinaram as propriedades e transformações da retórica e da oratória no decurso do século XIX, para que possamos apresentar outros e menos conhecidos elementos relativos à emergência dessa eloquência popular, de suas conquistas e de seus impasses. Entre esses últimos, se encontram dissimulações e apagamentos infligidos à voz do povo, que serão igualmente objeto de nossa exposição.

Concentraremos nossa atenção, sobretudo, no advento de novos fenômenos e figuras da fala pública, tais como o "proletário eloquente" e a "retórica popular". No que parece ser já um fato sem precedentes, além dos habituais domínios e lugares da oratória, se instalam entre as décadas de 1830 e 1840, na Europa, de modo geral, e na França, em particular, espaços alternativos de fala pública: cafés, clubes, círculos políticos e literários, redações da imprensa etc. É a partir desse quadro relativamente consolidado de diversificação dos ambientes de debate público que Louis de Cormenin opõe em 1848 o desinteresse político dos trabalhadores e artesãos das províncias e das zonas rurais à nova força social e politizada dos proletários de Paris. O proletariado parisiense não somente teria sempre grande preocupação com as discussões, decisões e ações políticas, mas também se engajaria a participar diretamente em suas organizações e em seus movimentos:

> Frequentemente vi os proletários eloquentes nas escolas, nas ruas, nas empresas, nos gabinetes de leitura, nos clubes e nos cafés si-

---

[148]. DOUAY, F. "A eloquência da tribuna livrava-se de seu silêncio e falava..." – A renovação da fala pública na Europa do século XIX. In: *História da fala pública*. Op. cit., p. 202-258.

tiarem os corredores das tribunas públicas, replicarem os oradores estabelecidos, marcarem sua presença e manifestarem seus "bravo", seus murmúrios e, certas vezes, suas palavras de ordem. Vi que poucos trabalhadores e artesãos vieram ouvir nossos Demóstenes. Se não os vi é porque eles estavam alhures, é que eles julgavam que tinham algo melhor a fazer em outros lugares.

O entusiasmo do visconde de Cormenin com o surgimento dessa nova eloquência iria ainda deixar outros registros. Desta vez, ele é ainda mais específico e eufórico:

> No momento em que aquele pequeno homem de pele avermelhada, de cabelos eriçados e de língua vibrante lançou seu grito na sessão do dia 15 de maio de 1848 aos deputados: "A assembleia está dissolvida! Funcionários do povo, retirem-se!"; os funcionários do povo, estupefatos com aquele belo gesto de eloquência, fugiram mais rápida e precipitadamente do que vieram. Em vinte anos de minha vida legislativa, jamais presenciei um efeito oratório parecido[149].

Seu contentamento, porém, não se estenderia por muito tempo. Três anos mais tarde, ele seria impedido de concorrer a um novo mandato, pois ocorreria a ascensão de Napoleão III como imperador da França. Já na segunda metade do século XIX, a esperança de ultrapassar as oscilações da vida política francesa e a admiração pela democracia americana estariam na base de uma nova tentativa de se consagrar à fala pública popular. Tratava-se, ao menos, de um ensaio dedicado à oratória em defesa das gentes e das causas do povo. Em 1869, Edouard Laboulaye publica seus *Discursos populares*, obra na qual se encontra um capítulo intitulado "Retórica popular, ou a arte de falar nas conferências públicas". Ali, seu autor anuncia a necessidade de uma renovação: "precisamos de uma eloquência popular". Não era algo que correspondesse ao desejo de ver e ouvir as pessoas do povo falando por sua própria voz, porque, mesmo que se filiasse a uma ideologia progressista, Laboulaye não estava exatamente despojado de preconceitos em relação às camadas populares: "Para fundarmos uma democracia durável, para completarmos a obra iniciada em 1789, para estabelecermos uma igualdade universal, é preciso criar uma nova vida social; é preciso que todas as condições concorram para essa direção; é preciso que os mais instruídos e os mais sábios esclareçam e aconselhem os que a ignorância e a miséria deixaram suscetíveis a toda espécie de sedução"[150].

---

149. CORMENIN, L. *Livre des orateurs*. 18. ed. Paris: Pagnerre, 1869, p. 328 e p. 331, apud DOUAY. Op. cit., p. 251 e 252.
150. LABOULAYE, E. Rhétorique populaire ou l'art de parler dans les conférences publiques. In: *Discours populaires*. Paris: Charpentier, 1869, p. III e VI.

A "retórica popular", tal como ela é concebida por Laboulaye, consiste num conjunto de conselhos destinados àqueles que pretendem se dirigir seja a públicos compósitos, dos quais fariam parte as pessoas das classes desfavorecidas, seja mais exclusivamente às massas populares. Quanto ao título de seu texto, não estamos totalmente convencidos de que ele indique unicamente que "A palavra *retórica* é ali salva do desdém que a tem perseguido"[151]. Isso porque, se é verdade que Laboulaye a emprega para intitular seu capítulo e ainda a repete algumas vezes num sentido positivo, não é menos verdade que ele concebe a retórica, como um domínio de saber antigo, pleno de artifícios e complacências verbais dos "retores". Na esteira dessa concepção, procede ainda a uma distinção: a fala pública popular, que seria espontânea, simples e despojada de frases de efeito, não se confunde com a grandiloquência e com a busca por aplausos. Algumas linhas seguintes à sua afirmação de que "necessitamos de uma eloquência popular", Laboulaye acrescenta uma precisão:

> A primeira necessidade dos povos livres é, portanto, uma educação sólida, educação econômica, política e social. Não há absolutamente uma educação como essa na França. Em meio aos erros que nos inundam por todos os lados e que uma vez mais nos roubam a liberdade, se não nos prevenirmos em relação a isso, nossa única chance de salvação é a de encontrar missionários laicos que sejam devotados à causa popular e que preguem a verdade em toda parte. Precisamos não de retores que mendigam aplausos, mas de apóstolos cheios de fé, que digam na companhia de São Paulo: "Eu acredito, por isso, preguei". Produzir frases de efeito sobre o povo e a democracia é uma brincadeira de criança; vencer a rotina e o preconceito e incutir nos franceses o hábito e o gosto da liberdade são tarefas heroicas[152].

Um dos traços que marcará essa moderna retórica popular será a temática da ruptura com a retórica dos antigos. Ora, o capítulo da obra de Laboulaye, conforme sua própria afirmação, teria sido, inicialmente, formulado como uma carta, respondendo a um senhor do interior da França, que lhe havia pedido conselhos para fazer conferências populares. Na carta recebida, encontraríamos o seguinte enunciado: "Para aproveitar a nova lei que concede o direito de reunião pública e para despertar a vida política interiorana, que por aqui está morta, gostaríamos de realizar conferências públicas em nossa cidade, tal como elas têm ocorrido em Paris". Descobrimos, em seguida, uma segunda e mais prática razão para o envio da carta: "Em um acesso de zelo, me encarreguei de fazer três discursos. Estou ainda lamentando minha

---

151. DOUAY. Op. cit., p. 253.
152. LABOULAYE. Op. cit., p. VI-VII.

imprudência, porque não sei de que assunto tratar nem como abordar a temática, após sua escolha. Onde poderia eu encontrar um modelo?" Uma vez posta essa questão, segue uma série de analogias com o propósito de demonstrar que os tradicionais campos de fala pública e seus estilos não poderiam ser devidamente empregados para a instrução das classes populares:

> Quando instruímos as massas, não estamos em um palanque. A eloquência parlamentar é uma das glórias da França, mas a política vive da paixão, é um combate perpétuo, no qual se busca, antes de tudo, vencer seu inimigo. Toda a veemência que resulta desse combate não convém à tranquilidade necessária ao ensino popular.
>
> Um pregador que trata do céu e do inferno fala com uma autoridade de que não está investido um simples mortal. É em nome de Deus que o sacerdote anuncia e impõe a verdade; é com o Evangelho nas mãos que ele ameaça o pecador e apazigua o fiel. Seu domínio é imenso, mas ele não pertence a este mundo.
>
> O advogado fala uma linguagem supra-humana, que tende a nos diminuir. Mas, o tom da defesa me parece conveniente apenas em uma sala de júri. Seus excessos não se coadunam com a tarefa de instruir um público. Enfim, se posso ousar dizê-lo, em geral, o advogado não vai ao fundo dos problemas.
>
> Não faremos essa censura aos nossos professores, mas, talvez, pudéssemos fazer a reprimenda inversa. São doutores, pontífices do saber. Eles sabem e não permitem que seu público se esqueça disso. Admito que nem todos sejam assim tão solenes. Mas, em suma, a linguagem didática é demasiadamente densa, em minha opinião. Ela é concebida para estudantes selecionados e preparados, mas não para a massa mista ou popular que ocupa uma tenda ou um teatro. Eu gostaria de algo mais simples e familiar[153].

Em conjunto com a oposição entre os antigos lugares e gêneros da fala pública, de um lado, e seus correspondentes novos e progressistas, de outro, percebemos que Laboulaye também reitera uma ancestral distinção entre a eloquência, concebida como um dom natural, e a retórica, compreendida não mais como "regras", o que, por sua vez, remete novamente ao descrédito por que passava esta última. Ela deveria se limitar a "observações e conselhos" para mais bem falar em público. Para sustentá-la, o autor afirma que, muito tempo antes que Aristóteles tivesse sistematizado suas regras em sua *Retórica*, já havia oradores eloquentes, e acrescenta o seguinte: "Em todos

---

153. Ibid., p. 332.

os lugares em que viveu um povo livre, a fala foi o grande meio de expandir as ideias. Tomemos ao acaso um dos milhares de discursos pronunciados em *meetings* na América ou na Inglaterra; nele observaremos um padrão clássico: exórdio insinuante, exposição do tema, resposta às objeções e peroração calorosa. Não lhe falta nada. Cada um desses oradores leu Aristóteles e meditou demoradamente sobre suas lições? Não. Porque a eloquência, assim como a linguagem, tem suas leis naturais. Nós as encontramos e seguimos por instinto". Seria essa a razão para que "seus conselhos não tenham nada a ver com a eloquência": "não se ensina nem se aprende a ser eloquente. De modo análogo à gramática, a retórica mostra como "falar corretamente". Ambas não criariam por si mesmas "nem o orador nem o escritor"[154].

Se o talento e as leis naturais da eloquência são instintivos, dado que não se ensinam nem se aprendem, o que Laboulaye apresenta como "primeiro e quase meu único conselho" é o de buscar uma originalidade individual e uma espontaneidade natural: "Seja você mesmo, não imite ninguém, permaneça original. A imitação é o flagelo da eloquência. Fale o que você sente e as pessoas vão sempre escutá-lo com prazer". Essa inclinação por um espontaneísmo, que deve preceder a reflexão e as técnicas, é algo bastante presente no pensamento do autor sobre a fala pública[155] e vai ao encontro de sua recomendação pela procura de tons familiares, pela linguagem simples e pelos sentimentos naturais:

> Se você reunir cinquenta pessoas, em uma sala tomada apenas pela metade de sua ocupação, não pense em ser eloquente, porque seria ridículo. Sente-se, converse e não tema ser familiar. Você deve falar aos ouvintes somente uma linguagem que eles entendam, porque de outro modo eles não o acompanharão. Além disso, o teatro e os jornais produziram o inconveniente de dar aos franceses o gosto pelo melodrama e pela declamação. É absolutamente desejável que um ensino mais bem qualificado nos devolva nossas razões mais sãs e nossos sentimentos mais naturais[156].

Ao lado dessas considerações mais genéricas, uma vez que se trata aí de propor uma retórica popular, o povo se torna o objeto central das problemáticas do texto de Laboulaye. Mas, quais seriam, então, os papéis e o estatuto

---

154. Ibid., p. 334-335.
155. "Para quem pretende aprender a nadar, a primeira coisa a ser feita é se atirar na água, para que mais tarde se dedique a estudar os segredos da arte natatória. O mesmo vale para o orador. Fale, antes de mais nada; e, em seguida, reflita e estude. A retórica é uma ginástica excelente, mas, para se beneficiar integralmente de seus dividendos, é preciso que antes já se tenha alguma experiência de fala" (Ibid., p. 336).
156. Ibid., p. 337-338.

do povo nesse seu pensamento sobre a fala pública? Praticamente não encontramos nada que vá muito além do que uma exposição ambivalente do povo na condição de ouvinte. De um lado, o povo "é honesto, ele tem muito apreço pela verdade e estima aqueles que lhe falam francamente, mesmo que não partilhem de seu ponto de vista"; além disso, as massas populares são capazes de receber instrução. De outro, elas são bastante suscetíveis à manipulação e ao engodo; para lhes dirigir a palavra, "o orador deve agir como se falasse a uma massa de ignorantes. Será preciso que ele defina as ideias mais simples, será preciso repetir os fatos mais conhecidos". Essa deficiência da escuta popular da fala pública seria propícia àqueles "que conquistam glórias esposando o erro e as paixões ordinárias". Inspiram eles "uma profunda repugnância" em Laboulaye, porque, como "bajuladores das massas", são "os mais cruéis inimigos do povo", que "não se contentam em enganá-lo, em benefício próprio, mas também o aviltam e o desprezam"[157].

Após ter dado seus conselhos ao orador que vai se dirigir aos públicos populares, lhe dizendo que deve ser espontâneo, conhecer bem seu auditório e escolher devidamente o tema de sua conferência, Laboulaye dedica uma longa sequência de sua *Retórica popular*, entre as páginas 340 e 377, à expressão e ao desempenho oratório. Esse importante espaço consagrado à indicação de uma formulação linguística simples e concreta, mas, principalmente, à recomendação de uma ação oratória específica nos remete ao peso frequente e intensamente concedido ao corpo e à voz, desde os retores antigos, quando se trata de se endereçar a públicos compostos pelo povo. Por sua vez, isso nos reenvia às divisões entre razão, linguagem verbal e civilização, por um lado, e paixões, expressão corporal e vocal e barbárie, por outro. Reencontraremos não raras vezes essas divisões e os preconceitos que elas carregam consigo sobre a fala e a escuta popular ao longo do século XIX e mesmo até nossos dias. No que se refere, particularmente, a Laboulaye, ele introduz suas sugestões e comentários sobre a performance oratória dirigida ao povo pelas seguintes questões: "É preciso escrever seu discurso e lê-lo em público? Ou seria preferível recitá-lo de memória? Ou seria ainda melhor improvisar?" Podemos já prever suas respostas, a partir de seu manifesto gosto pela espontaneidade e, se o fizermos, não nos enganaremos:

> A respeito desse ponto, não há dúvida alguma. Quem pretende se fazer ouvir pelas assembleias populares não pode escolher outros meios; é preciso improvisar. [...] Na França, padres, advogados, deputados, professores, todo mundo improvisa; assim o quer nosso

---

157. Ibid., p. 338-340.

temperamento. Para um povo tão suscetível às impressões, toda e qualquer leitura é tediosa; lhe falta o charme do improviso: o senso de ocasião, a expectativa e a paixão comum. É menos uma conferência do que é um sermão. Por mais hábil que seja o leitor, diante de um público, ele não será mais um amigo, será, antes, um mestre e um pedante[158].

O improviso seria o meio mais propício para estabelecer o tom familiar, a linguagem simples e os sentimentos naturais. Suas vantagens são tamanhas que chegam a transformar eventuais fraquezas do discurso em virtudes do pronunciamento e em trunfos do orador, porque são eles que dão "charme às hesitações, à entrega instintiva e mesmo às incorreções da fala". Se essa espontaneidade deve atravessar todo o discurso, ela deve estar ainda mais presente no encerramento da alocução, tendo em vista o fato de que "a peroração é a parte que mais se presta à eloquência", seria o ponto em que o orador deve se exprimir "de maneira concisa e de uma forma impressionante", a fim de inflamar o público e de envolvê-lo na causa comum"[159]. A esta altura, a questão "como é preciso falar?" é retomada e "sua resposta é fácil": "Não se preocupe com a forma. É o coração que produz a eloquência; é ele que cria a linguagem, o gesto e a voz. Para falar ao povo, não é de modo algum necessário um belo e sofisticado espírito. É menos necessária a pesquisa do que são necessárias as convicções". Em suma, "a verdadeira eloquência, aquela que se dirige ao povo", é composta de "sinceridade, bom humor e simplicidade". Eis, portanto, o ideal do "orador que fala ao povo: não para bajulá-lo nem para instrumentalizá-lo, mas para esclarecê-lo e instruí-lo"[160].

O apego de Laboulaye a esses padrões, valores e efeitos da simplicidade e da discrição poderia dissimular e até mesmo contradizer a importância que sua *Retórica popular* atribui aos usos do corpo e da voz nas práticas de fala pública. Nessa mesma direção e ainda de modo mais explícito, seguem estas passagens: "Demóstenes, esse grande mestre, reduzia todas as qualidades do orador a uma única, a *ação*; ele a entendia como o devido uso da voz e do gesto. Para nós, esta é, antes, uma qualidade do ator e menos uma virtude do homem que fala em público. Um gesto nobre, uma declamação elegante e uma dicção primorosa produziriam a desconfiança da audiência"; "Deixemos o *ethos* e o *pathos* à juventude das escolas. A retórica dos antigos teve seu tempo, como sua física e sua astronomia. Aquilo de que precisamos atualmente não são as frases vazias e sonoras, mas são os fatos, os números

---

158. Ibid., p. 342-343.
159. Ibid., p. 344-355.
160. Ibid., p. 361-369.

e as razões"; e ainda "Eis aqui a diferença entre o orador e o retor, entre o filósofo e o sofista, entre o amigo do povo e o cortesão da massa: uma vez que tenhamos visto esta luz pura, sentimos repugnância diante das declamações teatrais, que são apenas a mentira travestida de eloquência"[161].

Contudo, algumas páginas adiante, descobrimos que os conselhos de espontaneidade, de originalidade individual e de simplicidade natural não implicam um efetivo apagamento da ação oratória: "Antes de mais nada, seja natural. Você não é nem um grande orador nem um advogado, nem um pregador nem um ator. Fale, portanto, como um homem que se mostra como uma boa companhia. Mas, para produzir esse efeito sobre o público, em uma grande sala, será necessário cuidar da emissão da voz". Quando se trata de dispensar atenção à performance vocal, Laboulaye se estende longamente sobre essa problemática, abordando o volume da voz, a pronúncia do orador e suas entonações, mas também a diversidade da dicção e de seus ritmos. Ele discorre ainda a respeito da respiração e do corte das frases e, finalmente, dos procedimentos de aquisição ou de aperfeiçoamento de todas essas propriedades e capacidades vocais. A extensão e o detalhamento dessas suas considerações nos impõem a reprodução abaixo dessa longa sequência da *Retórica popular*:

> Volto-me agora ao que os antigos chamavam de *ação*, o que compreende a voz e o gesto. Sabemos da importância que eles concediam a essa dimensão da retórica. Os americanos, que também fazem da eloquência um dos elementos da liberdade, não se mostram menos preocupados com as qualidades da ação oratória. Em cada escola americana, se ensina às crianças a arte de ler em voz alta, a declamar e a se apropriar do gesto e da fala. Não há nenhum cidadão, por mais pobre que ele seja, que no momento oportuno não aprenda a comunicar suas ideias. Essa facilidade de elocução é uma das grandes causas que nos EUA reaproximam e misturam todas as classes da sociedade.
>
> A pronúncia do orador não é aquela do homem que conversa em uma sala. Normalmente, deixamos cair o tom da voz após o acento tônico. Dizemos "a pátria, a terra, a sala", como se essas expressões fossem escritas do seguinte modo: "a pátri...", "a terr..." e "a sal..." Quando falamos em público, é preciso sustentar as sílabas finais e pronunciar "a pátri-a", "a terr-a" e "a sal-a". De outro modo, a assembleia apenas ouvirá um som confuso e imperfeito.

---

161. Ibid., p. 345-350.

A dicção deve ser lenta, distinta e variada.

Uma certa lentidão é necessária a fim de que as palavras cheguem sucessivamente aos ouvidos do público e não se misturem sob a forma de um sussurro confuso. O que parece lento para o orador não o é para o auditório. É uma das coisas às quais um principiante deve prestar a maior atenção, porque, normalmente, ele fala muito depressa. Somente o hábito nos ensina a nos controlarmos.

É preciso falar distintamente, ou seja, pontuar e respirar. Para uma assembleia popular, nada é mais fatigante que a extrema volubilidade do discurso. Ao ser obrigado a destrinchar as palavras uma atrás das outras, o ouvinte não poderá seguir as ideias. Ao lhe impor essa dupla tarefa, você o inquietará e o perturbará.

Pontuar a fala é cortar a frase, quando o sentido o exige, e inflar um pouco a voz nas suas últimas palavras. Respirar corretamente é algo essencial, mas é preciso que cada um consulte seus próprios pulmões. Mesmo ao ler o discurso de um orador, podemos avaliar sua idade e seu temperamento. [...] Empregue, portanto, toda sua energia; se habitue a respirar e, desde que você o faça de modo distinto, não se preocupe se as frases se tornarem longas ou curtas.

É preciso, enfim, que a dicção seja variada. Em outros termos, é preciso que o orador se valha de todos os tons. Alternando do grave ao alegre, do apaixonado ao terno e deste ao ameaçador, será necessário imprimir vivacidade a todos os sentimentos, dos quais sua alma estiver investida, para que eles sejam transmitidos à alma dos ouvintes. A eloquência é a arte de bem dizer. Por isso, a ideia mais justa e verdadeira será recebida com indiferença, se ela for mal expressa, ao passo que a coisa mais ordinária, se dita com graça, seduzirá toda uma assembleia.

Como adquirir essa variedade de tons, essa mobilidade de expressão, que produzem o charme da fala? O meio mais seguro é aquele que empregam os americanos: a leitura em voz alta. [...] Não é a nossa declamação trágica que eu recomendo. Há entre nós bons atores, que têm bom gosto e naturalidade em suas vozes e em seus gestos, de sorte que não conheço melhor escola do que essa para um homem que quer falar em público.

Se nosso objetivo é o de suavizar a voz e habituá-la a exprimir todos os sentimentos, o que devemos ler? Um pouco de tudo; mas, em primeiro lugar, é preciso ler poesia, para que possamos nos apropriar da sensação do número e da medida. O defeito mais comum dos iniciantes é o de não saber nem arredondar nem finalizar suas frases.

Eles hesitam e produzem pausas antes do tempo, nos momentos em que o sentido demanda uma continuidade da pronúncia. Há outros que tomam a violência como equivalente da energia e que gritam, ao invés de falar; ou, como dizia Cícero: *latrant non loquuntur*[162].

É inegável a abundante atenção dispensada por Laboulaye aos usos da voz na fala pública endereçada ao povo. Nessas circunstâncias, ela não deve ser monótona, nem deve ter baixo volume, tal como numa conversa, e sua dicção deve ser "lenta, distinta e variada". Essas e as demais considerações de seu autor projetam uma escuta popular que desconfiaria dos excessos de pompa, mas que também se entediaria com elementos e recursos prosaicos. Além disso, ela deveria ser particularmente tocada em suas paixões. Quanto ao corpo e aos gestos, mesmo que ele seja um pouco mais conciso, ainda assim, Laboulaye lhes dedicará um espaço bastante importante em sua *Retórica*. A temática é introduzida via duas comparações: dos gestos com a voz, para afirmar que enquanto esta última se dirige aos ouvidos, os primeiros se destinam aos olhos; e da importância que possuem o corpo e os gestos para os antigos e para os modernos. Mediante tais comparações, afirma que, embora esses elementos da *actio* fossem mais decisivos para os retores clássicos, o orador contemporâneo não poderia negligenciá-los, sob a pena de não instruir nem convencer um auditório popular. Uma vez mais, Laboulaye formula uma questão e lhe responde sem hesitação: "É necessário falar em pé? Ou seria melhor falar sentado? Não há dúvida alguma. Diante de um grande público, é preciso sempre falar em pé. Essa é a única posição que garante ao corpo a liberdade para os seus movimentos"[163].

Permitida pelo fato de o orador estar em pé, a autonomia do corpo não significa a ausência de restrições ao movimento, porque é necessário que a cabeça esteja sempre erguida e que os pés não fiquem dispostos em ângulo reto. É preciso ainda que, "enquanto o corpo estiver repousando sobre a perna esquerda, a perna direita seja colocada um pouco adiante e que o joelho esteja um pouco dobrado". Se é o braço direito o que avança em direção ao público, "o gesto será mais natural e gracioso". Veremos ainda, em seguida, reaparecer o princípio antigo da "justa medida": "Evite os gestos monótonos e os gestos violentos"; e uma série de referências aos defeitos dos principiantes: "Um bate constantemente sua mão direita para ditar o ritmo de sua fala, ao passo que outro agita seu braço da direita para a esquerda, como se fosse um pêndulo; um terceiro, com suas mãos estendidas sobre o auditório, parece benzer as

---

162. Ibid., p. 370-374.
163. Ibid., p. 375.

pessoas de seu público; outro ainda, com os punhos cerrados, ameaça sem cessar, não o público, suponho, mas uma espécie de inimigo invisível". Laboulaye, finalmente, aconselha o treinamento desses usos do corpo, para a produção de bons efeitos, e recomenda o ensaio das falas e desempenhos, para o alívio das inquietações do orador, sempre vislumbrando a naturalidade dos gestos e de seu equilíbrio entre os excessos de força e a monotonia:

> Em seu escritório, se habitue a mover os dois braços e a variar os movimentos; corrija os pequenos defeitos que lhe assinalamos aqui, mas, uma vez diante do público, não se preocupe com suas mãos e com seu rosto. A ação seguirá a fala. Há para cada um de nós um gesto que traduz nossas emoções interiores: esse gesto natural é o melhor. Atribuamo-nos somente a tarefa de eliminar o que houver de desarmônico, de artificial, de violento e de monótono em nossas atitudes e em nossos gestos[164].

No quadro de um amplo processo de renovação do campo da fala pública, apresentamos aqui alguns dos traços mais proeminentes desta sua pontual, mas significativa, metamorfose ocorrida no século XIX: a emergência de uma retórica popular e de uma eloquência proletária. Até então, se tratava ou de algo impensável ou de algo que, se concebível, logo compreendido como uma incompatibilidade insuperável entre as técnicas clássicas da retórica, em boa medida aristocráticas e de pretensão universal, e a rudeza atribuída às camadas mais desfavorecidas da sociedade. Havia uma consonância entre a ideia de que a arte de bem falar estaria reservada às elites e as concepções a respeito das supostas limitações comunicativas dos sujeitos das classes trabalhadoras. Em que pese a série de diferenças que ele apresenta em relação a outros de proposta análoga, diferenças essas que não devem ser negligenciadas e sobre as quais retornaremos aqui mesmo adiante, o texto de Laboulaye pertence a um conjunto de obras que concebe e reivindica um lugar à fala e à escuta do povo, como jamais se vira até então no domínio da oratória. Algumas dessas obras são as seguintes:

> GACHE, F. *La Rhetorique du peuple*: ou la Lettre, la Conversation et le Discours public. Alais: Veyrière, 1899.
>
> ODIN, R. La Rhétorique du Peuple. In: *La Brochure Mensuelle*, n. 36, 1925. Paris: Groupe de Propagande/Librairie des Vulgarisations.
>
> MORICE, H. *L'art de parler au peuple*. Avignon: Aubanel Frères Editeurs, 1929.

---

164. Ibid., p. 377.

FAURE, S. L'orateur populaire: les sources de l'éloquence, on devient orateur, conseils aux jeunes. In: *La Brochure Mensuelle*, n. 149, 1935. Paris.

BOUTHONNIER, P.; CACHIN, M.; THOREZ, M. et al. *Parler au peupe*. 3 fasc. Paris: Éditions du Comité Populaire de Propagande, 1936.

Com vistas a não nos estendermos demasiadamente na descrição de cada um desses textos, cuja produção, conforme podemos observar, se deu na França, entre o final do século XIX e as décadas iniciais do século XX, iremos expor e comentar aqui somente alguns dos enunciados a serem extraídos da primeira e da última dessas publicações: *La Rhétorique du peuple*, de Ferdinand Gache, e de *Parler au peuple*, de Paul Bouthonnier et al. Pretendemos, assim, depreender o que ali se diz e o modo como são formulados os dizeres sobre as práticas públicas de fala e de escuta populares. Apresentaremos e interpretaremos esses enunciados nos quais de forma mais emblemática se materializam certos discursos a respeito dos meios e capacidades populares de desempenho oratório e de compreensão dos pronunciamentos públicos. Antes, porém, de iniciarmos essa exposição e esses comentários, faremos i) uma rápida consideração sobre o advento de uma oratória concebida para o povo e/ou em nome do povo e, nem sempre, pensada para ser exercida efetivamente pelos membros das classes pobres e trabalhadoras; e ii) um breve cotejamento com a situação brasileira do final do período oitocentista.

Nossa consideração se limita a ressaltar o seguinte: após o decurso de muitos séculos, a duras penas, o povo finalmente conquistaria certo espaço para algumas de suas práticas de fala e, sobretudo, para o exercício de sua escuta na vida pública, mas ele continuaria a ser objeto de uma série de preconceitos sobre suas supostas incapacidades de bem falar e de bem ouvir. Se examinarmos o contexto francês, é certo que, "com a Revolução de 1848, surgem oradores de um novo tipo: os *proletários eloquentes*, operários, marginalizados de toda sorte, sindicalistas revolucionários, comunistas e anarquistas, que rejeitam a *retórica burguesa* em nome da *propaganda revolucionária*". Também é verdade que naquele momento "se elevam as vozes das mulheres militantes adeptas de vários matizes – são-simonistas (Suzanne Voilquin), socialistas (Flora Tristan) e *communardes* (Louise Michel)"[165], que, em suas lutas pelas causas sociais igualitárias e por direitos civis, tiveram de se valer frequentemente de pseudônimos masculinos, para que suas vozes pudessem ser ouvidas no espaço público.

---

165. DOUAY. Op. cit., p. 257.

Mas, não é menos apropriado dizer que, na França, o que vale também para outros lugares, tenha ele ocorrido mais ou menos simultânea ou posteriormente, esse acontecimento foi acompanhado de muitos e odiosos ataques e conheceu uma sequência de recuos consideráveis. Para nos limitarmos às reações conservadoras sofridas pelas mulheres, em suas lutas pelos direitos ao divórcio, ao voto, às carreiras de prestígio, à livre circulação por lugares públicos e à fala política, basta mencionar o fato de que, além da estigmatização de quase todas, "algumas delas foram condenadas por 'delito de fala'"[166]. Entretanto, e a despeito desses retrocessos e conservações conservadoras, houve conquistas em sentido igualitário e avanços progressistas no campo da fala pública, ora mais ora menos ambivalentes, que não podem ser ignorados.

Quanto ao breve cotejamento entre a situação francesa e o contexto brasileiro da época, nos restringiremos a sugerir uma comparação do que fora observado por Cormenin, em seu *Livro dos oradores*, e do que fora proposto por Laboulaye, em sua *Retórica popular*, por um lado, com duas passagens extraídas de dois conhecidos compêndios brasileiros, publicados um antes e outro depois dos textos franceses, por outro. São eles: *Lições de eloquência nacional*, de Francisco Freire de Carvalho, e *Compendio de rhetorica e poética*, de Manoel da Costa Honorato. Enquanto na primeira, Carvalho afirma que, embora o povo da Atenas clássica pudesse até eventualmente se encantar com os efeitos de desempenhos oratórios empolados, sabia perfeitamente separar a eloquência autêntica e verdadeira das performances ilegítimas, na segunda, ao discorrer, particularmente, sobre a oratória religiosa, Honorato postula a necessidade de que ela corresponda a uma "eloquência popular":

> Em uma nação tão ilustrada e penetrante e que atendia sobremaneira a tudo quanto era elegante nas diferentes artes, o juízo do público forçosamente havia de ser muito apurado; e chegou-se efetivamente a aperfeiçoar-se, de sorte que o gosto Ático e o falar Ático passaram em provérbio.

> Cabeças de partidos ambiciosos e oradores corrompidos deslumbraram por vezes o povo com sua eloquência pomposa; porém, quando algum interesse importante atraía sua atenção, quando algum grande perigo os despertava, pode dizer-se em geral que distinguiam com exatidão a eloquência genuína da que era meramente espúria[167].

---

166. Ibid., p. 256.
167. CARVALHO, F.F.C. *Lições elementares de eloquência nacional*. Rio de Janeiro: Casa Eduardo Laemmert, 1834, p. 17.

> Ordena esta segunda regra geral, que a eloquência do Púlpito seja uma eloquência popular. Não quer dizer nisto, que o Orador se acomode aos gostos, e prejuízos do povo (pois se assim obrasse, se faria desprezível); mas que se esmere em fazer com a sua eloquência impressão no povo, chegando-lhe ao coração, e apoderando-se dele. É certo, que o Orador deve sempre falar a linguagem da Razão, dando aos seus ouvintes sobre todos os assuntos, que tratar, ideias as mais claras, e ocupando-se incessantemente do sentido e não dos sons das palavras; porém se o seu único merecimento se reduz a raciocinar exatamente, se não possui o talento de persuadir, é fora de dúvida, que só cumprirá imperfeitamente a incumbência, que lhe está confiada[168].

A equivalência entre "eloquência popular" e "fazer com a sua eloquência impressão no povo" é clara e manifesta neste último excerto. Não se reconhece ali virtude expressiva na voz do povo nem tampouco se reivindica que lhe sejam concedidos espaço público e respeito social. Antes, se trata somente de sustentar uma especificidade deficitária da escuta popular. Se o propósito do orador do púlpito sagrado deve ser o de chegar ao coração do povo que ouve a sagrada palavra de Deus e, assim, dele se apoderar, será necessário conciliar o imperativo de "sempre falar a linguagem da Razão", oferecendo aos ouvintes "ideias as mais claras", com a prescrição de impressionar o público popular, sob a pena de não o persuadir. Há nessa passagem uma nítida oposição entre o espírito e o corpo, entre a razão e a emoção: de um lado, estão as já mencionadas "linguagem da Razão" e "ideias as mais claras", mas ainda os "sentidos das palavras" e "raciocinar exatamente"; ao passo que, de outro, se encontram os "gostos, e prejuízos do povo" e ainda o "coração" e os "sons das palavras".

Desse modo, a imposição de uma eloquência popular é apenas a indicação de um segmento social de recepção, que seria de capacidade inegavelmente inferior, bem como consiste na repetição do menosprezo pelas camadas populares: "Não quer dizer nisto, que o Orador se acomode aos gostos, e prejuízos do povo (pois se assim obrasse, se faria desprezível)". Nas práticas de fala pública dirigidas ao povo, o apelo à dimensão emotiva se tornava mais do que recomendável; já a adesão às ideias populares e a mimetização de seus populares meios de expressão continuavam a ser interditas, porque só produziriam baixeza e desdém. Antes de Honorato, a capacidade de compreensão das falas públicas pelo povo já era bastante depreciada. Mediante

---

168. HONORATO, M.C. *Compendio de rhetorica e poética*. Rio de Janeiro: Typographia Cosmopolita, 1879, p. 227.

o elogio essencialista da escuta dos gregos antigos, Carvalho indicava o que lhe se apresentava como a falta de discernimento de seus contemporâneos brasileiros das classes desfavorecidas.

Dada sua condição histórica e social, as práticas e representações da fala e da escuta pública podem conservar predominantemente algumas de suas propriedades, mas também podem passar por transformações ora mais ora menos profundas. Desse modo, bastante esquematicamente poderíamos dizer o seguinte: enquanto a estigmatização da expressão pública do povo e da competência popular de escuta se mostra como um fenômeno de longa duração, apesar de suas eventuais modificações em contextos históricos diversos, o povo passou de algo a ser ou simplesmente ignorado ou somente considerado como público ouvinte sempre em déficit com a escuta racional, para a categoria de audiência que merece ser especialmente contemplada, até a de classe cujos membros não apenas podem ser ouvintes privilegiados das falas públicas, mas também podem e mesmo devem falar seja por via de seus porta-vozes seja por meio de suas próprias bocas. Aparentemente, tal como em outros campos, no âmbito da fala e da escuta públicas, o povo teria se tornado uma tendência, de sorte que a expressão popular se imporia como uma exigência política e social.

Em nossos dias, apesar do caráter quase inabalável dos preconceitos contra as camadas populares, falar mais ou menos como uma pessoa do povo parece ter se tornado, em alguma medida, um direito, um trunfo e, por vezes, até mesmo uma necessidade. De modo relativamente simultâneo, mas não em igual proporção, alguns sujeitos de classes e grupos sociais desfavorecidos conquistaram certa legitimidade de expressão para seus próprios meios de intervenção pública; os oradores puderam contar com uma nova possibilidade de eloquência e/ou de empregá-la como um estratagema retórico, se apresentando como oriundos do povo ou como seus legítimos porta-vozes, tendo em vista a contiguidade entre seus modos de elocução; não apenas à fala pública dirigida aos setores desvalidos, mas também àquela endereçada a auditórios mais gerais praticamente se impôs a obrigação de incorporar padrões e índices populares. Uma conquista a que se ascendeu, uma expressão que emergiu e uma tendência que se impôs, assim parece ter surgido um novo quadro da oratória contemporânea. Isso não impede que o orador que empregue a eloquência popular de nossos tempos continue a ser objeto de menosprezos e ataques, caso não evite as marcas mais emblematicamente indicadoras de classe, aquelas que são majoritariamente concebidas como graves erros de gramática, supostamente apenas cometidos pelos sujeitos das classes pobres e sem instrução, e como "excessos" e "mau-gosto" nos usos do corpo e da voz.

Esses menosprezos e ataques são igualmente sofridos pela escuta do povo. Seus membros ouviriam as coisas ditas por oradores populares ou por aqueles que se apresentam como se o fossem e acreditariam de forma ingênua em praticamente tudo que lhes fosse dirigido. Em todo caso, essa metamorfose operada na fala pública durante o século XIX produziu efeitos de grande monta e implicou o declínio de pronunciamentos que se estendessem por mais do que algumas poucas dezenas de minutos, quando não menos, e cujos estilos oratórios sejam demasiadamente elaborados, refinados e grandiloquentes. Em relação a esses pronunciamentos e estilos, restam ainda, contudo, maiores ou menores nostalgias que continuam a apreciá-los. A constância e mesmo o aparente recrudescimento dos lamentos de seu declínio e dos entusiasmos com suas sobrevivências na era contemporânea apontam para a existência de certo sincronismo entre ascensões, consolidações, recuos e derrocadas dos ideais igualitários e, em seu bojo, para certa simultaneidade entre conquistas e derrotas mais ou menos importantes da voz do povo em suas lutas por espaço, expressão e reconhecimento no debate público.

Um caso típico ocorrido recentemente no Brasil confirma a presença simultânea da igualdade e da distinção social. Mais precisamente, houve uma sucessão estrita, em que uma relativa e pontual ascensão da primeira foi manifestamente acompanhada por uma extensa e intensa hegemonia da segunda. À máxima conquista eleitoral de Lula e à popularidade de seu governo, após o interlúdio da eleição e da gestão de Dilma Rousseff, sucedeu um golpe de Estado parlamentar e judiciário e a instalação de um governo elitista e conservador. Se, inicialmente, parecia estar se esboçando algum espaço para o exercício legitimado das falas e das escutas públicas e populares, em seguida, se instaurou um refluxo nesse processo, de sorte que não havia mais razões para se dissimular o preconceito e mesmo o ódio de classe. Além de outras configurações, esses desprezos e aversões se encarnaram numa espécie de nostalgia da eloquência solene e arcaizante e de entusiasmo com seu ressurgimento extemporâneo, quando do processo de afastamento de Dilma da presidência da República, durante o qual Michel Temer assumiu a função presidencial. Eis aqui apenas uma amostra dessas manifestações, se sinceras ou simuladas pouco importa, de euforia para com os usos arcaicos e artificiais de léxico e de gramática de Temer, desde seus primeiros pronunciamentos em seu novo posto. Na edição do dia 15 de maio de 2016, no "Fórum de leitores" do jornal O *Estado de S. Paulo*, sabidamente um dos mais conservadores da imprensa brasileira, o leitor Marcello Mariutti, em seu comentário intitulado "Discurso inteligível", afirmava o seguinte: "Finalmente a República voltou a falar português e a coordenar sentenças".

Diferentemente do que se poderia imaginar, o ensino de retórica e as práticas de oratória não cessaram e, provavelmente, nem mesmo diminuíram após os jesuítas, seus maiores promotores por aqui, terem sido expulsos do Brasil pelo Marquês de Pombal. Desde 1759, as principais cidades tanto da metrópole portuguesa quanto da colônia brasileira passaram a contar com as chamadas aulas régias, que compreendiam lições de português, latim, grego, retórica, poética e filosofia. Para o exíguo contingente de sujeitos com alguma instrução formal e devidamente alfabetizados, que, assim, atendiam aos requisitos básicos para frequentá-las, a reduzida oferta das aulas régias na colônia não parecia ser um problema maior. A frequência a essas aulas tornava mais próxima a possibilidade de aprovação no exame de admissão à Universidade de Coimbra. Além disso, a importância atribuída à retórica pode ser ainda observada "no fato de que, após a chegada da corte do príncipe D. João, ao Brasil, em 1808, um de seus principais conselheiros, Silvestre Pinheiro Ferreira, mais tarde feito ministro, abriu um curso de filosofia e de teoria do discurso e da linguagem"[169]. Ele próprio confeccionaria uma obra para lhe servir de material didático e nela expressaria sua crença nos supostos indissociáveis vínculos entre conteúdo e expressão, tal como eles já haviam sido e seriam ainda muitas vezes repetidos:

> Não tendo encontrado manuais adequados, redigiu ele mesmo um compêndio publicado entre 1813 e 1820 sob o título de *Preleções Philosophicas*. Sua visão da retórica se parecia com a de Verney e se aproxima da que é defendida hoje por aqueles que procuram resgatar a disciplina da má fama que a acompanha. Para o autor das *Preleções*, a retórica não deveria separar-se da lógica e da gramática, a teoria do raciocínio não deveria separar-se da teoria da linguagem. Isto é, a arte de pensar não se devia separar da arte de falar com clareza, a retórica não devia enfim ser enfeite, mas instrumento cotidiano de argumentação e persuasão[170].

O leitor do *Estadão* se vale da condição hegemônica e consolidada desse lugar-comum que crê na relação biunívoca e direta entre essência e aparência, entre fundo e forma, menos para reafirmar algo já tão repisado do que para aproveitar a criação de um contexto propício e anunciar publicamente sua identificação e sua pertença a uma casta social. Repete essa crença porque adere ou finge aderir a outra: a da correspondência entre seus reais e imaginários capitais econômicos e simbólicos e sua desejada superioridade expressiva

---

169. CARVALHO, J.M. História intelectual no Brasil: a retórica como chave de leitura. In: *Topoi*, vol. 1, n. 1, 2000, p. 123-152.
170. Ibid., p. 134.

e cognitiva. É provável que o faça ingênua e perversamente, tendo em vista seu desconhecimento do mecanismo que agencia seus próprios pensamentos, ações e dizeres, e seu conhecimento relativo, bem como seu proveito, dos efeitos sociais e psicológicos, danosos, para a maioria, de que ele pretende se distinguir, e benéficos, para a minoria, à qual ele pretende pertencer.

Poderíamos atribuir suas formulações ao propósito de produzir impacto e ironia, por meio do que supunha ser seus poderes de síntese e sugestão, presentes na surrada série de equivalências: "Finalmente" = "a longa espera e o fim dos governos do PT"; "a República" = "o ocupante do cargo de presidente da República"; "voltou a falar português e coordenar sentenças" = "Lula não fala português corretamente" e "Dilma fazia pronunciamentos desarticulados". Mas, esse propósito responde a outras motivações: a satisfação de ter o nome estampado no que imagina ser um veículo da imprensa que merece todo o respeito; e o aceno para sua trupe, por meio do qual diz: "Instruídos, eleitos, como é bom compartilharmos os mesmos valores, a elegância e o bom gosto. Nosso uso correto e refinado da língua, que facilmente identificamos entre os nossos, é um índice inegável de nossa superioridade e uma prova de que merecemos nossos bens e direitos". Ambos lhe renderiam algum contentamento e uma pequena e efêmera notoriedade.

Nisso tudo não há nada de exatamente pessoal, pois não se trata aqui de censurar o indivíduo de carne e osso, portador de nome próprio e CPF, mas, antes, de reconhecer um processo histórico e social que produz desigualdades e injustiças e que as aprofunda e consolida mediante atitudes elitistas. É esse processo histórico e social que interpela esse e tantos outros indivíduos a se conceberem como sujeitos pertencentes a classes e a grupos merecidamente privilegiados. Nos usos da língua, em geral, e nos da expressão pública, em particular, a pompa, que se imagina refinamento para distinguir nobres e plebeus de diversas sortes, e a razão, que esclarece porque é esclarecida, excluem a "grosseria" e a "pieguice" do povo. Ao leitor do *Estadão* as mesóclises de Michel Temer e outros recursos antiquados análogos se apresentam como signos irrevogáveis da sofisticação e da inteligência daqueles cidadãos distintos e elevados com os quais ele se identifica. A crença ou o pretexto de que o discernimento cognitivo só ocorre sob a forma de expressão que se julga clara, correta e conveniente, sempre segundo padrões dominantes, discriminatórios e excludentes, que não se enxergam e tampouco se confessam como tais, responderia a uma justa finalidade: "a arte de pensar não se devia separar da arte de falar com clareza".

Retomando postulados da retórica antiga e ainda de outros campos e contextos, se formulam no Brasil esses discursos que sustentam abertamente e sem receios a interdependência entre o que seriam o pensamento racional e a correta expressão linguística. Sua defesa segue constante e parece não ter sofrido abalos. Em contrapartida, a grandiloquência e o brilho oratório não apenas perderam espaço nas práticas de fala pública ou, ao menos, tiveram de se apresentar por outros meios e substituir em boa medida o fulgor por algo mais opaco e relativamente discreto, mas também passaram a ser objeto de duras críticas. Mutações de diversas naturezas afetaram profundamente o uso da palavra em circunstâncias públicas, desde a segunda metade do século XIX, e outras se processaram ao longo do século XX e no início do XXI. É no começo desse período que se inventam as máquinas falantes e as massas urbanas, diante das quais e para as quais surgiriam diversos e mesmo novos gestos e estilos oratórios. Vimos que o povo parece ganhar espaço e atenção inéditos nos exercícios de fala pública e que até mesmo chega a emergir uma surpreendente, porque durante vários séculos inconcebível, eloquência popular. Trataremos adiante de ocorrências desses ataques ao gosto pelo esplendor oratório, que datam do começo do século XX no Brasil. Voltemos por ora à oratória popular no século XIX.

Afora nostalgias preconceituosas e reacionárias, podemos afirmar, exagerando um pouco nas tintas desse quadro, que o orador e a oratória populares se impuseram como personagem e estilo da eloquência contemporânea, desde o final do século XIX e o começo do século XX. Isso tanto na França, com publicações cujo título era exatamente *L'orateur populaire*, tais como a de Louis Filippi, lançada em 1920, e a de Sébastien Faure, publicada em 1935, quanto no Brasil, com publicações de obras de títulos idênticos ou análogos, tais como *O orador popular*, de José Alves de Castilho, *O orador popular moderno*, sem autoria indicada no volume, e *O orador popular*, de Raul Reinaldo Rigo, respectivamente publicadas em 1889, 1928 e 1958[171]. A aparente celebridade dessa nova eloquência não significa que "popular" tenha o mesmo sentido nesses diversos empregos da mesma palavra. Enquanto em Filippi e nas três edições brasileiras, predomina a concepção de um orador que buscaria o sucesso, ao falar em público em circunstâncias variadas e para auditórios heterogêneos, a obra de Faure, ainda que ela contenha certa preocupação com a diversidade dos públicos ouvintes e das situações de fala, é consagrada, antes, à difusão da propaganda socialista, à instrução e à emancipação dos sujeitos das classes pobres da sociedade.

---

171. FILIPPI, L. *L'orateur populaire*. Paris: Garnier, 1920. • FAURE, S. L'orateur populaire. In: *La Brochure Mensuelle*, n. 149, 1935. Paris. • CASTILHO, J.A. *O orador popular*. Rio de Janeiro: Garnier, 1889. • *O orador popular moderno*. São Paulo: Livraria Teixeira, 1928. • RIGO, R.R. *O orador popular*. Rio de Janeiro: Livraria Antunes, 1958.

Promover a instrução e a emancipação popular já havia sido preocupação de ideologias e movimentos igualitários que remontam às Luzes e às Revoluções Francesa e Americana. Já a emergência de uma articulação manifesta entre esses propósitos pró causas populares, o deliberado e intenso escopo de formar uma recepção mais bem preparada da fala pública e ainda uma oratória especialmente concebida para se endereçar aos sujeitos do povo demorariam um pouco mais para ocorrer. Se a encontramos em Sébastien Faure, é preciso ressaltar que sua inquietação e seu texto foram precedidos e sucedidos por propostas relativamente análogas. Vejamos o que nelas se destaca a respeito da fala pública popular e da escuta popular da fala pública. Comecemos por um trecho do prefácio de Antoine Benoist à obra *La Rhétorique du peuple*, de Ferdinand Gache, publicada em 1899, que contém importantes elementos que pretendemos ressaltar:

> *A Retórica do povo* se dirige principalmente, conforme o indica seu título, àqueles que não puderam ter aulas de retórica no colégio. Esse público popular, o senhor Gache conhece bem, tendo em vista que lhe endereçou frequentemente suas falas. Ele conhece bem toda sua boa vontade, sua paixão pelo trabalho e sua inteligência. Instruí-lo e ensiná-lo a instruir é o verdadeiro serviço que os amigos sinceros do povo podem lhe oferecer. Para tanto, não se tratou aqui de escrever um livro propriamente literário, nem de tentar empreender inovações por meio de uma expressão inusitada ou de paradoxos que rebatizam velhos princípios. Ao contrário, se insistiu, como era necessário, no que é mais conhecido, sem temer entrar nos detalhes mais familiares. Em suma, seu autor deixa de lado a vã autoestima e busca ser útil, ao invés de ser brilhante. Todos os interessados na educação popular serão muitos gratos ao senhor Gache por ter tão bem compreendido o que era preciso ser feito e por tê-lo feito. É um trabalho democrático no melhor sentido da palavra[172].

Observamos facilmente quais são os sentidos atribuídos ao povo e à retórica que lhe é ali dedicada e ainda quais são as experiências, os conhecimentos, os objetivos e os pressupostos do autor, segundo o prefaciador do texto. A correspondência entre "povo" e "aqueles que não puderam ter aulas de retórica no colégio" é direta e explícita, ao passo que a necessidade de sua instrução indica, antes, a pressuposição de que o público popular não a possui ou a de que ao menos ele a detém com déficit a ser suprido. Não há, contudo, pura depreciação das classes populares tanto porque sua falta de saberes

---

172. BENOIST, A. Introduction. In: GACHE, F. *La rhetorique du peuple*: ou la lettre, la conversation et le discours public. Alais: Veyrière, 1899, p. 5.

retóricos é devida a uma impossibilidade de realização de estudos, e não a uma sua deliberada e negligente opção, quanto porque não há equivalência entre deficiência de instrução e virtudes morais e cognitivas: o povo possui "boa vontade", "paixão pelo trabalho" e "inteligência". Por sua vez, passagens como "não se tratou de escrever um livro propriamente literário" e "o autor busca ser útil, ao invés de brilhante" reiteram, com variações de distintas intensidade e frequência, um anúncio e uma denúncia, mas também certa resignação: o anúncio de ruptura da retórica popular em relação à burguesa; a denúncia da vaidade desta última; e a resignação de que ao povo e aos pobres bastariam os meios de expressão sem brilho ou de segunda categoria.

Não apenas no prefácio de Benoist, mas também na própria escrita de Gache nos deparamos com essa reiteração: "A retórica que pretendo lhes ensinar não é aquela que se encontra nos livros. Praticamente jamais lhes falarei de literatura. Não desejo me ocupar em sua instrução com as obras de arte que o homem é capaz de fazer com sua fala e com sua pluma". Após dizer o que não fará, o autor da *Retórica do povo* afirma o seu propósito: "Pretendo simplesmente lhes indicar como, para se tornar um homem honrado e útil, um bom filho, um bom pai e um bom cidadão, o mais humilde entre todos nós pode e deve cultivar a arte de escrever e de falar"[173]. Neste último trecho, ao lado da possibilidade e do dever de cultivo das técnicas de fala e escrita, se coloca ênfase numa dimensão moral, visto que "o mais humilde" carrega consigo em potência, mas ainda não em estado ótimo e em perfeitas condições de exercício, sua honra e sua utilidade, sua bondade e sua cidadania.

Ainda numa sorte de introdução de sua obra, intitulada "A importância da fala", Gache apresenta uma especulação sobre a distinção entre as línguas de povos selvagens e civilizados, com base na qual fala, em seguida, sobre a possibilidade de desenvolvimento da faculdade de linguagem na espécie humana.

> A que se reduzem o vocabulário e a sintaxe de um povo selvagem? A quase nada. O mesmo vale para sua inteligência e para suas virtudes. Os tasmanianos, que não têm palavras para exprimir qualidades, tais como "sólido", "macio", "quente", "frio"..., e que, ao invés de dizerem "longas", dizem "grandes pernas", e ao invés de "sólido", dizem "como uma pedra", eram comparados pelos viajantes europeus não a homens, mas a macacos. E isso com muita razão de ser, porque eles não possuíam nem os saberes, que lhes dariam a força, nem tampouco a moralidade, que faz a grandeza dos povos civiliza-

---

173. GACHE. Ibid., p. 7.

dos. Em contrapartida, os homens que pertencem às raças desde há muito tempo saídas do reino animal e promovidas ao gênero humano, têm um dicionário bastante rico. O nosso, por exemplo, conta com mais de 32.000 palavras. É um incrível tesouro de ideias, feitos e virtudes, ao qual podemos ainda acrescentar empréstimos de outras línguas de povos já desaparecidos (principalmente, o grego e o latim) ou de outros povos estrangeiros.

Possuímos a faculdade da linguagem articulada; mas, em si mesma, ela não permite de modo algum prever o que se tornará no indivíduo o exercício dessa faculdade. Com efeito, esse exercício é uma arte; aliás, é uma arte difícil. Em outros termos, essa faculdade é natural, mas o uso dessa faculdade é uma arte.

Repetida ao menos desde a Antiguidade, no contexto europeu, e intensificada com a "descoberta" do Novo Mundo, volta a aparecer ali a correspondência entre língua, pensamento e moral. Já desde há muito bem estabelecida por lá, vimos sua presença por aqui na célebre passagem do *Tratado da terra do Brasil*, em que Pero de Magalhães Gândavo fala da ausência das letras F, L e R no idioma do indígena do litoral do sudeste brasileiro: "A língua deste gentio toda pela costa é uma: carece de três letras – *scilicet*, não se acha nela F, nem L, nem R, cousa digna de espanto, porque assim não têm Fé, nem Lei, nem Rei; e desta maneira vivem sem Justiça e desordenadamente". Sua notoriedade foi precoce e deu ensejo a um cem número de repetições, a começar já pela de Gabriel Soares de Souza, em seu *Tratado descritivo do Brasil*: "Têm muita graça quando falam, mormente as mulheres; são mui compendiosas na forma da linguagem, e muito copiosas no seu orar; mas faltam-lhes três letras do ABC, que são F, L, R grande ou dobrado, coisa muito para se notar, porque, se não têm F, é porque não têm fé em nenhuma coisa que adorem; nem os nascidos entre os cristãos e doutrinados pelos padres da Companhia têm fé em Deus Nosso Senhor, nem têm verdade, nem lealdade a nenhuma pessoa que lhes faça bem. E se não têm L na sua pronunciação, é porque não têm lei alguma que guardar, nem preceitos para se governarem; e cada um faz lei a seu modo, e ao som de sua vontade..."[174]

A rudeza da língua e a grosseria dos sentidos de povos "selvagens", de classes populares e de grupos sociais marginalizados sempre foram evocadas para sustentar suas alegadas deficiências cognitivas e suas supostas falhas de caráter. Mostramos acima, no item *Uma história política dos sentidos: os sons*

---

174. GÂNDAVO, P.M. (1576). *Tratado da terra do Brasil*. Brasília: Senado Federal/Conselho Editorial, 2008, p. 134. • SOUSA, G.S. (1587). *Tratado descritivo do Brasil*. São Paulo: Cia. Ed. Nacional/Ed. da USP, 1971, p. 302.

e os odores da distinção, em nosso capítulo 2, que uma articulação entre o olfato e os odores atribuídos aos pobres e a seus ambientes e sua falta de moral foi forte e repetidamente estabelecida em determinadas condições históricas[175]. Por seu turno, Gache reativa a oposição entre selvagens e civilizados, para tentar mais bem ressaltar a necessidade do aperfeiçoamento das técnicas de fala e de escrita, que permitiria desempenhos de linguagem cada vez melhores e mais distanciados do mundo bestial e dos povos bárbaros. Mesmo que fosse adepto do princípio segundo o qual a faculdade inata da linguagem somente se desenvolve com os estímulos externos, com as partilhas com os sujeitos do meio social em que se vive, com a aprendizagem de técnicas e com o exercício prático da fala e da escrita, Gache não deixa de reiterar um preconceituoso gradiente que vai do francês bem-nascido, bem instruído e naturalmente arguto, eloquente e virtuoso, passando pelos franceses pobres e sem instrução, até chegar ao mundo animal, somente superado pelos indivíduos dos povos considerados primitivos.

Estamos, ainda assim, diante de um sujeito filiado a ideologias democráticas e igualitárias de seu tempo, para as quais a educação retórica popular é um passo decisivo para a participação cidadã na vida pública. Não sem razão, identificamos na obra de Gache passagens como a seguinte: "Aprender a falar de modo simples, mas com convicção, o que se sabe e o que se pensa; e aprender a escutar, numa assembleia, com calma e reflexão, as falas de um orador, de maneira a apenas lhe conceder ponderada e sabiamente seu assentimento, deveriam ser as primeiras tarefas de uma escola cidadã"[176]. Em trechos como esse, além da preocupação com a formação oratória e interpretativa para uma efetiva participação pública nos destinos da sociedade, observamos a repetição do pressuposto segundo o qual as atividades de fala e de escuta não se reduzem a capacidades inatas e a práticas instintivas, mas, antes, podem e devem ser objeto de ensino e de aprendizagem.

Percebemos igualmente certos leitores ideais que Gache projeta em seu texto e ainda outras formulações que ali reproduzem de modo sub-reptício e pressuposto alguns discursos hegemônicos sobre as classes populares. Quanto às projeções dos leitores ideais, há a de um que se tornará orador e que, por isso, deverá aprender "a falar de modo simples, mas com convicção, o que se sabe e o que se pensa"; mas há também a de um leitor que fará parte

---

175. Além de *Le miasme et la jonquille*, de Alain Corbin (cf. nota 31), o leitor especialmente interessado pela temática dos odores e do olfato poderá cf. tb.: MUCHEMBLED, R. *La civilisation des odeurs*. Paris: Les Belles Lettres, 2017. • CLASSEN, C. *Aroma*: a história cultural dos odores. Rio de Janeiro: Zahar, 1996.

176. GACHE. Op. cit., p. 46.

de um público ouvinte, a quem cabe "aprender a escutar, numa assembleia, com calma e reflexão, as falas de um orador"; e, finalmente, há a projeção de um leitor que será responsável pela instrução retórica desses futuros oradores e ouvintes bem formados. Tais projeções trazem em seu bojo a afirmação de que sujeitos das camadas populares se dedicam a pensar sobre as questões e problemas políticos e sociais e possuem conhecimentos relevantes a seu respeito, que merecem ser expostos no debate público.

Assim, Gache adere a um discurso contra-hegemônico, que materializa a ideia de que há "inteligência" no cérebro e no espírito daqueles que são obrigados a vender a força de trabalho de seus corpos aos proprietários dos meios de produção do sistema capitalista. Se ele não reproduz *ipsis litteris* o léxico e a fraseologia marxista, veremos logo adiante que possui uma visão crítica e materialista das desigualdades do sistema educacional, resultantes e partícipes das desigualdades econômicas e sociais. Mediante a adesão a esse discurso, Gache afirma que não seria necessário ensinar os membros do povo a refletir sobre os fenômenos da política e da sociedade e a elaborar saberes relevantes e dignos de serem apresentados publicamente. Antes, seria apenas preciso lhes ensinar a se exprimirem em público: "a falar de modo simples". Essa construção, aliás, encerra certo impasse: esses leitores, futuros oradores, são efetivamente membros do povo e não sabem falar devidamente em público ou talvez sejam, antes, seus porta-vozes, que sabem já fazê-lo, mas ainda não o fazem de maneira "simples", tal como seria necessário? Quanto à audiência, o que se pressupõe a seu propósito é menos ambivalente e menos positivo: a escuta popular não é processada "com calma e reflexão" e nem sempre concede sua anuência sábia e ponderadamente aos oradores ouvidos.

Na sequência, antes de discorrer sobre as diferenças entre os sistemas educativos da Antiguidade e os atuais, especialmente no que se refere à educação oratória, o texto de Gache avança um paralelo entre o Antigo e o Novo Regime francês, considerando a liberdade de expressão e o exercício de fala pública nesses dois contextos. Sua tese é a de que, enquanto, antes da Revolução, praticamente não era possível aos membros ordinários da sociedade falar em público, exceção feita somente, portanto, às grandes personalidades da época, tais como o célebre bispo Jean-Bénigne Bossuet e o também bastante conhecido magistrado Henri d'Aguesseau, em sua época, no final do século XIX, o direito à fala pública se estenderia a todos os franceses. Estes, por seu turno, estariam agora impedidos de falar publicamente não por interdição manifesta, mas por não sabê-lo fazer. Os resultados dessa deficiência no ensino da fala e da escuta pública não poderiam ser mais desastrosos:

Nós estamos hoje em dia menos amordaçados do que naqueles tempos? Sim, estamos, mas o estamos em nossos dias de um outro modo. Que o impedimento de tomar a palavra venha da impossibilidade de sua realização ou da falta de saber fazê-lo, isso praticamente não muda muito suas consequências. Certamente, todo cidadão possui o direito de falar mais ou menos em todo lugar, mas, dado o fato de que a grande maioria dos cidadãos não sabe falar nem sabe ouvir, é absolutamente inútil que a tribuna esteja livre. Não, entre nós, não é a fala que nos governa, uma vez que muitas pessoas, que teriam excelentes coisas a dizer, não conseguem dizê-las, por não terem sido ensinadas a falar em público. Ou ainda, nos casos em que tais pessoas sabem o que dizer e aventuram-se a fazê-lo, correm o risco de não ser escutadas, porque as massas não foram treinadas para ouvi-las.

Assim, em todas as reuniões, podemos estar certos de que ocorrerá o seguinte: por não terem sido ensinados a falar, os mais honestos deixarão perorar o líder, que é inescrupuloso, mas eloquente. Por não ter sido ensinado a ouvir, o público mais honesto dará as costas a quem o esclarece e seguirá o patife que o encanta[177].

Em condições históricas em que não mais falta a liberdade de expressão, a ausência do domínio de técnicas que possibilitariam mais bem realizar e mais bem escutar os pronunciamentos e as intervenções públicas se torna o maior obstáculo à participação cidadã da parte majoritária da sociedade. Ao dizê-lo, Gache reitera ainda, em outros termos, a "inteligência" e a "honestidade" dos sujeitos do povo ou pró causas populares: são as "muitas pessoas, que teriam excelentes coisas a dizer"; "os mais honestos". Estes ou se calam, em função de sua falta de hábito e de preparo para o desempenho do papel de orador, ou se arriscam, com pouca ou sem alguma preparação, a não ser ouvidos, menos por sua própria inaptidão do que por aquela de seus ouvintes. Aqui, como também em outras passagens, as massas populares não gozam de boa reputação. Ademais, por não terem recebido o devido e necessário treinamento para a prática da escuta pública, e a despeito de sua retidão moral, as massas ouvintes são volúveis e suscetíveis às nefastas seduções. Seduzidas pela eloquência do "líder inescrupuloso" tomam o caminho contrário ao da razão e da justiça, ao seguir o "patife" que as cativa com seu canto da sereia.

Uma abordagem crítica e materialista, que compreende inegáveis avanços, mas que também conserva preconceitos e reproduz idealizações, marca a comparação que Gache propõe entre a educação para a fala pública na An-

---

177. Ibid., p. 47.

tiguidade e a que ocorreria na França de seu tempo. Ao tratar, inicialmente, da Roma antiga, afirmando que lá havia estímulo e constância nas práticas e na educação da fala e da escuta públicas, o autor de *La Rhétorique du peuple* reúne "o mais pobre" e "o mais rico" dos cidadãos no conjunto "todo o povo", beneficiado pela incitação ao desempenho oratório e pela assiduidade nos debates públicos. Num primeiro momento, Gache congrega desprovidos e abastados, mas os distingue, logo, em seguida, quanto às privilegiadas condições de educação, em geral, e de formação retórica, em particular, de que gozavam somente os últimos:

> Nas Repúblicas da Antiguidade, os costumes e as instituições favoreciam a educação oratória de todo o povo. Os escravos faziam o grosso trabalho, exercendo os ofícios braçais, deixavam o homem livre sem nenhum impedimento para a execução de seus deveres de cidadão, de modo que ele praticamente não deixasse a praça pública. Lá, quase à sua própria revelia, o mais pobre dos cidadãos, assim como o mais rico, se formava na arte de falar e na arte de ouvir.
>
> Contudo, os grandes possuíam alguns privilégios em relação aos demais. Nas velhas famílias dos patrícios, cujos membros eram frequentemente interpelados a falar à multidão, a discutir com os governantes, a tomar a palavra no fórum, no exército ou no senado, nas solenidades públicas e nas cerimônias religiosas, se estabelecia mais ou menos espontaneamente uma espécie de retórica experimental e costumeira, transmitida de pai para filho.
>
> Um ensino mais efetivo e mais vivo se oferecia ainda quanto mais nobre fosse o jovem, que o recebia junto aos homens e aos célebres advogados com os quais ele convivia. Enfim, nas famílias dos patrícios, havia preceptores gregos, oradores eloquentes e filósofos sutis, seguindo a sólida tradição dos estudos que os habitantes da Sicília e da Grécia consagravam à arte do discurso. Estamos longe de termos progredido em relação aos Romanos!

Na sequência, é o contexto contemporâneo que passa a ser abordado. Também em seu tratamento, se destacam as diferenças de classe social, das quais decorrem as distintas formações escolares e oratórias proporcionadas aos sujeitos da sociedade francesa de então. Nesses tempo e lugar, já não haveria mais oportunidades para os homens comuns de desfrutar de algum ócio a ser dispensado à frequentação de ambientes e instituições, nas quais a fala e a escuta públicas são práticas fundamentais, à vivência diletante e à atuação cidadã nos debates e deliberações políticas. Isso tudo havia se tornado prerrogativa exclusiva dos homens dotados de rendas e que contavam ainda com o benefício de morar na capital francesa. Diversamente dos filhos bem-nascidos das famílias das camadas sociais superiores, que acumulavam poder econômico e simbólico, a "criança do povo" não está somente desprovida de boas condições materiais, está igualmente privada de uma intensa e extensa vida escolar, que pudesse lhe oferecer uma formação adequada ao "manejo da fala". A considerável distância, que se interpunha entre ela e a oratória bem executada, e o verdadeiro abismo, que se construía entre ela e a eloquência, eram já anunciados desde tenra idade, com o agravante de também decorrer de práticas pedagógicas inúteis e equivocadas:

> Antes de mais nada, nos falta tempo. Nossa profissão nos toma muitos momentos de nossas jornadas e, antes de ser cidadão e de seguir os debates da política, é preciso que se ganhe o pão de cada dia. Em seguida, as ocasiões nas quais estamos à escuta de falas públicas e de falas públicas bem-feitas se apresentam raramente. Assim, são apenas os que possuem rendas e, entre estes, somente aqueles que moram em Paris, os que podem frequentar os lugares, as câmaras, as cortes e tribunais, a Sorbonne e o Collège de France..., onde os homens falam a outros homens.
>
> A criança do povo, que vai à escola primária e que nela apenas permanece alguns poucos anos, não recebe praticamente treinamento algum no manejo da fala. É somente em casos excepcionais, em que graças aos perspicazes esforços dos professores, que o ditado, outrora mestre absoluto nas práticas de aprendizagem, cede um pouco de espaço aos exercícios orais. Já não é sem tempo de eliminar o estorvo da ortografia, essa arte de escrever com um *h* as palavras que são desprovidas dessa letra no latim ou com um *th*, um *ph* ou um *y* as palavras que em grego jamais conheceram tais letras. E o mais grave: tudo isso a pretexto da fidelidade à etimologia![178]

A denúncia da situação desigual e reprodutora de desigualdades não implicaria impossibilidade de fazer dos homens comuns e mesmo dos homens do povo bons oradores. Antes de desenvolver o tópico emblematicamente intitulado *Tous sont capables de devenir orateurs*, "Todos são capazes de se tornar oradores", Gache discorre sobre as distintas aptidões cognitivas e motoras que fariam com que as pessoas, em geral, pertencessem a tipos particulares: elas seriam, predominantemente "auditivas" ou "visuais", "moto-gráficas" ou "moto-articulatórias". Visando a "servir a verdade e a virtude por intermédio de sua fala", caberia aos sujeitos identificar sua pertença a um desses tipos para mais bem conseguir se desenvolver como um bom orador.

---

178. Estas últimas passagens se encontram respectivamente em GACHE. Ibid., p. 49-50 e p. 50-51.

Independentemente do tipo a que se pertencesse, seriam sempre necessários "a vontade, a paciência e o trabalho" para a efetiva conquista dessa condição.

> Não se pode acreditar que os outros sejam incapazes de jamais desatar sua língua e falar. O homem que somente encontra as palavras e as ideias diante do papel e na ponta de sua pluma poderá dispender mais tempo em sua formação, mas ele conseguirá, mesmo assim, a fazer pequenos discursos dignos de aplausos, que não serão lidos, que não serão recitados, mas que serão efetivamente pronunciados. Esse homem e todos os que tenham dificuldade para falar em público deveriam ler a vida dos grandes homens para se convencerem de que não se nasce um grande homem, mas que sempre se torna um grande homem. Para se convencerem de que se pretendemos nos tornar um grande homem, por mais terríveis que sejam as dificuldades que tenhamos, sempre acabamos por ultrapassá-las[179].

Já mencionamos o fato de que, em sua *Rhétorique du peuple*, Gache não apenas trata da formação do orador, mas também se preocupa com a do ouvinte. Se, ao menos, desde a Antiguidade, o público e sua escuta sempre foram objeto de atenção dos retores, filósofos e oradores, a partir do século XIX, eles passam à condição de um componente incontornável e inquietante da fala pública. Expansão demográfica, concentração urbana e perda relativa de marcas sociais distintivas foram alguns dos fenômenos que suscitaram um outro: a invenção das massas. É nesse contexto que emergem as massas poderosas e perigosas, diante das quais e para as quais teriam surgido novos gestos, novas vozes e novos estilos oratórios, em cujo cerne encontram-se projetos políticos inéditos[180]. Veremos adiante que então ocorreram consideráveis metamorfoses da fala pública dirigida às multidões. No bojo dessas mudanças, a retórica do povo e a da burguesia respectivamente saudavam e depreciavam o orador popular, mas ambas o concebiam como aquele que dirige sua fala às massas, para instruí-las, conduzi-las ou manipulá-las. Gache está no meio desse redemoinho e não poderia discorrer sobre a escuta popular da fala pública, passando ao largo dessas transformações. Ele inicia suas ponderações com comentários sobre a necessidade de formação do jovem cidadão ante o perigo das massas:

> Aqueles que formam a juventude deveriam repetir, desde muito cedo, aos seus estudantes que não há para um cidadão honesto uma prova maior pela qual se poderia passar do que a de ser parte integrante de uma massa que escuta, quer se trate de uma massa que

---
179. Ibid., p. 55-56.
180. COURTINE, J.-J. & PIOVEZANI, C. *História da fala pública*. Op. cit., p. 21.

conta com doze pessoas e se encontre no auditório de um tribunal, quer seja composta por milhares de homens e se concentre em uma praça pública.

Por que integrar a massa seria a prova maior pela qual poderia passar um cidadão honesto? Em que consistiria o risco que poderia haver nessa integração? São essas as questões direta ou indiretamente formuladas e respondidas por Gache, logo no seguimento imediato de seu texto:

> Onde estaria, afinal, o perigo? Eis que ele está aqui. Você é um homem inteligente, sensato e instruído. Em quaisquer circunstâncias, você dá provas de sua sagacidade, de sua prudência e de seu saber. Associe-se a uma dúzia de concidadãos para debater com eles e para abordar uma questão bastante simples do interesse geral. Sozinho, você chegaria em 5 minutos à mais sábia das soluções. Já em companhia, você perderá horas para não decidir absolutamente nada ou para chegar a uma decisão estúpida, que deverá ser em breve revertida e que desagradará todo mundo, a começar por você mesmo, tão logo você esteja de volta à sua casa. Sozinho, você terá vergonha e remorso do que você acabara de fazer em grupo!
>
> Você é um homem calmo, paciente e sem amarguras. Dizem de modo familiar que você não faria mal a uma mosca. O acaso, então, o conduz a uma reunião e logo se forma uma tempestade. À frente dos loucos que começam a vociferar, a quebrar as cadeiras e a atacar os adversários, quem é que se destaca por sua fúria? Justamente, você.
>
> A esse respeito, há um unânime consenso. Eruditos e magistrados, poderosos dos palácios e frequentadores de reuniões públicas estão totalmente de acordo e dizem em uníssono: quando os homens se reúnem, eles degeneram! Nas massas, não é a nobreza de espírito que está presente, nem as boas inclinações; ali, antes, se encontram a bestialidade e os piores instintos.

Não se trata aí somente da oposição fundamental entre a "nobreza de espírito" e a "bestialidade" correspondentes à solidão racional e à integração ao grupo, porque, ao seu lado, figuram escalas, gradientes e outras divisões. No cume da razão e da civilidade, se encontra "o homem de mentalidade superior, civilizado e instruído". Mas, "mesmo" ele, como integrante das massas, "rebaixa-se em vários degraus na escala de civilização", de modo que "se conduzirá, conforme o caso, como uma mulher, como uma criança, como um selvagem, como um primitivo, como um bárbaro"[181]. Gache avança ainda a

---

181. As duas citações anteriores e os excertos desse último parágrafo se encontram em GACHE. Op. cit., p. 155, 158 e 159-161.

ideia de que toda atividade humana estaria assentada em órgãos distintos do corpo: o cérebro e a medula. As ações guiadas pelo primeiro seriam conscientes, racionais e bem pensadas, ao passo que as conduzidas pela segunda seriam inconscientes, irracionais e instintivas. Quanto mais os homens se afastam do cérebro em direção à medula, mais se distanciam da condição humana e mais se aproximam da animalidade. Com base nessa distinção, o autor prossegue suas reflexões, cuja aparente modernidade aportada pelas ciências naturais não basta para apagar a reprodução de antigos e preconceituosos discursos:

> Geralmente, um homem desempenha mais atividade cerebral e menos atividade medular do que uma mulher. Uma mulher tem mais atividade cerebral e menos atividade medular do que uma criança. A mesma diferença se constata entre um homem civilizado e um selvagem ou um primitivo.
>
> Muitos de nós sabemos conter o fogo de nossas inclinações naturais, sabemos dominar nossas emoções e resistir aos movimentos apaixonados suscitados pelo medo, pela cólera, pelo ódio etc. Uma mulher, uma criança, um primitivo e um selvagem não conseguem fazê-lo. Eles são seres impulsivos, instáveis, caprichosos e impressionáveis e, por isso, estão à mercê de quem os queira dominar e conduzir.
>
> Ora, na maior parte dos casos, o civilizado adulto e instruído, tão logo seja colocado em contato com outros homens, não domina mais seus reflexos. Seus atos deixam de ser premeditados, consequentes, pretendidos e controlados, porque, em detrimento da vida cerebral, a vida medular passou a ser a soberana de suas ações. Esse homem não possui mais o sangue-frio e o bom-senso. Sem dúvida alguma, ele está, momentaneamente, rebaixado ao nível da infância ou da barbárie.

O que, de fato, não deixa dúvida alguma é a presença de traços arcaicos e indeléveis de discursos conservadores no discurso predominantemente progressista, que se materializa na obra de Gache. Para mais bem fundamentar seus preconceitos e menosprezos em relação às ascendentes massas populares, as ideologias e os discursos reacionários criam e/ou consolidam equivalências e encadeamentos entre as aglomerações majoritariamente compostas por pessoas do povo e os grupos e categorias já há muito depreciados, porque quase sempre concebidos como naturalmente inferiores e incapazes: mulheres, crianças e selvagens. Mesmo os discursos igualitários apenas raramente conseguem ficar imunes à força e ao alcance dessas repetidas e estabilizadas depreciações. Com vistas a justificar uma causa nobre, a saber, a instrução das massas para sua participação ativa e cidadã nos debates e ações políticas da sociedade, Gache reproduz o que é dito por sujeitos que se inscrevem em outras posições ideológicas: "Assim como a criança, a massa é crédula, de modo que ela crê justamente nos fatos mais improváveis e mesmo nos mais absurdos"[182]. A analogia entre a criança e a massa permite ainda avançar que ambas se deixam impressionar, sem a menor resistência, o que faz com que seja possível irritá-las e manipulá-las, sem a menor dificuldade: "Pode-se facilmente ludibriar a massa e conduzi-la para os piores caminhos". Por assim concebê-la, o maior temor de Gache é o de ver as multidões populares serem enganadas, dirigidas e governadas por um líder populista.

> Observe se o homem que acaba de abrir a boca no púlpito é um desses desonestos cidadãos que estudaram as fraquezas da massa e que são especialistas em tirar proveito de tais fraquezas. Se, tal como Sansão, ele parece receber sua força de sua cabeleira, se, tal como um charlatão, ele busca se impor por meio de sua vestimenta extravagante, de suas echarpes e adereços diversos, desconfie. Se do alto da tribuna ele faz gestos largos, se ele se agita e grita, repita consigo mesmo as palavras de Buffon: "O que é preciso para emocionar e arrastar uma multidão? O que é preciso para abalar a maioria de seus integrantes e para persuadi-los? Um tom veemente e patético, gestos expressivos e frequentes, palavras rápidas e sonoras. Mas, para um pequeno auditório, dotado de racionalidade e firmeza, é preciso fatos, pensamentos e razões. Nesse caso, não é preciso atacar os ouvidos e ocupar os olhos". Se o orador não cessa de fazer seu próprio louvor e de insultar seus adversários, se ele apenas interrompe seus ataques para bajular seus ouvintes, então, não hesite a pronunciar para si mesmo estas palavras: "Este homem é um hipócrita, que não está aqui para esclarecer ninguém, mas para nos atordoar. Está aqui para cuidar de seus negócios e não dos nossos!" Empregue todas as suas forças para resistir a suas investidas e diga ainda a si mesmo: "Gritos não são razões e injúrias não são argumentos!" Assim, esse impostor não vai enganá-los[183].

A era das massas é também o tempo dos chefes e a idade de ouro da propaganda. Há distintas concepções e diversas distribuições dos líderes e dos postulantes a essa condição, conforme as diferentes posições e perfis dos sujeitos que consideram as relações de hierarquia, comando e autoridade sobre

---

182. Ibid., p. 161-163.
183. Ibid., p. 184-185.

as massas, na medida em que tais sujeitos podem ser *grosso modo* divididos em mais ou menos libertários, ordeiros ou autoritários. Para os primeiros, a hierarquia, o comando e a autoridade seriam insuportáveis, ao passo que para os adeptos de alguma ordem tais valores e procedimentos seriam mais ou menos contingentes ou se tornariam eventualmente até mesmo necessários; por fim, para seus entusiastas, os chefes fortes e os guias imponentes seriam absolutamente imprescindíveis. Em condições históricas que lhes são propícias, situações essas que eles próprios produziram ou para cuja consolidação contribuíram decisivamente, estes últimos concorrem para instaurar uma "paisagem global de necessidade do chefe", tal como se reiterassem o que parece ser ao mesmo tempo um desejo e uma constatação: "Na era das massas, os chefes são chamados a fazer história"[184].

Seu espírito ordeiro e sua posição progressista fazem com que Gache se inscreva em certo lugar intermediário e, a partir dele, i) tema o líder populista e ludibriador; ii) advirta seus leitores da existência dessa ameaça às causas populares; iii) recomende meios e medidas para sua identificação; e iv) prescreva posturas e métodos para a imunização contra seus expedientes sedutores e manipulatórios. Por sua vez, sujeitos e grupos, que iam desde convictos partidários da autoridade autoritária até seus indecisos simpatizantes, acreditavam que a chefia e o mando deveriam se impor com maiores ou menores custos. Na virada do século XIX para o século XX, posições conservadoras e perfis autoritários emergem com cada vez mais força e/ou se consolidam, sob o efeito do medo que havia sido disseminado e da ideia de que as sociedades e seus membros estariam se degenerando. Não seria esta a única ocasião na história em que surgiriam e se alastrariam os discursos que, diante de eventuais ou importantes avanços sociais, sejam eles reais ou imaginários, anunciam o caos e seus perigos e clamam pela ordem e por sua segurança.

Deixemos, contudo, mais ou menos em suspenso os procedimentos da retórica reacionária[185] e das ações da mesma estirpe, e voltemos a tratar da emergência de líderes e porta-vozes populares no final do século XIX e no começo do século XX e de seus efeitos de concessão e confiscação da voz do povo, mediante o exame da publicação do Partido Comunista Francês intitulada *Parler au peuple* (Falar ao povo). A obra consiste de três peque-

---

184. Cf. COHEN, Y. *Le siècle des chefs* – Une histoire transnationale du commandement et de l'autorité (1890-1940). Paris: Amsterdam, 2013, p. 27.
185. Para maiores detalhes sobre a noção de "retórica reacionária", cf. ANGENOT, M. *O discurso social e as retóricas da incompreensão*: consensos e conflitos na arte de (não) persuadir. Org. e apres. de Carlos Piovezani. São Carlos: EdUFSCar, 2015. • HIRSCHMAN, A. *A retórica da intransigência*. São Paulo, Companhia das Letras, 1992.

nas brochuras, que reúnem as versões escritas de sessões de um curso de formação de oradores, ministrado oralmente por intelectuais do partido e destinado a seus militantes, no mês de fevereiro de 1936. Sua razão de ser é a alegada crença do PCF de que a oratória é ainda um instrumento fundamental da propaganda comunista: "Nunca antes deste momento, em que as massas estão em ebulição, a necessidade de formar uma numerosa equipe de propagandistas capazes de falar com êxito diante dos auditórios populares havia sido sentida com tamanha intensidade"[186]. O poder da palavra é aí duplamente asseverado, uma vez que a realização do desejo de ver "as massas em ebulição" se dá em boa medida no próprio ato de dizê-lo e ainda na crença de que a fala aos auditórios populares será capaz de transformar tal ebulição em revolução social.

Ainda em seu prefácio, após ter dito que o curso "havia obtido um imenso sucesso", considerando que "mais de 1.200 alunos o frequentam regularmente" e ter mencionado seu público alvo, "os militantes das organizações operárias da região parisiense", Paul Bouthonnier afirmava que a oratória é um "meio muito potente e muito eficaz de tocar e convencer o povo" e conclamava os companheiros do partido a lerem aquele material, lhes prometendo, com isso, grandes avanços na prática de falar em público: "Se os camaradas se inspirarem nestes princípios, não há dúvida alguma de que farão grandes progressos na arte de falar às massas; não há dúvida alguma de que, assim, eles mais bem servirão ao comunismo, que se propõem a defender e a propagar"[187]. Já podemos começar a vislumbrar algumas ideias, pressupostos e sentidos materializados no texto de Bouthonnier: uma dispersão de sujeitos sociais pode ser reagrupada sob a condição de "povo" e ser indistintamente chamada de "massa"; esses sujeitos são suscetíveis de serem tocados e convencidos pela palavra que lhes for dirigida; sua quantidade, mas, sobretudo, sua condição mais instável do que nunca exige um grande número de oradores bem preparados para instruí-los; e a necessidade de que recebam determinada instrução pressupõe evidentemente que não a possuem ou, ao menos, não de modo suficiente.

A observação atenta a outras equivalências semânticas e a outros encadeamentos sintáticos nos permite depreender ainda mais precisamente os sentidos e evidências construídos pelos enunciadores de *Parler au peuple*. Assim procedendo, verificamos que certo apagamento desses enunciadores, sob a

---

186. BOUTHONNIER, P. Préface. In: Bouthonnier, P.; CACHIN, M.; THOREZ, M. et al. *Parler au peupe*. 3 fascicules. Paris: Éd. du Comité Populaire de Propagande, 1936, p. 3.
187. Ibid., p. 5.

forma de uma predominante enunciação em terceira pessoa ("o curso dos oradores políticos", "os militantes das organizações operárias", "uma equipe de numerosos propagandistas" etc.), apenas pontualmente substituída por discretas e não muito frequentes ocorrências da primeira do plural ("nosso Partido", "o público ao qual nos endereçamos" etc.), não nos impede de identificar um estatuto específico de quem fala no texto. À medida que processamos essa identificação, percebemos também que esse enunciador se distingue qualitativamente tanto daqueles a quem ele se dirige e que compõem o público leitor em potencial de seu texto quanto daqueles a quem ele se refere e que compõem o público ouvinte dos oradores a serem formados ou aperfeiçoados.

Há, portanto, ali as seguintes distinções: os autores dos textos, que pertencem aos quadros dirigentes e/ou intelectuais do PCF e a quem cabe ensinar a falar em público e às massas populares; os leitores do texto, que correspondem aos "militantes das organizações operárias" e/ou aos "militantes do PCF", que se tornarão os "oradores políticos" e a quem caberá fazer uso público da fala e se dirigir ao povo; e, finalmente, este último, que equivale a "auditórios populares" e a "massas" e a quem cabe ouvir a palavra que lhes for dirigida. Essas distinções constituem uma hierarquia, uma diferença de estatuto e de direito de fala e uma diversa distribuição das modalidades linguísticas: num grupo, menor, se encontram alguns que podem falar, escrever e ensinar; em outro grupo, este intermediário, há aqueles que poderão ler para aprenderem a falar e para, no futuro, instruir os operários; por último, num grupo bastante mais numeroso, estes últimos, que, em princípio, estão limitados à escuta. Além da projeção dessa sua limitação, os operários e as massas populares são ainda marcados por outro traço, ao qual se poderia sem maiores reservas chamar de outra fraqueza: eles podem ser tocados e convencidos pela fala.

Outra divisão contida no texto dos comunistas franceses é, também ela, bastante representativa do fato de que há conservação de traços conservadores no próprio seio de ações e dizeres progressistas. Isso não significa que há uma equivalência entre o ideário que pretende conservar ou até aumentar as injustiças sociais, sob a falácia de que elas são fruto dos méritos e deméritos pessoais, e o ideário que objetiva transformar a sociedade desigual ou ao menos reduzir suas iniquidades. Ora, o que é, de fato, preciso reter dessa conservação de ideias conservadoras em práticas e discursos progressistas é fundamentalmente o caráter processual, lento e contraditório dos tortuosos, mas, necessários caminhos que conduzem às mudanças sociais e à redução das desigualdades. É, por essa razão, que em *Parler au peuple* encontramos o pressuposto progressista, segundo o qual o exercício da fala pública não se reduz ao exclusivo, excludente e congênito dom da eloquência, e a crença de que se trata, antes, de uma arte que se pode aprender e aperfeiçoar. Mas, identificamos igualmente a preservação de seu avesso, sob a forma da repetição de um desnivelamento ou talvez, mesmo, de uma radical separação. De um lado, haveria as virtuoses oratórias, e, de outro, os que não podem mais do que se aprimorar nas técnicas de falar aos companheiros trabalhadores: "Não se trata aqui de criar Demóstenes, Mirabeau, Bossuet e Jaurés, mas militantes operários que sejam capazes de instruir seus camaradas"[188].

Esta última passagem, aliás, concentra uma alta densidade ideológica e indica uma fundamental metamorfose histórica. Se, por um lado, ela repete a ideia de uma separação absoluta entre o inalcançável talento oratório de alguns poucos eleitos e um relativamente modesto e limitado aperfeiçoamento da imensa maioria dos sujeitos comuns em seus desempenhos da fala pública, por outro, também compreende manifestamente a inovadora concepção de que operários podem se tornar oradores políticos. Uma legitimidade, que por séculos, se não por milênios, foi constantemente negada aos sujeitos das classes pobres e sem maiores instruções formais, é ali reconhecida e atribuída aos trabalhadores. Com alguma preparação, eles poderão ocupar a posição de um legítimo titular de pronunciamentos públicos, mesmo que se trate de fazê-lo em circunstâncias precisas, com objetivos específicos. Por sua vez, a sequência imediatamente seguinte do texto reitera a afirmação de que falta cultura aos ouvintes das camadas populares: "O público ao qual nós nos dirigimos, em geral, é composto de operários, de empregados, de camponeses, enfim, de homens e de mulheres aos quais a atual sociedade recusou o benefício da cultura"[189]. Desta feita, a porção crítica e progressista da formulação reside na concepção de que a referida falta não é demérito nem responsabilidade individual, mas deliberada exclusão social.

Não deveríamos nos surpreender com toda essa ambivalência contida nos textos dos comunistas franceses. O terreno é mesmo bastante movediço, porque ali se trata de não apenas formar oradores populares, mas também de direta e indiretamente fazer reconhecer a legitimidade da voz do povo, diante de uma milenar tradição que investiu validades, auras e encantos em determinadas e privilegiadas performances de fala pública e que sempre buscou produzir recepções irrefletidas, acríticas e mesmo embasbacadas. No curso de formação de oradores políticos do PCF se manifesta uma tentativa de demarcar a fala pública popular das práticas oratórias burguesas e aristocráticas e de suas representações igualmente elitistas por seu conteúdo e por sua

---

188. GACHIN, M. "L'orateur politique". In: *Parler au peuple*. Ibid., p. 6.
189. Ibid., p. 7.

abordagem dos temas a que se consagra: seus fundamentos marxistas; seus objetivos de fazer falar os membros da classe operária e de lhe dirigir privilegiadamente a fala; sua opção por tratar das injustiças sociais, por indicar as causas e os efeitos da miséria dos trabalhadores e dos marginalizados e ainda as soluções políticas para superá-los. Mas também se procura estabelecer essa diferença por meio da forma, imputando aos modos tradicionais de fala pública os traços do adorno desnecessário e dos excessos da grandiloquência: "O que se espera de nós como oradores não são frases de efeito, não é literatura"; "Evitem o tom de declamação e as ênfases"; "Não use expressões pedantes e pseudo-científicas"[190].

Uma tal demarcação pró voz do povo não é radical o suficiente para evitar a repetição mais ou menos modificada de antigas divisões do trabalho, porque, ao lado da oposição entre a encantada virtuose oratória e o árduo processo de ensino e aprendizagem da fala pública aos trabalhadores, ressurge a distinção entre a longa e sólida, mas, não penosa, instrução formal e mesmo erudita de alguns distintos cidadãos e a emergencial e trabalhosa formação dos oradores militantes propagandistas, despojados de firme e frequente traquejo com a cultura letrada. As funções a serem desempenhadas por esses oradores populares são tão importantes e urgentes quanto são pragmáticas e modestas: "É à custa de muito trabalho que vocês conseguirão se tornar propagandistas. A eloquência de um grande advogado, de um grande professor ou de um grande erudito é feita de toda uma vida de estudos, de uma infinidade de memórias acumuladas durante muitos anos. Sem pretender ir assim tão longe, nossos militantes devem preencher seu espírito de maneira bastante séria: antes de mais nada é preciso aprender o marxismo". A essa sequência, Gachin ainda acrescenta a seguinte, após afirmar que "nem frases de efeito, nem literatura, nem generalidades" devem compor a oratória operária: "O que devem fazer os militantes é a exposição dos meios pelos quais as massas trabalhadoras poderão sair da situação angustiante em que elas foram mergulhadas"[191].

Essa renovada divisão do trabalho indica não somente uma continuidade, ao mesmo tempo diminuída e preservada, da atração e do fascínio provocados pela eloquência à moda antiga entre os quadros dirigentes e intelectuais do PCF. Comprovam-no as frequentes citações e referências a autores clássicos e a eruditos modernos que observamos em *Parler au peuple*. Uma dessas citações, várias vezes repetida nos textos comunistas, parece prestar um significa-

---

190. Excertos de: GACHIN. Op. cit., p. 7. • THOREZ, M. "Le discours politique". In: *Parler au peuple*. Op. cit., p. 16.
191. GACHIN. Ibid., p. 7-8.

tivo desserviço à causa popular. Trata-se de uma célebre frase do poeta francês do século XVII, Nicolas Boileau: "O que é bem concebido é enunciado com clareza". Bem ao gosto de muitos pensadores daquele tempo e lugar, o poeta postula a existência de uma exata correspondência entre pensamento e expressão. Assim, além do que poderia ser considerado como o inconveniente de o enunciador do curso de formação dos oradores populares apelar à autoridade de um poeta, fazendo, portanto, menção a um campo erudito e estético, que estaria distante da vida real do operariado, na frase de Boileau, tudo se passa como se, na ocasião de uma fala que não tenha sido muito bem compreendida ou que seja julgada como mal formulada ou mal dita, estivéssemos necessariamente diante de um pensamento confuso e mal concebido.

O clássico poeta francês não foi o primeiro nem tampouco seria o último a declarar essa suposta identidade entre pensamento e linguagem. Desde a Antiguidade grega e romana, tal como já vimos aqui, até a contemporaneidade brasileira, conforme veremos no próximo capítulo, a ideia de que a formulação linguística, mais do que uma expressão do pensamento, seria sua mais perfeita manifestação, conservando as virtudes da concepção bem-feita e refinada e os vícios do entendimento defeituoso e grosseiro, serviu e continua servindo aos discursos e práticas conservadoras e reacionárias, que perpetuam os preconceitos e as exclusões sociais e políticas dos sujeitos que não se exprimem de acordo com as normas linguísticas, retóricas e oratórias idealizadas e investidas de prestígio. Com efeito, em que pese o efeito perverso que a frase de Boileau possa produzir e a relativa preservação do encanto que os intelectuais comunistas ainda nutrem pela eloquência tradicional, o que há, de fato e principalmente, em seus textos é o reconhecimento do valor e da validade de uma fala pública praticada por oradores das classes desfavorecidas e dirigida igual e especificamente aos membros dessas classes.

Preservar e expressar certo entusiasmo pelos padrões e procedimentos da eloquência clássica, burguesa e aristocrática, ao mesmo tempo em que se reivindica a necessidade da emergência de novos modelos e métodos oratórios populares e se assevera sua absoluta legitimidade, teria ainda e fundamentalmente objetivos análogos àqueles das práticas de escrita dos operários franceses a partir de 1830[192]. A escrita operária e a reivindicação comunista pretendiam autenticar a voz do povo com a chancela da razão e da linguagem exclusivas da condição humana, sem que ela fosse uma vez mais rebaixada ao status de falas de pouco poder cognitivo e de pouca sofisticação expressiva, na melhor das hipóteses, ou simplesmente reduzida a gritos selvagens, na

---

192. Cf. RANCIÈRE, 1988. • FAURE & RANCIÈRE, 2007. Mencionados nas notas 19 e 55.

pior delas. A conquista do reconhecimento do bom-senso e da devida fundamentação do que se diz nos pronunciamentos dos oradores do povo impunha uma passagem obrigatória pelo reconhecimento da clareza, da correção e da conveniência da expressão popular.

A elegância, a suavidade, a sofisticação e a urbanidade sempre foram predicados atribuídos à eloquência de elites, que somaram ao seu capital econômico o poder simbólico investido nos usos do verbo, do corpo e da voz em conformidade com os cânones dominantes e excludentes. Sua idealização deveria em boa medida ignorar a heterogeneidade de públicos compostos em várias circunstâncias por uma maioria que não compartilhava tais cânones. Em não raras ocasiões em que alguns oradores dessas elites sociais mais ou menos extraordinariamente se dirigiram a públicos populares, suas falas foram já objeto de frequentes estigmatizações: seus desempenhos seriam demasiadamente veementes, rudes, ásperos e histriônicos. Seguindo essa tendência, com mais forte razão, sofreriam ainda mais intensa e extensamente preconceitos os oradores do povo, por sua procedência, mas, sobretudo, pela conservação de marcas que indicam tal condição. Esse cenário deve estar sempre presente em nosso espírito para que possamos mais bem compreender as razões de certas passagens de *Parler au peuple*:

> A linguagem deve ser simples e direta.
>
> Não use expressões pedantes e pseudo-científicas.
>
> Não use jargões.
>
> Se esforce para falar em um bom francês.
>
> Evite a vulgaridade e os termos afetados e, supostamente, populares.
>
> Um exemplo pessoal: não utilize em tribunas do Norte o dialeto dos mineiros, sob a pena de ser tachado de demagogo.
>
> Se dirija ao coração, à razão, ao espírito e à bondade, mas sem pieguices.
>
> O tom deve permanecer calmo ou voltar rapidamente a sê-lo, logo após as circunstâncias de entusiasmo real e sincero compartilhado pelo auditório.
>
> Fale de modo a ser ouvido, mas não grite.
>
> Conduza a polêmica de maneira cortês, sem apelidos injuriosos e sem insultos[193].

---

193. THOREZ. Op. cit., p. 16.

Algumas dessas prescrições e interdições apontam manifestamente para um predominante imaginário que se nutre sobre as dificuldades da escuta do povo e para a preocupação que deveriam ter os oradores militantes comunistas ao se dirigirem às massas populares, tal como ocorre nas três primeiras recomendações. Outras parecem, antes, incidir sobre a imagem negativa que o enunciador faz dos próprios oradores, tanto por suas faltas quanto por seus excessos. Desse modo, as consignações de correção de linguagem ("falar em um bom francês") e de contenção de excessos verbais ("Evite a vulgaridade"; "sem insultos"), emocionais ("sem pieguices") e vocais ("O tom deve permanecer calmo"; "não grite") podem indicar que os ministrantes do curso pressupunham a incorreção linguística e os exageros lexicais, passionais e prosódicos nas falas públicas populares. Se este é o caso, o enunciador se inscreve no interior de uma posição que ainda conserva o apreço por padrões e procedimentos tradicionais. Por outro lado, essas recomendações podem também corresponder ao fato de que esses padrões e procedimentos deveriam ser seguidos pelos futuros oradores, não porque eles fossem em si mesmos concebidos como melhores, mas porque esta seria uma via privilegiada e talvez até mesmo necessária à fala popular para a conquista de seu reconhecimento.

Com eventuais modificações de formulação ou sob a forma de repetições praticamente literais, ocorrerão muitas outras passagens dos textos comunistas em que serão reiteradas essas ideias a respeito dos oradores populares. Há ainda outras em que o ministrante do curso de formação desses oradores se dedica mais especificamente ao tratamento de algumas instâncias, tal como é o caso com Paul Vaillant-Couturier, responsável pela oferta da sessão intitulada *L'éloquence*. Nessa sessão, são feitas prescrições específicas para o bom procedimento: i) na "elocução": "O orador deve sempre se preocupar em ser compreendido pelo trabalhador menos instruído, sem deixar de satisfazer o espírito do público mais evoluído. Para tanto, há uma condição: evitar a vulgaridade, empregar uma linguagem simples e um bom francês, evitar as solenes e pretensiosas palavras"; ii) na "dicção": "É preciso atenção na arte de pronunciar as palavras e de articulá-las umas com as outras, de encadear as frases, de variar o tom de voz, de destacar as palavras e as frases"; "Comece lentamente e com voz baixa"; "Aprenda a bem pronunciar as palavras. Não engula as sílabas. E evite as ligações perigosas!"; e iii) na "ação" oratória: "A eloquência do corpo é uma eloquência temível. Faça o mínimo possível de gestos"[194].

---

194. VAILLANT-COUTURIER, P. "L'éloquence". In: *Parler au peuple*. Op. cit., p. 23-24.

Para que não nos delonguemos na análise destes últimos fragmentos, diremos somente que eles encerram instruções e proibições cujo objetivo consiste em tentar impedir a produção do efeito de soberba e, principalmente, a reprodução dos estigmas reiteradamente imputados à fala pública popular. Quanto ao primeiro efeito, ele poderia ser evitado com a suspensão de palavras "solenes e pretensiosas" e igualmente, conforme indicam outras passagens já mencionadas, de jargões e fraseologias, e com o emprego de "uma linguagem simples". Já a busca por afastar os estigmas é mais ambivalente, porque traz em seu bojo a própria lembrança das marcas disfóricas atribuídas à voz do povo: vulgaridade, incorreção linguística, más pronúncias, excessos gesticulatórios etc. Por seu turno, a escuta popular, como vimos, também não é poupada de preconceitos, mesmo a partir da posição reconhecidamente igualitária dos enunciadores comunistas. De modo análogo ao que ocorre em concepções conservadoras, os ministrantes do curso do PCF consideram que falta o "benefício da cultura" às massas populares. Por essa razão, pululam as prescrições de que se lhes dirija a palavra de modo "simples e direto" e de que se "fale concretamente", somadas às não menos frequentes interdições: "Não ser abstrato", "Não falar de maneira abstrata". Se podemos aí vislumbrar uma bem-intencionada finalidade ideológica e comunicativa, essa sua condição não elimina o fato de que o fantasma e a presença das depreciações da voz e da escuta do povo rondam imaginários insuspeitos e se materializam em discursos progressistas.

Tendo praticamente apenas conhecido uma emergência tardia e momentos raros e efêmeros de reconhecimentos pontuais, a oratória popular foi e continuou a ser objeto de constantes ataques, que lhe rendem desprezos, declínios e ostracismos. Contudo, as ofensivas sofridas e suas baixas não produziram a sumária eliminação de suas conquistas. Estas últimas, porém, tampouco correspondem ao banimento dos preconceitos e discriminações de que ela continuou a ser vítima. Além disso, a fala pública popular padeceu ainda com as tentativas de sua suspensão, em benefício de porta-vozes ora mais ora menos bem-intencionados, alguns poucos oriundos das classes desvalidas, ou daqueles que apenas encarnavam distintos modos do populismo: "o povo, cuja expressão durante muito tempo se tentou reduzir aos ruídos e à fúria, foi dotado de uma fala política no interior do movimento operário e do socialismo então nascente"; nas mesmas condições de produção, "muito rapidamente simulações e dissimulações populistas foram inventadas para recobrir e apagar essa voz do povo"[195]. O que acaba-

---

195. COURTINE, J.-J. A voz do povo: a fala pública, a multidão e as emoções na aurora da era das massas. In: *História da fala pública*. Op. cit., p. 260-289.

mos de observar em *Rhétorique du peuple* e em *Parler au peuple* também se pronunciava com tons ainda mais enfáticos nos textos de outros pensadores progressistas na França do final do século XIX. Como seria previsto, à direita, mas também, mais ou menos supreendentemente, à esquerda, se reafirmava que "a multidão popular vocifera, protesta, geme ou delira – de raiva ou de prazer: a massa não fala"[196].

O advento de práticas de fala pública popular e de dizeres que defendiam sua legitimidade foi então acompanhado por ações e representações que as depreciavam, tentando lhes sequestrar o espírito, o pensamento e mesmo a linguagem, de modo a lhes reservar somente os limites da alegada rudeza do corpo e do trabalho braçal. No imaginário conservador e, não tão raramente quanto se poderia supor, no progressista, "a eloquência proletária teria encontrado o repertório de seus gestos nos hábitos corporais do trabalho manual e nos gestos profissionais do operário no desempenho de seu ofício"[197]. A referência a tais origens e propriedades da fala popular poderia ser somente uma sua descrição, mas quase nunca o é; antes e muito frequentemente, se trata de depreciação direta ou de ensejo para a manifestação de preconceitos. Assim, com a oratória do povo se estabeleceria uma série de rupturas com a tradição da retórica clássica: ruptura com o arranjo lógico de partes do discurso, tal como ele é aconselhado pela *dispositio*; com a elaboração linguística clara, correta e conveniente de seus enunciados, preconizada pela *elocutio*; e com a moderação do corpo, do rosto e da voz, recomendada pela *actio*. Não sem razão, a fala operária se viu impelida a afastar o estigma da violência, com o qual passara a ser constantemente marcada e por meio do qual era frequentemente deslegitimada[198].

Esse imaginário que cobre a fala popular com os traços da força do corpo, em detrimento da sofisticação do espírito, assinalará as práticas de fala pública dos porta-vozes populistas: "A ascensão do Führer é uma conquista vocal. Sua força magnética age sobre o auditório. O gesto desprende-se, com seus punhos cerrados. Ele martela as palavras sobre a tribuna e sobre seu próprio peito"[199]. Seja em oradores reais, idealizados ou fictícios, e a despeito de suas diferenças de estilo, de seus distintos campos de atuação e de suas diversas posições ideológicas, o médico fonoaudiólogo Alexis Wicart, o psicólogo social Gustave Le

---

196. Ibid., p. 271.
197. COURTINE. Op. cit., p. 281-282.
198. FAURE & RANCIÈRE. Op. cit., p. 10.
199. WICART, A. *Les puissances vocales*. 2 vols. Paris: Vox, 1935; vol. II, p. 5 e 242. O que Wicart afirma sobre a energia oratória de Hitler é tanto ou mais verdade para o que diz a propósito de Mussolini, em quem, aliás, o Führer teria se inspirado para a elaboração de sua própria eloquência.

Bon e o escritor realista Émile Zola projetam líderes que dominariam as massas populares: "A eloquência populista tem uma história que é a de uma genealogia imaginária da voz máscula que ressoa em nome do povo e que praticamente não conhece nenhuma fronteira geográfica ou política"[200]. O sequestro da voz popular pode ser concebido como uma dominação de classe que repete, à sua maneira, uma de gênero: a fala pública dirigida às camadas populares funciona não raras vezes como um exercício fálico da dominação masculina, que pretende fazer imperar as potências do corpo e da voz viril.

Ainda no século XIX, mas já do outro lado do Atlântico, na América do Norte, os EUA assistirão à irrupção de uma *democratic eloquence*, que seria ao mesmo tempo tanto uma "luta pela fala popular" quanto uma "batalha contra a voz do povo"[201]. Naqueles tempo e lugar, os ideais democráticos modificaram as maneiras de falar e de escrever dos oradores, dos jornalistas, dos religiosos, dos professores etc. A democracia formal havia transformado as práticas de fala e de escrita, mas igualmente os modos como eram concebidos os meios de expressão próprios e alheios: as novas formas de fala pública deveriam ser, antes, mais claras e simples do que ornamentadas; ser, antes, mais pessoais do que protocolares. Kenneth Cmiel indica ainda que o fenômeno consiste em condição fundamental para o surgimento no século XX da propaganda de massa, dos espetáculos políticos e midiáticos e de suas linguagens publicitárias, efetiva e/ou simuladamente diretas, horizontalizadas e interativas. A passagem da retórica refinada e literária dos *Founding Fathers* ao estilo "médio" de uma oratória popular ou populista, que conservava ora mais ora menos formas ilustradas, mas que lhes acrescentava recursos linguísticos considerados simples e corriqueiros, pode ser lida como uma eventual conquista democrática, mas também como mais um silenciamento imposto à voz do povo.

Ao invés de nos afastar das práticas de fala pública do Brasil contemporâneo e dos discursos que tratam da oratória e dos públicos populares entre nós e em nossos dias, o breve percurso através desse longo período e por esses distantes espaços nos aproxima de nosso objetivo: mais bem compreender os processos históricos e sociais que produzem as classificações e julgamentos da voz e da escuta do povo brasileiro. A devida consideração das especificidades desses discursos sobre a fala pública popular e a escuta popular da fala pública no Brasil não pode ignorar o que foi e está sendo dito acerca dessas práticas em outros tempos e lugares. Batalhas de outras épocas e ambientes

---

200. COURTINE. Op. cit., p. 284.
201. CMIEL, K. *Democratic eloquence* – The Fight over Popular Speech in Nineteenth-Century America. Berkley: University of California Press, 1990.

se somam a combates que travamos aqui e agora, assim como se somam, de modo dinâmico, contraditório e não previsível, aos nossos as conquistas e os revezes alheios, decorrentes das buscas pelo reconhecimento das formas e conteúdos das falas dos sujeitos pobres e periféricos.

Dessas somas e de fatores próprios de nossa história e sociedade, resultam práticas e discursos que se confrontam sem as mesmas força e difusão. Assim, num mesmo momento, no mesmo país, se materializam ideologias e dizeres distintos e desiguais em seu alcance e poder de reprodução. Em oposição àquele enunciado, hegemônico, que citamos aqui em nossa **Introdução**: "O povo estropia a língua, mas com inocência. Na fala estropiada de Lula há de tudo, menos inocência", surgem outros, minoritários, tais como o seguinte: "A linguagem de Luiz Inácio Lula da Silva é a linguagem do povo". Ambos publicados em jornais de grande circulação no Brasil, cuja posição é igualmente conservadora. O exame e a compreensão desses e de outros enunciados sobre os desempenhos oratórios do ex-presidente Lula e dos discursos que tematizam a fala pública popular, de modo geral, nos impõem a observação do que foi dito a respeito desta última durante o século XX no Brasil. Por essa razão, passemos imediatamente à exposição e à interpretação de alguns instantâneos desses dizeres.

Brasil contemporâneo: *(im)possibilidades de uma oratória popular brasileira*

Alexandre não sabe ler nem escrever. Mas a realidade social, pela sua boca, exalta as multidões.
– É a palavra de um trabalhador pros outros trabalhadores!
A massa se galvaniza no sindicato repleto.
Os *dissidentes se calam.*
A voz possante domina, contagia, marca um minuto de revolução social.
Pagu

O *povo deve ser respeitado em sua palavra.*
A palavra do povo deve ser dita e ouvida em plena liberdade.
Boff

Apesar da convenção, o século XX não começa em 1901. Já repetimos aqui a ideia bem conhecida de que os pensamentos, as ações e os dizeres dos sujeitos de uma sociedade são determinados por uma historicidade que não corresponde às consagradas medidas cronológicas e que não se limita aos extremos de uma era nem às fronteiras geográficas. Ela consiste, antes, nas relações diversas, desiguais e contraditórias que se estabelecem entre esses sujeitos, de acordo com suas inscrições em classes e grupos distintos, e nas reproduções e transformações que ocorrem nessas mesmas relações, decorrentes dos consensos e dos conflitos sociais. Por essa razão, seria equivocado pensar que as práticas e os discursos antirretórica, de que voltaremos a tratar aqui logo abaixo, teriam conhecido no Brasil do século XX uma emergência sem precedentes. Sabemos que na Grécia antiga, sofistas e retores eram insultados por filósofos e políticos e que muitos pensadores do Iluminismo consideravam os desempenhos oratórios como vias privilegiadas para excessos passionais e manipulações interesseiras.

Vimos que, na esteira desse último movimento europeu, a retórica, identificada por aqui com os jesuítas, com a ideologia clerical, com adornos e ludíbrios, sofreu duros golpes, mas ainda não fortes o bastante para aniquilá-la. Cá, como lá, se passou cada vez mais a crer na capacidade da educação pública, na razão e, por conseguinte, na necessidade de intervenções simples e claras. Assim, se desenvolveu uma concepção negativa da retórica. A constituição do "homem civil", condição necessária para os progressos de uma nação, não poderia, contudo, prescindir da formação retórica e mesmo das práticas oratórias para o devido funcionamento administrativo e urbano do Estado e das cidades. Além disso, se depositava nessa formação a tarefa de incrementar o pensamento lógico, as capacidades comunicativas e os valores morais. O potencial positivo da formação retórica no processo civilizatório, porém, não eliminou o gérmen do pensamento antirretórico, já bem instalado entre nós. Ao longo do século XIX, ele iria evoluir ainda mais.

Sua evolução não ocorre, contudo, sem contradições, porque os detratores da retórica se valem dos expedientes desta última para proceder à sua crítica. Por várias razões e fatores históricos, o Brasil oitocentista assistiu a um processo ao longo do qual a retórica foi deixando de estar mais ou menos manifestamente onipresente na sociedade e na cultura do país, para ser cada vez mais objeto de censuras. Ocupando uma destacada posição no ensino, a retórica "fornecia a base teórica das diversas práticas oratórias então altamente estimadas, que tinham lugar no púlpito, na tribuna parlamentar, em ocasiões sociais as mais diversas". Se ela frequentava as bocas dos homens dotados de instrução formal, também marcava presença em suas penas, porque ela "impregnou a literatura, que desenvolveu um gosto pela ênfase e frases de efeito, bem como determinou, no caso específico da poesia, a moda dos "recitativos", pela qual o texto poético saltava da discrição da página impressa para a desinibição gesticulante das declamações, num evidente mimetismo das falas orais públicas, campo originário da retórica". Mas, ainda na literatura podem ser encontrados registros de uma forte tendência que buscava "passar ao largo da retórica, chegando às vezes a hostilizá-la de modo explícito"[202].

Em seguida, essa tendência se consolidaria de modo definitivo, não, porém, sem a reprodução modificada de suas contradições. Logo no começo do século XX, o médico Manoel Bonfim expõe nos seguintes termos o seu diagnóstico para os "males de origem" da América Latina, em geral, e do Brasil, em particular:

> Por toda a parte, a verbiagem oca, inútil e vã, a retórica, ora técnica, ora pomposa, a erudição míope, o aparato de sabedoria, uma algaravia afetada e ridícula, resumem toda a elaboração intelectual. O verbocinante é o sábio. [...] Aceitam-se e proclamam-se os mais altos representantes da intelectualidade: os retóricos inveterados, cuja palavra abundante e preciosa impõe-se como sinal de gênio, embora não se encontrem nos seus longos discursos e muitos volumes nem uma idéia original, nem uma só observação própria[203].

Na análise que dedica a esse trecho, José Murilo de Carvalho indica que sua crítica enfática ao bacharelismo e ao verbalismo se prolongaria em outros intérpretes do Brasil, como Oliveira Viana e Sérgio Buarque de Holanda. Naquela que é a obra mais célebre deste último, reencontramos os sintomas e as causas do que seria uma enfermidade brasileira: nutriríamos um "amor à frase sonora, ao verbo espontâneo e abundante, à erudição ostentosa, à expressão rara". As origens e razões da doença residiriam em nossa "aversão ao trabalho manual, própria de uma sociedade em que por muito tempo dominou o escravismo" e em nossa "consequente exaltação da atividade mental, do talento". Eis aí "o diagnóstico da importância, na cultura nacional, da palavra sonora, da frase bem feita, da retórica, enfim". Carvalho é bastante feliz e preciso, ao afirmar que "o que mais chama a atenção na citação de Manoel Bonfim não é a crítica à retórica vazia. É o estilo retórico em que a crítica

---

202. ACÍZELO DE SOUZA, R. A retórica no Brasil do século XIX: dos anos de glória à perdição. In: *História da fala pública*. Op. cit., p. 185-201.
203. BONFIM, M. *A América Latina* – Males de origem [1905]. Rio de Janeiro: Topbooks, 1993, p. 170-171, apud CARVALHO. Op. cit., p. 129.

é feita. Não há prova mais convincente do predomínio da retórica do que o fato de se recorrer a ela para a atacar"[204].

A felicidade e a precisão já não são as mesmas, quando o exímio historiador diz que "A declamação equivale em retórica à parte chamada de elocução", visto que se trata aí, de fato, da ação, ou seja, do desempenho oratório, e não da elocução. São ainda menores, na medida em que passa a aderir à posição dos enunciadores dos textos que ele examina, deixando de analisá-los como objetos históricos, nos quais a coisa dita e igualmente as maneiras de dizê-la são determinadas pela historicidade das relações sociais, e passando a concebê-los em boa medida como documentos que refletem o que seria a realidade de que falam. Assim, se subscrevem as ideias presentes nas teses de Sérgio Buarque de Holanda, que, por sua vez, reproduzem essencializações e preconceitos de um "racismo cultural": povos de países do hemisfério norte nutrem a ordem e respeitam as normas, ao passo que povos do hemisfério sul apreciam a bagunça e desobedecem às leis. O "homem cordial" brasileiro não pertence a nenhuma classe social, é emotivo e parcial, transforma o Estado em antro de corrupção e emprega oratória empolada e se maravilha com os brilhos e adornos da eloquência[205].

Os ataques à retórica consistem em uso e perpetuação da retórica por outros meios. Talvez, por isso, o que se passou a produzir desde então como valores hegemônicos seja menos o "triunfo do natural" do que a "confirmação inevitável do artifício"[206]. Em todo caso, assim como ocorrera com escritores brasileiros a partir da segunda metade do século XIX, no começo do XX, não apenas o médico Manoel Bonfim, mas também os jornalistas da imprensa alternativa e progressista desferem seus golpes no que consideravam ser as astúcias da retórica e da oratória burguesas e aristocráticas. Para mais bem nos situarmos em suas condições de produção e mais bem compreendermos tais críticas, vejamos antes, na reprodução abaixo de uma sequência mais ou menos longa de seu primeiro texto editorial, qual seria o programa que um veículo dessa imprensa se outorgava como seu. Imediatamente, observaremos que as circunstâncias históricas eram mais do que propícias.

No dia 09 de junho de 1917, era publicada a primeira edição do jornal anarquista *A Plebe*. Tratava-se de um veículo da imprensa libertária e po-

---

204. CARVALHO. Ibid., p. 130.
205. As restrições que formulamos à interpretação de José Murilo de Carvalho se inspiram nas críticas de Jessé Souza a Sérgio Buarque de Holanda. Cf., entre outros: SOUZA, J. *A tolice da inteligência brasileira*: ou como o país se deixa manipular pela elite. São Paulo: Leya, 2015.
206. ACÍZELO DE SOUZA. Op. cit., p. 196. Para mais detalhes, cf. ACÍZELO DE SOUZA, R. *O império da eloquência* – Retórica e poética no Brasil oitocentista. Rio de Janeiro: EdUERJ/EdUFF, 1999.

pular, particularmente filiado à linha ideológica anarquista-sindicalista. O periódico se inscreve numa série que poderia remontar a outros de distintas tendências igualitárias e/ou emancipatórias do final do século XIX, tais como *A Metralha*, *O Socialista* e *A União operária*, entre muitos outros. Consideradas as importantes diferenças das condições históricas, da demografia operária e de sua organização, talvez fosse, contudo, mais apropriado recuar não mais do que ao jornal *O Amigo do Povo*, que passou a circular em 1902[207]. Ao declarar que *A Plebe* sucedera o periódico anterior, que teria um perfil exclusivamente anticlerical, *A Lanterna*, seu editor, Edgard Leuenroth, no texto intitulado "Ao que vimos. Rumo à Revolução social" dessa primeira edição, afirmava o seguinte:

> É a própria *A Lanterna* que, atendendo às excepcionais exigências do momento gravíssimo, com nova feição hoje ressurge para desenvolver sua luta emancipadora em uma esfera de atuação mais vasta, de mais amplos horizontes, com um integral programa de desassombrado combate a todos os elementos de opressão que sujeitam o povo deste país, como o de toda a terra, à odiosa sociedade vigente, alicerçada por toda sorte de misérias e de violências.
>
> Urge a ação em todas as suas manifestações, consciente, decidida, vigorosa.
>
> Como é bem de ver, nessa obra titânica cabe lugar de destaque à imprensa avançada, a quem está confiada a missão delicada de orientar o povo, hoje à mercê da perseverante ação danosamente mistificadora dos jornais ao soldo dos dominadores da época. [...]
>
> Para essa meta grandiosa, ardentemente almejada, caminhamos a passos agigantados, como nos indicam os formidáveis acontecimentos que estão se desenrolando numa sequência deslumbradora, desde as lusitanas plagas até as estepes geladas da longínqua Rússia. [...]
>
> E como o Brasil, tendo a sua vida estreitamente ligada à dos demais países e estando sujeito ao mesmo condenado regime da propriedade privada e da autoridade, que permite a ignomínia da exploração do homem pelo homem, será, em mais ou menos tempo, inevitavelmente arrastado no vórtice dos acontecimentos que hão de transformar a face do mundo civilizado, é necessário que também aqui,

---

207. Sobre a imprensa libertária e popular no Brasil, cf.: PEREIRA, A. A imprensa operária no Brasil. In: *Revista Novos Rumos*, n. 18/19, 1990, p. 82-88. • FERREIRA, M.N. *A imprensa operária no Brasil* (1880-1920). Petrópolis: Vozes, 1978. • SARGENTINI, V. Vozes anarquistas: gêneses do trabalhismo brasileiro. In: GREGOLIN, M.R. *Filigranas do discurso*. São Paulo: Cultura Acadêmica, 2001, p. 213-229.

neste rincão periférico da América, nos aprestemos para não sermos apanhados de surpresa quando soar a hora em que aos quatro ventos da terra dos abolicionistas audazes tiver de ser desfraldada a rubra bandeira da nossa verdadeira libertação.

Vem este jornal ser um eco permanente das lamentações, dos protestos e do conclamar ameaçador dessa plebe imensa que desde os seringais da Amazônia aos pampas sulinos, em terra, no mar, nas escuras galerias do subsolo, nos ergástulos industriais ou nos ínvios sertões vive sempiternamente a mourejar, em condições de escravos modernos, para manter na opulência os ladrões legais que aqui, em má hora, viram a luz do dia, ou, como aves de rapina, aportaram de outras paragens.

Os sonhos que animaram as mentes privilegiadas dos mártires da independência, dos heróis da abolição e da cruzada republicana desfizeram-se desoladoramente nessa coisa abjeta que a todos infelicita.

Liberdade, igualdade e fraternidade só existem como uma grosseira expressão retórica rotulando muita miséria e opressão.

Urge, portanto, prosseguir na obra dos abnegados de outrora para que, quando além das fronteiras convencionais ruir fragorosamente o arcabouço apodrecido do regime social dominante, também o povo desta terra, no arrebol de um novo e sublime 13 de Maio, conquiste a sua alforria derradeira, fazendo com que o Brasil, passando a pertencer a todos os seus habitantes, a todos proporcione a vida folgada e feliz que a exuberância trabalhada de suas riquezas naturais permite.

É com esse objetivo que vem lutar *A Plebe*[208].

A Europa estava em guerra e em ebulição política. Em março daquele mesmo ano, a Rússia havia deposto seu czar e dava início ao processo que conduziria à Revolução de Outubro. O espectro que já rondava a Europa desde o século anterior aportara no Brasil e dava esperanças e entusiasmos a diferentes frentes de esquerda. Desse quadro deriva o programa de *A Plebe*, tal como é ele abertamente anunciado: "combate a todos os elementos de opressão que sujeitam o povo deste país". Em sua realização, os papéis a serem desempenhados pelos atores sociais estão bem definidos e repetem um esquema já há muito consolidado e conhecido: seguindo um pressuposto que naturaliza hierarquias e diferenças, à imprensa popular e "avançada", na

---

208. Disponível em https://bibdig.biblioteca.unesp.br/bitstream/handle/10/7091/a-plebe-1917-0001 – Acesso em 17/01/2018.

esteira das "mentes privilegiadas dos mártires da independência, dos heróis da abolição e da cruzada republicana" e ainda da "obra dos abnegados de outrora", "cabe lugar de destaque". Tal imprensa se destaca dos "jornais ao soldo dos dominadores da época" e sua "missão delicada" é a de "orientar o povo" e ainda de lhe dar voz na medida em que *A Plebe* se apresenta como "eco permanente das lamentações, dos protestos e do conclamar ameaçador dessa plebe imensa que vive sempiternamente a mourejar, em condições de escravos modernos". O programa é nobre e necessário, mas o retrato que ali se faz do povo e as funções que lhe são atribuídas não são exatamente positivos. Além de oprimido, o povo se encontra sem voz, está desorientado e à mercê da manipulação da ideologia dominante.

Não restam maiores dúvidas sobre o objetivo igualitário de libertar as classes trabalhadoras e demais miseráveis de explorações, exclusões e opressões de toda sorte. Se, por alguma razão, ainda houvesse alguma suspeita sobre a orientação ideológica emancipatória, mesmo depois de se dispensar atenção ao título do jornal e ao primeiro texto de sua primeira edição, bastaria uma rápida leitura de outro texto também publicado naquele mesmo dia 09 de junho de 1917, para que ela fosse dissipada. Ainda que se pareça a uma questão, o que, em tese, faria com que sua formulação correspondesse à manifestação de uma dúvida, seu título "O pobre é um vadio?" produz, de fato, o efeito de uma indignação de seu autor, Benjamin Mota, ante a afirmações mais ou menos dissimuladas, que materializam um discurso classista e preconceituoso, feitas num órgão da imprensa da época: "O *Correio Paulistano* está publicando diariamente, logo abaixo de um aviso da Liga de Defesa Nacional, um interessantíssimo conselho, epigrafado: O *futuro de S. Paulo*. Produzir, produzir, deve ser a divisa dos paulistas, diz o conselho".

A indignação de seu enunciador deriva de sua ideologia progressista, a partir da qual concebe as relações sociais no sistema de produção capitalista. Mas, dada a força de dizeres hegemônicos, ela não impede que a crítica materialista carreie a desqualificação de quem se pretende defender: "De que serve ao nosso caipira o seu esforço em derrubar as matas ou capoeiras e plantar roças de milho e feijão, se ele, analfabeto e ignorante, vê-se forçado a vender por vil preço a sua mercadoria". A referência à condição de "analfabeto e ignorante" não torna inviável o reconhecimento da inteligência do povo pobre na sequência de sua análise e a condenação da repisada e aviltante formulação do veículo conservador da imprensa paulista:

> O conselho do *Correio Paulistano* seria belo numa sociedade comunista livre, mas não na egoística sociedade burguesa em que vivemos.

No que não concordamos absolutamente com o *Correio Paulistano* é na afirmativa final do conselho:

"Em São Paulo, só não ganha dinheiro quem não trabalha, só é pobre quem é vadio".

Oh! Aberração da vista e da inteligência!

Só é pobre quem é vadio?

Pobre não são, como finge ignorar o *Correio*, somente os mendigos que esmolam pelas ruas. Pobres são todos os trabalhadores rurais explorados pelos patrões que lhes pagam apenas o necessário para não morrerem de fome. Pobres são todos aqueles que, numa sociedade que repousa sobre o direito inviolável e sagrado da propriedade, veem-se obrigados a alugar, por vil preço, a força dos músculos ou da sua inteligência, em proveito da burguesia capitalista e parasita, que vive à custa do suor e dos esforços alheios.

Só é pobre quem é vadio?!

Mas então o operário que labuta doze ou quatorze horas por dia, para ganhar 3$000 ou 4$000 e que no fim do mês não tem o suficiente para o aluguel do tugúrio em que habita e para pagar o vendeiro e o padeiro, é um vadio?

Junta e separadamente com a energia do corpo dos trabalhadores, com "a força dos músculos", Mota reconhece a capacidade de seu espírito, "sua inteligência", e denuncia a exploração de ambos. Contudo, esta é a única ocorrência de uma alusão à competência cognitiva. Sua raridade e discrição contrastam com a frequência e o alarde das justas e necessárias denúncias da exploração do corpo. Além de outras, eis aqui mais uma dessas referências aos abusos burgueses sobre a anatomia proletária: "Não fosse o esforço dos seus músculos explorado pelo burguês industrial ou fazendeiro, que fica riquíssimo e mora em palácios, passeia de automóvel e gasta com as cortesãs, e o operário, sem ser rico, teria o suficiente para viver folgadamente. Mas, o patrão o explora e ele é e há de ser eternamente um pobre, um pária social". Nessas passagens, a associação entre a miséria econômica e a moral com que se ataca dupla e simultaneamente as gentes do povo, tal como fora feito pelo *Correio Paulistano*, repetindo um antigo e insidioso ardil, é desconstruída e invertida, porque a exploração burguesa e seus usufrutos é que são ações imorais. Para proceder a essa inversão, o enunciador acrescenta à imoralidade ostentada em "mora em palácios" e "passeia de automóvel" a imoralidade a ser ocultada da vista pública: "gasta com cortesãs".

Os pobres são, portanto, redimidos. Possuem retidão moral e, apesar de serem analfabetos e ignorantes, são dotados de inteligência. Mas, a marca mais constante e emblemática de sua condição é ainda a energia de seu corpo. A voz do povo, porém, não parece encontrar em *A Plebe* um espaço de livre e direta expressão. Uma de suas seções poderia nos dar a impressão de fazê-lo. Seu título é "Comentários de um plebeu". Sua redação não é, contudo, de responsabilidade de sujeitos populares e sem maiores instruções, mas de um advogado. Aliás, além de seu nome figurar ao final da coluna, consta também num dos anúncios comerciais do jornal. Nesse anúncio, o nome de Roberto Feijó é precedido por um título, "Dr." Ele atendia no primeiro andar de um edifício localizado à Rua 15 de novembro, n. 27 e redigia ainda outra coluna de *A Plebe*, designada provocativamente como "Gazetilha de satan". Na segunda publicação da "Gazetilha", na edição de *A Plebe* publicada no dia 16 de junho de 1917, Roberto Feijó tratou de um outro e mais célebre advogado, se valendo de certo expediente de redação e tratando de uma das razões da celebridade de Rui Barbosa: os excessos de sua eloquência.

Para tratar de Rui Barbosa, sem maiores ônus, Roberto Feijó emprega o recurso de atribuir o que ali se afirma a outrem. O leitor estaria diante da reprodução de uma carta de um seu amigo endereçada a uma terceira pessoa, um redator de uma revista do exterior: "Um amigo confiou-me o que segue, cópia de uma carta enviada para o estrangeiro". A partir desse ponto, se abrem as aspas que só se fecharão ao final da seção. Se trataria de uma resposta do amigo de Feijó à pergunta que lhe teria sido feita pelo agora destinatário da referida carta sobre o perfil de Rui Barbosa. Ou o remetente mudou de opinião ou Feijó não se comportou exatamente com ele como um amigo, porque na carta seu enunciador diz que apenas aceitou responder àquela questão, formulando um texto sobre Rui Barbosa, cujo conteúdo se confunde com o da própria carta enviada, porque sua publicação seria feita somente na Rússia e em russo. No Brasil, ele nada ousaria dizer a respeito do conhecido político brasileiro, que seria, então, por aqui, segundo ele, uma unanimidade: "Se não fosse esta feliz circunstância do idioma, a minha recusa ao seu pedido seria formal e irrevogável. Por quê? Porque o senhor Dr. Rui Barbosa é pessoa que aqui ninguém mais discute e sobre a qual não há, em todo o país, duas opiniões divergentes. Discuti-lo e na discussão pôr em dúvida a sua grandeza é heroicidade demasiada para um cidadão desta república".

Adiante, descobrimos que o redator estrangeiro perguntara especificamente sobre as razões pelas quais Rui Barbosa era tão popular na política brasileira. O início efetivo da resposta é enfático: "O senhor Rui Barbosa, entre todos os políticos brasileiros, é talvez o menos hábil e o mais nocivo dos políticos". Se há certa modalização na ênfase, na medida em que em sua formulação há esse "talvez", o restante da resposta não pretende relativizar sua posição nem deixar dúvidas sobre a real celebridade de Rui Barbosa e sobre sua péssima condição de político e de gestor público. Feito isso, o enunciador formula a seguinte questão: "Não provindo da sua atuação como político a popularidade do Sr. Barbosa, de onde poderá ela provir?" À qual assim responde:

> Essa popularidade, benévolo amigo, provem muito simplesmente e muito naturalmente desta coisa única e simples: a sua tagarelice. Sim, a sua tagarelice. O Sr. Rui Barbosa é, entre todos os políticos deste país, aquele que maiores discursos faz. E esta é precisamente a virtude primacial de sua Exa. [...]
>
> Não é tanto pela essência de suas peças oratórias, mas sobretudo pelo tamanho e continuidade delas que se gerou e conserva a popularidade do Sr. Rui Barbosa. Até hoje, desde que fala e escreve, nunca produziu, que eu saiba, uma ideia original, nem concebeu reforma útil, nem proclamou um alto princípio de justiça. É, enfim, como pensamento e ação, um homem como tantos outros, como tantos outros, mediano de gênio e inspiração, mas mais que outros – oh, muito mais! – vaidoso. [...]
>
> A vaidade conduziu o Sr. Rui Barbosa à tagarelice, a tagarelice ao discurso de quatro horas, o discurso aos elogios da imprensa, e esta de novo à tagarelice.

Nossa passagem por estas primeiras edições de *A Plebe* se deve menos a um eventual interesse em depreender as censuras feitas por seus redatores à eloquência burguesa do que ao nosso intuito de ali identificar possíveis discursos sobre a oratória popular. Evidentemente, as descrições e as atribuições de predicados à primeira e os silêncios sobre a segunda também produzem sentidos a respeito desta última. Porém, buscamos passagens em que de modo mais ou menos direto a fala pública popular fosse objeto de atenção e comentários por parte de um veículo da imprensa libertária que se propunha a defender os interesses proletários e populares. Nessa direção, o contexto histórico era uma vez mais particularmente próspero. Desde sua primeira edição, *A Plebe* reservará um espaço para uma seção, inicialmente, intitulada "Ação obreira", que, na edição seguinte, passará a ser nomeada de "Mundo operário. Ação Obreira" e que, a partir de seu terceiro número, será chamada simplesmente de "Mundo operário". Estavam ali concentradas as notícias e opiniões sobre os movimentos que conduziriam à greve geral, que ocorreria naquele ano em São Paulo[209]. Ainda naquela edição de 09 de junho, podemos ler o seguinte:

Ação Obreira

O operariado de São Paulo parece despertar para a luta

Movimentos grevistas – Associações que surgem

Se não chegou a conseguir libertar as crianças da escravidão, dos ergástulos do trabalho, porque isso só era feito pela ação direta dos trabalhadores rebelados contra esse hediondo crime da burguesia rapace, serviu, entretanto, a vivaz campanha recentemente realizada pelos libertários para determinar uma certa predisposição no sentido da atividade no seio da classe obreira desta capital.

A propaganda feita em numerosos comícios e em boletins não deixou de produzir o seu efeito, fazendo com que os trabalhadores, sujeitos agora, como nunca, a uma situação verdadeiramente intolerável, devido à ação aladroada dos patrões, insaciáveis sanguessugas sociais, começassem a sentir a necessidade de agir contra os bandidos que, ao abrigo da lei, vivem a roubar o produto de seu trabalho insano.

Alguns movimentos grevistas já se manifestaram, ao mesmo tempo que se vai tratando de constituir associações de resistência e de acentuada luta social.

Dando execução ao seu programa, o Comitê Popular de Agitação Contra a Exploração dos Menores Operários tem promovido reuniões em vários bairros com o fim de organizar as ligas operárias que, dentro em breve, reconstituirão a União Geral dos Trabalhadores.

Os trabalhos nesse sentido prosseguem e é de se esperar que, no mais breve tempo possível, o proletariado de S. Paulo possa dispor de uma potente organização de luta para fazer frente com vantagem aos miseráveis que, pavoneando-se estupidamente com títulos e comendas comprados a peso de ouro, vão acumulando fortunas colossais às custas de indefesas crianças, de pobres mulheres, da velhice alquebrada e de uma multidão de homens a quem a miséria contínua do seu triste viver amorteceu a noção da dignidade e da altivez.

---

209. Para mais informações sobre a greve geral de 1917, cf. KHOURY, Y. *As greves de 1917 em São Paulo*. São Paulo: Cortez, 1981. • LOPREATO, C.R. *O espírito da revolta*: a greve geral anarquista de 1917. São Paulo, Annablume/Fapesp, 2000. • GIANNOTTI, V. *História das lutas dos trabalhadores no Brasil*. Rio de Janeiro: Mauad X, 2007.

Oxalá, pois, que o movimento promissor, agora em início, ganhe o devido vulto tão rapidamente quanto a gravíssima situação o exige.

Somos informados da exploração do trabalho infantil, da quase infrutífera ação, se não para eliminá-la, ao menos para atenuá-la, da campanha empreendida para fazê-lo e da existência de programas de propaganda e de organização trabalhista. Tais programas compreendem "numerosos comícios" e "boletins". O texto é formulado em linguagem bem elaborada e seu tom é o de uma denúncia indignada, mas é ainda mais o da esperança com o movimento operário, que cada vez mais estaria se coordenando e se rebelando. É essa expectativa que predomina nas notas a respeito dos promissores eventos que estavam, então, ocorrendo em várias regiões da cidade e de seus arredores. Como veremos imediatamente abaixo, em tais notas, há várias referências à propaganda, às reuniões e aos comícios das associações organizadas do proletariado:

Liga Operária da Mooca

Das agremiações obreiras que estão surgindo esta é a que mais rápido desenvolvimento tem tomado, contribuindo, naturalmente, para isso os dois movimentos que os tecelões venceram em fábricas situadas naquele bairro.

Numerosas reuniões foram realizadas durante e após a greve da fábrica de tecidos Rodolpho Crespi, sendo elas aproveitadas para a propaganda feita por camaradas nossos.

A Liga Operária da Mooca, contando com um bom número de associados, está instalando a sua sede à rua da Mooca, 190, devendo ela ser inaugurada com uma festiva reunião de propaganda no próximo sábado.

Liga Operária do Belenzinho

Em uma reunião bastante concorrida, ficou constituída, no meio do mês passado, esta Liga, que está tratando de montar a sua sede no bairro, onde instalará uma sala de leitura e realizará sessões de propaganda social.

No Cambuci e na Lapa

Além do comício realizado na praça pública, celebrou-se num salão do bairro Cambuci uma reunião a fim de serem lançadas as bases do acordo aprovadas anteriormente e já publicadas.

Na Lapa deve ser realizada uma reunião amanhã à noite, esperando-se que ela seja muito concorrida, pois numeroso é o operariado naquele recanto industrial da cidade.

Em S. Caetano

Neste subúrbio da Inglesa foi constituída uma sociedade de trabalhadores metalúrgicos, que já tem realizado algumas reuniões de propaganda.

Podemos facilmente observar que o enunciador reitera e destaca a grande frequência com que ocorriam as reuniões das ligas operárias e de associações proletárias afins, assim como repete e ressalta a considerável afluência de membros nessas ocasiões: "Numerosas reuniões foram realizadas", "contando com um bom número de associados", "Em uma reunião bastante concorrida", "esperando-se que ela seja muito concorrida, pois numeroso é o operariado". O léxico é aí decisivo, mas também a orientação argumentativa conduz ao efeito de sucesso dos eventos: se as reuniões anteriores foram numerosas e bem-sucedidas e se o movimento de organização e de adesão à organização operária é crescente, os próximos eventos necessariamente serão exitosos. Deve menos nos interessar a condição real, imaginária e/ou simulada dessa frequência e desse sucesso do que a compreensão de fatores da história e da sociedade que impõem ao sujeito a necessidade de sua reiteração e de seu destaque: os movimentos sociais, em particular, os marginalizados, minoritários e, por isso, relativamente fragilizados, têm de dissimular, ora mais ou menos deliberadamente, ora mais ou menos inconscientemente, os déficits e estigmas que lhes foram imputados, para reafirmar e reforçar as convicções de seus membros e de simpatizantes, para arregimentar novos integrantes e partidários e para enfraquecer e desconstruir indiferenças e objeções dos que não lhes são afeiçoados.

É também para essa direção que conduzem os sentidos das duas notas seguintes da seção, "Movimento de Canteiros. Várias pedreiras estão paradas" e "As greves dos tecelões. Patrões que se submetem". Nelas são noticiadas conquistas já obtidas pelos movimentos grevistas e pela organização operária. Assim, se afirma a força de um movimento que, embora já consideravelmente organizado, ainda não estava completamente consolidado e difundido. Ainda assim, já obtivera expressivos e bem-sucedidos resultados em suas lutas. Do fragmento se depreende ainda o emprego de dois recursos para a produção da ideia de efervescência política: a ocorrência simultânea de vários acontecimentos, como vemos em "Além do comício realizado na praça pública, celebrou-se num salão do bairro Cambuci uma reunião"; e o ambiente eufórico que os constituía, tal como em "uma festiva reunião de propaganda". Reiteremos que não se trata aqui de pôr em xeque ou de atestar a realidade desse clima de ebulição e das conquistas anunciadas, mas de entender as condições histórias que condicionam o que pode e deve ser dito pelos sujeitos de uma sociedade, as maneiras pelas quais esses dizeres podem e devem ser formulados e as esferas sociais e os meios pelos quais as coisas ditas podem e devem emergir e circular.

De modo análogo, mas não idêntico à refutação da acusação de que o pobre seria vadio, refutação que, aliás, conforme vimos, compreende a inversão indignada da denúncia, ali verificamos ainda o possível efeito de um discreto anúncio: "sua sede no bairro, onde instalará uma sala de leitura e realizará sessões de propaganda social". Tanto ou mais do que o aviso sobre a sede vale a declaração do que se fará em suas dependências: leitura e propaganda social. A indignação ou a ênfase de outros textos cede aqui a certo tom anódino, mas, nem por isso, torna o recado dado menos importante. Sem que precisemos atribuir seu gesto exclusivamente a um cálculo deliberado e plenamente consciente, observamos que o enunciador responde pelo que diz e por sua maneira de dizer ao estigma do iletrismo imputado aos sujeitos das classes trabalhadoras. Onde o pensamento conservador e discriminatório tende a só ver ou a fingir ver a violência e a rudeza do corpo e da voz do operário, o enunciador de *A Plebe* afirma sua capacidade de trato com a língua e, ainda mais, em sua modalidade escrita. Afirmá-lo de modo discreto, sob a forma de um anúncio, também concorre para afastar os traços de agressividade e grosseria frequentemente impostos aos trabalhadores e da radicalidade não raras vezes infligida aos militantes.

Diferentemente, portanto, da posição antagonista, em *A Peble* se assevera a existência de práticas de leitura e de escrita, de fala e de escuta entre os operários e os militantes. No interior de tais práticas, a propaganda possui um espaço privilegiado, porque é considerada fundamental para a formação de consciência crítica da massa trabalhadora, uma condição particular, porque não se trata de difundir quaisquer ideias e valores, mas de fazer uma "propaganda social", ou seja, de disseminar as denúncias da exploração capitalista do trabalho e de incutir a necessidade de sua superação e da emancipação do proletariado. Mas a especificidade que mais nos interessa aqui destacar é a que consiste no fato de que nas circunstâncias de fala e de escuta públicas de que participam os trabalhadores e militantes, a propaganda ali seria "feita por camaradas nossos". Importa ao enunciador dizer que a condição de orador ou, ao menos, de falante era ocupada por sujeitos que nutriam relações mais ou menos horizontais e contíguas entre si e que se dispunham em níveis relativamente equivalentes, em que pese a existência e a conservação de hierarquias e distintos postos nos quadros das organizações operárias.

Embora não tenhamos empreendido uma minuciosa e exaustiva análise nesta direção, identificamos o que parece consistir numa diferença de estilo entre as notícias formuladas sob a forma de notas curtas na seção "Ação obreira" e os textos editoriais e de opinião de outras seções do jornal: nas primeiras, mesmo que haja sequências como "esse hediondo crime da burguesia rapace" e "uma situação verdadeiramente intolerável, devido à ação aladroada dos patrões, insaciáveis sanguessugas sociais", o que ocorre com maior frequência são passagens menos enfáticas, em que predominam aquilo que se poderia conceber como uma linguagem mais simples e clara e com menos recursos retóricos. Já nos últimos, encontramos com assiduidade bem maior enunciados bastante enfáticos, nos quais se reconhecem formulações que se pretendem ser mais bem elaboradas quanto à correção, à elegância e mesmo à sofisticação da linguagem e ainda quanto aos expedientes retóricos empregados. Sem que seja possível afirmá-lo de modo conclusivo, essa diversidade de estilos talvez pudesse ser tributária de uma dupla finalidade: se dirigir ao povo trabalhador e afastar a pecha do iletrismo e da rudeza. Seja qual for o caso, não temos maiores dificuldades em observar mesmo nessa imprensa progressista a repetição, ainda que de forma atenuada e modificada, de certo imaginário desfavorável aos operários.

Nos textos editoriais de *A Plebe*, funciona frequentemente certo mecanismo de inversão, ou, mais precisamente, um mecanismo que identifica uma evidência forjada pelas práticas e valores capitalistas, a fim de produzir seu desvelamento e sua denúncia, vislumbrando a tomada de consciência de sua existência e sua desconstrução. Guardadas algumas particularidades de cada caso, é o que vimos ocorrer com as seguintes evidências burguesas: "o pobre o é porque quer, porque é vadio", que é refutada por meio da afirmação dos exaustivos trabalhos feitos pela classe operária e da imputação da imoralidade aos exploradores proprietários do capital; "o proletário é rude e iletrado", que é contestada, com maiores dificuldades e menos constância, mediante a referência às suas práticas de leitura e de escrita, de fala e de escuta; "a eloquência dos doutores é admirável", que é contradita por meio do que se diz a propósito de seu mais eminente representante, o jurista e político Rui Barbosa, invertendo a suposta virtude oratória em vício da tagarelice. Nessa última ocorrência, o enunciador promove essa inversão, indicando que a popularidade e os excessos da oratória esnobe e vaidosa daquela célebre personagem da cena pública brasileira escamoteavam sua falta de competência política.

Retornemos à primeira edição de *A Plebe*, para examinarmos outro texto em que se opõem as práticas de fala e as posturas burguesas e militantes:

> Por ocasião da série de sermões realizados na matriz do Braz, pelo revmo. San Detole, tive o ensejo de assistir a uma palestra entre ele e alguns camaradas que, em comissão, foram convidá-lo para uma controvérsia.
>
> O ilustre prelado, depois de justificar a sua negativa, entreteve-se em fazer alarde da sua alta posição social, de privilegiado, de príncipe eclesiástico, comparando-a com a humilde condição dos propagandistas dos partidos avançados.
>
> Discorria, com ênfase e sensualidade, detalhando a sua opulenta vida de apóstolo do Cristianismo, esquecendo-se da humildade de origem dessa seita, que, segundo a mitologia, teve por chefe um plebeu, um boêmio, que passou a vida entre os maltrapilhos.
>
> "Na Itália – dizia o discípulo de Loyola – enquanto os delegados das câmaras de trabalho e dos grupos subversivos que viajavam nas estradas de ferro ocupavam os carros da 3ª classe, eu e minha comitiva ocupávamos os da 1ª. Enquanto eles se instalavam em hospedarias da escória social, nós éramos conduzidos em automóvel aos hotéis de luxo." "Como veem, acrescentava, passando a mão alva sobre o rosto efeminado, apesar da minha idade madura, ainda conservo o vigor da juventude..." [...]
>
> Os privilegiados, os que desempenham funções políticas ou religiosas elevadas e bem remuneradas, podem, por um momento, julgar-se superiores, grandes, colocados nos cumes das montanhas, no pináculo da glória, mas estudando, analisando bem a sua situação chega-se à conclusão de que ainda não saíram do vale, que a sua personalidade é supinamente mesquinha.
>
> Para eles não existem garantias constitucionais, não vigoram as liberdades de reunião, de imprensa e de palavra. Ainda não conquistaram o direito de opinião.
>
> Na tribuna, na escola, na imprensa etc. dizem o que não querem dizer, ensinam o que lhes repugna ensinar, escrevem o contrário do que pensam.
>
> Nós disputamos palmo a palmo as liberdades do povo. Da pena fazemos aríete de combate, pondo em evidência os crimes, as mentiras e o ridículo das instituições vigentes, assim como das suas doutrinas, dos seus princípios inócuos e funambulescos.

> Na praça pública instalamos a tribuna popular, de onde lançamos, desassombradamente, sobre a horda parasitária e tirânica os nossos anátemas, fulminando-a com nossa crítica despiedada e com os potentes raios de nossas ideias.

O texto se intitula "Pigmeus e gigantes" e seu autor é Primitivo Soares. A partir do que teria sido uma experiência vivida, visto que Soares declara ter assistido à "palestra" entre o revmo. San Detole e alguns de seus camaradas, ele passa a comentar na sequência de seu texto a cena de que havia sido testemunha. Desde o contraste entre o convite feito pelos últimos ao primeiro e a recusa do religioso, o enunciador instaura um conjunto de oposições que atravessa praticamente toda extensão de seu artigo: de um lado, estão um único indivíduo, o "revmo. San Detole", que é o "ilustre prelado", suas declarações e seu perfil; de outro, uma coletividade "em comissão", os "camaradas", que são "propagandistas dos partidos avançados". No que respeita ao que teria sido dito e aos modos de dizer dos "camaradas", com exceção do próprio convite, retratado sob a forma de um distante discurso indireto, é preciso reconhecer que não lhes é dedicada uma única palavra de forma manifesta e específica. Os propagandistas, seres falantes por excelência, ali praticamente não saem do silêncio.

Por outro lado, se fala muito e detalhadamente do que diz e das maneiras de dizer do "ilustre prelado". Trata-se de um falastrão, pois, além de já ter feito uma "série de sermões" e de "justificar a sua negativa" ao convite que lhe fora feito, ele faz "alarde da sua alta posição social" e a compara com a "humilde condição dos propagandistas". O sacerdote peca por atos e omissões, por faltas e excessos. Fala de modo exagerado, lascivo e minucioso daquilo que deveria não apenas ser calado, mas, antes, evitado: "Discorria, com ênfase e sensualidade, detalhando a sua opulenta vida de apóstolo do Cristianismo". E silencia uma das virtudes maiores de sua doutrina, a condição popular de seu líder e daqueles que ele frequentava: "esquecendo-se da humildade de origem dessa seita, que teve por chefe um plebeu, um boêmio, que passou a vida entre os maltrapilhos". Além disso, a reprodução da fala de San Detole em discurso direto põe em sua própria boca seu apego à ostentação e à vaidade. Já no parágrafo seguinte de seu texto, Primitivo Soares expõe condensadamente a ideia indicada em seu título: os que se tomam por "gigantes" não passam de "pigmeus": "Os privilegiados podem, por um momento, julgar-se superiores, grandes, colocados nos cumes das montanhas, no pináculo da glória, mas estudando, analisando bem a sua situação chega-se à conclusão de que ainda não saíram do vale, que a sua personalidade é supinamente mesquinha".

Tanto menores seriam "os que desempenham funções políticas ou religiosas elevadas e bem remuneradas" quanto menos tivessem conquistado "o direito de opinião". No que respeita à expressão pública desses privilegiados, o enunciador lhes atribuiu uma consciência da verdade e a manifestação deliberada de seu avesso: "Na tribuna, na escola, na imprensa etc. dizem o que não querem dizer, ensinam o que lhes repugna ensinar, escrevem o contrário do que pensam". Os propósitos e procedimentos do jornalista libertário e de seu grupo em tudo se opõem aos dos supostos "gigantes": "Nós disputamos palmo a palmo as liberdades do povo. Da pena fazemos aríete de combate, pondo em evidência os crimes, as mentiras e o ridículo das instituições vigentes, assim como das suas doutrinas, dos seus princípios inócuos e funambulescos". A enunciação em primeira pessoa do plural se casa bem com a acirrada batalha pela emancipação popular, que tem na escrita e na publicação dos textos libertários um meio fundamental de denúncia das inocuidades, mentiras e perversões burguesas.

A pena com que se escreve se torna o "aríete de combate" e a boca com que se fala cumpre o mesmo papel. Mas a execução desse dever não pode se dar em qualquer espaço. Já fora dito nos versos de Castro Alves e repetido nas vozes de Sara e de Sérgio Ricardo, em *Terra em transe*: "A praça! A praça é do povo, como o céu é do condor". Por essa razão, sempre sob a forma de uma coletividade, de um "nós", Primitivo Soares anuncia o estabelecimento desse lugar de fala, declara o escopo das coisas ditas e descreve as propriedades de seu modo de dizer: "Na praça pública instalamos a tribuna popular, de onde lançamos, desassombradamente, sobre a horda parasitária e tirânica os nossos anátemas, fulminando-a com nossa crítica despiedada e com os potentes raios de nossas ideias". Naquele espaço que pertence ao povo, não se pode instalar uma tribuna qualquer, mas se deve estabelecer uma que seja efetivamente "popular"; nela, não se trata de dizer algo, mas de execrar abertamente uma facção criminosa. A forma da expressão é enérgica ("anátemas", "fulminando", "crítica despiedada" e "potentes raios"), porque o inimigo é parasita e tirano, porque o enunciador conhece a verdade profunda do injusto mundo dos homens e ainda porque sua enunciação deve ser proporcional ao tamanho dos danos causados ao povo pelas explorações e opressões capitalistas. Não seria fácil, contudo, considerar esse seu modo de formulação como algo que fosse propriamente popular.

Na segunda edição de *A Plebe*, além do texto de Roberto Feijó dedicado a denunciar a "tagarelice" de Rui Barbosa, há outros em que se trata da fala pública popular. Já em sua primeira página, na coluna intitulada "Sermões ao ar livre", escrita por Zeno Vaz, um dos pseudônimos de Gregório Nazianzeno

M. de Queirós Vasconcelos, descobrimos que por aqui não eram desconhecidos o nome e a obra de Sébastien Faure. Tal como o mencionamos aqui mesmo, Faure se empenhou na luta em prol da expressão pública popular e esse empenho seria sintetizado na publicação, dezoito anos mais tarde, de sua brochura *L'orateur populaire*. Zeno Vaz anuncia o recebimento do jornal pelo qual Faure era o responsável, empregando também ele um jogo de oposições: treva e luz, incerteza e esperança, aparente fragilidade e força e importância essenciais, o passado e o futuro:

> Quando a treva é densa, o atalho é rude e a jornada é incerta e perigosa, uma trêmula luzinha de candeia brilha aos nossos olhos com o fulgor duma estrela. Ela dá firmeza aos nossos passos e esperança ao nosso coração.
>
> Eis porque é tão grande a nossa alegria quando recebemos o jornal que Sebastião Faure publica em Paris, C*e qu'il faut dire...* – "O que é preciso dizer", nesta hora trágica. No entanto, que é um jornal anarquista nesta horrível conjuntura? Na aparência, quase nada, menos do que antes. Mas é como brasa ardente, que no lar ficou do lume vivo de ontem para reascender as fogueiras crepitantes de amanhã.

Ao noticiar nessa mesma segunda edição a realização de um comício, o enunciador, desta vez, anônimo, apresenta a causa e a finalidade do evento, a entidade que o organizou e o dia, o horário e o local em que ele ocorreu. Menciona ainda seu sucesso de público e descreve certos aspectos da fala pública que ali se praticou. Tratava-se de uma mostra da solidariedade e da indignação de operários paulistas para com seus colegas cariocas, em decorrência de uma tragédia recentemente acontecida e que havia sido noticiada na edição anterior de *A Plebe*, com os seguintes títulos e lead: "Os crimes da burguesia"; "O horroroso desastre do Rio" e "Numerosos trabalhadores sacrificados em holocausto à ganância dos argentários". Como de costume, num texto atravessado pela explícita e contundente crítica social, esta sua sequência informa mais precisamente o leitor do que havia se passado: "Com o desabamento de um grande prédio em construção, ficaram soterradas algumas dezenas de operários, surpreendidos na insana labuta para o magro ganha-pão". Era por essa razão que se realizara o comício no Braz, descrito nos seguintes termos na edição daquele 16 de junho de 1917:

O horrível desastre do Rio

Comício de protesto no Braz

> Querendo secundar aqui a manifestação de protesto do proletariado carioca contra a conduta criminosa da burguesia que, com a sua

> insaciável ganância, provoca os desastres horríveis, como o do Rio, a Liga Operária da Mooca promoveu um comício no domingo, realizando-se ele à noite, no largo da Concórdia, com numerosa concorrência.
>
> Vários companheiros fizeram uso da palavra estigmatizando a ação infame dos argentários e concitando os trabalhadores à luta ativa e decidida contra os ladrões e tiranos do povo.

Se nos recordarmos dos motivos pelos quais Rancière afirmava que o título de seu livro *A noite dos proletários* nada tinha de metafórico, porque "a transformação do mundo começa no momento em que os trabalhadores normais deveriam desfrutar do sono tranquilo daqueles que têm um trabalho que não os obriga a pensar", mais bem compreenderemos a grande importância de algo que pode parecer trivial: "um comício no domingo, realizando-se ele à noite". Ao explicar em que consistia aquela sua obra, Rancière afirma que se trata de constituir uma "história dessas noites subtraídas à sequência normal de trabalho e descanso; interrupção imperceptível, aparentemente inofensiva, do curso natural das coisas, na qual se prepara, se sonha, se vive já o impossível: a suspensão da ancestral hierarquia que subordina os que se dedicam ao trabalho com as próprias mãos aos que foram contemplados com o privilégio do pensamento". E prossegue dizendo que são elas: "Noites de estudo, noites de embriaguez. Jornadas de trabalho prolongadas para ouvir a palavra dos apóstolos ou a lição dos instrutores do povo, para aprender, sonhar, discutir ou escrever"[210]. A indicação do dia e da hora do comício, mas igualmente de seu local, o bairro do Braz, nos remete ainda àquela fala de Bruna, também ela uma operária de fábrica de tecido desse mesmo bairro, que citamos acima e que aqui reproduzimos: "Puxa! Que esse domingo não durou... Os ricos podem dormir à vontade"[211].

Tal como havíamos observado nas notícias sobre as reuniões e comícios da edição anterior de *A Plebe*, aqui novamente o enunciador ressalta a grande afluência de público no comício organizado pela Liga Operária da Mooca: "com numerosa concorrência". Ora, já dissemos que as formas de um enunciado não podem ser ignoradas. Por isso, não podemos passar ao largo das referências ao dia e horário do comício, bem como do destaque dispensado ao número de seus frequentadores. Se não é acertado atribuir exclusivamente a seleção das unidades do léxico e da gramática, por meio das quais o enunciador formula o texto da notícia que pretende transmitir, a uma plena

---

210. RANCIÈRE. Op. cit., p. 9-10.
211. PAGU. Op. cit., p. 19.

consciência e a um gesto individual e absolutamente calculado de sua parte, nos é permitido, contudo, postular que a escolha das palavras empregadas e a opção por certos dados e determinadas informações a serem transmitidas não são fruto do puro acaso. Frente a uma ampla gama virtual de dizeres possíveis, a coisa dita foi esta e não outra. Noutros termos, estamos diante da materialização de ideologias em discursos, que são compreendidos como a diferença entre a abundância dos já-ditos e da potência do que se poderia dizer a partir dela, por um lado, e a raridade do que efetivamente dizemos sempre com base em nossas posições ideológicas, por outro. Há uma determinação da história e das relações sociais sobre o que pode e deve ser dito e sobre os sentidos que emergem do que dizemos.

Esse funcionamento dos processos discursivos nos impõe a interpretação de seus produtos, isto é, dos textos e enunciados que nos chegam aos olhos e aos ouvidos e aos quais atribuímos determinados sentidos. Executar essa interpretação implica ainda o estabelecimento de certos enfoques e recortes. Por essa razão, de tudo aquilo que foi dito nessa curta nota "O horrível desastre do Rio" / "Comício de protesto no Braz", o que mais nos desperta a atenção é seu último parágrafo, na medida em que é nele que se encontra uma referência direta à fala pública popular. São várias as marcas contidas nessa formulação às quais devemos dar relevo. Para fazê-lo, vamos nos valer da construção de algumas paráfrases, no intuito de indicar a especificidade das coisas ditas e de seus modos de dizer. Comecemos pelo sintagma "Vários companheiros"; o lugar ocupado por "Vários" poderia ter sido preenchido por "Poucos", por "Alguns", por "Inúmeros" etc., ao passo que "companheiros" poderia ser substituído por "senhores", por "militantes", por "sectários" etc. Vejamos, em seguida, por que esse sujeito se casa muito bem com o predicado da oração, "fizeram o uso da palavra".

Este último segmento poderia ter sido formulado dos seguintes modos: "discursaram", "deram provas de sua eloquência" ou "embeveceram a massa com sua oratória", entre outras possibilidades. A forma escolhida e atualizada, em detrimento das tantas e demais possíveis, produz o efeito de que ali os sujeitos e os ideais são libertários, igualitários, sóbrios e despojados. Naquele contexto, não são "poucos", mas "vários" os que podem se expressar publicamente; eles não são nem superiores nem inferiores ao enunciador da nota de *A Plebe*, nem lhe são distantes, porque o acompanham de perto e no mesmo nível rumo à mesma direção política. Não fazem belos pronunciamentos, mas apenas "uso da palavra", porque menos lhes interessariam o brilho da eloquência e a glória derivada de um performático desempenho do que a simplicidade de sua intervenção decorrente da verdade e da justiça da causa a serviço da qual combatem. A ação em nome dessa causa mobiliza duas frentes de atuação, uma que consiste em atacar o inimigo e outra que corresponde a arregimentar os companheiros para combater o bom combate.

No comício de protesto no Braz, não haveria, portanto, alguns poucos, ilustres e eloquentes oradores que brindariam um auditório encantado com seu distinto talento oratório. Também não haveria longos discursos e pronunciamentos solenes, mas somente o simples uso da palavra. Lá "vários companheiros" o fazem, tanto para estigmatizar "a ação infame dos argentários" quanto para concitar "os trabalhadores à luta ativa e decidida contra os ladrões e tiranos do povo". Não se trataria, então, de apenas conhecer a ação inimiga e de denunciá-la, mas de escancarar suas máculas e perversidades, isto é, de apontar abertamente para as iniquidades que produzem e das quais tiram proveito. Além disso, não se estaria diante de uma ação qualquer, porque, mais do que isso, ela é "infame"; assim como não é produzida por quaisquer uns, mas por "argentários". O artigo definido que precede "ação" constrói um efeito de que a referida ação é algo real e bastante conhecido, enquanto o adjetivo "infame" e o adjunto "dos argentários" que seguem aquele substantivo produzem os sentidos de uma prática vil de sujeitos gananciosos, a quem só o dinheiro interessa. Os argentários são retomados e parafraseados no próprio parágrafo por "os ladrões e tiranos do povo"; ou seja, além de visarem aos ganhos a qualquer custo, eles são perversos, porque roubam do povo aquilo que este último produziu, ao explorá-lo, e ainda o oprimem por repressão e astúcia. É por essa razão que os companheiros interpelavam seus congêneres trabalhadores a lutar contra esses usurpadores. Ao invés da alienação, a consciência da exploração sofrida; ao invés da inércia, a luta; e ao invés de uma luta sem maior empenho, uma que fosse "ativa e decidida".

Já na referida seção "Mundo operário. Ação obreira" encontramos notícias das greves e da organização sindical, nas quais ocorrem algumas rápidas e discretas alusões às falas públicas populares que se processaram durante aqueles episódios de mobilizações, reivindicações e revoltas trabalhistas.

Sucedem-se as greves

Solidariedade e entusiasmo

Os tecelões na fábrica Rodolpho Crespi

Cerca de 400 operários da fábrica de tecidos Rodolpho Crespi, situada no bairro da Mooca, declararam-se em greve reclamando um pequeno aumento de salário e a abolição do trabalho noturno pelas turmas de operários que trabalham de dia.

Não contente o explorador Crespi com fazer os operários trabalhar umas 13 horas diárias, quando na Rússia os trabalhadores já conquistaram a jornada de 6, pretendeu acabar, de repente, com a vida dos que produzem para ele, obrigando-os a trabalhar também à noite, até as 23 ou 24 horas.

Os operários, como é natural, negaram-se a obedecer a estúpida e proterva ordem do burguês e abandonaram o trabalho.

Assistimos a algumas assembleias dos grevistas, podendo constatar que estão possuídos do maior entusiasmo e decididos a persistir na greve, provocada pelo patrão, até que este resolva aceitar as condições que exigem para voltar ao trabalho.

Os canteiros

Em S. Paulo, Ribeirão Pires, Cotia e Itaquera

Em todas essas localidades continua a greve generalizada dos canteiros, os quais, como já noticiamos, exigem aumento de salário, para poderem atender à sua manutenção, pois o que vinham ganhando era absolutamente insuficiente, e cada dia se tornava mais escasso ante o aumento constante dos preços dos gêneros de primeira necessidade.

Os proprietários das pedreiras, dentre os quais se destaca o sr. Ferrari, entenderam que os operários poderiam trabalhar sem comer, e, por isso, fazem contratos baratíssimos, contando de antemão com os fabulosos lucros que hão de tirar, obrigando os operários a trabalhar quase de graça, e impondo-lhes a compra de gêneros deteriorados a preços exorbitantes.

O operário que se nega a realizar suas compras no armazém do patrão é despedido do trabalho.

Por estes fatos deve-se avaliar as razões que obrigaram os operários a abandonar o trabalho.

No domingo, 10 do corrente, os grevistas de Ribeirão Pires realizaram um comício em comemoração do aniversário da fundação do Sindicato, tendo falado vários camaradas sobre as causas do movimento grevista, sobre a criminosa exploração patronal, encorajando os operários a continuar com tenacidade o movimento de reivindicação.

Outros companheiros falaram também sobre os diversos problemas operários e sociais, terminando o comício no meio do maior entusiasmo dos assistentes.

Liga Operária da Mooca

Esta associação vai em franca prosperidade, pois durante estes últimos dias recebeu a adesão de mais de 600 operários de ambos os sexos.

Este fato demonstra que a classe operária se preocupa das suas reivindicações e não espera senão de seus próprios esforços o seu direito à subsistência e à liberdade.

A sua sede acha-se instalada em um amplo local, à rua da Mooca, 292 B, onde sempre se encontram reunidos numerosos operários, que discutem com interesse e calor as questões operárias e sociais.

Além dessas notas que acabamos de reproduzir, a seção "Mundo operário. Ação obreira" conta ainda com as seguintes: "Na Companhia De Indústrias Têxteis da Mooca", "Em S. Caetano / O Sindicato dos Laminadores em atividade", "Os Chapeleiros", "O corporativismo da União dos Canteiros", "Sindicato Gráfico" e "Alerta. O Movimento operário e a polícia". Nestas últimas não transcritas aqui não há nenhum comentário sobre práticas de fala pública popular. Tais ocorrências, breves, ocasionais e comedidas se dão somente nos trechos que acabamos de ler. Na primeira delas, o enunciador, em primeira pessoa do plural, declara ter assistido "a algumas assembleias dos grevistas" e constatado que estão eles "possuídos de maior entusiasmo e decididos a persistir na greve". Trata-se, portanto, de um testemunho de algo visto em primeira mão e sem intermediários, o que tornaria não só a existência das assembleias mais real, mas também as próprias características de seus agentes, isto é, suas condições entusiasmada e resoluta, mais críveis. Desde que fossem observados por sujeitos que se inscrevem em posições ideológicas distintas e adversárias, ou seja, nesse caso, conservadoras, os integrantes dessas assembleias, ao invés de serem descritos como entusiasmados, decididos e persistentes, seriam qualificados como agitados ou mesmo manipuláveis, recalcitrantes e teimosos, quando não, como irascíveis, radicais e perigosos.

Já na segunda, o enunciador, um pouco mais distante do que enuncia, porque o faz em terceira pessoa, não afirma que testemunhou o evento que descreve, ainda que o sugira, se considerarmos certos aspectos de seu relato. Ele conhece e informa o leitor sobre o dia e o local precisos de sua realização e sobre o motivo de sua organização. No comício, uma vez mais, "vários camaradas" falaram. O que dissemos logo acima a propósito de "Vários companheiros" e "fizeram o uso da palavra" vale, praticamente sem retoque, para "tendo falado vários camaradas". Também de modo quase idêntico ao que se observa no texto que descreve o comício de protesto no Braz, no trecho que ora analisamos as falas não são triviais; antes, seus temas e questões são sempre cruciais à luta operária por alguma justiça social: "as causas do movimento grevista" e "a criminosa exploração patronal". Além disso, visam a objetivos não menos nobres e necessários: "encorajando os operários a continuar com tenacidade o movimento de reivindicação". Enfim, não poderíamos contornar um importante componente daquela reunião popular, qual seja, seu público, e certo sentimento que lhe é atribuído. A despeito de uma dinâmica mais igualitária do comício dos grevistas de Ribeirão Pires – quando comparada às de outras tradicionais circunstâncias de fala pública, nas quais há predominante definição dos papéis de orador, desempenhados apenas por uma única pessoa ou por alguns poucos superiores, e de ouvintes, cumpridos por maiorias mais ou menos anônimas ou, ao menos, sem a prerrogativa da fala –, há, ainda assim, uma divisão e certa relação entre os que tomam a palavra e os que a recebem: de um lado, se encontram os "companheiros" que "falaram sobre os diversos problemas operários e sociais", de outro e resultante dessa ação, está o "maior entusiasmo dos assistentes".

Finalmente, na terceira nota, dedicada à Liga Operária da Mooca, se ressalta sua trajetória ascendente de êxitos quanto à adesão de um crescente e considerável número de filiações. É interessante observarmos que, ainda em terceira pessoa, o que talvez fosse um modo de ao mesmo tempo corresponder ao padrão de escrita da imprensa, de produzir um efeito de relativo distanciamento entre quem diz e a coisa dita e de, assim, tentar construir certa credibilidade do que se diz, o enunciador menciona não apenas o que seria um grande número de operários aderentes à Liga, mas também sua pertença ao sexo masculino e ao feminino: "mais de 600 operários de ambos os sexos". O fato de que os morfemas "o" e "s" já marcassem um masculino "neutro" plural de "operários", visto que ele poderia já compreender mulheres operárias em seu conjunto, parece não ter sido suficiente ao enunciador para que ele pudesse instaurar, como julgara ser necessário, uma referência a estas últimas. Seu modo de fazê-lo é bem particular, porque se trata de optar por uma referência mais marcada do que a forma que se limitaria ao neutro plural. Há ali ainda a reiteração do princípio anarquista segundo o qual deve ser o próprio povo oprimido o agente de sua emancipação: "a classe operária se preocupa das suas reivindicações e não espera senão de seus próprios esforços o seu direito à subsistência e à liberdade".

Destacamos, por último, mas, principalmente nesse caso, em função de nosso enfoque e de nossa preocupação, não menos importante, os dados, informações e qualificações contidos no último período dessa nota que ora analisamos. A sede não é um lugar qualquer nem se encontra em endereço desconhecido; se trata, antes, de "um amplo local", localizado precisamente "à rua da Mooca, 292B". Tampouco lá seria um espaço ocioso ou de quaisquer atividades, porque é, antes, "onde sempre se encontram reunidos numerosos operários". A atividade é, portanto, constante, assim como é grande o fluxo de trabalhadores que o frequentam. Se o lugar é amplo e precisamente localizado e se sua frequentação é contínua e numerosa, lá os operários não se reúnem para frivolidades, mas para discutir as importantes "questões operárias e sociais". Suas discussões são marcadas por índices do compromisso com as causas trabalhadoras, visto que se processam com "interesse" nas escutas e com "calor" nas falas que ali ocorrem. Contrasta com esse operariado assim engajado uma "massa imbecilizada". Na mesma edição de *A Plebe*, se descreve uma cerimônia religiosa, na qual "a rançosa gente das sacristias" induzia a massa a cantar "Queremos Deus como nosso pai / Queremos Deus como nosso rei". Enquanto aquela gente dava "uma demonstração de sua deplorável subserviência" exatamente em frente à redação de *A Plebe*, a equipe do jornal estendeu um "rubro pendão subversivo, desfraldado ao vento" para manifestar "o protesto da geração nova que trabalha para conduzir o povo à sua emancipação". Como vemos, aqui não se fala em indução, mas em condução do povo; esta, por sua vez, não o levaria à subserviência, mas à sua emancipação.

Publicada no sábado da semana seguinte, a edição de *A Plebe*, novamente em sua seção "Mundo Operário", trazia as notas sobre a organização operária e sobre os movimentos grevistas. Entre elas, as duas que reproduzimos logo abaixo compreendem alusões e comentários a propósito de falas públicas populares:

Liga Operária da Mooca

Inaugura-se a sua sede com uma entusiástica sessão de propaganda

Alguns camaradas e seus companheiros discursaram e, falando da questão social, demonstraram que a organização trabalhadora só corresponderá às necessidades do movimento tendente à emancipação proletária, se não se deter nas lutas para as pequeninas e nulas melhoras imediatas e, ao contrário, trabalhar com o fim de conduzir a classe trabalhadora à Revolução Social.

As ideias de nossos companheiros foram acolhidas com entusiásticas demonstrações de simpatia.

Foi uma bela noitada de propaganda, que terminou com as rubras estrofes da *Internacional*.

Foi fundada a Liga Operária da Lapa e Água branca

No Cinema-Teatro da Lapa e com a presença de algumas centenas de trabalhadores, realizou-se na quarta-feira, à noite, uma reunião convocada a fim de ser constituída a Liga Operária daquele popular arrabalde.

O companheiro Edgard Leuenroth, depois de falar sobre a situação desesperadora do proletariado e de patentear a necessidade da luta contra a dominação da burguesia, deu leitura, acompanhada das necessárias explicações, das bases de acordo compiladas pelos reorganizadores da União Geral dos Trabalhadores e adotadas pelas Ligas da Mooca e do Belenzinho.

Consultados, os assistentes aprovaram-nas, devendo essa aprovação ser ratificada na primeira assembleia da Liga, convocada pela Comissão Organizadora, para a qual foram indicados oito operários.

As listas de adesões distribuídas reuniram um bom número de sócios.

Na primeira dessas notas, se, por um lado, há a reiteração do efeito de democratização da fala em "Alguns camaradas e seus companheiros", por outro, aparentemente contrastando com o relativamente despojado "fazer uso da palavra", surge desta vez uma ocorrência um pouco menos sóbria: "discursaram". Essa única ocorrência nas quatro edições de *A Plebe* que examinamos aqui, segundo a qual os "camaradas" e "companheiros" fizeram discursos, deve ser relacionada tanto à ampla maioria de usos das formas que já mencionamos de que se valem os enunciadores do jornal para se referirem aos pronunciamentos dos oradores daquelas circunstâncias quanto aos demais elementos linguísticos do texto em que ela se dá. Ainda que os desempenhos oratórios tenham sido ali referidos inicialmente pela forma verbal "discursar", na sequência imediata o enunciador os precisa com um verbo e um complemento específicos, que destoam de qualquer efeito de solenidade: "falando de questões sociais". Posteriormente, os "discursos" são ainda retomados por duas palavras que indicam novamente o despojamento daquelas formas de expressão pública, na medida em que apontam prioritariamente para os conteúdos ali transmitidos: "ideias" e "propaganda". Ao se referir a essas "ideias", o enunciador se manifesta no que diz, se inscrevendo no mesmo grupo daqueles que falaram – "nossos companheiros" – e qualificando aberta e positivamente sua recepção e o ambiente lá então estabelecido: "foram acolhidas com entusiásticas demonstrações de simpatia" e "Foi uma bela noitada de propaganda".

Já na segunda, o que se destaca é a particularidade de uma das falas públicas ocorridas numa reunião realizada à noite, no Cine-teatro da Lapa, no intuito de se criar mais uma Liga Operária. A intervenção fora feita pelo próprio editor de *A Plebe*, Edgard Leuenroth, cujo nome é precedido e determinado pelo sintagma "O companheiro", que lhe dá a condição de alguém conhecido e de militante da causa operária. Nela, estão compreendidas fala, leitura e explicações. A essas três práticas de linguagem correspondem três regimes de escuta: o caráter mais ou menos espontâneo do gesto de "falar sobre a situação desesperadora do proletariado e de patentear a necessidade da luta contra a dominação da burguesia" pressupõe uma escuta predisposta a acolher o que se ouve; a leitura indica a exposição de texto institucional, de formulação precisa, que não dispensa uma escuta particularmente atenta; finalmente, as explicações, sobretudo, porque determinadas por "necessárias", apontam para uma recepção que não poderia ser automática e que não poderia dispensar a intermediação de uma metalinguagem simplificadora e de um orador de mais sólida formação. Este último é um "companheiro", mas não exatamente um igual aos demais, porque os esclarecimentos que faz do que lê lhe outorgam certa ascendência na esfera do conhecimento e o distinguem.

Na semana seguinte, no dia 30 de junho de 1917, era publicada a última edição daquele mês de *A Plebe*, antes que se iniciasse o próximo, durante o qual ocorreria a conhecida greve geral. A seção "Mundo operário" foi subintitulada "Contra a escravidão industrial / Prossegue o movimento grevista". Ali a segunda nota trata especificamente de uma ocasião marcada pela fala pública dos "companheiros":

O comício de domingo

> Conforme noticiamos em nosso número anterior, foi realizado domingo à noite, no Largo S. José, o comício promovido pela Liga Operária do Belenzinho, a fim de tornar pública a solidariedade do operariado com os trabalhadores do Cotonifício Rodolpho Crespi, forçados a abandonar o trabalho pela ganância do refinado explorador *cavallière*.
>
> Não obstante ser avultada, a concorrência que a ele afluiu, não foi a que era de esperar, dada a sua importância.
>
> Atribuiu-se isso ao fato de pouco antes ter sido realizada uma outra reunião obreira também provocada pelo movimento dos tecelões. É

de esperar que isso não torne a suceder, procurando-se sempre preparar devidamente as nossas manifestações públicas para que elas possam ter o êxito necessário.

Entretanto, o *meeting* correu, mesmo assim, bastante animado, subindo à improvisada tribuna cinco companheiros e uma companheira, que, com desassombro, denunciaram o infame proceder do ganancioso argentário em questão e de toda corja burguesa.

A assistência deu fartas demonstrações do seu apoio às palavras dos nossos companheiros, acolhendo com visível simpatia a propaganda das nossas ideias.

Terminando o comício, uma parte dos operários se dirigiu para a sede da Liga Operária do Belenzinho, onde um camarada fez um breve discurso.

Logo após a denúncia da desmesurada ambição do empresário e a notícia da realização do comício, se apresenta o lamento pela afluência menor do que a prevista. A queixa é compreensível e mesmo esperada, uma vez que na edição anterior não se havia somente anunciado a realização daquele evento da Liga Operária do Belenzinho, mas, antes, o texto do jornal havia conclamado os trabalhadores à participação no comício. A despeito da expectativa não confirmada de público, "a concorrência que a ele afluiu" foi "avultada". Reconhecia-se, então, certa desorganização no movimento operário, dada a simultaneidade de dois eventos, e se recomendava que o fato não se repetisse, sob a pena de enfraquecer as reuniões dos trabalhadores. Em seguida, ocorre a descrição do *meeting*, marcado por um clima "bastante animado". A condição "improvisada" de sua tribuna pode tanto indicar mais um elemento da embrionária organização operária quanto marcar seu desprendimento de artifícios e aparências. Para esta última interpretação, talvez concorra as intervenções de "cinco companheiros e uma companheira", que são apenas identificados desse modo e não com a referência individualista a seus nomes próprios. Nessa sequência, o que em nossos dias poderia ser lido como a desproporção no espaço de fala concedido aos gêneros masculino e feminino, era, então, provavelmente, entendido como prática libertária que não exclui a "companheira", tal como de certo era a regra nas ocasiões de fala pública.

A categoria das falas e seu aspecto são destacados, pois consistem em denúncias feitas com franqueza e coragem: "com desassombro, denunciaram o infame proceder ganancioso argentário e de toda corja burguesa". A denúncia não é somente descrita como tal, mas é também refeita, à medida que se reitera no próprio texto de *A Plebe*, com manifesta qualificação negativa, a coisa denunciada, isto é, um modo perverso de agir, porque "ganancioso", de grupos sociais designados por "argentário" e por "corja". Falas assim despojadas, justas e necessárias não poderiam despertar outra reação de seu público que não fosse a de grande entusiasmo. Eram justas e necessárias pelo que denunciavam e despojadas, pelo modo como o faziam, visto que não consistiam em discursos, mas apenas em "palavras dos nossos companheiros" e em "propaganda das nossas ideias". Diante delas, "a assistência deu fartas demonstrações do seu apoio" e as acolheu "com visível simpatia". Não haveria dúvidas quanto ao êxito das falas e a receptividade das escutas. Mais do que meras demonstrações de apoio e do que simples acolhida, as primeiras foram "fartas" e a última "visível".

O sobrevoo por estas quatro primeiras edições de *A Plebe* em busca das representações de uma imprensa popular sobre a voz e a escuta do povo não poderia evidentemente ter de nossa parte uma pretensão de exaustividade. Por seu intermédio, nosso objetivo se resumia a identificar alguns eventuais fenômenos e funcionamentos discursivos dessas representações e esboçar os primeiros traços de uma via que julgamos bastante promissora para os desenvolvimentos de futuros trabalhos que se dediquem a investigar as práticas da fala pública popular e da escuta popular da fala pública, bem como os discursos a seu respeito, que as constituem direta e indiretamente e cujas análises nos permitam mais bem compreendê-las. Apesar de bastante rápida, a passagem por esse importante veículo da imprensa libertária tornou possível a observação de que ali se retratam distintamente as práticas burguesas de fala pública e as proletárias. Das primeiras, vimos a "tagarelice" de Rui Barbosa e a soberba de San Detole. O texto que trata deste último relata a "palestra" entre ele, o "ilustre prelado", e "alguns camaradas" operários, e descreve detalhadamente o que é dito pelo religioso e seus modos de dizer, além de reproduzir sua fala, sob a forma de discurso direto, ainda que seja para mais bem desqualificá-la. Em contrapartida, não há uma única referência ao que dizem e as maneiras de dizer dos "companheiros". As relativas discrição e economia com que se fala em *A Plebe* dos desempenhos oratórios proletários e suas circunstâncias de fala pública não significam que eles tenham sido completamente negligenciados. Talvez, antes, resida aí mais uma tentativa de se distinguir da pompa, do protocolo e da ostentação que se identifica na oratória burguesa, embora, principalmente nos textos editoriais de mais longo fôlego, as formas e os recursos da retórica tradicional não estejam ausentes.

Já nas notas dedicadas exclusivamente à organização operária e ao movimento grevista, se ressaltam alguns fenômenos da fala pública popular e, assim, se produzem certos efeitos. Estes são alguns dos que julgamos ser os mais destacados: i) a pluralidade de fala, porque se reiteram sintagmas como "vários companheiros", "alguns camaradas" e afins; ii) a efervescência política, a grande adesão às organizações e a não menor afluência aos seus eventos, uma vez que há várias ocorrências de "numerosos comícios" e "numerosas reuniões", assim como de "numeroso é o operariado" e "reunião bastante concorrida"; iii) a relação horizontal e contínua entre o enunciador e os operários de que ele fala, observada em expressões como "nossos camaradas" e "companheiros nossos"; iv) a relevância das temáticas abordadas nas intervenções públicas, indicada em sintagmas como "questões sociais" e "questões cruciais à luta operária"; v) o traquejo operário com a linguagem, visto que são descritas atividades de fala e de escuta, de escrita e de leitura, tal como verificamos em "a propaganda feita em numerosos comícios e boletins", "uma sala de leitura" e "fazer uso da palavra"; vi) o despojamento, o compromisso social e o entusiasmo das falas e a receptividade e a euforia das escutas, já que os operários reunidos "discutem com interesse e calor" e que ante as falas seu público dá "fartas demonstrações do seu apoio" e "entusiásticas demonstrações de simpatia"; e vii) certa desqualificação de camponeses, quando comparados aos operários urbanos – o "caipira é analfabeto e ignorante" –, e destes últimos, quando comparados seus porta-vozes[212].

Naquele contexto de crescente organização operária e de mobilizações trabalhistas, era inegável a importância da propaganda, de modo geral, e das práticas populares de fala pública, em particular. Tal fato não passou batido pela historiografia, mas esta ainda não dedicou a devida atenção aos desempenhos oratórios dos trabalhadores e de seus porta-vozes realizados naquelas condições de movimentos, reivindicações, greves etc., nem aos discursos que então foram produzidos a respeito dessas performances. Além disso, o exame historiográfico desses discursos tende a contornar as particularidades de sua formulação e, eventualmente, a reproduzir as ideias que eles materializam. A observação das fontes faz saltar aos olhos não apenas as referências a essas ocasiões de fala pública, mas também ao que parecia ser eventualmente considerado pelas classes dominantes e por agentes repressores como uma verdadeira eloquência operária. Num relatório do Delegado geral da cidade de São Paulo, encaminhado ao Secretário de Justiça e Segurança Pública do Estado no dia 27 de setembro de 1917, se descreve nestes termos o anarquista Antonio Nalepinski: "Um eloquente orador que agitava as massas operá-

---

212. Ferrenho defensor do operariado, designado e autodesignado como um de seus "companheiros", Edgard Leuenroth teria tido de acompanhar uma das leituras que fizera aos trabalhadores de "necessárias explicações". O mesmo Leuenroth afirmara que a classe trabalhadora não era mais combativa, porque era composta por "uma população de brasileiros em que predomina elementos incultos, provenientes do trabalho agrícola, com ressaibos de escravatura recente".

rias com seus discursos inflamados contra a polícia e um dos mais perigosos anarquistas que têm vindo ao Brasil"[213].

A eloquência operária está na boca de oradores de carne e osso, mas também na dos de tinta e papel. Antonio Nalepinski, Edgard Leuenroth e tantos outros desses exímios oradores militantes habitam a vida real, ao passo que Rosinha Lituana, Alexandre e outros do mesmo naipe ocupam as páginas da ficção. Em *Parque industrial*, de Pagu, além do silenciamento imposto pelo chefe a Bruna e a sua colega de fábrica, que será igualmente sofrido por Fabiano, em *Vidas secas*, e por Macabéa, em *A hora da estrela*, lemos falas ditas e ouvidas na vida e no trabalho: "Psiu! Benzinho! Vem cá! Te dou o botão..."; "Desgraçado! Me deu um nó nas carça!" Há ali também conversas militantes: "Um rapazinho se espanta. Ninguém nunca lhe disse que era um explorado. Rosinha, você pode me dizer o que a gente deve fazer? Rosinha Lituana explica o mecanismo da exploração capitalista. O dono da fábrica rouba de cada operário o maior pedaço do dia de trabalho. É assim que enriquece à nossa custa!" E há ainda retratos de fala pública popular:

> – Nós não temos tempo de conhecer nossos filhos!
>
> Sessão de um sindicato regional. Mulheres, homens, operários de todas as idades. Todas as cores. Todas as mentalidades. Conscientes. Inconscientes. Vendidos.
>
> Os que procuram na união o único meio de satisfazer as suas reivindicações imediatas. Os que são atraídos pela burocracia sindical. Os futuros homens da revolução. Revoltados. Anarquistas. Policiais.
>
> Uma mesa, uma toalha velha. Uma moringa, copos. Uma campainha que falha. A diretoria.
>
> Os policiais começam sabotando, interrompendo os oradores.
>
> É um cozinheiro que fala. Tem a voz firme. Não vacila. Não procura as palavras. Elas vêm. Os cabelos nos olhos bonitos. Camisa de meia suada, agita as mãos enérgicas. Estão manchadas pelas dezenas de cebolas picadas diariamente no restaurante rico onde trabalha.

---

213. Apud LOPREATO, C.R. *A Semana Trágica*: a Greve Geral Anarquista de 1917. São Paulo: Museu da Imigração, 1997, p. 25. A quantidade e a representatividade de suas fontes, a relevância dos dados e das informações que oferece ao leitor e a acuidade de suas análises não impedem que Lopreato reproduza ideias contidas nos textos que examina, tais como a da grande afluência aos comícios, reuniões e manifestações operárias, e a de que os pronunciamentos ali feitos eram "inflamados". Já a desconsideração das formulações linguísticas de suas fontes é em boa medida escusada por seus foco e escopo. Isso não significa, contudo, que não haja perdas em sua interpretação, mesmo que a atenção não recaia sobre as práticas e representações da fala pública popular e da escuta popular da fala pública.

– Nós não podemos conhecer nossos filhos! Saímos de casa às seis horas da manhã. Eles estão dormindo. Chegamos às dez horas. Eles estão dormindo. Não temos férias! Não temos descanso dominical!

A voz da verdade, todos se agitam nos bancos duros. A sala toda sua.

– Vamos parar com isso! Você pediu para falar cinco minutos. Já está falando há meia hora. Acabamos amanhecendo aqui!

Todos se voltam. É o policial Miguetti que interrompeu.

– Amanheceremos aqui! revida pausadamente o cozinheiro.

– Estamos tratando de coisas importantes para a nossa classe. Vale bem um sono perdido. Como posso dormir sabendo que meus filhinhos sofrem fome? E eu cozinhando todo o dia tanta petisqueira para os ricos!

O policial pede de novo o encerramento da reunião que se alonga empolgada.

– Tenho que trabalhar amanhã. E todos os companheiros presentes também.

A palavra de um ferreiro bate energicamente na assembleia:

– O companheiro Miguetti luta por um interesse individual e quer sacrificar o interesse coletivo. Está sabotando a reunião. Nos impede de falar. Está fazendo uma obra policial, contra os interesses de nossa classe. A favor da burguesia que nos explora! A assembleia resolverá.

A maioria ordena que se continue a reunião. Os operários conhecem e apontam os policiais. Também são trabalhadores. Corrompidos pela polícia burguesa, traidores de sua classe. De seus próprios interesses.

Um operário da construção civil grita:

– Nós construímos palácios e moramos pior que os cachorros dos burgueses. Quando ficamos desempregados, somos tratados como vagabundos. Se só temos um banco de rua para dormir, a polícia nos prende. E pergunta porque não vamos para o campo. Estão dispostos a fornecer um passe para morrer de chicotadas no "mate-laranjeira"!

Uma operariazinha envelhecida grita:

– Minha mãe está morrendo! Ganho 50 mil-réis por mês. O senhorio me tirou tudo na saída da oficina. Não tenho dinheiro para remédio. Nem para comer.

Rosinha Lituana e Otávia estão espremidas numa cadeira só. Perto delas, um menino pardo escancara os olhos claros. Parece que sente tudo o que falam[214].

À parcimônia com que se descreve as circunstâncias de fala pública populares e os desempenhos oratórios que se desenrolam em seu interior na imprensa libertária ou, ao menos, num de seus veículos mais importantes e conhecidos no começo do século XX no Brasil, se opõe esse relativo detalhamento no relato de uma sessão sindical que encontramos no *Parque industrial*. Da composição do cenário, participam pessoas, móveis e objetos. O primeiro conjunto é marcado pela diversidade de tipos e de comportamentos dos integrantes da assembleia, enquanto os dois últimos se conjugam para formar a modéstia do ambiente. Toma parte na reunião uma coletividade composta por sujeitos de gêneros e fenótipos distintos e por faixas etárias, posturas críticas e orientações ideológicas diferentes. Já o mobiliário e os utensílios indicam a simplicidade do local e da instituição: "Uma mesa, uma toalha velha. Uma moringa, copos. Uma campainha que falha", "Bancos duros" e "espremidas numa só cadeira". São diversos os tipos e comportamentos que compõem a assembleia, assim como são distintas as profissões dos que ali intervêm com suas falas: um cozinheiro, um ferreiro, um operário da construção civil e uma operariazinha. Também são diferentes as extensões do que se expõe no romance sobre o que cada um deles diz e sobre seus modos de dizer.

O narrador se estende mais demoradamente no retrato que faz da intervenção do cozinheiro. É com uma frase sua que se abre o capítulo "Num setor da luta de classes": "Nós não temos tempo de conhecer os nossos filhos!" Nela já se verifica a estratégia do orador de tratar da exploração capitalista sofrida pelos trabalhadores, apontando para as implicações familiares e pessoais que tal opressão econômica e laboral compreende. Destacam-se na fala do cozinheiro a firmeza de sua voz, sua fluência verbal, sua bela aparência e as marcas de seu ofício presentes em sua vestimenta, em seu corpo e em seu desempenho oratório: são suas mãos manchadas "pelas dezenas de cebolas picadas diariamente" que se agitam energicamente. Com tais modos de dizer, o orador insiste na temática da convivência entre pais e filhos de que são alijadas as famílias trabalhadoras e provoca duas reações distintas: uma anuência encrespada, uma vez que, diante do que diz "a voz da verdade", "todos se agitam nos bancos duros" e a sala é "toda sua"; e uma interrupção, marcada pelo assalto ao seu turno de fala por um traidor da categoria, o "poli-

---

214. PAGU. Op. cit., p. 32-33.

cial" Miguetti, que o acusa de extrapolar o tempo de sua intervenção: "Já está falando há meia hora. Acabamos amanhecendo aqui!" Ao que o cozinheiro replica, perseverando na importância das coisas tratadas e introduzindo um contraste relacionado ao seu ramo de atuação: a dor dos "filhinhos" que "sofrem de fome" *versus* a grande quantidade de "petiscarias" que ele próprio cozinha "para os ricos".

Numa nova tentativa de encerrar a assembleia, Miguetti se vale uma vez mais do argumento de que a reunião se prolonga demais e de que, por isso, é preciso finalizá-la. O "policial" agrega, desta vez, à primeira frase formulada numa "individualista" primeira pessoa, "Tenho que trabalhar amanhã", uma segunda, cujo efeito decorrente da formulação em terceira pessoa e do sintagma "todos os companheiros", tanto por seu substantivo quanto pelo pronome e pelo artigo que o antecedem e determinam, é o de uma destacada atenção à situação e às preocupações coletivas: "E todos os companheiros presentes também". Sua investida esbarra na réplica de um ferreiro e não prospera. Mimetizando as tarefas de bater no ferro, para moldá-lo, a palavra do ferreiro "bate energicamente na assembleia". Por meio desse seu modo de dizer, numa mistura de ironia, busca de adesão e respeito por outrem, o ferreiro se refere ao "vendido" como "companheiro", aponta sua predileção pelo interesse individual, em detrimento dos coletivos, denuncia sua tática de sabotagem e de interdição da fala alheia e sua identificação com a burguesia e invoca a deliberação da assembleia.

"A maioria ordena que se continue a reunião". Há motivo para essa decisão: os trabalhadores reconhecem e denunciam "os traidores de sua classe". Na sequência, acontecem ainda duas falas, a de um pedreiro e a de uma operária. Ambos são retratados como quem opta em sua intervenção pela força de um alto volume vocal, visto que ambos "gritam". A segunda é bastante concisamente descrita como uma mulher de pequeno porte, "uma operariazinha", e arruinada pelo trabalho e pela vida de sofrimentos. Além disso, vive drama pessoal, porque sua "mãe está morrendo", tem uma remuneração escassa em seu atual emprego e foi dilapidada na saída do anterior. Sua condição financeira não lhe permite comprar nem remédio nem comida. Na fala do primeiro, novamente ocorre de o trabalhador tratar de suas angústias e dos privilégios dos abastados, a partir da consideração de fenômenos do seu ramo. É um "operário da construção civil" que "grita": "Nós construímos palácios e moramos pior que os cachorros dos burgueses". As performances oratórias dos trabalhadores são também no romance proletário de Pagu representadas sob a forma de falas simples, claras, cujas imagens, exemplos e comparações mimetizam o universo do ofício desempenhado e cujos usos enérgicos da língua, do corpo e da voz se assemelham à energia dispensada à execução das atividades manuais operárias.

Em outra passagem na qual se expõe mais uma representação da fala pública do proletariado, depois de um som mecânico, que libera do trabalho uma massa humana até então reificada, começam a ser ouvidas as vozes da revolta popular:

> O apito escapa da chaminé, libertando uma humanidade inteira que se escoa para as ruas da miséria.
>
> Um pedaço da fábrica regressa ao cortiço.
>
> – Ninguém trabalha amanhã!
>
> – Ninguém!
>
> – Estão arrancando o pão de nossa boca! Não podemos consentir! Diminuíram mais! Cachorros!
>
> Os tecelões espumam de ódio proletário. As fileiras se engrossam numa manifestação inesperada diante da fábrica. Mãos robustas e mãos esqueléticas avançam para a limousine de luxo do grande industrial que está parada. O chofer elegante fugiu. Vidros e estofados se esfarelam nas mãos da massa que se vinga.
>
> – Essa gasolina é nosso sangue!
>
> [...]
>
> Mas a massa que não vai ao cinema se atropela no largo, em torno da bandeira vermelha onde a foice e o martelo ameaçam.
>
> Cartazes rubros incitam a revolta. Línguas atrapalhadas, mas ardentes se misturam nos discursos.
>
> O Brás acorda.
>
> A revolta é alegre. A greve, uma festa!
>
> – Companheiros soldados! Não atirem sobre os seus irmãos! Voltem as armas contra os oficiais!
>
> As espadas dos cavalarianos gargalham nas costas e nas cabeças dos trabalhadores irados.
>
> Eles só têm os braços algemados para se defender.
>
> Os grevistas se amassam nas patas dos cavalos. Recuam.

Na porta escura da fábrica, uma operária grávida se lamenta:

– Meu marido está sendo sacrificado. Me matam ele! Vamos tirar nossos maridos dessa greve!

Um operário sujo revida:

– Que fraqueza, companheira! Neste momento todos lutam. Não há indivíduo. São todos proletários!

Um grupo se forma.

– Calma, Otávia, você fala depois!

– Os meus filhos não têm comida!

– É melhor voltar ao trabalho.

As mulheres apoiam a traição.

– Elas não compreendem, Rosinha...

– Espera, eu vou falar...

A voz pequenina da revolucionária surge nas faces vermelhas da agitação.

– Camaradas! Não podemos ficar quietas no meio desta luta! Devemos estar ao lado de nossos companheiros na rua, como estamos quando trabalhamos na fábrica. Temos que lutar juntos contra a burguesia que tira a nossa saúde e nos transforma em trapos humanos! Tiram do nosso seio a última gota de leite que pertence a nossos filhinhos para viver no champanhe e no parasitismo!

Nós, à noite, nem força temos para acalentar nossas crianças que ficam sozinhas e largadas o dia inteiro ou fechadas em quartos imundos, sem ter quem olhe para elas. Não devemos enfraquecer a greve com nossos lamentos! Estamos com o pagamento atrasado e chegamos até a passar fome, enquanto os nossos patrões que nada fazem vivem no luxo e mandam a polícia nos atacar! Mas não será por isso que havemos de ser escravas a vida inteira! A camarada Julia está fazendo inconscientemente uma obra policial! Está traindo os seus companheiros e a sua classe! Ela que é um exemplo da exploração capitalista! A burguesia tem para se defender os seus lacaios armados! Se nós mesmos não defendermos as nossas reivindicações, quem correrá em nosso auxílio? A reação policial é um incitamento para a luta, porque só vem provar que somos escravos da burguesia e que a polícia está ao lado dela! Temos 16 camaradas presos. Por quê? Devemos exigir que eles sejam postos em liberdade. Camaradas! Formemos uma frente de ferro contra a barbaridade dos burgueses que já estão sentindo a agonia de seu regime e por isso apelam para as violências e para o terror! Tenhamos confiança na vitória proletária! Lutemos pela greve e pela liberdade de nossos presos! Maridos, companheiros, irmãos e noivos! Pela greve geral! Contra a burguesia e seus lacaios armados!

Tiros, chanfalhos, gases venenosos, patas de cavalo.

A multidão torna-se consciente, no atropelo e no sangue[215].

O excesso nas paixões sentidas, "Os tecelões espumam de ódio proletário", e a agressividade das ações praticadas, "Vidros e estofados se esfarelam nas mãos da massa que se vinga", estão em consonância com a ênfase das falas ali realizadas: "Não podemos consentir! Diminuíram mais! Cachorros!"; "Essa gasolina é nosso sangue!" Não faltam outros índices que são frequentemente considerados como negativos e que são igualmente imputados aos integrantes da multidão popular, aos seus gestos e à sua expressão. Seu comportamento, sua disposição de alma e sua fala são marcados pela desordem e pela intimidação, pelo distúrbio e pela confusão: "a massa se atropela no largo"; "em torno da bandeira vermelha onde a foice e o martelo ameaçam"; "Cartazes rubros incitam a revolta". Em particular, as falas públicas compreendem uma vez mais excessos e agitações: "Línguas atrapalhadas, mas ardentes se misturam nos discursos." A condição distinta, e talvez até oposta, das marcas presentes nas línguas, "atrapalhadas" e "ardentes", produzida pelo "mas", não impede que os dois aspectos disfóricos se combinem sob uma forma não exatamente eufórica: a "mistura". O cenário é de repressão militar e de violência física sofrida pelos operários. Nele, as primeiras falas destes últimos são igualmente curtas, mas se inscrevem em posições diversas; são formuladas por dois locutores diferentes e se configuram como dois atos de linguagem distintos: uma operária grávida expressa um lamento e pede a suspensão da greve; já o revide vem de um operário sujo, que interpela à continuidade da luta.

Ante a coerção policial violentíssima, emergem em uns e outros a vontade de desistir e a decisão de resistir. A resistência ganha a forma da greve, da luta e das falas operárias, que não excluem entusiasmos e euforias: "A revolta é alegre. A greve, uma festa!" Na representação que Pagu elabora daquele contexto de efervescência proletária, há certa correspondência entre os gêneros dos operários e suas posições resignada e combativa: a primeira típica das mulheres e a última, dos homens. Essa tendência é, contudo, desmentida

---

215. Ibid., p. 85-89.

ou, ao menos, bastante relativizada, na medida em que se lhe contrapõe a intervenção de Rosinha Lituana, precedida por um enunciado que materializa, sem precisar o gênero de seu locutor, uma posição combativa. Somente a voz de Rosinha vai ao encontro de sua pequena estatura, porque sua agitação e engajamento na luta se manifestam em fortes tonalidades expressivas no seu rosto e em grande ênfase na sua fala.

Trata-se da intervenção de uma mulher operária dirigida especialmente às mulheres operárias, que se caracteriza por escolhas lexicais marcantes ("trapos humanos", "escravas", "lacaios armados"); por modalidades enunciativas que predominantemente denunciam em terceira pessoa e interpelam à luta em primeira ("A camarada Julia está fazendo inconscientemente uma obra policial!", "A burguesia tem para se defender os seus lacaios armados!"; "Não podemos ficar quietas no meio desta luta! Devemos estar ao lado de nossos companheiros na rua", "Tenhamos confiança na vitória proletária! Lutemos pela greve e pela liberdade de nossos presos!"); por seleção temática, ou seja, uma angustia própria da mãe trabalhadora ("Tiram do nosso seio a última gota de leite que pertence a nossos filhinhos para viver no champanhe e no parasitismo!", "Nós, à noite, nem força temos para acalentar nossas crianças que ficam sozinhas e largadas o dia inteiro ou fechadas em quartos imundos"); e ainda por recursos retóricos, entre os quais destacamos os seguintes: o contraste entre "a última gota de leite" tirada de seus "filhinhos" e o "champanhe" em que vive a burguesia; a disposição das denúncias, ao longo de sua fala, e a incitação ao combate, ao seu final; e as várias perguntas retóricas, às quais as acusações anteriormente formuladas respondem de modo elíptico e taxativo.

Dois capítulos adiante, naquele que se intitula "Em que se fala de Rosa de Luxemburgo", Pagu apresenta mais um quadro da fala pública operária. Desta vez, o orador será Alexandre, a quem Otávia avista, ao percorrer as ruas do Brás, em busca das antigas companheiras da fábrica em que trabalhava: "Na esquina quase esbarra na figura agigantada do companheiro Alexandre que conhecera trovejando contra a burguesia na reunião sindical. De camisa listada e sem mangas, conversando com dois operários estrangeiros". Os quatro operários se encaminham para um botequim, no qual se estabelece em meio a outros tantos trabalhadores uma conversa militante entre eles. Alexandre a encerra com uma intervenção, replicando a seguinte fala de "um operário pequenino": "Não se faz a revolução porque a maioria do povo é que nem eu! Confesso que tenho medo da polícia. Quem quiser que faça..." Sua réplica é enérgica no que diz e em seu modo de dizer, em sua língua e em sua voz: "Há muitos assim como você – grita Alexandre. Mas os meus filhos, que são crianças, já compreendem a luta de classes!"

Sob a forma de um corte, a narrativa salta do botequim para uma reunião sindical. Antes de retratar o desempenho oratório de Alexandre naquela circunstância, o narrador expõe uma deficiência de sua instrução formal, contrastando sua inaptidão na modalidade escrita da língua e sua excelência na oral: "Alexandre não sabe ler nem escrever. Mas a realidade social, pela sua boca, exalta as multidões." A conjunção adversativa "Mas" indica se tratar ali de algo pontual e marcado, pois uma lógica natural tenderia a fazer corresponder capacidade de leitura e de escrita e competência em performances oratórias. Além disso, há algo no enunciado entre certo efeito de desindividualização, pois é a "realidade social", e não o próprio Alexandre, que "exalta as multidões", por um lado, e seu oposto, isto é, uma valorização de sua habilidade retórica, tal como se aquela exaltação somente pudesse ter sido produzida mediante a passagem da "realidade social" por "sua boca", "a palavra de um trabalhador pros outros trabalhadores". De modo semelhante às descrições das assembleias e reuniões sindicais que encontramos em *A Plebe*, aqui também há grande afluxo de operários e entusiasmo da audiência, relatados no que parece ser a passagem curta e enfática de um pronunciamento de Alexandre:

> A massa se galvaniza no sindicato repleto.
>
> – Que partido nós devemos acompanhar, camaradas? Os partidos da burguesia? Não! O P.R.P., o P.D? Não! Os tenentes? Não! Todos os trabalhadores devem entrar para dentro do Partido dos trabalhadores!
>
> Os dissidentes se calam. A voz possante domina, contagia, marca um minuto da revolução social[216].

São bastante destacados os grandes portes vocais e corporais do "gigante negro que incita à luta". Além de um "corpo enorme", Alexandre possui uma "voz imensa". Tanto a sequência de perguntas retóricas e de respostas negativas, categóricas e monossilábicas quanto o anúncio do dever de adesão ao Partido dos Trabalhadores são produzidos por uma "voz possante", dominadora e contagiante. Já em outra ocasião de fala, uma discussão entre ele e Otávia, o estado de espírito e a voz de Alexandre são novamente mencionados: "Otávia explica que a burguesia é a mesma em toda parte. Em toda a parte, manda a polícia matar os operários... Alexandre ri. A sua voz imensa intervém: – Matam os operários, mas o proletariado não morre!" Parecia que ali já se estava anunciando seu próprio fim: "E os oradores proletários suce-

---

216. Ibid., p. 100-101.

dem-se e tomam conta da massa, que invade as ruas do bairro de fábricas com punhos sublevados". A polícia não tarda a reagir: "Detonaram cinco vezes". O "gigante" caiu ao lado de uma bandeira vermelha: "O corpo enorme está deitado. Levanta-se mal para gritar rolando a escada. Grita alguma coisa que ninguém ouve mas que todos entendem. Que é preciso continuar a luta, caia quem cair, morra quem morrer!"[217]

Considerando, entre outros fatores, a posição libertária de Pagu, sua escrita na condição de jovem militante comunista e ainda sua vivência no meio operário, seus retratos da fala pública popular podem ser concebidos como um "documento social e literário". Nessa mesma direção, as propriedades de que ali se investem os desempenhos oratórios nada têm de negativas. Isso não significa, porém, que a jovem escritora brasileira, então recentemente filiada ao Partido Comunista, estivesse completamente imune aos discursos que se repetem desde, ao menos, a Antiguidade sobre a *eloquentia popularis*: seus oradores se caracterizam por excessos emotivos e por exagerada veemência, quando não pela agressividade, acidez e aspereza. O que se materializa, portanto, nas passagens do *Parque industrial* é tanto a conservação de certas representações sobre a fala e a escuta populares, que se perpetuaram desde um passado distante e ao longo dos séculos, quanto a reivindicação contemporânea do autêntico mimetismo entre a força do trabalho manual e a energia dos desempenhos oratórios operários, que faz com que a eloquência proletária possa romper com os cânones da retórica tradicional e ser meio legítimo de emancipação. Como vimos, essa oratória popular emerge no final do século XIX pelo mundo e também no Brasil e compreende as falas de porta-vozes do povo que não pertencem às camadas populares, mas também as intervenções dos próprios trabalhadores militantes.

Não há dúvidas de que o Modernismo brasileiro tenha contribuído decisivamente para a emergência de concepções mais inclusivas da voz do povo e dos traços mais marcantes da expressão popular. Talvez uma das manifestações mais conhecidas dessa contribuição seja a obra *Pau-Brasil*, de Oswald de Andrade, e em seu interior os breves e célebres poemas "Vício na fala" e "Pronominais":

Vício na fala

Para dizerem milho dizem mio

Para melhor dizem mió

Para pior pió

---

217. Ibid., p. 114.

Para telha dizem teia
Para telhado dizem teiado
E vão fazendo telhados.

Pronominais

Dê-me um cigarro
Diz a gramática
Do professor e do aluno
E do mulato sabido
Mas o bom negro e o bom branco
Da Nação Brasileira
Dizem todos os dias
Deixa disso camarada
Me dá um cigarro[218].

De modo predominante, os dois poemas tratam respectivamente de dois fenômenos linguísticos cuja variação indica em geral a pertença a uma ou outra classe social e contiguamente aponta para seus falantes dotados de maior ou menor nível de instrução formal. A primeira poesia distingue as formas fonéticas variáveis dotadas de prestígio, "milho", "melhor" e "pior", porque empregadas mais frequentemente por falantes das classes com mais instrução formal, das que são vítimas de estigmas "mio", "mió" e "pió", porque usadas por alguns falantes das classes mais desfavorecidas. Já a segunda assinala a regra variável da colocação pronominal no português e, uma vez mais, suas correspondências com as dimensões socioeconômica e educacional de seus usuários. Embora haja prescrições gramaticais estritas para que os chamados pronomes oblíquos átonos sejam dispostos em cada caso antes, no meio ou depois da forma verbal, um dos fatores mais fundamentais para sua corriqueira antecipação ao verbo no Brasil consiste nos contextos informais de conversação ou pronunciamentos coloquiais e nos usos por falantes sem maiores traquejos com o que é considerada a norma culta da língua. Se o professor, o aluno e o mulato sabido dizem "Dê-me", em conformidade com o que lhes é prescrito por sua gramática, o bom negro e o bom branco da nação brasileira, cotidianamente, falam "Me dá".

---

218. ANDRADE, O. *Pau-Brasil* (1925) In: *Obras completas* – Vol. 7: Poesias reunidas. Rio de Janeiro, 1971, p. 89 e 125.

Entre os progressistas de então e de nossos dias, foi e continua sendo grande e justificável o entusiasmo com as propostas e realizações modernistas. Essa euforia corresponde às antípodas da nostalgia conservadora que vimos acima, sob a forma da metonímica apologia às mesóclises de Michel Temer. Quanto ao espírito inovador contido no pensamento de Oswald de Andrade sobre os usos linguísticos populares, cabe destacar que, desde a publicação desse seu primeiro livro de poemas, tal espírito foi prontamente reconhecido e festejado: "Será a reabilitação do nosso falar quotidiano, o *sermo plebeius* que o pedantismo dos gramáticos tem querido eliminar da língua escrita. Esperemos também que a poesia 'pau-brasil' extermine de vez um dos grandes males da raça – o mal da eloqüência balofa e roçagante"[219]. Se não há razão para negarmos a contribuição que essas produções modernistas deram para a abertura de certo espaço às formas de expressão popular e para sua conquista de alguma legitimação, não poderíamos, contudo, concebê-las exclusivamente como tal e, ainda menos, como a própria manifestação da voz do povo.

Em boa parte da produção modernista, a fala popular é mais menção do que uso. Escritores e poetas, por meio de suas penas, tendem a colocar a voz do povo na boca de suas personagens, mas não exatamente em suas próprias formulações escritas. Nos poemas de Oswald de Andrade que reproduzimos acima, as várias ocorrências de um verbo *dicendi* por excelência, "dizer", funciona, antes, como uma espécie de dêitico, ou seja, como algo que indica o uso linguístico de outrem e não o emprego de formas da língua pelo próprio enunciador. Assim, este último mostra como fala a gente do povo e produz o efeito de que lhe reconhece o valor e de que não a deprecia, sem que ele mesmo, contudo, empregue essas unidades e os imaginados desrespeitos às regras linguísticas identificados como populares. O que vale para Oswald vale também para Mário de Andrade, se nos fiamos na interpretação que José Miguel Wisnik consagrou ao desencontro entre seu apreço e sua defesa pelas manifestações populares, por um lado, e as propriedades e modulações vocais do autor de *Macunaíma*, por outro.

Em abril de 2015, o Instituto de Estudos Brasileiros (IEB), da Universidade de São Paulo, divulgou a descoberta de um disco de alumínio em que se encontra gravada a voz de Mário de Andrade. Como fruto de pesquisas que o musicólogo Xavier Vatin, da Universidade Federal do Recôncavo da Bahia, então fazia nos arquivos da Universidade de Indiana, nos EUA, se deu o achado dessa gravação, que contém interpretações de cantigas regionais e

---

219. PRADO, P. Poesia Pau-Brasil. In: ANDRADE, O. Op. cit., p. 69.

comentários sobre a cultura popular feitos pela viva voz de Mário de Andrade. A descoberta teve considerável divulgação na imprensa brasileira e, meses mais tarde, o próprio conteúdo da gravação, as características prosódicas e as variações fonéticas se tornaram objeto de análise no texto que Wisnik publicou numa das edições da revista *Piauí*. Reproduzimos abaixo uma série de passagens mais ou menos extensas desse artigo de Wisnik, nas quais sua extensão, clareza e profundidade praticamente dispensam nossas considerações na direção em que estamos sumariamente interpretando as relações entre o Modernismo e a fala popular:

> Posso dizer que conheço de perto essa persona intelectual. Ouvir a voz, no entanto – ou por isso mesmo –, foi como levar um soco. A voz de Mário, falando e cantando, revelada recentemente por um áudio que estava perdido numa universidade americana, surpreende quem conviveu com seus escritos como a aparição em sonho de um familiar morto. Diferentemente dos textos e das fotografias, a voz vem de dentro da pessoa, secreta sinais físicos, não verbais, de uma aura, de uma dicção, de uma classe social, de uma época, como se projetasse corpo e alma em holograma, direto do inconsciente pessoal e social. Por um instante, a voz revela mais do que uma obra completa. Ela deixa transparecer bruscamente verdades difusas, *lamacentas*, que estão estampadas e ao mesmo tempo ocultas nos textos.

> A primeira coisa que chama a atenção na fala de Mário é a entonação afetada e a escansão escorreita da dicção, os *rr* muito bem pronunciados, o fonema *l* que não se confunde com o *u*, as sílabas levemente alambicadas. A dicção cultivada ao extremo surpreende quem sabe o quanto ele trocou programaticamente o português escrito pelo brasileiro falado, o quanto escolhia, por exemplo, grafar *milhor* em vez de *melhor* e *si* em vez de *se*. O poeta que se propõe a escrever poesia "numa língua curumim", saboreando palavras "num remelexo melado melancólico", na "fala impura" e coloquial "de nossa gente", com a boca cheia de "gostosura quente" do amendoim, é o mesmo que pronuncia *Catolé do Rocha* com o som do fonema *r* vibrante numa evidência perolada e castiça, quase catedralesca de tão empinada.

> As palavras que esse paulista educado e professor de dicção no conservatório profere com esmero contracenam com as vozes da pedinte nordestina e do coro da escravaria batucando as promessas da abolição [...]. Muitas das contradições do grande projeto moder-

nista no Brasil, a aliança totalizante e desigual do intelectual com o povo, estão gritando na distância sintomática que habita essa fala e esse canto. Fique claro que não estou denunciando uma suposta inautenticidade. [...] O esforço erudito para atingir e incorporar o popular, como maneira de redimir o abismo social pela cultura, no Brasil, fica evidenciado no que tem de decisão e aposta em meio a dolorosas polaridades sociais e culturais.

Ouvindo sua voz retesada entre norma culta e a melopeia popular, entre o linguajar do paulista cultivado e a música entoada pelos Brasis da pobreza e da escravidão, a gente entende melhor o modo como sua escrita é movida pelo desejo tremendo de atravessar essa falha geológica, tendo-a como ponto cego em si mesmo.

Altamente polida na pronúncia, a entoação de sua fala mostra-se afetada nas subidas e descidas da voz, ao mesmo tempo afeminada e formal, em seu registro abaritonado, indicando uma sexualidade esquiva, feminina e ainda assim mais ambígua do que isso, contida e à flor da pele. Somada ao preciosismo datado da sua dicção de paulista bem-educado, ao tom sentencioso das frases, sem prejuízo da desenvoltura, a música da fala sugere o dândi encarnado no "mulato pernóstico"[220].

Se o contraste em Mário de Andrade entre amor pela gente do povo e adesão à ideologia popular, de um lado, e postura burguesa e prosódia pedante, de outro, é bastante emblemático de certas ambivalências intelectuais brasileiras, sabemos que este não seria nem o primeiro nem o último caso de certa contradição entre ideário progressista e laivo conservador. Não se pode subestimar a força e o alcance das práticas e dos discursos hegemônicos, uma vez que eles são tão consistentes e tão amplos que se imiscuem ora mais ora menos discretamente nas ações e nos dizeres que lutam por liberdades e igualdades e que investem contra as várias formas de opressão e de exploração. Em todo caso e a despeito dessa ambivalência dos modernistas, o movimento estético foi também abertamente político e concorreu para um arrefecimento dos preconceitos sofridos pela voz do povo e pela compreensão dos sujeitos marginalizados de nossa sociedade.

É no mínimo árduo, errático e contingente o caminho que conduz às conquistas de legitimidade para a fala pública popular e para a escuta popular da fala pública. Também o é aquele que lhes proporciona certo alívio nas de-

---

220. WISNIK, J.M. O que se pode saber de um homem? – Assim como Macunaíma, Mário de Andrade, seu criador, encarna as ambivalências brasileiras. In: *Piauí*, ed. 109, out./2015, p. 60-66.

preciações de que são constantemente objeto. Isso porque o trajeto é longo, tortuoso e acidentado, e as vitórias, mais ou menos raras e/ou efêmeras. Essa complexidade torna ainda mais difícil a identificação de fatores, fenômenos e agentes desse processo. Além de algumas de suas previsíveis sedes, as falas e escritas em prol da voz do povo podem surgir onde não exatamente se espera, assim como podem estar ausentes de ambientes em que esperaríamos encontrá-las. Elas ainda podem ser ora mais práticas ora mais teóricas. Em que pese uma série de diferenças, vimos que tanto na França como no Brasil, entre o final do século XIX e o começo do XX, havia um conjunto de reivindicações de espaço, reconhecimento e legitimidade para as práticas públicas de fala e de escuta popular. Isso também ocorria em outros lugares e não poderia, evidentemente, estar alheio da efervescência que marcou a passagem do czarismo à Revolução bolchevique e da consolidação dessa última.

"Lenin fez do tribuno da plebe o modelo do revolucionário"[221]. A figura mais notável da Revolução de Outubro, frequentemente considerado como um excelente orador, fora retratado por sua esposa e companheira revolucionária, Nadejda Kroupskaïa, numa das ocasiões em que abordou certos traços de suas falas públicas, como um "propagandista e agitador". De modo análogo ao que observamos nos dizeres de anarquistas e comunistas da imprensa libertária e da ficção militante brasileiras e dos quadros comunistas franceses sobre como eram e/ou deveriam ser as performances oratórias populares, no precedente e influente contexto revolucionário russo, os companheiros também não poderiam ser concebidos individualmente nem buscar o brilho e a glória aportados por sua eloquência. Nas intervenções públicas de Lenin, não se trataria de excelência no desempenho oratório, mas de "propaganda"; e esta seria bem-sucedida não pela performance de suas formas de transmissão, mas pela verdade de seu conteúdo: "Se a nossa propaganda alcança êxitos, isso não acontece em virtude da nossa habilidade propagandística, mas porque afirmamos a verdade". Observemos mais detalhadamente a representação que Kroupskaïa fazia das falas públicas do líder bolchevique:

> Lênin, nas suas intervenções, não contornava os problemas delicados nem os atenuava, pelo contrário, colocava-os concretamente, de maneira nua e crua. Por vezes, agudizava mesmo as questões, não se assustando com as palavras fortes: considerava que a linguagem do propagandista não podia ser desapaixonada, semelhante ao murmúrio tranquilo de um regato. Ainda que por vezes falasse com brus-

---

221. LANFRANCHI. Op. cit., p. 5.

quidão, com rudeza, as suas palavras ficavam gravadas na memória, emocionavam e atraíam.

Colocar frontalmente os problemas e estimular o público pela fogosidade: eis o método da propaganda leninista.

Lênin estudava atentamente as massas, conhecia as suas condições de trabalho, as suas condições de vida e os problemas concretos que as afligiam. Quando falava às massas, procurava uma linguagem que lhes fosse comum. Nas conferências e palestras tomava em consideração o que nesse momento mais preocupava o auditório, o que o auditório tinha mais dificuldade em compreender e o que lhe parecesse mais importante. Era pelo grau de atenção dos ouvintes, pelas perguntas e contestações que faziam, que Lênin se regulava para apreciar o estado de espírito do público, para falar do que lhe interessava, para explicar o que eles não viam claramente e para identificar-se com eles.

Lênin sabia identificar-se com o auditório e criar uma atmosfera de mútua compreensão.

E, finalmente, é de referir que, perante as massas, Lênin dava força às suas palavras. Falava com os operários, com os camponeses pobres e com os soldados vermelhos de maneira chã, como camarada, como iguais. Eles não eram para Lênin "objetos de propaganda", mas pessoas vivas que tinham sofrido e pensado muito, que exigiam atenção para as suas necessidades. "Falava a sério conosco", diziam os operários, e apreciavam a sua lhaneza, simplicidade e camaradagem. Os ouvintes notavam que Lênin se preocupava de fato com as questões que abordava e isso era, para eles, o mais convincente.

A simplicidade com que explicava as suas ideias e a camaradagem que punha no trato com os ouvintes davam força à propaganda de Lênin, faziam-na particularmente frutífera e eficaz, como agora se diz[222].

Ante esse perfil do Lenin orador, nos cabe menos subscrevê-lo ou contestá-lo do que descrever alguns elementos de sua formulação, considerar suas condições de emergência e interpretar os efeitos que lhe podem derivar. Embora haja referência ao trato afável que Lenin dispensava aos operários que o ouviam, o exame da seleção lexical dessa passagem permite identificar que a ênfase está depositada, antes, na franqueza, na veemência e na adapta-

---

222. KROUPSKAÏA, N. *Lenin, propagandista e agitador*, 1939 – destaques da autora [Disponível em https://www.marxists.org/portugues/krupskaia/1939/mes/lenin.htm – Acesso em 20/03/2018].

ção ao universo de seu público. Não sem razão, entre outras, há as seguintes ocorrências que vão nessa direção: "não contornava os problemas deliciados", "colocava-os concretamente", "agudizava as questões", "falasse com brusquidão, com rudeza", "estimular o público pela fogosidade", "conhecia as suas condições de trabalho, as suas condições de vida e os problemas concretos que as afligiam", "Lenin dava força às suas palavras" e "Os ouvintes notavam que Lenin se preocupava de fato com as questões que abordava". Mas nem só de conhecimento das condições de vida operária, de sinceridade das coisas ditas e de força nos modos de dizer viveria a oratória de Lenin.

Hay que endurecer, pero sin perder la ternura jamás! O camarada russo parecia antecipar o que seria dito pelo argentino. Em seus pronunciamentos havia "lhaneza, simplicidade e camaradagem"; não se poderia tampouco perder a chance de se produzir os efeitos de uma fala de fácil compreensão e de uma relação contígua e horizontal entre o orador e sua audiência. É o que fazia Lenin, de acordo com Kroupskaïa, que o afirma nestes termos: "Quando falava às massas, procurava uma linguagem que lhes fosse comum", "Falava com os operários, com os camponeses pobres e com os soldados vermelhos de maneira chã, como camarada, como iguais" e "A simplicidade com que expunha suas ideias". Suas performances são descritas em termos bastante semelhantes, nos retratos que Leon Trotsky e Máximo Gorki produziram da retórica leninista. Entre os escritos do último, há um breve texto particularmente dedicado a "Lênin, o orador", em que lemos o seguinte: "passara apenas um minuto e eu, como todos os demais, fomos absorvidos pelo seu discurso. Pela primeira vez, percebi que se podia falar sobre complicadíssimos problemas políticos com tanta simplicidade. Aquele orador não se esforçava para fazer frases pomposas"[223]. Já o primeiro lhe consagra um capítulo inteiro, intitulado "Lênin no palanque", de um livro que trata da vida de Vladimir Ilyich. Reproduzimos abaixo algumas de suas passagens:

> O modo de falar de Lênin era sempre repleto de enormes segurança e veemência. Ele dizia de maneira direta o que ele tinha a dizer. [...] Quando Lênin sentia que seu auditório era justamente composto por aqueles que tinham grande necessidade de ouvi-lo, sua voz adquiria uma extrema vivacidade, tornava-se flexível e persuasiva. Não se tratava da voz pomposa de um "orador", mas de alguém que conversa com seus próximos. Mas, ele o fazia num tom elevado, como era preciso fazê-lo sobre um palanque. Não se tratava mais de

---

223. GORKI, M. Lenin, o orador. Publicado no jornal *Classe Operária*, n. 149, nov./1948 [Disponível em https://www.novacultura.info/single-post/2016/11/28/Lenin-o-orador – Acesso em 24/03/2018].

arte oratória; aquilo ultrapassava o que ordinariamente se concebe como eloquência.

O orador inclina à frente a parte superior de seu corpo, colocando seus polegares nos bolsos de seu colete. Imediatamente, acompanhando esse duplo gesto, a cabeça e os braços também se projetam. Sua cabeça não parece tão grande sobre seu corpo de pequeno porte, mas ela está muito firmemente assentada, além de ser bem distribuída e de se mover em um bom ritmo. O que parece mesmo enorme é sua fronte, são as protuberâncias de seu crânio. Os braços são móveis, mas não há nervosismo nem movimentos inúteis. Os punhos são largos, os dedos curtos e espessos e a mão é plebeia e vigorosa.

Se há adversários no auditório, ou exclamações hostis ou críticas contra o orador, na maioria dos casos essas interrupções permanecem sem resposta. [...] Após esses apartes agressivos, sua voz se torna mais áspera, seu discurso, mais compacto e mais rápido, seu pensamento, mais agudo, e seu gesto, mais brusco. [...]

Mais do que reestabelecido depois de receber esses ataques, o orador está firme e forte. Ambas as mãos estão nos bolsos. Não há a menor aparência de pose, nem há modulações oratórias na voz. Por outro lado, existe em todo o corpo, em sua cabeça elevada, nos lábios tensos, nas maçãs do rosto e no timbre rouco de sua voz uma segurança inabalável na justiça de suas ações, na justiça de sua causa.

Ele aborda seus ouvintes de diversas formas: lhes explica coisas, busca convencê-los, vitupera, graceja e os persuade novamente. Ele sempre lhes explica coisas. O que produz uma unidade em seu discurso não é um plano previamente estabelecido, mas, antes, uma finalidade prática, claramente definida, rigorosamente marcada por questões de nossos dias; é, antes, o propósito de que a ponta aguda de uma ideia deve penetrar e se alojar no espírito do auditório.

É chegada a hora de encerrar seu discurso. O orador se parece com um operário que acaba de deixar, esgotado, o trabalho, mas que está feliz por tê-lo bem executado. Por seu crânio desnudo, de onde escorrem as gotas de suor, de tempos em tempos, ele passa a mão. A voz já não é mais tão veemente, ela vai se apagando, como uma brasa que está acabando de se consumir. [...] Um final brilhante é indispensável aos outros. Lênin não precisa disso. Ele não termina arengas como um orador profissional. Ele faz seu trabalho e ponto final. [...]

E, então, as últimas e trêmulas profundezas da alma coletiva, do amor e do entusiasmo populares manifestam-se como resposta àquele discurso, sob a forma de um enorme ciclone, de um clamor geral, indefinível, indivisível, que sacode as estruturas: "Viva Lênin!"[224]

As propriedades apontadas como constituintes das práticas de fala pública de Lenin já eram e continuariam a ser identificadas nos desempenhos de oradores adeptos de ideologias igualitárias, sobretudo, como dissemos, desde as últimas décadas do século XIX, bem como já eram e continuariam a ser recomendadas particularmente a estes, mas também a outros sujeitos que se endereçassem a públicos populares. Mais ou menos presentes, real e/ou imaginariamente, nas ações oratórias de proletários e de seus porta-vozes, nas descrições que lhes eram dedicadas e nos textos que preconizavam como elas deveriam ser, tais características não estavam ausentes das reflexões teóricas dos linguistas soviéticos daquele período. Para que nos limitemos apenas a um deles, mencionaremos somente alguns aspectos de uma das obras de Lev Jakubinskij, um dos fundadores do chamado "formalismo russo". Embora tenha recebido uma formação linguística que praticava a comparação entre línguas através do tempo, seus interesses rapidamente passaram a focalizar os efetivos usos da língua na sociedade, a partir de uma abordagem inspirada no materialismo histórico. Foi seguindo essa direção que Jakubinskij passou a integrar em 1918 a Comissão do *Narkompros* (Comissariado do Povo para a Instrução Pública), se tornou responsável por cursos de técnica de fala, entre 1923 e 1927, e ainda realizou pesquisas sobre os estilos oratórios, no intuito de elaborar orientações pedagógicas, principalmente a partir da segunda metade da década de 1920[225].

Após ter postulado a distinção entre "fala monologal", tipicamente o caso das alocuções públicas, e "fala dialogal", característica das conversas cotidianas, e lhe ter acrescentado as situações intermediárias, tais como as falas públicas permeadas por réplicas e debates, o linguista russo trata da condição audiovisual dos pronunciamentos: "O mesmo acontece quando se escuta um orador: os lugares específicos destinados aos oradores (cátedra, tribuna) condicionam não apenas o fato de *ouvirmos* melhor o orador, mas também de

---

224. TROTSKY, L. *Lénine*. Paris: Librarie du Travail, 1924, p. 14, 61-68.
225. IVANOVA, I. Prefácio. In: JAKUBINSKIJ, L. *Sobre a fala dialogal*. São Paulo: Parábola, 2015, p. 22-24. A indicação dessa obra nos foi feita por Carlos Rubens de Souza Costa, da Universidade Federal do Amazonas, e por Patrick Sériot, da Université de Lausanne.

vê-lo melhor"; e adiciona ainda o seguinte comentário sobre a conjunção entre o olho e o ouvido: "a eloquência se amplifica", antes de afirmar algo mais preciso sobre os encontros entre a voz e a escuta: é bastante conhecida "a grande importância desempenhada pelas relações de intensidade, entonação e timbre durante a percepção da fala de outrem. [...] o tom e o timbre do locutor, a partir do momento em que ele toma a palavra, obrigam-nos a ocupar uma posição, a ter uma atitude em relação ao locutor e seu enunciado"[226].

Com efeito, suas considerações sobre os usos linguísticos numa sociedade o conduzem a um postulado ao mesmo tempo teórico e político: o diálogo possui um "caráter natural" nas relações humanas, ao passo que o monólogo está investido de uma condição "artificial". Não sem sugerir seu julgamento favorável a este respeito, Jakubinskij afirma que os "processos de escuta", sobretudo nas circunstâncias em que seus integrantes estão efetivamente comprometidos com os temas debatidos, se transformam "constantemente numa série de interrupções do orador"[227]. Na sequência, em algumas páginas antes de sentenciar que "O diálogo como forma 'progressista' da fala é oposto ao monólogo, forma 'conservadora'", lemos a seguinte formulação:

> Os casos de "discussão-reunião" são próprios de uma sociedade de certo nível cultural. Em uma situação diferente, a escuta do monólogo é determinada por outras condições que, por outro lado, demonstram a importância em relação ao nível cultural: o hábito, a cerimônia, o ritual. Escuta-se aquele que tem o poder ou goza de uma autoridade particular, digamos assim, em toda situação de ação sugestiva orientada aos ouvintes, que supõe certa passividade na recepção ou uma reação de adesão, quando são réplicas "em coro" que se desencadeiam. É necessário destacar particularmente a ligação entre a proferição de um monólogo e a autoridade, o ritual, a cerimônia etc., porque é aqui que a fala oral monologal adquire a possibilidade de exercer uma influência sobre a fala em geral e, em particular, sobre as manifestações verbais dialogais. [...] Por vezes, um conteúdo apaixonante pode fazer com que a proferição de um monólogo se beneficie de um interesse particular e provoque uma reação de satisfação por parte dos ouvintes que, acomodados em um silêncio religioso, escutam o orador de "boca aberta"[228].

Se, apesar da leitura desses trechos, ainda nos restassem dúvidas sobre as relações intrínsecas entre as reflexões e análises de Jakubinskij e os desem-

---

226. JAKUBINSKIJ. Op. cit., p. 64-71.
227. Ibid., p. 77.
228. Ibid., p. 79, 111.

penhos oratórios dos líderes socialistas soviéticos e de outros tantos oradores progressistas daqueles tempos, com suas características efetivas e projetadas, talvez nos bastasse dispensar alguma atenção ao seguinte comentário do linguista para dirimi-las: "Nessa época, a sociedade russa se interessa muito pela declamação e pela arte da oratória, porque as mudanças políticas põem em evidência o papel do discurso político. Numerosos cursos de dicção e de 'arte da fala' foram abertos, destinados aos oradores"[229]. Se na apologia ao "diálogo" do teórico e estudioso da língua se conservam expressões que remetem à eloquência tradicional, tais como "declamação" e "arte da oratória", ao passo que nas descrições das práticas de fala pública de Lenin o foco recai sobre a simplicidade, a energia, a franqueza e o compromisso político com a causa socialista, há, contudo, um efeito comum em todos esses textos: o líder bolchevique não apenas dispensava recursos retóricos e efeitos eloquentes, mas também rompia e anunciava seu rompimento com muitos cânones da oratória clássica, em consonância com a ruptura entre a deposição do Czar e o estabelecimento do governo do proletariado.

Essas e outras revoluções, que já se haviam processado mais ou menos recentemente na história, modificaram práticas e representações da fala pública, sem conseguir impedir que estigmas e preconceitos continuassem a se perpetuar nesse e em outros campos e domínios. De modo análogo, muitas outras metamorfoses, de menor monta ou manifestação, concorreram para transformações históricas dos próprios pronunciamentos endereçados ao povo e de sua escuta e do que se diz a respeito de seu exercício, mas também para a reprodução de padrões e discursos. Foi assim que a "eloquência popular" passou por diversos caminhos, tomou vários sentidos e carrega ainda consigo, desde muitos séculos, se não, desde milênios, uma série muito sólida de traços incessantemente estigmatizados. Inconcebível como fala de gente do povo às gentes do povo, tanto na Roma antiga quanto no Brasil oitocentista, a oratória popular significou expressão áspera e enérgica de aristocratas que se dirigiam aos plebeus ou maneiras de dizer mobilizadas para "fazer com a sua eloquência impressão no povo". Ao homem do povo o direito à fala quase nunca esteve ao seu alcance e, nas relativamente raras ocasiões em que ele conquistou uma tal oportunidade, não tardou para que alguém se prontificasse em tentar lhe tapar a boca.

Os discursos sobre a fala pública respeitam e desrespeitam fronteiras. A partir das revoluções e metamorfoses pelas quais passou o mundo ocidental nos últimos três séculos, o que se diz sobre as falas públicas populares e as es-

---

229. Ibid., p. 113.

cutas populares da fala pública conserva, inflete e transforma ainda intensa e extensamente os já-ditos sobre a voz e a escuta do povo. Ao serem transpostos limites do tempo, do espaço, das áreas do conhecimento e das posições ideológicas, houve conservação dos discursos conservadores, inflexão entre os que apresentam alguma sensibilidade social e, finalmente, emergência e boa dose de transformação dos progressistas. A essas e outras transposições de barreiras aliam-se elipses e desvios, de modo que não deveríamos nos surpreender tanto assim por não encontrarmos a fala do povo ao povo, onde ela se anuncia como tal, e por nos depararmos com os dizeres positivos sobre a expressão e a escuta populares, onde elas não pareceriam estar.

É por essa razão que pretendemos encerrar esta nossa exposição de alguns instantâneos do que já se disse e do que se continua a dizer a propósito da fala do povo e de sua escuta com um breve exame destas duas seguintes obras produzidas durante o século XX no Brasil: O *orador popular*, de Raul Reinaldo Rigo, que já mencionamos, e *Como trabalhar com o povo e com os excluídos*, de Clodovis Boff[230], à qual ainda não havíamos nos referido até então. Elas materializam justa e respectivamente a ausência da fala pública popular num manual de oratória, cujo título parecia indicar que os pronunciamentos endereçados ao povo consistiam em sua principal preocupação, e sua presença numa obra de formação de lideranças de comunidades desfavorecidas, que, em princípio, não teria um interesse particular pelas práticas de fala pública. Em relação à obra de Rigo, já havíamos dito que ela, tal como ocorre em algumas outras de títulos idênticos ou análogos, encarna o consenso segundo o qual o orador popular corresponde ao sujeito que busca e obtém sucesso, ao falar em público em ocasiões diversas, para públicos distintos. Comprovam-no tanto seu lide quanto a epígrafe, que figuram ambos na contracapa do livro: "Contendo uma coleção de discursos sobre todos os assuntos e para todas as cerimônias familiares e da vida social além de belas citações literárias"; "Fala, e vencerás em toda parte. Falando, poderás dominar a terra!"

Essa correspondência entre "popular", "celebridade" e "sucesso" será reiterada e desenvolvida nas duas primeiras partes do texto de Rigo: "Duas palavras. À guisa de introdução" e "O orador popular ou a arte de falar em público. Explicações preliminares". Logo no início de sua introdução, o autor formula um silogismo cujas premissas e a conclusão que delas deriva, bem como a articulação que se estabelece entre elas, são, no mínimo, absoluta-

---

230. RIGO. Op. cit. Cf. nota 171. • BOFF, C. *Como trabalhar com o povo e com os excluídos*. Petrópolis: Vozes, 1995.

mente questionáveis, quais sejam: "o gosto pela leitura se acha em decadência", "somos obrigados a escrever sempre menos" e "a necessidade de falar está crescendo na mesma proporção". O silogismo serve de ponto de partida para Rigo postular imediatamente a seguir seus juízos estéticos e morais, relativos à fala pública: "Além de aumentarem dia a dia as ocasiões para falar perante um grupo de pessoas, é tão bonito dizer alguma coisa diante de um auditório, seja ele qual for e qualquer que seja o local onde possamos estar no momento". Esses juízos estarão ainda mais manifestamente formulados na sequência: "Papel brilhante fará sempre todo aquele que souber fazer bom uso da palavra. As palmas, as felicitações, os abraços recebidos, por certo jamais fazem mal a ninguém". Em seguida, quando poderíamos pensar que teria havido uma suspensão da abordagem *celebrity*, em nome de certo senso ético ou político, que estaria presente nesta passagem "Mas não se trata simplesmente desta questão. Falar, nos lugares e nas cerimônias diversas da sociedade, é um dever que se nos impõe", nos deparamos com a sobredeterminação desse fragmento não somente pelos que o precedem, mas também pelos que o sucedem:

> Frequentemente nos vemos solicitados, ou mesmo forçados a discursar. Que belo triunfo conquistam então os que se mostram capazes de atender a este convite! E, por outro lado, que triste figura fazem as pessoas que se veem forçadas a recusar essa honra! Pensais, porém, que é ainda mais doloroso o papel feito por quem aceita, fala e... fracassa, por lhe faltar o devido conhecimento, ou por outra, mostrando-se péssimo orador. [...] Seria perdoável que o ente civilizado não soubesse expressar-se com desembaraço? Chegamos a considerar uma vergonha o não saber alguém falar em público, na sua própria língua[231].

Não há dúvidas sobre o crivo moral com que Rigo concebe a prática de falar em público. O conjunto de palavras de que se vale compreende termos que giram em torno dos eixos do sucesso e do fracasso: "triunfo", "triste figura", "honra", "doloroso o papel", "fracassa" e "vergonha". É ainda e sempre nessa mesma direção que prosseguem suas "Explicações preliminares", introduzidas novamente por um duvidoso, para não dizer equivocado, pressuposto: "É exato que agora gozamos de maior liberdade, mas nem por isso deveríamos consentir em que se descambasse para a libertinagem ou para a anarquia". A suposição dessa liberdade contemporânea se encadeia com a possibilidade de que "nestes tempos modernos os oradores têm, por assim

---

231. RIGO. Ibid., p. 5-6.

dizer, uma técnica sua". O inconveniente da liberdade e da adoção de uma técnica mais ou menos individual consiste no fato de "ficarmos algo desorientados, sem saber quem fala bem e quem fala mal, e assim, privados de escolher os nossos modelos". Solucionar esse problema é aquilo a que se propõe o manual de Rigo, isto é, ele oferece modelos de pronunciamentos para as mais diversas circunstâncias ao orador, a quem cumprirá somente adaptá-los à especificidade de cada contexto de fala: "recomendamos aos prezados leitores que não adotem na íntegra os discursos apresentados nesta obra como estudo ou a título de modelo, mas que procurem modificar um pouco as palavras, o comprimento do trabalho, ou mesmo o estilo, tornando-os mais apropriados a cada uma das ocasiões em que quiserem fazer uso da palavra"[232].

Há em O *orador popular* a identificação de formas distintas de se conceber a fala pública: "discursar", "expor seu modo de ver" e "solicitar uma coisa qualquer". A despeito dessa diferença, todos os que intervêm em público ansiariam pelo ápice do talento oratório: "todo aquele que discursa, ou apenas expõe seu modo de ver, seu projeto, ou então solicita alguma coisa qualquer, geralmente se anima do desejo de alistar-se através da eloquência". Rigo não esconde a superioridade que outorga ao discurso, em detrimento das meras exposições e solicitações, e acrescenta que a eloquência "só se justifica em ocasiões oportunas". Observamos logo em seguida outras distinção e hierarquia, que se coadunam com estas últimas, no momento em que o autor projeta seu leitor ideal:

> As criaturas ainda jovens, bem como os adultos que nunca tenham tido ocasião de treinar, de exercitar-se em assuntos de oratória, e, por outro lado, todos quantos não tiveram adquirido um certo grau de instrução, naturalmente, devem encontrar dificuldades enormes para fazer um discurso. Para as mesmas e não para as que já se tornaram oradoras, é que foi elaborado este livro, no qual pretendemos não apenas oferecer uma coleção de peças oratórias variadas e bem escolhidas, fora as que são de nossa própria lavra, mas orientar o leitor de tal maneira que possa, depressa e facilmente, fazer-se orador. Isto exigirá algum tempo, está visto, segundo os indivíduos, o seu preparo, a sua habilidade, o temperamento, o costume de estar em sociedade etc., mas lembremo-nos de que o querer é poder...[233]

O princípio igualitário, segundo o qual um sujeito não nasce, mas se torna um orador, está submetido à ideia de que a eloquência só pode ocorrer

---

232. Ibid., p. 9-10.
233. Ibid., p. 11.

em circunstâncias restritas e ser produzida por aqueles que já são oradores. À desenvoltura de uns se opõem as "dificuldades enormes para fazer um discurso" de outros. Estes últimos são os que não tiveram oportunidade de "exercitar-se em assuntos de oratória" e os que não adquiriram "certo grau de instrução". Ora, as equivalências e os encadeamentos que se processam aí entre a possibilidade de formar oradores e a separação entre os que já o são e os que pretendem sê-lo "depressa e facilmente", acompanhada da eloquência exclusiva dos primeiros, materializam uma concepção que mescla a autoajuda com a meritocracia. Se o leitor ainda não se encaixa na categoria do orador eloquente, mesmo que esteja dado que não se tornará uma virtuose oratória, ele poderá contornar a falta de oportunidades que sofreu e a deficiência de sua formação, porque "o querer é poder..."

Em tópico intitulado "Maneira de formular um discurso para qualquer ato social ou familiar", no qual ressalta especialmente a necessidade de o orador dedicar-se às prévias preparação e escrita de seu pronunciamento, antes de pronunciá-lo em público, Rigo aborda o processo de elaboração do texto ainda e sempre a partir de um prisma estético e moral:

> Ao escrevermos nossa peça oratória teremos forçosamente de observar umas quantas regras de grande importância, porque se alguém dissesse algo inconveniente ou alguma tolice a um ou dois companheiros, o caso não teria tanta importância, mas qualquer disparate proferido diante de um elevado número de pessoas, ou mesmo um simples erro gramatical mais visível, assim como uma locução mal-empregada ou alguma citação fora de propósito, causam um efeito terrível. [...]
>
> Cumpre-nos adotar os termos mais indicados para cada fim, de modo a obtermos umas frases bem-feitas, períodos elegantes e os mais sonoros possíveis, evitando-se a repetição de palavras, o abuso das citações, das locuções etc.
>
> Estamos constatando aqui, aos poucos, que não é tão fácil assim a preparação de um discurso bonito e bom, que possa ser aplaudido, apreciado e deixar agradáveis recordações – com sinceridade, nota-se bem, porque o geral é aplaudirem-se todos os oradores, saindo, em seguida, a assacar-lhes críticas severas. Queremos, porém, poupar a um vexame destes e habilitar os novos oradores a conseguir verdadeiros triunfos e obter palmas justas, merecidas e sinceras da parte dos seus auditórios[234].

---

234. Ibid., p. 14-15.

A distinção entre a fala pública e privada é ali evocada para que o autor possa mais bem afirmar a relevância dos preparativos para o desempenho oratório, insistindo inicialmente no que deve ser evitado, sem aí separar nitidamente o conteúdo dito e a expressão do dizer. Embora não sejam bem-vindas, a inconveniência e a tolice manifestas privadamente são menos danosas, porque ditas em ambientes restritos e a poucos ouvintes. Por outro lado, quando se trata de algo "proferido diante de um elevado número de pessoas", o que é enunciado com equívoco, ou seja, "qualquer disparate", ou a enunciação com formas inadequadas, isto é, "erro gramatical", "locução mal-empregada" ou "citação fora de propósito", "causam um efeito terrível". Pequenos deslizes no que se diz ou nas maneiras de dizer em circunstâncias de fala pública provocariam enormes estragos.

Considerando sempre as especificidades dos diversos contextos públicos de fala, Rigo passa, em seguida, a conciliar o que recomenda e o que interdita: o orador deve se esmerar para obter "frases bem-feitas, períodos elegantes e os mais sonoros possíveis" e para impedir "a repetição de palavras" e "o abuso das citações e das locuções". Formas e maneiras indicadas e a serem evitadas desde a elaboração do que será dito parecem estar menos a serviço de uma exposição clara e coerente do que de uma que esteja conforme os padrões hegemônicos de correção. É esta última que concorrerá para "a preparação de um discurso bonito e bom, que possa ser aplaudido, apreciado e deixar agradáveis recordações". Nesse sentido, o orador instruído pelo manual será tanto mais "popular" quanto mais evitar os "vexames", quanto mais conseguir "verdadeiros triunfos" e quanto mais obter "palmas justas" de seus ouvintes.

Para alcançar essa popularidade que corresponde a glórias e aplausos, o orador popular deveria não somente falar com correção, mas também com clareza e brevidade. Eis as passagens em que Rigo as enuncia: "O que é necessário visar antes de mais nada? A clareza; quem fala ao público tem de ser entendido, logo, facilmente, sem esforço" e "todos nós estamos sempre apressados; não dispomos de muito tempo; as nossas ocupações, diversas e numerosas, não nos permitem demorar-nos em parte alguma. Por esta razão, hoje o discurso tem de ser breve". A concisão permite alguma concessão, porque há a reserva relativa a "alguns casos especiais", de modo que o "orador saberá perceber isto, sem dúvida, e amoldar-se às circunstâncias". Por seu turno, a brevidade da referência à clareza contrasta com a extensão de uma página inteira dedicada ao que o autor concebe como seu avesso: a soberba e a vaidade. Imediatamente depois de mencionar a necessidade de o orador ser claro, Rigo assevera o seguinte: "Quando se pretende mostrar conhecimentos em tal ou qual matéria, ou em algum idioma, nada mais se arranja senão passar por sujeito pedante". O uso de termos, expressões e citações em língua estrangeira seria na melhor das hipóteses tolerado pelos que os conhecem, mas não impediria de suscitar "desagrado, repulsa com a agravante de não ser o orador compreendido". Empregar termos arcaicos também é algo condenado por Rigo: "por essa maneira irrisória, os oradores pretendem parecer mais instruídos do que os demais". Para que não restasse nenhuma dúvida sobre a execração desse recurso, acrescenta: "Vaidades tolas!..."[235]

Em que pese a observação de particularidades de seu tempo, tal como a da aceleração da vida contemporânea, que impõe a brevidade como traço dos pronunciamentos, O *orador popular*, de Rigo, mais conserva e reitera a condição tradicional beletrista da retórica e da oratória do que rompe com ela e lhe propõe alterações. Numa passagem em que se retoma a ideia de uma onipotência da fala pública expressa na epígrafe da obra, "Fala, e vencerás em toda parte. Falando, poderás dominar a terra!", podemos comprovar essa filiação à tradição clássica das belas-artes e das belas letras: "O falar sempre foi, é e será a mais bela de todas as artes e quem souber falar, tudo consegue". Conserva e reitera igualmente a ideologia do mérito, ao demandar os esforços dos candidatos a oradores e ao, uma vez mais, relembrar que o orador somente será popular, se adaptar os modelos trazidos pelo livro às circunstâncias específicas em que falará. A formulação mescla, conforme já havíamos verificado em outras partes da mesma obra, a autoajuda e a meritocracia: "os novéis oradores, mormente se forem esforçados e tiverem boa vontade, poderão adquirir pleno conhecimento da difícil arte de falar em público"[236].

Em resumo, o povo está ausente de O *orador popular*. Nós o encontramos, em contrapartida, com a seguinte e singela definição "o conjunto das classes oprimidas ou subalternas, ou, mais simplesmente, os pobres", em *Como trabalhar com o povo e com os excluídos*, de Boff. Nesse pequeno livro, as classes populares não apenas são mencionadas, mas estão constantemente no centro de interesse, porque o texto se dedica à formação de "agentes de trabalho popular", isto é, de lideranças que atuem nos processos que concorrem para a emancipação política dos sujeitos do povo. Embora as questões relacionadas à fala pública popular e à escuta popular da fala pública estejam diluídas ao longo de quase toda a obra, tal como veremos a seguir, com base na observação de algumas de suas passagens, nosso foco recairá em seu último capítulo, intitulado "Como trabalhar com a massa na ótica da libertação".

---

235. Ibid., p. 17.
236. Ibid., p. 18, 22.

A razão fundamental de nossa escolha deriva da distinção proposta pelo próprio autor entre o que ele designa como "povo-grupo", que correspondem às comunidades eclesiais de base, às associações de bairro, ou seja, aos conglomerados populares não numerosos, e o que chama de "povo-massa", assim definido: "é muita gente, é multidão, é o povo em grande número"[237]. Em princípio, essa distinção corresponderia unicamente a uma recomendação de predomínio do *logos* no trabalho com o "povo-grupo" e do *pathos* no trabalho com o "povo-massa". Se ali existe tal correspondência, ela é relativizada e até mesmo eventualmente recusada, conforme veremos.

Para iniciarmos nossas considerações sobre essa obra, reproduzimos abaixo alguns dos trechos em que Boff trata mais ou menos diretamente da voz do povo, da fala que lhe é endereçada e de sua escuta, antes de efetivamente iniciar sua reflexão sobre o trabalho do dirigente popular com as massas:

> Não é muito difícil perceber quando um agente quer realmente bem ao povo e é, por sua vez, querido por ele: é quando as relações entre um e outro são de igualdade fundamental. O sinal mais evidente disso se encontra na *liberdade de palavra* que o povo tem diante do agente. O falar franco e mesmo crítico é índice de uma relação fraterna e madura.
>
> Sabemos que o discurso do povo é o discurso da própria vida, e este é mais gestual que verbal. Por isso mesmo, importa sobretudo observar. E também escutar. Mas escutar com um terceiro ouvido, tentando perceber sob o discurso manifesto o discurso latente. O que o povo diz muitas vezes interessa menos do que o que ele quer dizer.
>
> De fato, a intervenção do agente se dá dentro de um processo de luta que já foi desde sempre iniciado pelo próprio povo. O agente não é um inaugurador, mas um continuador. É mais seguidor que fundador; mais irmão que pai; mais companheiro que guia.
>
> Em primeiro lugar, o povo deve ser respeitado em sua *palavra*. Seja lá o que diga, mesmo que pareça alienado ou conservador, o povo deve ser ouvido com atenção e respeito. Nada mais deseducativo do que, com palavras ou gestos, exprimir desdém, aborrecimento ou aversão a respeito da opinião – qualquer que seja – de alguém do povo. Tal atitude inibe a pessoa, a reduz ao mutismo e a afasta do trabalho comum. [...]

---

237. BOFF. Op. cit., p. 149.

Por isso mesmo, a palavra do povo deve ser dita e ouvida em plena liberdade.

Em primeiro lugar, importa evitar todo endoutrinamento. [...] Essa é uma forma autoritária de educação, pois supõe que uma parte saiba, fale e ensine e a outra ignore, escute e aprenda tão somente.

A isso se contrapõe outra ideia de educação – e dialógica ou dialogal. Nesta, o agente e o povo refletem juntos, coletivamente sobre os problemas comuns. Já que se trata de questões que tocam a todos, todos têm coisas a dizer e comunicar. [...]

Diálogo se aprende. Esse modo de relação está situado entre a conversa informal (como a que se passa numa família ou num botequim) e o discurso (como o que faz um político ou um pregador). O diálogo exige certa disciplina: a de escutar e falar sem acavalamentos.

Nos trabalhos que se processam dentro do movimento popular surge um novo tipo de "dirigente". É o "coordenador" e não o "ordenador". É mais o "animador" do que o "líder". Essa figura executa seu papel como serviço e não como dominação ou paternalismo. Trata-se de um dirigente não dirigista, de alguém que trabalha mais *com* o povo do que *para* o povo. [...]

A formação de "animadores" populares é um dos aspectos mais importantes para a autonomia do povo. Pois na medida em que os dirigentes do povo não são populares (ou pelo menos popularizados), o povo será sempre mal representado[238].

Nestas e ainda em outras páginas de *Como trabalhar com o povo e com os excluídos*, notamos a constante presença dos sujeitos das classes desfavorecidas e marginalizadas. Dessa onipresença derivam as numerosas reflexões sobre sua linguagem e sobre a recepção que dedicam às falas que lhe são dirigidas. Também provêm da preocupação com a emancipação dos oprimidos as frequentes recomendações destinadas aos dirigentes populares no que respeita à postura que devem adotar junto ao povo tanto para ouvir seus membros quanto para especificamente endereçar a palavra aos seus grupos e à massa popular. Inscrito numa posição ideológica igualitária, Boff materializa nos enunciados que produz um discurso no qual se constroem os seguintes sentidos: i) deve haver uma efetiva e elementar relação de liberdade, igual-

---

238. Ibid., p. 43, 47, 51-52, 64-65, 103-108 – os destaques são todos de Boff.

dade e fraternidade entre o povo e o dirigente popular; ii) a marca mais emblemática e a condição mais necessária para essa relação próxima e equitativa, madura e fraterna é a "*liberdade de palavra* que o povo tem diante do agente"; iii) a voz do povo deve ser ouvida com um respeito absoluto; e iv) a liberdade de fala do povo e a escuta respeitosa do agente popular encontram-se num processo de "educação dialógica ou dialogal".

Não teríamos dificuldades em reconhecer influxos maiores ou menores e incidências mais ou menos diretas dos acontecimentos históricos ocorridos no exterior e das práticas e ideias provenientes das terras estrangeiras nas palavras de Boff. Mas, não deveríamos nos limitar a esse reconhecimento e ainda menos crer que tais ocorrências, ações e pensamentos de outros tempos e lugares tenham gestado exclusivamente por aqui uma concepção igualitária e emancipadora a propósito da voz e da escuta populares. Isso porque as próprias lutas da gente do povo e as batalhas dos que defenderam suas causas, tais como os Leuenroths e as Pagus, de ontem, e os Paulos Freires de nossa história mais recente, foram decisivas para a obtenção das importantes, mas ainda insuficientes, conquistas de espaço e legitimidade para as formas de expressão pública do povo. No pensamento de Paulo Freire já se encontrava tanto o preceito da necessidade e da valorização do diálogo no trato com as classes populares, visando à sua formação e autonomia, quanto a prescrição do respeito e da dignidade com que a voz do povo deveria ser ouvida: "A verdadeira revolução, cedo ou tarde, tem de inaugurar o diálogo corajoso com as massas. Sua legitimidade está no diálogo com elas, não no engodo, na mentira". Além disso, Freire sustenta que não há razão para se "temer as massas, a sua expressividade, a sua participação efetiva no poder", acrescentando ainda que, ao lhes dirigir a palavra, é preciso reconhecer "seus acertos", mas também apontar "seus erros", "seus equívocos" e "suas dificuldades"[239].

Conjugam-se com essas e outras afinidades entre Freire e Boff esta outra: a indicação do desprezo e do autodesprezo sofridos e, por extensão, a necessidade de respeito e elevação da autoestima das pessoas do povo: "A autodesvalia é outra característica dos oprimidos. Resulta da introjeção que fazem eles da visão que deles têm os opressores" e "Os excluídos se acham não amados. Rejeitados. Sentem que estão 'sobrando'. Que são inúteis. Que incomodam. Que são um 'problema' para os outros. Para a ordem normal das coisas. [...] Acham-se feios e desajeitados. Que não sabem falar, ler. Sentem-se desprezados. Enjeitados. Que são restolho. Lixo"[240]. A constatação da

---

239. FREIRE, P. *Pedagogia do oprimido*. Rio de Janeiro: Paz e Terra, 1987, p. 72.
240. Respectivamente: FREIRE. Ibid., p. 28. • BOFF. Op. cit., p. 136.

indignidade com que são vistos os pobres e excluídos e, por conseguinte, com que eles mesmos se veem é denunciada e rebatida por meio de constantes manifestações de consideração, reconhecimento e apreço pela fala e pela escuta populares em *Como trabalhar com o povo*. Se tais manifestações em benefício popular são bastante predominantes em sua intensidade e extensão, não estão completamente despojadas de alguns resquícios de preconceitos com os quais desde muitos séculos se deprecia o povo.

Ainda no início do capítulo "Como trabalhar com a massa na ótica da libertação", há um signo dessa relativa ambivalência entre as predominantes afirmações da estima pelo povo e da dignidade que possuem seus membros e a residual conservação de certos discursos que os rebaixam. Trata-se da primeira nota de rodapé em que Boff apresenta sua fundamentação para as considerações que fará sobre "a questão das massas". Nessa nota, as duas primeiras referências são Gustave Le Bon e sua obra *Psicologia das multidões* e José Ortega y Gasset e sua obra *A rebelião das massas*, publicadas respectivamente na última década do século XIX e na segunda década do século XX. Como indicamos acima[241], Le Bon é um dos pensadores mais emblemáticos da ideologia conservadora que se dedicou a refletir e a menosprezar as massas populares. Apesar das nuances e do maior refinamento que podemos observar em Ortega y Gasset, nele o povo em massa não goza de uma reputação muito melhor do que a presente em Le Bon. Já as duas últimas referências de Boff indicam sua filiação bastante sólida e manifesta a uma ideologia igualitária e popular. São elas: *Massas e minorias na dialética divina da libertação*, de J.L. Segundo, publicada em 1975, e *Comunidade e massa: desafio da pastoral popular*, de P.R. de Oliveira, publicada em 1984.

Com vistas a valorizar as capacidades populares, Boff emprega não raras vezes o expediente de aludir para, em seguida, refutar os estigmas com que se discriminam as faculdades cognitivas e as competências discursivas da gente do povo. De fato, por desinformação e/ou por crueldade, muitos sujeitos pertencentes ou identificados às elites e às classes médias e mesmo os próprios desvalidos e marginalizados simplesmente não reconhecem a existência dessas faculdades e competências. Parece ser essa a razão que leva Boff a se valer com frequência de tal recurso que menciona o preconceito alheio e o contesta ora mais ora menos fundamentalmente. Ao invés de responsabilizá-los por suas penúrias ou de lhes impingir características atávicas a partir das quais se os menosprezam, tal como fariam os que se identificam com as ideologias conservadoras, o autor identifica as causas e mecanismos sociais

---

241. Sobre a obra de Le Bon, cf. ainda COURTINE. "A voz do povo". Op. cit., esp. p. 264-278.

que produzem e reforçam essas características nos sujeitos populares. As dores, o silenciamento e a invisibilidade a que são constantemente condenados tendem a não ser suficientes para a eliminação de seu desejo de satisfazer suas necessidades básicas e de conquistar voz e vez. Distâncias e dificuldades dessas satisfação e conquista as tornam objeto de mediações mais ou menos necessárias dos porta-vozes populares, mas também as deixam suscetíveis às subversões e às explorações de demagogos:

> Para as massas destituídas da periferia do mundo, sempre toca profundamente o fato de dar voz e expressão a seu sofrimento social. Falar da miséria do povo é uma das "apelações" mais comuns dos políticos em suas campanhas, porque eles sabem que, falando assim, o povo se sente interpretado, representado e reconhecido. Na verdade, o ganha-pão, a casa, o remédio, a escola, constituem a esfera onde se passa boa parte da vida do povo pobre. Mas que precauções tomar para não cair na mera "apelação" demagógica quando se trata das necessidades do povo?

> É um equívoco pensar que a massa não seja sensível a ideais mais elevados que os situados no nível dos simples interesses materiais. Ao contrário, o povo, na história, sacrificou sua vida nas revoluções e guerras por ideais como a religião, a liberdade, a justiça, a honra, a pátria, a cultura, a classe e a raça[242].

Mesmo que admita que suas reais condições de existência fazem com que o povo possa estar propenso a sofrer manipulações, que exploram justamente essas suas faltas materiais, Boff postula também e mais fortemente que os sujeitos populares não são incapacitados. Muito ao contrário, pois compreendem e são mesmo movidos por valores, ideias, crenças e utopias. De resto, as seguintes propriedades atribuídas às massas populares – o recuo da personalidade individual, o contágio emocional, a simplificação de questões complexas e a excessiva inclinação à dimensão emotiva da fala pública, tal como vemos neste enunciado: "no pequeno grupo a reflexão é mais desenvolvida, enquanto que na massa é a emoção que mais conta" – são relativizadas por passagens como estas: "O povo pode continuar com a cabeça sobre os ombros e ser senhor da situação", "Porque muitas vezes se pensa que a massa é algo de negativo, entendida como o povo manipulável. [...] Importa superar a 'ilusão de ótica' da elite, que teima em ver na massa apenas instinto gregário e irracionalidade"[243].

---

242. BOFF. Op. cit., p. 179.
243. Ibid., p. 154-155, 161, 166.

Não se deixa de reiterar a existência de certos traços negativos nas condutas populares, porém, Boff sempre o faz mediante refutações e/ou nuances que seguem a repetição relativa desses preconceitos. Eis aqui adiante mais alguns pontos em que podemos verificar a força desses estigmas, mas também sua modificação ou, ao menos, sua significativa atenuação. Porque o povo seria mais suscetível ao contágio emocional, a fala que lhe fosse dirigida deveria se caracterizar por manifestações de força depositadas na palavra: "os que lidam com as massas não podem mostrar hesitação ou dúvida, pois precisam ser decididos. Por isso, sua fala deve se exprimir num tom afirmativo e determinado, de tal modo que o povo que os ouve possa dizer: 'Com esses, senti firmeza!'" Ainda nessa direção ocorrem afirmações de que "o povo é muito mais sensível ao conteúdo emocional do que ao conteúdo intelectual de quem lhe fala". É justamente isso que observamos na passagem abaixo reproduzida. Contudo, uma vez mais, verificamos igualmente uma fundamental modificação nessas asserções:

> Do ponto de vista prático, esta é a parte central de nosso estudo. Colocamos aqui algumas orientações de como trabalhar com a massa. As mais decisivas são as duas primeiras: coração e imaginação. Nesta dupla, mais do que na vontade ou na razão, está o segredo do trabalho com as massas. [...]
>
> O povo entende a linguagem do coração ou do sentimento. A emoção joga um papel fundamental em toda ação ou comunicação com a massa. Existe aí todo um jogo de sugestão. Pois o povo reunido em massa é extremamente sugestionável. Daí tocar-se facilmente por tudo o que é "sensacional" e "impressionante". Estas são, de resto, as categorias fundamentais da mídia. Toda linguagem de massa busca inflamar, empolgar. Só massas entusiasmadas participam, se movem e mudam. [...]
>
> Mas não se pode ficar apenas no nível do sentimento. É preciso resistir à grande tentação da comunicação de massa que é o sentimentalismo e o sensacionalismo.
>
> Ao contrário desta visão, importa confiar na capacidade de reflexão do povo[244].

Reconhecemos que a própria recomendação de que é preciso acreditar nas competências de ponderação e de bom-senso decisório do povo, formulada no último enunciado dessa passagem, subentende a desconfiança que frequentemente se nutre e se reproduz a respeito dessa capacidade de reflexão popular.

---

244. Ibid., p. 170-171, 185-187.

Por seu turno, no fragmento que reproduzimos abaixo, é possível verificar novamente o procedimento análogo, senão, idêntico, ao emprego do recurso que indicamos aqui, desta vez, ao mencionar certas propriedades da escuta do povo. Com efeito, essa referência à determinada característica da recepção popular das falas que lhe são endereçadas consiste numa subscrição do que se consideram ser suas deficiências. Isso posto, o enunciador pode proceder, em seguida, ao aconselhamento de um modo mais ou menos específico de dirigir a palavra ao povo. É ao encontro dessa dinâmica de exposição que Boff encerrará essa passagem de seu texto. Nela, se relativiza a ideia de que não se poderia jamais convencer as massas populares com argumentos racionais:

> Raciocínios lógicos, argumentações cerradas, têm pouca valia para convencer o povo. [...]
>
> As ilustrações de casos concretos ajudam muito a passar uma ideia. Por exemplo, para falar da situação dos trabalhadores, descreve o cotidiano de uma família concreta. [...]
>
> Para a massa, as palavras funcionam quando ligadas à imagem. Fala-se de palavras "sugestivas", "evocativas", "plásticas". Uma linguagem puramente abstrata, especulativa e argumentativa deve ser posta de lado. Mas aqui também há de se evitar o exagero. Se é verdade que as massas também têm cabeça, pode-se apelar também para ela, produzindo argumentos e explicações[245].

Em nome de sua pretendida eficácia, a fala pública ao povo impõe o abandono de "uma linguagem puramente abstrata, especulativa e argumentativa". Tal renúncia aos raciocínios lógicos não precisa ser absoluta. Contudo, não estamos diante de uma disposição bem equilibrada entre a recomendação que praticamente interdita a argumentação lógica complexa e a relativização dessa consignação, que afirma ser também possível se valer dela na produção de argumentos e explicações. Assim, se o orador eventualmente poderia empregar tal argumentação mais densa e intrincada, a linguagem que mais bem funcionaria ante a escuta popular seria a que fosse clara, imagética e concreta. Além de sua clareza, das imagens que produz e de sua concretude, essa linguagem precisaria ainda ser simples: "**Usar uma linguagem simples**. A regra de ouro em relação à linguagem com a massa é falar as coisas de modo simples. Fugir do complicado e difícil. E deixar as nuanças e detalhes de lado ou para depois". Boff ainda arremata essa passagem de forma categórica: "A compreensão popular é menos lógica do que psicológica"[246].

---

245. Ibid., p. 188-189.
246. Ibid., p. 190-191.

Em que pese o fato de que encontramos a conservação desses dizeres que depreciam a fala pública popular e a escuta popular da fala pública em *Como trabalhar com o povo*, percebemos que também ali nos deparamos, em consonância com outros sujeitos igualmente filiados a ideologias igualitárias, emergentes ou consolidadas ao longo dos séculos XIX e XX, com nuances, inflexões e metamorfoses importantes frente aos preconceitos reproduzidos há séculos quanto à voz e aos ouvidos do povo. Por vezes, mais do que relativizações, desvios e modificações dos discursos que menosprezam a expressão e a interpretação popular, há mesmo cortes e rompimentos para com essas discriminações. Em várias passagens da obra de Boff, encontramos ilustrações do que se mostram como rupturas com a tradição oratória e com alguns de seus elitismos. É exatamente duas dessas rupturas que observamos nos dois trechos seguintes:

> O quanto possível, deve-se usar a língua do povo: suas palavras, expressões e referências. Só assim se cria uma sintonia inconsciente com a massa, que se vê, assim, diante de alguém que "sabe das coisas, porque as experimentou". Políticos populistas recorrem muito a esse expediente, quando alegam, por exemplo, que eles também conheceram a vida dura e que, por isso, entendem perfeitamente o povo.

> A linguagem difícil e técnica impressiona, suscita admiração e temor reverencial. O povo gosta de quem "fala bonito", é "entendido no assunto", se mostra "profundo". A linguagem "enrolada" é um recurso usadíssimo pelos dirigentes demagogos e pelos tecnocratas. Também os grandes pregadores populares do passado amavam "gastar o latim" para impressionar o povo. Isso não deixa de ter efeito, mas é um efeito alienante, de enfeitiçamento. É, como se diz, "jogar areia nos olhos do povo"[247].

A recomendação e a denúncia respectivamente materializadas nessas duas passagens complementam-se na medida em que a primeira postula a necessidade de se falar ao povo como fala o próprio povo e que a segunda acusa os que querem manipulá-lo, para continuar as opressões, submissões e explorações que lhe são infligidas, aproveitando-se das misérias populares. Essa manipulação popular se daria por meio do emprego de dois expedientes distintos: o de simular falar como povo e o de se expressar como elite. Nesse caso, tanto a mimetização quanto a distinção das formas da expressão

---

247. Ibid., p. 191-192.

popular visam ao ludíbrio do povo. Sem que possamos afirmá-lo de modo categórico, nos parece que este último expediente é mais antigo, empregado e difundido que o primeiro. Embora saibamos que, ao menos, desde a República romana, havia os tribunos da plebe e os aristocratas italianos que se valiam da *eloquentia popularis*, o percurso que empreendemos aqui nos leva a crer que ocorrem mais frequente e intensamente os indícios das falas "bonitas e difíceis": alocuções que produzem uma identidade entre os seus e uma imposição diante dos que se encontram abaixo deles. É bastante provável que a maioria de nós se recorde, mesmo sem maiores esforços, de alguém que costuma se valer de vocabulário empolado e/ou arcaico, isolada ou conjuntamente com outros recursos materiais e simbólicos, para deliberadamente se enaltecer e tentar impressionar os que o entornam, provocando, à sua revelia ou não, abatimentos e resignações entre os que já se encontram fragilizados econômica e simbolicamente.

Ainda com base no trajeto deste nosso capítulo, conforme dissemos no item "*Contemporaneidade*: metamorfoses e reformas, avanços e conservações", a partir do século XIX, a fala do povo conquistou algum direito e passou não raras vezes a ser um trunfo e, eventualmente, até mesmo uma necessidade. Um enunciado como "O quanto possível, deve-se usar a língua do povo", que provavelmente surpreenderia bastante a imensa maioria dos leitores de um compêndio de retórica, dos mais antigos até os oitocentistas, e ainda muitos leitores dos manuais de fala pública dos séculos XX e XXI, apenas se tornou possível devido a essa conquista. No bojo da aquisição dessa legitimidade é que a fala pública com marcas populares passou a ser um recurso oratório utilizado pelos porta-vozes do povo, mas também e bastante frequentemente, segundo afirma Boff, por "políticos populistas", ao se endereçarem sobretudo às massas populares. Essa tendência, que consiste, sem dúvida, numa importante metamorfose na tradição oratória, não corresponde à suspensão das depreciações sofridas pela fala popular, principalmente se suas manifestações contiverem os traços mais marcadamente concebidos como indicadores da pertença às classes sociais mais desvalidas. Não se impede tampouco com tal tendência que não poucos soberbos queiram se impor, falando "difícil" e "bonito". Ora, a possível incompreensão que daí decorre[248] costuma ser menos um inconveniente, e, se for o caso, se trata de algo de menor importância, do que mesmo uma condição para mais bem embevecer.

---

248. "Muitas vezes, educadores e políticos falam e não são entendidos. Sua linguagem não sintoniza com a situação concreta dos homens a quem falam. E sua fala é um discurso a mais, alienado e alienante" (FREIRE. Op. cit., p. 49).

Não há uma única maneira de tapar a boca alheia, de fazer calar os pobres e injustiçados. Sem a violência da mão sobre os lábios, se pode fazê-lo de modo mais discreto e, talvez, por isso, de forma mais eficiente, por meio do que parece ser o seu contrário: rebaixando ainda mais o rebaixado com a abertura muda e embevecida de sua boca. Esse encanto com quem fala "bonito e difícil" tende a minimizar réplicas e contestações, porque quase elimina a crítica ao que se diz e ao que se faz para fomentar e perpetuar desigualdades e injustiças. Provavelmente, jamais diremos o bastante sobre essa forma de buscar emudecer o outro mediante o feitiço da fala bonita dos que oprimem também por essa via e de que dela se valem para justificar outras formas de dominação. Mas, nem só de pompa e de empulhação vivem as práticas de fala aos sujeitos populares. Por isso e com vistas a encerrarmos nossas considerações acerca de *Como trabalhar com o povo e com os excluídos*, reproduziremos abaixo uma última passagem da obra de Boff, em que se trata da linguagem a ser adotada pelo "educador popular", quando este fala ao povo. Após um breve comentário sobre esse fragmento, passaremos a uma igualmente breve consideração do que diz Boff a propósito da escuta popular da fala pública. Eis o trecho que se encontra no item "Técnicas e recursos":

1) Repetir as coisas essenciais

Uma vez que a mensagem para as massas deve-se concentrar no essencial, é preciso repeti-lo muitas vezes, para que se fixe e cresça neles. [...]

2) Produzir fórmulas claras e sugestivas

Os slogans, palavras de ordem e lemas devem ser elaborados de forma simples, clara e sugestiva.

De fato, a fórmula precisa ser evocadora, estereofônica, impactante. Ela precisa despertar associações agradáveis e estimulantes.

3) Afirmar mais que provar

A linguagem da massa se faz sobretudo na base de declarações. O próprio Evangelho é proclamação. Daí o caráter fortemente axiomático da linguagem popular, como se vê nos provérbios. Esta também deve ser a linguagem do educador junto às massas. [...]

4) Usar gestos corporais

O agente não se comunica só com palavras e ideias, mas também com sua pessoa, com seu corpo, com as coisas. [...] Numa concentração de massa, a linguagem corporal é essencial. Ela ajuda à participação e ao congraçamento psicológico.

Meios escusos para nobres fins. A formação das massas populares, com vistas à sua emancipação e autonomia, compreende técnicas e procedimentos da propaganda e da publicidade. Repetir o essencial para inculcar, produzir fórmulas, slogans e afins, para sugerir, agradar e impactar, e mais proclamar convicções do que demonstrar fatos, para convencer... Uma vez que já ressaltamos suficientemente os preconceitos subentendidos ou manifestos que se materializam tanto em supostas constatações sobre o povo e suas alegadas incapacidades de expressão e de interpretação quanto em recomendações sobre como deveria ser a fala que se destina às massas populares, aqui vamos somente reiterar a referência a uma associação frequentemente estabelecida entre o corpo e a palavra na fala para o povo. Trata-se do consolidado imaginário de que a fala popular está ou deve estar investida da força do corpo, como se emulasse a energia física e os manejos rudimentares dispendidos na execução dos trabalhos braçais, em detrimento da sofisticação do espírito. No que Boff afirma sobre "Usar gestos corporais", há o pressuposto não preconceituoso de que se fala ao povo com "palavras e ideias". Contudo, parece haver ali também, ao menos, certo eco daquelas vozes conservadoras que tendem a só ver grosseria no corpo da gente pobre e trabalhadora, quando se destacam a relevante contribuição da linguagem corporal para o "congraçamento psicológico" e sua condição "essencial" diante da massa popular.

Passemos agora ao que Boff aponta sobre a escuta do povo, a partir do que diz a respeito da fala que lhe é dirigida. A frase que abre essas suas considerações é taxativa: "O que mais importa aqui aos educadores de massa é não perder o contato com os ouvintes". O encadeamento com o enunciado seguinte é realizado pela locução conectiva "Por isso" que, ao ser empregada, parece produzir uma equivalência entre a manutenção da atenção do público popular e a conquista dessa atenção: "Por isso, o discurso tem de conquistar a atenção do povo". De fato, a julgar pelo que segue ainda na mesma passagem, Boff postula a necessidade de conquistar e de reconquistar a atenção do povo a cada passo do pronunciamento que lhe é feito. Isso pode ser depreendido nos seguintes termos: "a mensagem do comunicador não pode ser preparada antes de forma acabada. Ela deve ser flexível e adaptar-se às impressões móveis do público".

Em conjunto com a permanente vigilância que o orador deve dispensar às reações de seus ouvintes e com a capacidade de adaptação que deve possuir, aí quase se marca uma ruptura com o tradicional preceito da prévia preparação dos discursos, conforme ele se estabeleceu desde os primeiros logógrafos e retores da Antiguidade, avessos às falas de improviso. A locução adverbial "de forma acabada" indica que a alocução preliminarmente elaborada não deve ser mantida diante de reações dos ouvintes que imponham sua modificação. Poucas vezes se viu na história das normas oratórias uma tamanha importância atribuída à escuta do povo. De modo análogo à absolvição dos ouvintes e à condenação do pregador lançadas pelo padre Antônio Vieira, no Sermão da Sexagésima, como vimos, aqui também o público é inocentado. Porém, a analogia entre Boff e Vieira se limita a este ponto, porque no primeiro não há propriamente uma condenação de quem fala, por considerar que seria esta a causa de a palavra de Deus não estar frutificando, mas uma advertência ao "educador popular" para que uma justa e esclarecedora palavra dos homens não deixe de frutificar, e porque o último não concebe o auditório dos religiosos a quem estes se dirigem como sendo composto exclusivamente pelo povo. Em que pese tal diferença, também em Boff há certo fundo moralizante nesta espécie de ameaça que faz às lideranças populares que o lerão: "Nada mais constrangedor para um dirigente do que um público distraído, conversando e, pior ainda, em dispersão"[249].

Na iminência de encerrarmos esse sobrevoo pela história, que se deteve em discursos sobre a fala pública popular e sobre a escuta popular da fala pública produzidos em contextos tão diversos, ressaltamos novamente a atuação de duas forças que estão aí em jogo: a da conservação dos dizeres preconceituosos sobre o povo e sobre suas formas de expressão e de compreensão e a da variação dos sentidos do que se diz a respeito da voz e da escuta populares. Ora, vimos que as marcas da violência e da rudeza, da deformidade e da ignorância, entre outras, lhes foram intensa e extensivamente imputadas. Verificar que houve importantes modificações nessas atribuições, não impede que constatemos a força e o alcance dos discursos que duradouramente depreciaram e menosprezaram as práticas populares de fala e de interpretação. Justamente por isso, sabemos que tais discursos continuam a fazê-lo. Embora tenham passado por inegáveis metamorfoses na longa duração histórica e no longo percurso por distintas sociedades e continentes, a extensão e a solidez desses dizeres são tamanhas que eles ultrapassam as barreiras do tempo e do espaço e os limites dos campos de saber e das instituições.

Nesse caso, a conservação é repetição conservadora de práticas e de coisas ditas, que pretendem perpetuar desigualdades e discriminações de diferentes tipos. Mas sua ocorrência, em determinadas condições históricas, nas ações e nos discursos de dados sujeitos sociais, também compreende diferenças de sentido. Desde nossa **Introdução**, salientamos o fato de que as mesmas palavras e enunciados podem produzir significações diversas, quan-

---

249. BOFF. Op. cit., p. 195.

do inseridos numa ou noutra ideologia e quando, por extensão, são materializados num ou noutro discurso, do mesmo modo como palavras e enunciados distintos podem produzir os mesmos sentidos, quando inscritos numa mesma formação discursiva.

Em suma, os diferentes sentidos dos dizeres sobre as reais e/ou imaginárias propriedades e fragilidades da fala pública popular e da escuta popular da fala pública, ambas igualmente construídas e reforçadas por lutas e relações de força na história, tendem a ser paráfrases ou derivações de enunciados análogos aos seguintes desta esquemática redução: "O povo *é inferior*", na posição conservadora; e "O povo *está inferiorizado*", na progressista. Manifesta e convictamente inscrito numa posição ideológica igualitária, Boff repete, relativiza e refuta os preconceitos contra o povo. Assim, as formulações de *Como trabalhar com o povo e com os excluídos* são um caso emblemático da conjunção de três fenômenos num só: patente manifestação de reconhecimento e respeito pelas causas e capacidades populares; vestígios residuais de preconceitos, com os quais desde muitos séculos se deprecia o povo; e modificações de sentido dos dizeres hegemônicos sobre suas fala e escuta na medida em que os resquícios preconceituosos são não poucas vezes sobredeterminados pelas predominantes denúncias de injustiças sofridas pela gente pobre, desvalida e marginalizada e pelas constantes valorizações de seus direitos e de suas aptidões.

Ressaltadas algumas das conservações duradouras, das inflexões mais ou menos episódicas e das metamorfoses e rupturas consideravelmente tardias na história dos discursos a propósito da oratória popular e das propriedades de sua escuta dos pronunciamentos públicos, passaremos a tratar, no próximo capítulo, do que parte da mídia brasileira disse e de seus modos de dizer sobre os desempenhos oratórios de Lula. Antes, porém, de iniciar efetivamente nossas reflexões e análises nessa direção, é preciso que admitamos que há no trajeto que percorremos até aqui uma série de lacunas tanto nos fatos e fenômenos e nas personagens e períodos da história do Brasil que abordamos quanto naqueles que não foram por nós contemplados. Em relação a estes últimos, reconhecemos, entre outras, a falta das representações discursivas acerca da fala pública na Inconfidência mineira e dos pronunciamentos de diferentes presidentes da República, que, cada um a seu modo, falaram ao povo, entre os quais, em particular, Getúlio Vargas, Juscelino Kubitschek, João Goulart e os militares entre 1964 e 1985, para nos limitarmos somente ao século XX.

Diante dos resultados que obtivemos e da impossibilidade de preencher tais lacunas, optamos por listar um conciso conjunto de obras que se dedicaram a esses discursos que não examinamos aqui[250], ainda que seu foco não estivesse depositado especificamente em sua oratória. Pela mesma razão, se deu nossa opção por somente reproduzir logo abaixo uma rápida e importante série de observações sobre o contexto setecentista de Minas Gerais: "Os inconfidentes de Minas não pareciam ter ido muito além da proposta de constituição de uma República que ficasse circunscrita a um exíguo padrão espacial". Além disso, "parecem não ter avançado muito no que concerne à criação de um sistema de governo que fosse um pouco mais participativo e aberto nos termos de uma democracia direta". Finalmente, "mesmo na Europa e na América do Norte, apenas se insinuava a questão da soberania popular". Considerados esses fatores, não se pode afirmar que "os princípios constitutivos de uma democracia participativa e da soberania popular pudessem ser minimamente associados ao contexto setecentista mineiro[251].

A voz do povo só passou a ser ouvida muito tardiamente no Brasil. É certo o vínculo entre esse atraso e o fato de ela ter sido e continuar a ser tão frequentemente calada entre nós. Nas não muitas ocasiões em que é escutada, essa voz é recebida com muito desdém. Nem mesmo as condições históricas aparentemente mais propícias à sua emergência e exercício deram ensejo à sua efetiva presença, sem os constantes ranços, reações e silenciamentos. A despeito de terem conquistado a duríssimas penas certos espaços, direitos e reconhecimentos, as expressões públicas populares estão longe de conseguir majoritariamente a legitimidade que possuem, a emancipação de que devem estar investidas e a atuação cidadã que deveriam exercer. Veremos, em seguida, que numa nova conjuntura da recente história brasileira, em que o povo talvez pudesse aspirar a se manifestar, as reações não tardaram a acontecer nem foram tampouco discretas.

Vimos que numa *Terra em transe*, na província de Alecrim, Jerônimo, "um homem pobre", "operário" e "presidente do sindicato", autorizado e incitado por burgueses e aristocratas a se pronunciar como porta-voz do povo, proferiu as seguintes palavras: "Acho que tá tudo errado e eu não sei mesmo o que fazer. O país tá numa grande crise e o melhor é aguardar a ordem do presidente..." Lembramo-nos da horrenda reação de Paulo, tanto pelo que disse quanto pelo que fez. Jerônimo é por ele humilhado e calado. Guarda-

---

250. FIORIN, J.L. *O regime de 1964*: discurso e ideologia. São Paulo: Atual, 1988. • INDURSKY, F. *A fala dos quartéis e as outras vozes*. Campinas: Ed. da Unicamp, 1997. • LIMA, M.E.A.T. *A construção discursiva do povo brasileiro*: os discursos de 1º de Maio de Getúlio Vargas. Campinas: Ed. da Unicamp, 1990. • OSAKABE, H. *Argumentação e discurso político*. São Paulo: Martins Fontes, 1999.
251. FURTADO, J.P. Uma república entre dois mundos – Inconfidência Mineira, historiografia e temporalidade. In: *Revista Brasileira de História*, vol. 21, n. 42, 2001. São Paulo.

das algumas diferenças e proporções, o que ocorreu na ficção se repetiu na história real do Brasil contemporâneo. Com essa repetição, constatamos que, definitivamente, não há mesmo uma única maneira de tapar a boca e de tentar fazer calar a voz do povo e de seus porta-vozes. Também esta é uma história bastante conhecida, com capítulos iniciais trágicos, desenvolvimentos mais ou menos promissores, clímax relativamente entusiasmante e desfecho absolutamente nefasto.

A súmula de uma versão dessa famigerada história poderia ser a seguinte: seu protagonista é um indivíduo oriundo das classes populares, nascido numa cidade do interior do Nordeste do país, que imigra para o Estado de São Paulo, onde mais tarde se torna operário, líder sindical e presidente de sindicato. Nessa condição, projeta-se no cenário nacional desde o final dos anos de 1970 como uma liderança operária em greves de metalúrgicos do ABC paulista. Apresentando-se como um porta-voz do povo, comanda a fundação do Partido dos Trabalhadores e da Central Única dos Trabalhadores no início dos anos de 1980 e, com esse lastro, é eleito deputado federal, com a maior votação no país, em 1986. Esse histórico o credencia para se apresentar como candidato nas primeiras eleições diretas para a presidência da República, em 1989. Lula o faria novamente em 1994 e em 1998, eleições nas quais foi derrotado, e em 2002 e 2006, das quais saiu vitorioso.

O período que se inicia em 1985 é frequentemente chamado de "abertura democrática", o que não raras vezes acarreta a ideia de que desde então não mais existiriam limites e censuras à liberdade de expressão. Esse pensamento confunde forma e fato na medida em que faz corresponder a ausência das interdições explícitas impostas pela ditadura à inexistência incondicional de confiscos de fala. Desde então, teria ocorrido uma profunda metamorfose na história brasileira. A realidade histórica é complexa demais para sustentarmos em termos absolutos que tal ideia é completamente falsa, mas tampouco podemos concebê-la como integralmente verdadeira. Em todo caso, a mudança formal de regime não significava, porém, que o espaço público estivesse pronto a acolher sem restrições e discriminações os discursos igualitários e, ainda menos, se fossem eles materializados na própria voz do povo ou mesmo que o fossem pela fala, não muito menos estigmatizada, de um de seus porta-vozes. Foi, antes, praticamente o inverso que se produziu: a visibilidade e a importância de alcance nacional adquiridas por Lula, ou seja, alguém procedente de uma classe socioeconômica miserável e que não dispunha das credenciais e do nível de educação formal requeridos para o postulante a um tal cargo, acrescentadas à possibilidade crescente de seu sucesso eleitoral, radicalizaram os discursos e as atitudes discriminatórias.

Além disso, a naturalização dessas discriminações ganhou uma potência e uma abrangência inéditas na medida em que foram produzidas ou repetidas por veículos da grande mídia brasileira.

Eis aqui novamente a letra e a voz: se a primeira é a dos eleitos, ela descreve, classifica, julga e condena a emissão vocal dos rebaixados. No capítulo anterior e no início deste próprio capítulo, indicamos que as oposições entre natureza x cultura, barbárie x civilização conjugam-se com corpo x alma, bem como com rudeza x elegância, oralidade x escrita e erro gramatical x correção linguística. Tais oposições são mobilizadas para produzir altas e baixas posições em hierarquias, para distribuir poucos prêmios e muitos castigos: por um lado, loas e recompensas a uns raros privilegiados, e, por outro, menosprezos às massas populares e a seus modos de expressão. Conforme dissemos, nessa reprodução das relações de dominação, a voz do povo, isto é, a prática **oral** daqueles sobre os quais se exercem os grandes, médios e pequenos poderes, torna-se objeto de condenações da **escrita** dos que podem mandar, oprimir e escrever, com a aura da "razão gráfica" que os envolve e distingue. Esta é encarnação do espírito e da alma santificados, que contrastam com o corpo e a matéria corrompidos.

Projetos e processos milenares de dominação ganham contornos específicos no contexto colonial. Já na instauração dos primeiros povoados da América Central e da América do Sul, os que eram camponeses e marginalizados na Península Ibérica se tornam urbanizados e, por extensão, "serão todos *fidalgos*, atribuindo-se *don* nobiliárquico". Assim, desdenharão o trabalho com as mãos e "simplesmente dominarão os índios, que lhes são encomendados, ou os escravos, comprados". Desde então, o ideal "é o de ser urbano, por insignificantes que sejam os assentamentos ocupados, enquanto a cidade se encarrega da construção de seu contorno agrícola, explorando sem piedade a massa escrava para uma rápida obtenção de riquezas"[252]. No interior de cada uma dessas cidades, se cria uma outra: uma "cidade das letras": "dentro delas sempre houve outra cidade, não menos amuralhada, nem menos agressiva e redentorista", cujas ações se cumpriam "na ordem prioritária dos signos", investidos de uma "qualidade sacerdotal", que contribuía para dotá-los de um aspecto sagrado". Essa cidade letrada "compunha o anel protetor do poder e o executor de suas ordens: uma plêiade de religiosos, administradores, educadores, profissionais, escritores e múltiplos servidores intelectuais"[253].

---

252. RAMA, Á. *A cidade das letras*. São Paulo: Boitempo, 2015, p. 32.
253. Ibid., p. 38.

Qual era a razão da supremacia dessa casta letrada? Ela se deve "ao paradoxo de que seus membros foram os únicos exercitantes da letra num meio desguarnecido justamente das letras". Como eram "os donos da escritura numa sociedade analfabeta", passaram a sacralizar a escrita, que se constituiria por aqui como "um tipo de religião secundária, portanto, equipada para ocupar o lugar das religiões, quando estas começaram a declinar, no século XIX". A *cidade das letras* arremedou a majestade do poder, ainda que também se possa dizer que este regeu as operações letradas, inspirando seus princípios de concentração, elitismo e hierarquização". Em suma, o que mais constituiu aí foi uma enorme distância em relação aos sujeitos comuns da sociedade: "foi essa distância entre a letra rígida e a fluida palavra falada que fez da *cidade letrada* uma *cidade escriturária*, reservada a uma estrita minoria".

Religiosos, advogados, escrivães e burocratas da administração, mas também médicos e outros integrantes dessa minoria excludente, "exerciam essa faculdade escriturária, utilizando-se de modos linguísticos canônicos que se mantiveram invariáveis por séculos". Assim se estabeleceu um "endeusamento da escritura", que "consolidou a diglosia característica da sociedade latino-americana formada durante a Colônia e mantida fervorosamente desde a Independência". Foi então criado e solidificado um "comportamento linguístico dos latino-americanos", no qual "ficaram nitidamente separadas duas línguas":

> Uma foi a pública e de aparato, que resultou fortemente impregnada pela norma cortesã procedente da península, que foi extremada sem medida, cristalizando em formas expressivas barrocas de inigualável duração temporal. Serviu para a oratória religiosa, cerimônias civis, relações protocolares dos membros da *cidade letrada* e, fundamentalmente, para a escritura, já que só essa língua pública chegava ao registro escrito. A outra foi a popular e cotidiana, utilizada pelos hispanos e luso-falantes tanto na vida privada como em suas relações sociais dentro do mesmo baixo estrato, da que contamos com muitos escassos registros e sabemos alguma coisa sobretudo graças às diatribes dos letrados. Com efeito, a fala cortesã se opôs sempre ao alvoroço, à informalidade, à torpeza e à invenção incessante da fala popular, cuja liberdade foi identificada com corrupção, ignorância e barbarismo. Era a língua do homem comum, aquele que, na visão quase estamental da sociedade colonial, correspondia à chamada plebe, um vasto conjunto desclassificado, quer se tratasse dos *léperos* mexicanos como das *montoneras gauchas* rio-platenses ou dos caboclos do sertão[254].

---

254. Ibid., p. 50-51.

Na construção da superioridade, a posse do dinheiro, de terras, de homens e de outros bens materiais e simbólicos era complementada por formas e recursos linguísticos distintos. A primeira "garantia economicamente um lugar elevado em que não era preciso viver das mãos", enquanto "sua consagração cultural derivava do uso da língua, que distinguia os membros do núcleo superior. A propriedade e a língua delimitavam a classe dirigente". Nesse quadro, quando os descendentes dos conquistadores viveram o trauma de ver suas propriedades debilitadas, "arremeteram, então, com uma montanha de escritos e reclamações que provavam sua participação, pelo menos, na orbe da língua". Medos e perdas reais e imaginários intensificaram cada vez mais o apego à norma padrão da língua: o emprego dessa norma "purificava uma hierarquia social, dava provas de uma proeminência e estabelecia um cerco defensivo em relação a um contorno hostil e, sobretudo, inferior". É assim que se constitui e se abastece um lugar-comum do imaginário popular, que comporta algum sarcasmo e que compreende um grande encantamento: "a admiração indissimulável pela capacidade do intelectual para dominar o instrumento linguístico ("Como fala bem o almofadinha!"), por seu poder quase mágico para exercer a escritura"[255].

No próximo capítulo veremos uma variação, pouco modificada, deste tema: a letra impressa das elites julgando e condenando, desdenhando e tentando calar a voz de um representante do povo. Sem dúvida, importam mais as coisas ditas e feitas do que os nomes das pessoas ou das personagens, quando a história fictícia ou verídica é real e dolorosa, repetida e revoltante. Depois de terem sido durante tanto tempo quase totalmente silenciadas, as bocas que se abrem podem ser a de *Jerônimo* ou a de *Lula*, a do infeliz *Felício*, também ele da *Terra em transe*, ou a de qualquer *Zé Ninguém* do povo pobre brasileiro. Já as mãos e as letras que as calam ou buscam fazê-lo continuarão a ser as dos *Paulos*, as das *Folhas*, as dos *Estados* e as das *Vejas* ou ainda as de outrem da mesma estirpe ou de tipo semelhante. Mudaram as estações e as províncias, nada ou quase nada mudou. Ao verso alterado da canção popular, poderíamos juntar a bela e precisa fórmula de Leon Tolstoi: "Os ricos farão de tudo pelos pobres, menos descer de suas costas". A esta

---

255. Ibid., p. 52-53, 139. Na sequência de seu ensaio, Rama demonstrará que os moradores da cidade das letras se diversificarão e passarão por diversos estágios: a maioria continuará a participar por muito tempo do poder e da reprodução das relações sociais; posteriormente, alguns se inscreveram num processo de transição, "em que a esses ilustrados se somam os membros de uma elite proveniente de estratos médios", marcados por uma cosmovisão ainda ilustrada, mas também por "fortes rajadas democráticas, por momentos aristocraticamente reivindicativos de direitos populares"; e, finalmente, alguns outros se integrarão "à ação de instrumentos coletivos democratizados que instauram de dentro do poder a cultura mais democrática, populista e nacionalista, que ao mesmo tempo é exclusivista, como um tirano novo, mas que conta com uma base social afim" (Ibid., p. 126).

última, acrescentaríamos: Os ricos farão de tudo pelos pobres, menos tratá-los respeitosamente como iguais, menos reconhecer que eles possuem não só coração, mas também cérebro, não só força bruta nos braços, mas também bom-senso, inteligência e sagacidade em suas cabeças e em seus espíritos. Os ricos farão de tudo pelos pobres, menos admitir, enfim, que eles sabem ouvir muito bem e que igualmente têm muito a dizer.

3
Retratos de um porta-voz popular na mídia brasileira

> *Um operário barbudo, que fala português errado e não tem o dedo mínimo na mão esquerda.*
> Veja, 22 de novembro de 1989

Nem livres nem iguais perante a língua

O discurso é um bem escasso. Falamos cotidiana e constantemente, mas o que dizemos é algo raro. Essa raridade reside no descompasso entre tudo o que nos seria permitido dizer, com base nas possibilidades que nossa língua e nossa lógica nos oferecem, e aquilo que efetivamente dizemos. Em nossa **Introdução**, vimos que a produção do dizer numa sociedade é vigiada, triada, classificada e repartida distintamente entre seus membros, de acordo com seus pertencimentos às diferentes classes e a grupos sociais, a determinadas esferas e instituições e a certos cargos e funções em seu interior. Uma vez que não está assegurado a qualquer um o direito de dizer qualquer coisa em qualquer ocasião, ocorre aí uma econômica distribuição i) das relativas liberdades de expressão de que dispomos, ii) dos poderes de que estão investidas nossas falas e iii) da força, do alcance e da conservação do que falamos.

Batalhas sangrentas e lutas mais ou menos discretas são travadas por bens escassos. É mediante sua posse que eleitos e privilegiados de diversas ordens exercem dominações, explorações e opressões. Tais eleitos e privilegiados são aqueles que gozam de vantagens, benefícios, direitos, que lhes são exclusivos ou muito frequentes, principalmente por sua condição socioeconômica, por seu gênero e orientação sexual e por seu nível de instrução formal e sua familiaridade com a cultura de prestígio, mas também por sua procedência familiar, por seus espaços de nascimento e de residência ou por suas relações pessoais, e ainda pela conjunção de dois ou mais desses fatores. Entre suas prerrogativas estão o acesso rarefeito aos discursos carregados de poder, porque sua frequentação, sua posse e sua prática são mais extraordinárias do que frequentemente imaginamos ou percebemos. Em sua condição rara e trivial, o discurso encarna de modo privilegiado as lutas sociais. Isso porque, além de materializar e reproduzir ideologias, ele se estabelece entre nós como um bem pelo qual lutamos, na medida em que compreende o direito de nos expressarmos e de sermos ouvidos, bem como inclui seu avesso; ou seja, a expropriação desse direito, sob a forma de silenciamentos, indiferenças, menosprezos e agressões ao que dizemos. Prerrogativas e interdições de fala e de escuta são constitutivas das relações de força, dos consensos e dos conflitos que permeiam todas as sociedades. Seu peso e sua gravidade serão maiores e mais sentidos quanto maiores e mais sentidas forem suas desigualdades.

Em contexto algum há plena e indistinta liberdade de expressão. As razões para sua inexistência em termos absolutos são ao menos duas: primeiramente, porque "não se tem o direito de dizer tudo", porque "não se pode falar de tudo em qualquer circunstância" e porque "qualquer um, enfim, não pode falar de qualquer coisa". Além disso, os benefícios da liberdade de fala não se estendem indistintamente a todos os membros de uma comunidade linguística, uma vez que os preconceitos e discriminações contra os meios populares de expressão estão presentes mesmo nos contextos frequentemente concebidos como os mais favoráveis ao diálogo e à comunicação racional no espaço público, tais como a democracia na Grécia clássica, a república em Roma, as Luzes na Europa etc. No capítulo anterior, vimos no breve exame dedicado aos discursos sobre a fala e a escuta públicas na Antiguidade que a emergência e a inicial estabilização do regime democrático foram imediatamente acompanhadas por críticas aos desempenhos oratórios e às audiências mais ou menos populares. Noutros termos, nas experiências históricas de recrudescimento ou de consolidação da liberdade de expressão, ainda que elas sejam mais ou menos idealizadas, o desprezo pela fala e pela escuta do povo e as difamações que elas sofrem são, guardadas as devidas diferenças e proporções, uma continuidade de censura por outros meios.

Nem em condições históricas mais ou menos propícias ao exercício da fala pública nem em domínios particularmente suscetíveis aos valores democráticos há dizeres integralmente livres, que passariam incólumes por controles sociais, históricos e institucionais. É o que ocorre, por exemplo, nos campos da oratória e da retórica. Segundo algumas versões de sua história, esta última teria surgido no século V a.C. justamente no intuito de reduzir desigualdades de talentos oratórios natos. Os retores teriam, inicialmente, escrito discursos que seriam pronunciados pelos envolvidos em processos judiciais de restituição de propriedades, que haviam sido usurpadas pelos tiranos das cidades de Agrigento e Siracusa. Mais tarde, teriam começado a ensinar aos cidadãos dessas e de outras cidades da Sicília as técnicas de fala e persuasão[256]. Sua consolidação no contexto democrático da Grécia antiga provavelmente contribuiu para que Friedrich Nietzsche a qualificasse como "uma arte essencialmente republicana"[257]. Nada disso impediu que, desde então e muito rapidamente, a arte de bem falar em público estivesse eivada de condenações à voz e a escuta do povo.

Em que pesem as enormes diferenças de tempo e de espaço, de mentalidade e de relações sociais, não foi algo muito distinto o que vimos ocorrer no Brasil em capítulos muito recentes de sua história. Mais precisamente, conforme dissemos logo acima, desde os anos finais da ditadura civil-militar, que se estendeu de 1964 a 1985, com a chamada "abertura democrática", passara a vigorar certo clima de confiança nas eleições diretas para a presidência da República e no encaminhamento do país a um regime democrático de governo. Sabemos que cinco anos depois do governo civil, cujo presidente da República fora eleito por voto indireto do congresso nacional, aconteceriam finalmente as eleições diretas em 1989. Naquela ocasião, Luiz Inácio Lula da Silva era um dos candidatos e suas chances de vitória cresciam cada vez mais ao longo da campanha. Nem por isso suas falas foram sempre bem recebidas. A recepção negativa de suas declarações e propostas se devia em boa medida ao fato de que parte considerável das escutas era gestada por práticas e discursos do preconceito contra as marcas populares. De acordo com o que afirmamos, a notoriedade e a relevância em âmbito nacional de um sujeito proveniente das classes operárias e, portanto, sem o poder econômico e as redes de influência, sem os requisitos simbólicos e o lustre cultural dos que sempre haviam chegado até ali, conjugados com as reais chances de conquista eleitoral, só fizeram aumentar as depreciações e os ataques aos pronunciamentos de Lula. Os sujeitos que depreciavam e atacavam suas falas aderiam integral ou parcialmente a ideologias conservadoras e reproduziam preconceitos de classe contra os desempenhos oratórios que encarnavam as marcas da língua, do corpo e da voz do povo brasileiro.

---

256. Para mais informações sobre o surgimento da retórica e seus desenvolvimentos iniciais, cf. PLEBE, A. *Breve história da retórica antiga*. São Paulo: EPU, 1978. • DESBORDES, F. La rhétorique. In: AUROUX, S. *Histoire des idées linguistiques* – Tomo 1: La naissance des métalangages (En Orient et en Occident). Liège/Bruxelas: Pierre Mardaga, 1989, p. 163-185.

257. NIETZSCHE, F. *Da retórica*. Lisboa: Veja, 1999, p. 27.

Logo no início de nosso capítulo 1, **Ouvir a voz do povo**, expusemos duas das principais conquistas científicas da Linguística alcançadas já entre o último quarto do século XIX e o início do século XX. A primeira delas corresponde ao reconhecimento dos diversos recursos de expressão de que cada língua dispõe, no bojo do qual se descarta qualquer hierarquia entre os idiomas falados no mundo. Todas as línguas proporcionam aos seus falantes meios para formar e exprimir os pensamentos mais diversos, aí compreendidos numa escala que vai dos mais triviais aos mais elaborados. A constituição e a formulação desses pensamentos tendem a empregar formas e recursos mais ou menos distintos dos que se encontram em outras línguas. Mas, aqui, distinção não equivale de modo algum à superioridade de umas e a inferioridade de outras. Na esteira dessa conquista, veio a seguinte: no interior de uma mesma língua, há diferentes formas de se atualizar suas unidades fonéticas, morfológicas e sintáticas. Isso significa dizer que toda língua compreende formas variáveis e que suas variantes não possuem em si mesmas nada que as torne mais elegantes e sofisticadas nem tampouco nada que as torne mais desgraciosas ou rudimentares em relação às demais.

Principalmente a partir da segunda metade do século XX, a sociolinguística consolidou definitivamente essa conquista. Na árdua tarefa de tornar conhecidos os resultados de suas pesquisas, uma vez que eles se chocam com as ideologias dominantes, com seus imaginários conservadores e com suas práticas reacionárias, a divulgação científica se apresenta como uma via necessária, mas não suficiente ao combate dos preconceitos linguísticos. Fundamentados em sua justa opção pelo bom combate, em sua consistente formação acadêmica e em seus sólidos resultados de pesquisas, ao fazê-lo, os sociolinguistas formulam enunciados análogos ao seguinte: "Em casos de preconceito linguístico, o problema não está naquilo que se fala, mas em *quem* fala o que se fala". Não pretendemos nem poderíamos contrariá-los. Mas podemos, isto sim, acrescentar um aspecto em nada negligenciável a essa discussão. Nossa tese é a de que uma sociedade hegemonicamente desigual e conservadora consolida meios de calar e menosprezar tanto os discursos que reivindicam sua transformação quanto os modos de dizer daqueles que ela exclui. Com mais forte razão, tais meios de silenciamento e menosprezo se radicalizam em condições públicas de fala, nas quais há conjunção entre tais discursos em defesa do povo e sua materialização em meios populares de expressão[258].

---

258. Assim, subscrevemos e complementamos a seguinte tese de Dante Lucchesi, em *Língua e sociedade partidas* (Op. cit.): "é no estabelecimento de uma sociedade escravocrata, na qual os senhores eram falantes da língua portuguesa e os dominados eram falantes de centenas de línguas indígenas e africanas, que

As falas públicas de Lula carregam consigo algo desses discursos e muito desses meios. Não seria preciso mais do que isso para que elas não passassem ilesas pelos formadores de opinião instalados nos veículos da grande e tradicional imprensa brasileira. Com efeito, a série de enunciados que reproduzimos logo abaixo demonstra que as performances oratórias de Lula, um dos mais eloquentes oradores populares da história brasileira, sempre sofreram julgamentos depreciativos e deslegitimantes. Na tentativa de evitar excessivas repetições, optamos pela reprodução de um conjunto relativamente enxuto desses enunciados. Seu número e sua extensão são bem maiores do que aquilo que está aqui reproduzido e que nada mais é do que uma simples amostra de suas constância, frequência e intensidade. Os discursos e as ações que descreditam a fala pública marcada pelos traços populares, bem como menosprezam a escuta popular das falas públicas, atravessam a longa duração histórica e as fronteiras do espaço, dos setores institucionais e dos campos de saber e são ainda onipresentes no Brasil contemporâneo. Antes, durante e depois de seus mandatos como presidente da República, tais discursos e ações veem em Lula um alvo privilegiado. Não seria a primeira nem a última vez que se tentaria calar uma voz vinda do povo pobre, que traz em sua fala as marcas de milhões de miseráveis e de marginalizados da sociedade brasileira.

O verbo, o corpo e a voz do candidato

Imediatamente abaixo, transcrevemos um conjunto de enunciados extraídos de textos publicados em veículos da mídia tradicional brasileira e produzidos em condições de produção análogas, a saber, o contexto de eleições à presidência da República. Em seguida, empreenderemos uma análise desses enunciados.

> A propaganda de Lula, à noite, procurou conter um pouco a agressividade. O programa voltou a atacar Collor, mas deu também espaço para um discurso em que Lula tentou se aproximar da classe média.

---

se encontram os elementos seminais da polarização sociolinguística do Brasil. Sua configuração atual, porém, é em grande medida determinada pelo processo de industrialização da sociedade brasileira, que se iniciou efetivamente com o fim da chamada República Velha, em 1930. Nesse sentido, argumenta-se que o caráter tardio e dependente do desenvolvimento do capitalismo no Brasil fez com que o nivelamento linguístico, inerente ao processo de industrialização, só acontecesse no Brasil de forma muito limitada, perpetuando, com isso, as diferenças linguísticas construídas ao longo de séculos e acentuadas atualmente pelo preconceito contra a linguagem popular – uma representação ideológica da língua que também encontra suas motivações mais profundas na manutenção de um sistema econômico baseado na superexploração do trabalho e na exclusão social" (LUCCHESI, 2015, p. 280).

O objetivo é escapar da retórica de porta de fábrica e acalmar os eleitores assustados com o radicalismo do primeiro turno.

Como aconteceu em outros debates, Lula escorregou no vernáculo. O candidato deixou algumas perguntas sem resposta. Uma delas foi quando um dos entrevistadores quis saber se ele coagiria a oposição caso houvesse uma reação ao seu governo. Em outras perguntas, lançou mão de frases de efeito para fustigar seu adversário.

É verdade que Lula continua menor que Brizola e tem apenas um terço do eleitorado de Fernando Collor de Melo. A questão concreta da atual fase de campanha, entretanto, é que o candidato do PT com sua barba de camponês, sua barriga de Pancho Villa e seus erros de concordância de quem não completou o curso ginasial tornou-se um concorrente com chances de, ao menos em tese, instalar-se futuramente na residência oficial do chefe da nação, com pompa, com fraque e com o direito constitucional de fazer e acontecer, por mais que sua visão esquerdista possa assustar todos aqueles que terão de tratá-lo como presidente da República. Um espanto. [...] Lula faz uma campanha com o apetite de quem pretende chegar lá [...] e diz, com sua voz grossa e rouca, que pretende fazer um governo que beneficie os pobres e prejudique os ricos.

Como líder dos metalúrgicos no ABC, Lula passou 10 anos batendo na porta dos mais ilustres gabinetes da indústria paulista para pedir aumento salarial aos empregados. Agora, se levar a melhor sobre seu adversário no segundo turno das eleições, o primeiro colocado Fernando Collor, pode acontecer de os maiores empresários do país serem obrigados a marcar audiência para serem recebidos no 3º andar do Planalto por um operário barbudo, que fala português errado e não tem o dedo mínimo na mão esquerda. Esse candidato, Lula, faz perguntas que o eleitorado de Collor entende e, embora use sua gramática tumultuada e não tenha o invólucro elegante do ex-governador de Alagoas, fala numa língua entendida pelo mesmo público.

Muita gente que assistiu ao debate se divertiu com os tropeços de Lula na gramática. O candidato trocou tempos verbais, mudou o advérbio menos para menas e chegou a criar uma nova expressão – a promessa de gatos e sapatos. Com um vocabulário pequeno, ele se valeu, no debate, de seu raciocínio rápido e do uso de frases curtas e coloquiais, fáceis de entender. [...] Lula fez um discurso emocionado para a platéia de mais de 10.000 pessoas que se aglomeravam em frente à prefeitura da cidade, usou sua arma mais conhecida – a linguagem popular e agressiva.

> Há uma forma de conseguir a atenção do eleitor sem necessariamente ter a experiência de Lilian Wite Fibe ou Silvio Santos. É transmitir carisma e confiabilidade através da entonação certa da voz. [...] Fernando Henrique, com sua fala professoral, poderá cair na armadilha de fazer um programa lento e arrastado. Lula peca por problemas de dicção e timbre de voz, que atrapalham a compreensão do que fala. Orestes Quércia tem a melhor voz e dicção. Seu gestual, porém, lembra a agressividade dos punhos cerrados de Collor[259].

A fala de Lula é manifesta e reiteradamente avaliada como agressiva e, quando não o é tanto assim, consistiria seja numa simulação que escamotearia sua violência, seja numa mera tentativa de "conter um pouco a agressividade". De modo análogo, as propostas endereçadas à classe média são apresentadas como tentativas de sua propaganda eleitoral para se aproximar desse setor da sociedade, ou seja, como se nada mais fosse do que uma estratégia retórica de manipulação. Por outro lado, sua "retórica de porta de fábrica" – expressão na qual identificamos fácil e imediatamente o julgamento elitista do enunciador que a utiliza –, e seu "radicalismo" são enunciados como práticas e fenômenos factuais. Também a condição de "assustados" dos eleitores é afirmada como um estado anímico real e evidente. Os sintagmas nominais determinados por artigos definidos ("**a** agressividade"; "**O** objetivo"; "**da** retórica de porta de fábrica"; "**o** radicalismo"; e "**os** eleitores assustados") são pré-construídos que produzem o efeito de existência e de evidência de cada um desses elementos. Enfim, há ali ainda outra oposição fundamental que vai acompanhar os comentários midiáticos sobre Lula durante toda sua vida pública: ele seria um ser duplo, um indivíduo bifronte, porque é violento e radical – fosse ele supostamente movido por astúcia ou o fosse por franqueza –, mas se mostra igualmente calmo e tranquilo, tanto com o intuito de simular e de dissimular o que realmente é quanto com o propósito de tentar agradar todo mundo. A partir da posição desses enunciadores da imprensa brasileira,

---

259. Fragmentos extraídos respectivamente dos seguintes veículos e de suas seguintes edições: *Folha de S. Paulo* (*FSP*) – Caderno Diretas: "Lula faz discurso para tranquilizar classe média", 30/11/1989, p. 6. • *FSP* – Caderno Diretas: "Lula usa discurso moderado como tática eleitoral". Emanuel Neri, 15/12/1989, p. B2. • *Veja*: "Lula entra no jogo", ano 22, n. 41, ed. 1.101, 18/10/1989, p. 45. • *Veja*: "A arrancada de Lula", ano 22, n. 46, ed. 1.106, 22/11/1989, p. 54, 66. • *Veja*: "Debates. Cenas secretas", ano 22, n. 49, ed. 1.109, 13/12/1989, p. 54, 59. • *Veja*: "Conversa direta com o eleitor", ano 27, n. 31, ed. 1.351, 03/08/1994, p. 35.

Lula seria, portanto, um homem de duas caras, a da provável violência real e a do improvável diálogo autêntico. Nesse sentido, Lula é retratado pela mídia brasileira conservadora como um Janus brasileiro e decaído. Privilegiados em sua visão, esses enunciadores produzem os efeitos de que veem o que está praticamente inacessível à maioria da sociedade, de que nos revelam a verdade do que denunciam e de que apontam imparcialmente as mentiras, os segredos e as estratégias de Lula.

Sua fala seria agressiva, assim como sua língua, deformada. Quando o foco das avaliações midiáticas recai sobre o que consideram ser os erros de gramática e as inconsistências linguísticas, esses tais equívocos são descritos como algo que não cessa de se repetir: "Como aconteceu em outros debates, Lula escorregou no vernáculo". A suposta reincidência das incorreções gramaticais é mencionada com uma ironia, plena de desdém, mediante o emprego de "escorregou", expressão coloquial, sugestiva e sarcástica. Além disso, seu desempenho oratório é ainda observado com um foco que incide sobre o que teria sido outra estratégia retórica: deixar sem resposta algumas questões e responder a outras, se valendo de "frases de efeito". A referência ao que teria sido a falta de respostas a certas questões remete ao seu alegado déficit de conhecimento. Reiteradamente se dizia que Lula não estava "preparado" para o cargo de presidente. Tratava-se aí de uma maneira mais ou menos indireta de apontar para o fato de que ele não possuiria educação formal suficiente. Em contrapartida, quando as respostas ocorreram, vieram sob a forma de "frases de efeito". Se o emprego dessas frases já depõe contra o orador, utilizá-las "para fustigar seu adversário" é ainda mais grave. Estaríamos aí diante de uma tática oportunista para um fim ainda mais perverso. Não é tampouco devido ao acaso o fato de que o enunciador afirme que uma das questões deixadas sem resposta tenha sido justamente aquela que indagava "se ele coagiria a oposição caso houvesse uma reação ao seu governo". Nesse discurso, o silêncio de Lula equivale a seu radicalismo, se encadeia com sua agressividade e produz o efeito de confirmação de uma conduta. Esse seu procedimento, algo em tese já bastante conhecido, teria ainda o agravante de não ser assumido tal como ele seria praticado.

Os enunciados sobre as práticas de fala pública de Lula produzidos a partir da posição discursiva dessa tradicional mídia brasileira tendem a ser ainda mais chocantes e ofensivos quando o perfil do candidato é traçado pela revista *Veja*. Há nesse periódico uma exposição manifestamente preconceituosa e discriminatória de sua língua, de seu corpo e de sua voz: "o candidato do PT com sua barba de camponês, sua barriga de Pancho Villa e seus erros de concordância de quem não completou o curso ginasial";

"sua voz grossa e rouca"; "um operário barbudo, que fala português errado e não tem o dedo mínimo na mão esquerda"; e "embora use sua gramática tumultuada e não tenha o invólucro elegante". A crueza e a crueldade das expressões não deixam a menor dúvida da alta conta em que a revista tem todos aqueles que trazem em si as marcas reais ou imaginárias de pertença ou proveniência das classes populares, em geral, e Lula, em particular. O que poderia ser concebido como seus trunfos oratórios e como suas capacidades linguísticas – "faz perguntas que o eleitorado de Collor entende"; "fala numa língua entendida pelo mesmo público"; "uso de frases curtas e coloquiais, fáceis de entender"; e "um discurso emocionado" – se tornam fraquezas ou trapaças ou são ainda drasticamente depreciadas, quando relacionadas ao enorme conjunto do que os precede e os sucede. Ocorre o mesmo com o julgamento de sua presença de espírito ("seu raciocínio rápido") e de seu senso de ocasião, preocupações maiores da retórica, as quais os gregos antigos resumiam na ideia de *kairos*. Nas falas de Lula, nada mais haveria do que trapaças. Além das expressões ultrajantes mencionadas logo acima, há ainda apenas nesses fragmentos de *Veja* as seguintes: "os tropeços de Lula na gramática"; "sua arma mais conhecida – a linguagem popular e agressiva"; e "um vocabulário pequeno". Ou seja: "discurso emocionado" é parafraseado por "linguagem popular e agressiva", tal como desproporcionalmente ocorre com cada elemento que pudesse conter algum valor eufórico em suas práticas oratórias. Ademais, a sombra da acusação do sujeito de duas caras continua a estigmatizar o Lula candidato.

Se o retrato desse Lula orador praticamente não dispõe de traços e cores positivos, no momento em que ele é representado exclusivamente, sua imagem não é tampouco poupada quando está acompanhado por seus adversários. Assim, com sua "fala professoral", Fernando Henrique Cardoso "poderá cair na armadilha de fazer um programa lento e arrastado". Mas, se trata aí somente de uma possibilidade, de um eventual risco que, de qualquer modo, consiste em algo de menor importância e de modo algum corresponde a um verdadeiro perigo político. Além disso, FHC é ali referido por seu prenome, o que, por sua vez, o torna mais próximo, acessível e familiar, de modo a atenuar a distância do "professoral". Isso não significa, contudo, uma ausência de distinção, uma vez que dificilmente os filhos das famílias pobres brasileiras se chamam Fernando Henrique. Por seu turno, Orestes Quércia possui "a melhor voz e dicção", contrabalanceada pela "agressividade dos punhos cerrados de Collor". Em todo caso, esta sua desvantagem é bastante atenuada na medida em que não é mais do que uma mera lembrança. Porém, quando se trata de Lula, não há contraponto nem salvação: seus "problemas de dicção e timbre de voz" tornam-se "pecados", que "atrapalham a compreensão do que fala".

As supostas evidências da agressividade das falas de Lula, de sua língua deformada e da condição bifronte do candidato, mas também sua desidentificação com o *habitus* de voz, de comportamento e de vestuário burgueses são apresentadas em formulações veementes, quando não ofensivas e hostis, a despeito do eventual efeito de humor pretendido no seguinte enunciado: "Muita gente que assistiu ao debate se divertiu com os tropeços de Lula na gramática. O candidato trocou tempos verbais, mudou o advérbio menos para menas e chegou a criar uma nova expressão – a promessa de gatos e sapatos". A suposta diversão de "muita gente" e os imaginados risos derivados dos "tropeços de Lula na gramática" e da criação de uma expressão rapidamente cedem lugar ao tom grave e amargo que se produz com os enunciados e expressões que os emolduram contextualmente: "O candidato trocou tempos verbais, mudou o advérbio menos para menas"; "um vocabulário pequeno"; "sua arma mais conhecida – a linguagem popular e agressiva". A gravidade e a amargura se encontram também presentes nas repetições de coisas já-ditas e bastante consolidadas em discursos conservadores de nossa sociedade a propósito das "deficiências" e "deselegâncias" dos usos e hábitos linguísticos e comportamentais do povo pobre.

Mas nem só de agressividade manifesta vivem os preconceitos e discriminações. Isso porque eles podem adquirir uma outra aparência e contar, desta feita, com a força de certa sutileza, isto é, com a potência do que é dito de maneira discreta e anódina ou do que é formulado com a leveza do humor, cuja eficácia talvez seja por vezes ainda mais bem-sucedida. Assim, o enunciador pode criar a distância e a distinção social entre si mesmo e seu enunciatário, ou seja, entre seu grupo de distintos, por um lado, e Lula e os sujeitos das classes populares, com suas expressões e costumes equivocados, ridículos ou grosseiros, por outro, sem recorrer à gravidade dos ataques explícitos. É exatamente o que se pode observar, entre outros, nos fragmentos que reproduzimos a seguir:

> O PT faz uma homenagem à Revolução Francesa e lança o seu sonoro slogan: o "Lula lá" Aliás, o Lulalá tá cada dia mais chique: usa gravata, grita ulalá e sua meta é uma metalúrgica. Só falta aprender piano.

> E deu na Internet que o Lulalelê e o Vicentinho estão lançando "O Manual de Dicção das Lideranças Sindicais de São Paulo". Licçção sssessenta e ssseiss: "nesssssas eleicçções ssiga sssseu coraçççção,

quem ssssabe é quem ssssente. A sssituaçççao essstá péssssima! Asssocccie-ssse ao nosssso ssssindicato!"[260]

Conforme podemos observar nessas duas passagens, o efeito de humor deriva da alegada incompatibilidade entre os supostos charme e elegância francesa e os hábitos rudes atribuídos aos membros das classes operárias. A estes últimos ou aos que provêm desses meios não caberiam os refinamentos do uso de gravatas e das lições de piano. Ademais, a dimensão sonora e vocal é particularmente referida nesses trechos, seja na cacofonia de classe em "Lulalá" seja na dificuldade expressiva dos ceceios e da língua presa representados caricaturalmente mediante a repetição exagerada de letras.

* * *

Já constatamos a força e o alcance desse mecanismo de depreciação das práticas populares de linguagem, bem como de sua inegável capacidade de reprodução, mesmo em setores insuspeitos, entre sujeitos adeptos de ideologias mais ou menos igualitárias, no decurso de uma longa história de discriminações. Também já começamos a identificar formas e conteúdos dos preconceitos contra a voz e a escuta do povo em textos da mídia brasileira tradicional, nos quais se materializa sua filiação a ideologias conservadoras. Por essa razão, julgamos ser oportuno e necessário examinar uma amostra do que fora publicado num veículo de nossa imprensa, cuja posição ideológica é considerada progressista. Vejamos, então, o que se disse sobre a língua, o corpo e a voz de Lula na revista *Carta Capital*.

A despeito das mudanças em seu lugar social e em sua condição, os julgamentos que depreciavam e deslegitimavam as coisas ditas por Lula e seus modos de dizer permaneceram constantes. Com enorme frequência, os veículos da imprensa conservadora brasileira empreendiam as depreciações e deslegitimações do que era dito por Lula mediante ofensivas destinadas aos seus meios de expressão. Sem grandes variações, isso ocorreu, ao menos, desde quando ele era candidato à presidência da República, continuou a acontecer durante seu mandato como presidente e permaneceu após o fim de sua gestão na presidência, mesmo em momentos particularmente sensíveis, tal como aquele em que sua saúde se encontrava debilitada. Esses menosprezos pela fala pública de Lula ocorreriam ou não

---

260. Fragmentos extraídos de dois textos do cronista José Simão, publicados respectivamente nas seguintes edições do jornal *Folha de S. Paulo*: Caderno Diretas, 17/09/1989, p. B 4. • Caderno Eleições, 01/10/1998, p. 1.

em textos da mídia progressista no Brasil às vésperas do século XXI? O que tende a ser maior a convicção ideológica desta última nos ideais igualitários ou a conservação, a energia e a abrangência dos preconceitos? Para que possamos esboçar uma resposta a essas questões, procedemos, uma vez mais, aqui do seguinte modo: reproduzimos abaixo um fragmento de um texto da *Carta Capital*, conforme dissemos, e passamos a analisá-lo logo em seguida. O contexto é eleitoral e tende, por isso, a suscitar a tematização do desempenho de linguagem de Lula, mesmo numa revista que não tem por hábito fazê-lo.

> Não há horizonte de elegância possível para um homem que, ao sentar-se, estufe a barriga e quase arrebente os botões da camisa. Os adversários de Lula não consideram esse, nem seus erros de português, como um *handicap*. Na verdade, temem parecer almofadinhas. [...] Se o seu anti-Lula tem o perfil de Fernando Henrique: você entende que o anti-Lula deve falar, apresentar-se e comportar-se melhor que o candidato do PT. Ele não tem o comportamento-padrão que se espera de um homem de campanha: é excessivamente sincero para comer uma buchada de bode e dizer que gostou, seu discurso é mais inteligente que astuto e ele põe todos os ss e rr no lugar. Essas virtudes pessoais seriam tidas, em campanha, como fraquezas do candidato. As pesquisas vêm demonstrando um fenômeno contrário. Há inclusive quem o julgue lindo[261].

Em nossa genealogia dos discursos sobre a voz e da escuta do povo, nós já o havíamos percebido: os preconceitos sobre a fala pública popular e a escuta popular da fala pública ultrapassam as barreiras do tempo, dos espaços e dos campos de saber. Sua força e seu alcance podem até mesmo extrapolar as diferenças entre as posições ideológicas. Se é verdade que nós não os encontramos com a mesma constância nem com a mesma intensidade entre os adeptos dos ideais igualitários, tal como ocorre no outro polo do espectro político em que se situam os veículos da mídia conservadora, o desprezo por certos traços característicos da fala popular não está, entretanto, completamente ausente dos discursos progressistas. É exatamente isso que percebemos na passagem desse texto da *Carta Capital*.

De fato, o alvo de seu enunciador é o fenômeno da invenção de um adversário ideal e idealizado para vencer Lula em cada uma das eleições presidenciais que o político do PT se apresentou como candidato. Em que pesem a alta consideração e o efetivo apoio não dissimulados que a revista parece

---

261. *Carta Capital*: "Teste: monte você mesmo O Anti-Lula", ago./1994, p. 31, 34.

sempre ter dedicado a Lula, há uma inegável presença das depreciações das marcas da língua e do corpo de Lula, justamente daquelas que são frequentemente associadas aos comportamentos e expressões tipicamente concebidos como populares e que são constantemente objeto de discriminação: "Não há horizonte de elegância possível para um homem que, ao sentar-se, estufe a barriga e quase arrebente os botões da camisa"; "seus erros de português"; "o anti-Lula deve falar, apresentar-se e comportar-se melhor que o candidato do PT". Em contrapartida, observamos índices de que o enunciador não coaduna e até mesmo recusa um mecanismo que articula exterior/interior, forma/conteúdo, mediante o qual constantemente se depreciam e se menosprezam os meios e os recursos populares de expressão, para mais bem depreciar e menosprezar ou simplesmente ignorar e fazer ignorar as denúncias das desigualdades e as propostas de transformação social. FHC "põe todos os ss e rr no lugar", mas, nem por isso, é ali considerado melhor do que Lula. O então ex-ministro da Fazenda, filiado ao PSDB, é apresentado no texto sob análise como o anti-Lula, como aquele que, apesar de "falar, apresentar-se e comportar-se melhor que o candidato do PT", deveria ser denunciado como o candidato não comprometido com as causas populares e com as ideias progressistas e igualitárias.

Isso não significa, porém, que os usos e hábitos de Lula tenham deixado de ser considerados como incorreções linguísticas e como comportamentos deselegantes na perspectiva de boa parte da classe média bem estabelecida e bem instruída. O enunciador do texto publicado na *Carta Capital* se mostra como um integrante desse segmento social e se identifica bastante bem com essa perspectiva. Além disso, os efeitos de leveza e humor, a atenuação do preconceito e o distanciamento do enunciador em relação ao que é dito, produzidos tanto pelas escolhas das palavras empregadas quanto pela enunciação em terceira pessoa, não impedem a perpetuação e a difusão dos estigmas imputados às aparências, costumes e modos populares de fala do então candidato do PT à presidência. De certa forma, talvez ocorra até mesmo o inverso na medida em que esses efeitos recrudescem a repetição dos preconceitos, sem sentimento de culpa. Por se inscrever numa posição que busca combatê-los, esse sujeito tende a não enxergar os que ele mesmo continua a reiterar. Aqui parece não haver ciência da discriminação e, por isso, nem dolo nem remorso, porque o menosprezo pelas marcas do povo se lhe apresenta como um fato e se encontra desembaraçado do agravamento de outrora, dos interesses escusos e da hostilidade dos adversários ideológicos.

O verbo, o corpo e a voz do presidente

A miséria econômica se justifica pela pequeneza moral. Causada por agentes de um sistema de produção que explora maiorias trabalhadoras, sobretudo em benefício de alguns poucos, a penúria material do povo pobre é concebida e anunciada por seus detratores como algo articulado ou derivado de supostas insuficiências ou deficiências de seu espírito. Ao pobre faltaria integridade, ânimo e decência. Vimos que, em junho de 1917, o jornal anarquista *A Plebe* havia denunciado e refutado a naturalização desse mecanismo, tal como ele se reiterava numa das seções do jornal conservador *Correio Paulistano*, no qual se afirmava que: "Em São Paulo, só não ganha dinheiro quem não trabalha, **só é pobre quem é vadio**". A réplica igualitária vinha nos seguintes termos: "Pobres são todos os trabalhadores rurais explorados pelos patrões que lhes pagam apenas o necessário para não morrerem de fome. Pobres são todos aqueles que, numa sociedade que repousa sobre o direito inviolável e sagrado da propriedade, veem-se obrigados a alugar, por vil preço, a força dos músculos ou da sua inteligência, em proveito da burguesia capitalista e parasita, que vive à custa do suor e dos esforços alheios".

Não seria nem a primeira nem a última vez que se misturariam alegadas falhas e faltas morais com condição socioeconômica realmente precária e ainda com domínio insuficiente do que se entende como correção de linguagem. O escritor romântico José de Alencar, apesar de sua posição relativamente progressista quanto aos usos da língua no Brasil, fazia corresponder justiça e racionalidade das instituições, grandeza e liberdade de um povo e pureza, nobreza e riqueza de uma língua com a inteligência e a ilustração de uma raça, ao dizer em 1865 que "Da mesma forma que instituições justas e racionais revelam um povo grande e livre, uma língua pura, nobre e rica, anuncia a raça inteligente e ilustrada"[262]. Mais de um século e meio mais tarde, encontramos o eco dessas correspondências em afirmações de um sujeito que se identifica plenamente com a posição ideológica conservadora e que não conta com a notoriedade de Alencar nem com sua relativa abertura à diversidade linguística. Nelas, o índice emblemático de ausência de qualquer virtude na gestão petista da presidência da República estaria no modo de falar do presidente.

Tendo em vista sua condição emblemática de materialização privilegiada de discursos sobre a fala pública de Lula, reproduzimos a seguir praticamente na íntegra esse texto, que foi publicado no jornal O *Estado de S. Paulo*. Em seguida à sua reprodução, realizaremos um breve exercício de análise de

---

262. José de Alencar, apud PINTO, E.P. *O Português do Brasil*. São Paulo: Edusp, 1978, p. 55.

suas formulações. Aqui, são outras as condições de produção, uma vez que se trata do momento em que Lula era então o presidente da República. Isso não alterou o fato de que seus meios de expressão continuavam a ser alvo de violentos ataques.

> O falar errado de Lula não constitui um dado isolado e sem consequências. Sua "palavra tosca" arrasta consigo o "pensamento banal", que, por sua vez, responde pelo "ato irrelevante". As aberrações linguísticas condicionam a banalidade do pensamento e a irrelevância dos atos de um governo sem forma nem figura de governo. Se tudo se limitasse aos erros gramaticais de Lula, seria fácil absolvê-lo.
>
> Mas o que denunciam aqueles erros não se resume à quebra das regras acadêmicas da linguagem, e sim algo muito mais grave – o simplismo das ideias, inadequado à complexidade dos problemas de governo, e a ineficácia da conduta, limitada a medidas irrelevantes, isto é, paliativas.
>
> Dirão os incautos que Lula, homem do povo, tem o direito, e até a obrigação, de falar errado. [...]
>
> Aqui é que mora a dúvida. Lula fala, mesmo, a língua do povo? Basta falar errado para falar a língua do povo? Sabemos que a língua popular, na sua informalidade, tem sabores insubstituíveis e é vivamente expressiva, quer na versão da fala plebeia da população, quer na versão caipira, ou na versão sertaneja. [...]
>
> Fica evidente que Lula, por mais populista que quisesse ser, nunca poderia adotar, na íntegra, nem a língua caipira, nem a do sertanejo, nem a de Adoniran Barbosa, sem cair no ridículo atroz. Lula não é "doutor", mas também não é caipira, nem sertanejo, e há muito tempo deixou de ser o pau-de-arara, emigrado do Nordeste. Seu perfil mais autêntico é o de membro da elite metalúrgica do ABC, camada diferenciada de trabalhadores, da qual saem os grandes líderes sindicais, que se recusam a falar errado (Paulinho, Marinho, Feijó e outros).
>
> Então, o que faz Lula? A fim de parecer homem do povo, ele se limita a maltratar a língua, engolindo os esses, violentando a sintaxe, forçando erros de concordância, como se isso bastasse para "falar gostoso o português do Brasil". Em suma, Lula forja um arremedo da língua popular, distante tanto dos padrões da linguagem formal, como dos usos legítimos da fala popular (caipira, sertaneja ou periférica). O discurso de Lula degenera num Frankenstein assustador: "A gente tem que ser gentis", soltou outro dia. [...]

> O povo também estropia a língua, mas com inocência. Na fala estropiada de Lula há de tudo, menos inocência[263].

"Sem estropear a língua vernácula", esta é parte da recomendação de João Francisco Lisboa ao poeta Bittencourt Sampaio, na crítica que o primeiro dedicou em 1860 à poesia "O tropeiro", que se encontra na obra *Flores Silvestres*, deste último: "O tropeiro rude na forma e na linguagem, falando um patuá seu, mas inteligível, sem estropear a língua, eis aí o que devia ser desenhado"[264]. Já no texto de Kujawski dedicado ao "linguajar de Lula", o que inicialmente se ressalta e o que nele se apresenta como sua própria razão de ser consiste na relação que seu enunciador pretende estabelecer entre a crítica da aparência, isto é, o que ele diz sobre a fala de Lula, e o que seria a censura a algo bem mais sério e grave: aquilo que afirma a respeito dos pensamentos e dos atos do presidente. Seu autor assume manifestamente que fora motivado por um texto de Dora Kramer, intitulado "Em nome da lei do pior esforço" e igualmente publicado no *Estadão*, em sua edição do dia 26 de janeiro de 2005[265]. A repetição dos lugares-comuns, dos argumentos e dos preconceitos em ambos deriva de uma plena identificação ideológica ao mesmo discurso conservador. Kramer e Kujawski sustentam haver uma atitude populista no que seria uma opção deliberada de Lula em falar "incorretamente" e denunciam um suposto efeito perverso decorrente dessa opção por um "companheirês que desqualifica o idioma". Tal efeito seria o da sugestão aos menos instruídos de que esse modo de se expressar com "palavras toscas" e de "maltratar a língua, engolindo os esses, violentando a sintaxe, forçando erros de concordância" não somente seria algo válido, mas, além disso, recompensador.

Há uma enorme frequência e uma não menor cristalização nas interpretações dedicadas às relações que estabelecemos entre o que há e o que se processa dentro de nós e o que se manifesta em nossos corpos e nos indícios de nossos gestos, das modulações de nossa voz e de nossas expressões faciais. Essas enormes frequência e cristalização são acompanhadas por um reduzido reconhecimento de nossa parte de que o fazemos à mercê e na esteira de discursos hegemônicos. Não obstante, sabemos que esse tipo de articulação entre a zona exterior do corpo e de seus signos sensíveis, estes que podemos ver, ouvir, tocar e experimentar, de um lado, e a zona interior dos seres humanos,

---

263. Texto de Gilberto de Mello Kujawski, intitulado "O linguajar de Lula", publicado no jornal *Estado de S. Paulo* – Caderno Espaço Aberto, 17/02/2005, p. A2.
264. João Francisco Lisboa, apud PINTO, E.P. *O português do Brasil*. São Paulo: Edusp, 1978, p. 44.
265. Em *Preconceito e intolerância na linguagem*, Marli Quadros Leite (Contexto, 2008) dedicou uma análise a esse texto de Dora Kramer.

isto é, esse nosso espaço interno que compreende o que se passa em nossos corações, em nossas cabeças e em nossas almas, de outro, esteve presente e atuante em diferentes contextos históricos. É muito provável que essa relação entre exterior e interior tenha se configurado como uma constante antropológica no modo de se proceder às interpretações que fazemos uns dos outros.

Pois é justamente a partir de algo tão absolutamente consolidado nas maneiras de sentir e de pensar que esse texto descredita a fala de Lula e, por extensão, sua capacidade de julgamento e suas decisões, ao produzir o efeito de que pretende discorrer essencialmente sobre seu desempenho oratório. Assim, a crítica poderia se tornar ao mesmo tempo mais crível e, segundo essa perspectiva, mais pertinente, na medida em que não seria difícil que os leitores do *Estadão* fossem conduzidos por um processo discursivo que se assenta em esquemas do tipo: exterior/interior, forma/conteúdo, linguagem/pensamento, atos/palavras etc. Vimos que os membros do Partido Comunista Francês não hesitaram em reproduzir a frase de Boileau: "O que é bem concebido é enunciado com clareza". Mesmo que se tratasse de recomendar o prévio trabalho de elaboração do que seria dito em público, tal reprodução contribui para a conservação da ideia de que algo que não foi expresso claramente compreende um pensamento confuso. Ao encontro desta, vão ideias afins, tal como a de que "erros" de linguagem refletem deficiências cognitivas ou ausência de complexidade. Peso e valor suplementares adicionam-se, portanto, à crítica, uma vez que ela trata da fala de Lula, certamente, mas para visar a um alvo mais relevante e prejudicial, os programas e as ações do governo do PT.

Além disso, são flagrantes a acidez e a violência no tom adotado por seu autor. Frequentemente apontada e condenada em Lula, a agressividade, desta vez, está efetivamente presente nas formulações do próprio texto de Kujawski, e ali surge sem disfarces ou nuances: a "palavra tosca" é índice de "pensamento banal" e de "ato irrelevante". A escolha dos termos para a produção dessa ofensiva depreciação da fala alheia não deixa dúvida alguma. Aqui a força do preconceito cumpre uma função decisiva, porque os traços populares da linguagem de Lula são apresentados, em conformidade com a concepção hegemônica, como erros. Essa suposta evidência, por sua vez, visa a produzir o efeito de que os pensamentos, mas também os atos do presidente são do mesmo modo e evidentemente equívocos, com o agravante de que a banalidade e a irrelevância não seriam inócuas. Isso porque o mau exemplo linguístico e comportamental dado por Lula compreende consequências tão ou mais danosas em suas decisões e ações governamentais.

O enunciador sugere ainda que as características populares da fala de Lula seriam uma artimanha e uma marca de seu populismo. Corresponderiam a uma simulação da condição popular, no intuito de um benefício próprio. Não se trata aqui do questionamento de um porta-voz, para denunciar o confisco da própria manifestação do povo, nas circunstâncias em que ela estaria sendo representada e, por isso, em boa medida, silenciada, por alguém que não pertencesse efetivamente às camadas populares. Não se trata tampouco da defesa do direito dos sujeitos das classes exploradas e desfavorecidas de falar por si mesmos e com suas próprias vozes. Além disso, tanto no texto de Kujawski quanto no de Kramer, podemos facilmente identificar, em conjunto com a ênfase e a violência de suas formulações, uma considerável carga de ironia em seus ataques que vão da performance oratória ao próprio caráter de Lula: "populismo desabrido"; "companheirês que desqualifica o idioma"; "agredindo o português, sem deixar quase nenhuma frase incólume"; "as aberrações linguísticas"; "a banalidade do pensamento"; "a irrelevância dos atos de um governo sem forma nem figura de governo"; "ridículo atroz"; "Lula forja um arremedo da língua popular"; "O discurso de Lula degenera num Frankenstein assustador"; e "Na fala estropiada de Lula há de tudo, menos inocência".

Finalmente, é preciso destacar nesse discurso conservador e intolerante uma condescendência não menos perversa. Postura esta, sim, populista, que consiste em reconhecer a "beleza do morto"[266], ou seja, uma atitude que corresponde a conceber as ações e manifestações populares como tanto mais belas quanto mais inofensivas elas forem. E assim o serão, quando encalhadas em setores restritos do entretenimento. Numa concepção elitista e folclórica, a voz do povo pode ter graça e encanto, desde que seja embalsamada, exótica e inócua, desde que seja devidamente inerte ou exclusivamente animada nos limites do espetáculo que contenta. Na esfera pública, no cenário da política nacional, busca-se impedir que o povo fale, mesmo que sua expressão somente se materialize de forma mais ou menos indireta, porque feita por um seu porta-voz que já não mais fazia parte exatamente dos plebeus, proletários e dominados, mas que guardava ainda em sua fala as marcas de classe que continuavam e que jamais cessaram de ser objeto privilegiado de perseguição.

O verbo, o corpo e a voz do ex-presidente

"Eu, diferentemente de muita gente, eu tinha mais preocupação de perder a voz do que de morrer. Ou seja, porque eu, se eu perdesse esta voz, eu já tava morto; entende?" Na noite do dia 01 de abril de 2012, em entrevista

---

266. DE CERTEAU, M.; JULIA, D. & REVEL, J. "A beleza do morto: o conceito de cultura popular". In: *A invenção da sociedade*. Lisboa: Difel, 1989, p. 49-75.

exibida no programa *TV Folha*, veiculado pela TV Cultura, Lula reiterava dramaticamente o que tantos já haviam dito sobre os riscos que ele corria, caso se desse a perda de sua voz ou uma sua significativa alteração, motivada pelo câncer na laringe pelo qual ele havia passado. Desde o anúncio de sua doença, cujo diagnóstico fora divulgado no dia 29 de outubro de 2011, começaram a surgir muitos enunciados sobre os riscos que ela apresentava para sua voz e, por extensão, para sua atuação na vida pública brasileira. Em vários domínios e segmentos sociais, se falava sobre a enfermidade do ex-presidente e de suas possíveis sequelas: as ameaças à voz de Lula foram tema de conversas cotidianas, de mensagens em redes sociais na internet, de debates entre profissionais da saúde, de comentários da classe política, de notícias, crônicas e reportagens da mídia. Tal conjunto compreendia um variado leque de dizeres que iam de pragas rogadas, passando por declarações mais ou menos referenciais, até votos de pronto restabelecimento. Após a divulgação de sua cura, o tema não deixou imediatamente a crônica jornalística. Foi nesse contexto que se deu a publicação do texto, de que extraímos a passagem que submeteremos à análise.

Lula, portanto, já não mais exercia seu mandato na presidência da República e acabara de passar por uma gravíssima doença, mas, nem por isso, os usos e características de sua língua, de seu corpo e de sua voz em suas manifestações de fala pública haviam deixado de ser objeto de pesados e agressivos ataques.

> O presidente que cometeu mais gafes na história do Brasil conseguia quase sempre roubar a cena ao abrir a boca. Sua voz rouca, com erros de português, metáforas de futebol e piadas do povão, era o elo com a massa, na versão sindicalista exaltado ou do lulinha paz e amor. O Brasil teve outros oradores inflamados [...] que se expressavam com vigor também na escrita. Lula não. Exerce uma liderança oral. A maioria da população brasileira não domina a palavra escrita. [...] Num país assim, a voz é hipervalorizada como capital simbólico. Lula sempre falou demais[267].

O relativo reconhecimento da capacidade comunicativa de Lula e mesmo do que se poderia considerar como sua eloquência[268] – "conseguia qua-

---

267. Texto de Ruth de Aquino, intitulado "A voz de Lula", publicado na revista *Época*, 30/03/2012.
268. A partir das posições conservadoras, tal reconhecimento parece só vir a fórceps e/ou sob a forma de efeito colateral indesejado: "A leitura do *Dicionário Lula*, de Ali Kamel, mostrou, provavelmente contra sua expectativa, que Lula é um falante "sofisticado" – tanto pela capacidade de absorver termos técnicos e até "elegantes" (estruturante, transversalidade) quanto pelo numeroso léxico mobilizado em suas declarações" (POSSENTI, S. Os namoros de Bolsonaro e as limitações para as comparações com Lula. In: *Rede Brasil Atual* – Coluna "Dito e Feito" [Disponível em https://www.redebrasilatual.com.br/blogs/2019/05/dito-e-feito/].

se sempre roubar a cena ao abrir a boca" – é precedido por aquilo que a enunciadora apresenta como um dado real, grave e evidente: "O presidente que cometeu mais gafes na história do Brasil". Com efeito, trata-se aqui de um julgamento que não tem coragem de se assumir como tal e que se dissimula sob a forma de uma constatação, cujo acolhimento seria feito sem objeções. A popularidade do ex-presidente, devida em boa medida a seu talento oratório, é também ela reconhecida para ser mais bem e imediatamente questionada e deslegitimada. Porque seu "elo com a massa", aqui compreendidos todos os preconceitos antiquíssimos e sempre presentes que recaem sobre esta última, somente se produz por meio da voz e da fala, ambas plenas de falhas, erros e mau gosto: "Sua voz rouca, com erros de português, metáforas de futebol e piadas do povão". Como de costume, a duplicidade de Lula é onipresente; desta feita, inclusive, apontada com ironia aberta e hostil: "na versão sindicalista exaltado ou do lulinha paz e amor"; assim como, apesar de sua relativa discrição, seu estilo veemente, como seria típico dos "oradores inflamados" da *eloquentia popularis*. Em suma, a competência retórica de Lula é subsumida numa série de supostas impropriedades, que a questionam, desqualificam e a transformam no avesso de qualquer autêntica e efetiva aptidão.

Cabe, além disso, às duas modalidades linguísticas cumprir seus papéis na oposição fundamental, que herdamos de concepções antigas e modernas, postuladas e registradas pela filosofia grega clássica e por imaginários presentes no Iluminismo europeu: de um lado, se encontrariam a escrita, as letras e os letrados, a leitura, o mundo das ideias e a autonomia do espírito e da razão; de outro, estariam a oralidade, a voz e os analfabetos, a fala e a escuta, o mundo sensível, o aprisionamento do corpo e a manipulação pelas emoções. As relações entre a liderança que seria exclusivamente oral e a massa que somente pode contar com sua deficiente escuta não poderiam ser afirmadas de modo mais explícito e preconceituoso. Além disso, tal como ocorre no texto de Kujawski, publicado no *Estadão* e que acabamos de examinar, tudo o que se declara no de Ruth de Aquino pretende soar como verdades evidentes, porque formuladas com a "objetividade" produzida pelo uso de uma enunciação em terceira pessoa. Assim, a recíproca depreciação de quem fala e de quem ouve, tanto da massa supostamente suscetível à manipulação pela palavra falada quanto do orador político que habilmente seria capaz de manipulá-la por meio de seus pronunciamentos orais, não seria uma opinião da jornalista, não seria, portanto, uma materialização do discurso conservador e elitista, que menospreza qualquer prática de linguagem popular com potencial transformador, mas somente um fato objetivo.

Desde os antigos, vimos que já se impunha a ideia de que a voz e a fala só poderiam ser bem aceitas, caso viessem em estilo "correto, límpido, elegante e bem adaptado" e em emissão vocal "fácil, nítida, agradável, bem romana, isto é, sem sotaque campesino nem estrangeiro". As fronteiras e as diferenças entre as eras e os lugares, entre os campos do conhecimento e mesmo entre os polos do espectro ideológico parecem não ser o bastante para barrar a circulação dos preconceitos contra as marcas do povo deixadas na língua, no corpo e na voz dos que lhe dirigem a palavra. Em Aristóteles, mas também em Cícero e Quintiliano, entre os pregadores medievais, mas também entre os cronistas modernos que estigmatizaram os "gritos" de Paris, passando ainda pela psicologia social de Gustave Le Bon, pela literatura realista de Émile Zola, até chegar aos comunistas franceses e aos anarquistas e socialistas brasileiros do século XX, podemos observar a conservação, variável em sua frequência e em sua intensidade, mas constante em seu funcionamento, do mecanismo segundo o qual se deprecia ao mesmo tempo os oradores populares e a escuta das pessoas do povo. Aí opera um dispositivo de transferências mútuas das deformidades e dos estigmas de uns aos outros, que, por seu turno, produz a deslegitimação de ambos. Para fazê-lo, o mecanismo se vale invariavelmente da remissão das aparências às essências, das expressões aos conteúdos etc.

Assim, as "gafes" de Lula podem ser admitidas como tais, em função da evidência construída em torno da "voz rouca" e da fala plena de "erros de português, metáforas de futebol e piadas do povão". Cadinho das gafes e dos erros, da ignorância e do mau gosto, a massa e o povão não poderiam ser mais bem atraídos do que por aquilo que estaria no âmago de sua própria essência. Nós já o havíamos indicado logo acima: na esfera pública, em setores sociais que abrigam relações de poder cujos alcance e impacto são de maior monta, tal como no cenário da política nacional, qualquer palavra do povo ou de um seu representante, que porte em seu corpo, em sua língua e em sua voz as marcas populares, se torna excesso insuportável aos olhos e aos ouvidos repletos e constituídos do puro bom gosto de nossas elites. Para estas últimas, a utilidade e a elegância não combinam com a estupidez e a grosseria da gente do povo. Não nos esqueçamos de que, numa *Terra em transe*, Paulo cala e replica a fala de Jerônimo, dizendo que o povo é "Um imbecil, um analfabeto, um despolitizado!" Em outro tempo e lugar, tratando de outro presidente de sindicato, a colunista da revista *Época*, com meios mais discretos que visavam aos mesmos fins, apenas diz que "Lula sempre falou demais".

Ora, encontrar o apego ao atraso entre os que se empenham em conservar e em reproduzir as piores desigualdades e injustiças de uma sociedade não nos surpreende. Além da maior ou menor inércia social de cada conjuntura histórica, a manutenção e até o alargamento do abismo entre os humilhados e os bajulados, por vias já bastante conhecidas e por outras distintas que lhes são acrescidas, contam ainda, ora mais ora menos, com certas ações praticadas e com alguns discursos produzidos por sujeitos que pretendem combatê-los. Sem que nos apercebamos, porque temos de lidar com uma série de práticas e de ideias fundamentalmente arraigadas em nosso dia a dia e tomadas como evidentes, não raramente acabamos por reproduzir meios e engenhos da iniquidade e da discriminação em nossas lutas por igualdade e justiça sociais.

* * *

A beleza e seu avesso não estão nas coisas vistas. Mas também estão menos nos olhos de quem vê do que nas práticas e discursos que constroem o próprio olhar. Algo equivalente se processa em todos os sentidos. O que agrada e encanta nosso tato e nosso paladar, nosso olfato e nossa escuta, assim como aquilo que lhes desperta a indiferença, o incômodo e a repugnância, não está concentrado nas propriedades intrínsecas do que experimentamos. É no interior das sociedades e ao longo da história que se produz a aversão às vozes dos oprimidos e marginalizados. A língua, o corpo e a voz de pobres e de mulheres, de idosos e de nordestinos, de iletrados e de caipiras, de negros e de transgêneros são vistos e ouvidos como deformidades, porque os olhares e as escutas que os veem e os ouvem foram majoritariamente constituídos sob um prisma discriminatório e elitista. As diferenças que marcam os sujeitos pertencentes a grupos e classes sociais inferiorizados passam a ser consideradas como defeitos, degenerações ou ameaças. Não deveríamos nos surpreender com o fato de que, assim julgadas, as marcas da diferença sejam recebidas com desdém e tomadas como justificativas para a perpetuação de preconceitos e exclusões.

Vox Populi, vox Dei. Apesar da máxima, excetuados os contextos de exotismo, folclore e diversão, não se costuma atribuir nada de divino, nem nada de maravilhoso à voz do povo. As manifestações das classes populares foram e continuam a ser frequentemente submetidas às vozes e vontades dos poderosos, a ser reduzidas à vociferação de um populacho e estigmatizadas como expressões de grosserias e violências. Não se evoca a altura dos céus nem a pureza dos espíritos sublimes, mas, antes, a baixeza da lama e a sujeira dos corpos animalizados para se desclassificar a fala dos pobres, dos dominados e dos excluídos: "a linguagem popular é um dos produtos da aplicação de taxionomias dualistas que estruturam o mundo social, segundo as categorias do alto ou do baixo, do refinado ou do grosseiro, do distinto ou do vulgar, do raro ou do ordinário, do autocontrole ou do desleixo, enfim, da cultura ou da natureza"[269]. Durante muito tempo e ainda em nossos dias, em quase todas as sociedades, no interior de várias instituições e setores sociais e em diversos campos do conhecimento, ouvir a voz do povo consiste em lhe imputar os estigmas da inferioridade e da rudeza, mas também da negligência e da vulgaridade. Nossa escuta foi forjada para perceber uma série de traços da fala popular como algo que incomoda, como algo que desagrada e até mesmo como algo que não se pode tolerar.

A escuta é, portanto, uma construção histórica, em que estão implicados fatores sociais e ideológicos, culturais e psicológicos. Tal como ocorre com outros sentidos, a escuta hegemônica é constituída por ideologias e práticas dominantes. Por conseguinte, em sociedades marcadas pelos abismos entre eleitos e rebaixados, essa escuta está mais do que propensa a desdenhar, marginalizar e humilhar a voz do povo. A partir desses pressupostos, empreendemos uma genealogia dos discursos sobre a fala pública popular e a escuta popular da fala pública, mediante a qual demonstramos, por um lado, a existência de uma sólida e longa história de discriminações e, por outro, o surgimento bastante tardio, por vezes ambíguo, ainda insuficiente, mas de certa forma crescente de legitimidades investidas nas práticas populares de linguagem. Na esteira dessa genealogia, examinamos uma amostra da história do que se diz a propósito da oratória popular no Brasil contemporâneo, observando as representações que muitos veículos de nossa imprensa tradicional fazem dos desempenhos oratórios de Lula.

Com base nesse exame, observamos que as marcas populares presentes na língua, no corpo e na voz do político mais popular da história brasileira foram constantemente vítimas de depreciações e ataques. Tanto na longa duração histórica quanto na recente conjuntura nacional se confirma nossa tese de que sociedades profunda e ostensivamente desiguais multiplicam e consolidam expedientes para fazer calar e menosprezar os discursos que reivindicam sua transformação e os meios e modos de expressão daqueles que elas rebaixam e excluem. Essas investidas de silenciamento e de menosprezo se proliferam e se intensificam entre as práticas conservadoras, quando se trata de alvejar falas públicas, nas quais os discursos em defesa das causas

---

269. BOURDIEU, P. Vous avez dit "populaire"? In: *Qu'est-ce qu'un peuple?* Paris: La Fabrique, 2013, p. 29-30.

populares se materializam em formas e recursos expressivos empregados por sujeitos do povo empobrecido e marginalizado.

Não é segredo algum que os impasses e atrasos do Brasil se devem em ampla medida à força das ideologias conservadoras, que são gestadas por suas elites e nutridas por elas mesmas e por boa parte das classes médias, que se constituem em práticas e discursos e que, contraditoriamente, se disseminam também entre aqueles que são seus principais alvos e os mais prejudicados por tal disseminação. Quaisquer programas sociais progressistas que se anunciem ou se implementem por aqui são postos imediatamente na mira dessas ideologias antipopulares e fartamente alvejados por suas práticas e discursos. Porque se trata de instrumento e foco privilegiados da resistência e da desconstrução que lhes poderiam ser feitas, o mesmo ocorre com os ditos e as maneiras de dizer dos sujeitos oriundos das camadas desfavorecidas, que são pronta e profundamente estigmatizados.

Assim, por um lado, práticas e discursos progressistas são apresentados como inócuos, arriscados e danosos por retóricas reacionárias e, por outro, comportamentos e meios de expressão populares são considerados como incorreção e ignorância, como inconveniência e rispidez. Uma das razões da eficácia do mecanismo é a de fazer incidir a forma sobre o conteúdo na atribuição dos vícios: se deprecia e se exclui o que é dito, em razão das discriminações que atingem as maneiras de dizer. Por esse e outros motivos, os discursos progressistas com traços populares praticamente não podem ser bem recebidos, dificilmente conquistam adesão e frequentemente nem sequer podem ser tolerados. Ao surgirem, provocam reações imediatas de seus antagonistas. Mas, isso não significa que todos esses discursos reativos tenham exatamente o mesmo perfil.

De modo análogo à voz humana, os discursos têm tons, saliências e tessituras, têm ritmos, pausas e durações e têm timbres, registros e volumes. Independentemente de serem manifestos em linguagem verbal e/ou em qualquer outra linguagem, independentemente de serem veiculados por meios sonoros e/ou visuais, independentemente de serem produzidos em modalidade oral ou escrita da língua, os discursos terão certos ritmos e melodias, algumas dinâmicas e uma série de qualidades específicas. Diante dos transformadores, os reacionários serão ora mais ora menos tônicos ou átonos e se configurarão em combinações diversas entre uma longa duração e uma extensa difusão, um andamento que tende a ser mais ou menos contínuo e acelerado e uma intensidade que se inclina às maiores ou menores densidades e impactos. Onde a desigualdade abissal graça há séculos, quanto maior potencial transformador houver na coisa dita, maiores serão a velocidade das reações, a força de seus golpes e o raio de sua extensão.

Conhecer o veneno, sua ação e seus efeitos perversos é condição necessária, mas não suficiente para a cura do envenenamento. Quando a doença consiste na reprodução das ideologias e discursos hegemônicos, o tratamento tem de passar pela ativação de princípios de ideologias e discursos alternativos. Se aqui o problema é a fala preconceituosa de uns que condena a de tantos outros e que molda a escuta discriminatória de quase todos, a solução não é o silêncio, mas a produção de falas libertárias que não calem e que nem pretendam oprimir ninguém. Porque há alguns Paulos que calam muitos Jerônimos, o silêncio se torna uma forma onipresente da voz do povo. O combate a esse gesto, fadado por motivos diversos à repetição, compreende uma *metalinguagem da emancipação popular*: precisamos falar da nossa própria fala, de sua diversidade e de suas variações e, principalmente, dos poderes e perigos envolvidos nas lutas que aumentam ou diminuem as diferenças e as distâncias entre as classes, os grupos sociais e os sujeitos que se situam real e imaginariamente em seu interior. Precisamos saber e falar desses cruéis abismos entre alguns poucos milhares, que gozam dos prestígios usufruídos por sua linguagem, e os muitos milhões, que sofrem com os estigmas, a cada vez que, apesar das tantas dores e das muitas opressões, ousam abrir suas bocas e falar.

Por uma metalinguagem da emancipação popular

Começamos este nosso percurso com uma trágica cena de fala e repressão. Incitado a fazê-lo, um homem pobre, um operário e presidente do sindicato fala. Ele é, imediatamente, calado e humilhado por outro que lhe é socialmente superior. Este último fala da fala do primeiro e mostra que não tem por ela nenhuma consideração: "Estão vendo o que é o povo? Um imbecil, um analfabeto, um despolitizado!" Ainda que possam ser majoritárias, em função dos preconceitos presentes nas ideologias dominantes, nem todas as histórias de fala sobre a fala vivem da opressão aos oprimidos e reproduzem a atribuição de prestígios aos eleitos e de estigmas aos rebaixados. Há casos em que a fala sobre a fala se mostra como ação libertadora e como instrumento privilegiado de libertação. Em sua ambivalência, a metalinguagem guarda em si a possibilidade de ser veneno, mas também a de ser antídoto. Ela pode, portanto, representar tanto o vírus da doença quanto o remédio para sua cura. Assim, quando o que se diz está mal-informado e a serviço do preconceito, perpetua discriminações e exclusões. Porém, desde que provido de uma compreensiva sabedoria do povo ou da explicação científica de especialistas comprometidos com as causas populares, possui um enorme potencial emancipatório.

Antes de encerrarmos nossas considerações, rememoremos três ou quatro dessas histórias nas quais se operou uma metalinguagem da emancipação popular ou das quais podemos extrair uma perspectiva libertária. Independentemente da condição mais ou menos factual ou mais ou menos ficcional do que é relatado e dos personagens nelas envolvidos, todas compreendem uma atenção particular dedicada à linguagem humana, que podemos focalizar a partir de um ideal igualitário que concorre para a desconstrução de preconceitos, para a resistência a poderes estabelecidos e para a conquista de autonomias diversas. Ao mencionar as mais conhecidas ou as já referidas, o faremos brevemente, e nos estenderemos um pouco mais na exposição das que nos parecem ser menos familiares à parte de nossos potenciais leitores. A primeira dessas pequenas histórias envolve o próprio Lula e foi narrada por um desses grandes veículos de nossa grande mídia:

> Lula vive uma fase tão boa que até faz comentários sobre aquilo que os adversários apontam como falhas em sua formação. Um exemplo disso ocorreu na semana passada, na churrascaria Porcão, no Rio de Janeiro, durante um encontro com artistas, intelectuais e cientistas que apóiam o presidenciável. "Vocês representam os diplomas que eu não tive oportunidade de conseguir, por isso que não tenho o direito de decepcioná-los", disse Lula num discurso de improviso. Em outra passagem usou a expressão latina *sine qua non*, com o seguinte comentário: "nada mau para alguém que, em 1989, falava 'menas laranjas'". A platéia concordou e aplaudiu[270].

Seu enunciador produz um efeito de objetividade, ao declarar em terceira pessoa do singular a condição positiva da fase vivida por Lula, e certo distanciamento da acusação das "falhas em sua formação", na medida em que a atribui aos adversários do então candidato. Na sequência, se cria o efeito de um jornalista bem informado, que relata um evento de que conhece os dados factuais, pois menciona quando, onde e com quem Lula teria se encontrado. O tempo e o lugar contribuem para atestar a veracidade do que é narrado, ao passo que a referência às personagens em torno de Lula já enseja a temática da narração: o apoio eleitoral de parte dos "artistas, intelectuais e cientistas". No que é enunciado, se projeta outra enunciação, um discurso direto, que reproduziria a própria fala de Lula. O trecho do texto de *Veja* se encerra, destacando o uso que Lula teria feito da locução latina *"sine qua non"*, projetando outro fragmento em discurso direto, "nada mau para alguém que, em 1989, falava 'menas laranjas'", e descrevendo o que teria sido a reação dos que então o acompanhavam.

Dada a diferença de oportunidades de acesso à educação de alta qualidade e ao manejo de bens simbólicos prestigiados, não se espera que alguém vindo das classes populares e sem alto nível de instrução formal empregue uma expressão latina. Daí deriva a menção e a surpresa do enunciador do texto da revista. Essa impressão seria compartilhada pelos presentes e pelo próprio candidato, porque, ao uso, Lula acrescentou um comentário. Nesse caso, a metalinguagem que lhe foi atribuída indica o reconhecimento de sua condição inesperada e a crença no que se trataria de um progresso no domínio de suas formas de expressão. A declaração da anuência e dos aplausos dos que o ladeavam vai na mesma direção. Evidentemente, não se trata aí de um

---

270. "Lula a mil por hora". In: *Veja*, ano 35, n. 35, ed. 1.767, 04/09/2002, p. 37.

efetivo progresso, mas de algo frequentemente interpretado como tal, porque as palavras e os recursos linguísticos empregados pelos sujeitos do povo pobre não são em si mesmos inferiores aos que são concebidos como mais elaborados e menos usuais.

É igualmente falsa a ideia de que a aquisição da linguagem "correta" consiste em condição necessária e suficiente para a obtenção de acesso e autonomia sociais e para o exercício de uma efetiva cidadania. Enquanto não alcançamos esta urgente conquista no campo da linguagem, a saber, a desconstrução das discriminações sofridas pela voz do povo e por sua escuta, é preciso que reconheçamos o avesso do que a fala de Lula revela: seu orgulho e sua elevada autoestima, derivados agora também de certo traquejo com uma prestigiada forma linguística, indicam a vergonha e o silêncio a que são constantemente condenados os que não comem em restaurantes da moda, não desfrutam da companhia de artistas, intelectuais e cientistas e nem dispõem de recursos expressivos que despertam respeito e admiração. Empobrecidos e marginalizados, além de suas miseráveis condições materiais de vida, sofrem incessantemente toda sorte de preconceitos sobre suas ilegitimadas maneiras de se exprimir.

Mesmo em sociedades bastante desiguais e repressoras, tal como é a brasileira, as elites e os privilegiados precisam justificar suas prerrogativas diante da penúria da maioria. A reprodução das injustiças sociais e simbólicas e das ações violentas contra o povo pobre está calcada e é constituída por discursos que as naturalizam e as abonam. No Brasil, as tentativas de silenciamento político de Lula são acompanhadas das depreciações do que ele diz e de suas maneiras de dizer e de se comportar. O que acontece aqui e agora também ocorreu em Eldorado com Jerônimo. Mas, com mais forte razão, um infortúnio maior se deu com Felício, que é ainda mais povo do que o presidente do sindicato e que sofreu uma mais intensa e violenta repressão. Felício fala das injustiças e das violências sofridas. Por fazê-lo, sofre novas agressões. Mas sua fala indica também o potencial de sua denúncia e de sua revolta e a reação que ela suscita sugere o medo que aterroriza os que não pretendem calá-la. Estaríamos equivocados, porém, se acreditássemos que, em nossos dias, fora do Brasil e de outros Eldorados, no chamado mundo desenvolvido, haveria plena liberdade de fala gozada pelos sujeitos trabalhadores e o devido respeito por suas ponderações. Também na França contemporânea, "um operário deve calar sua boca"[271].

---

271. POUTOU, P. *Un ouvrier, c'est là pour fermer sa gueule!* Paris: Textuel, 2012.

Eis a personagem e parte de sua autoapresentação: "Eu me chamo Felipe Poutou, tenho quarenta e cinco anos. Sou operário mecânico na fábrica da Ford em Blanquefort, na Gironda. Eu trabalho lá desde 1996 e comecei como estagiário durante os três primeiros anos. Eu ganho 1.800 euros líquidos por mês. Sou militante da CGT..." Poutou dirá, em seguida, que é o candidato do Novo Partido Anticapitalista nas eleições presidenciais daquele ano de 2012 na França, antes de acrescentar estas palavras:

> a barreira mais insidiosa e mais coerciva é a de que nosso sistema político não permite efetivamente que as pessoas de baixa renda possam concorrer a eleições importantes. Isso nem sequer chega a ser cogitado pela maioria dos oprimidos, como se "naturalmente" não fosse um lugar que pudéssemos ocupar. Há aí uma pressão social elitista que funciona como se fosse uma evidência. Nós a observamos na atitude condescendente da maioria dos políticos ou dos pensadores em relação a uma candidatura que não provém de seu meio social e que, por isso, "não domina os códigos exigidos". É mais ou menos como se, na condição de operário e de alguém pouco habituado a fazer belos discursos diante das câmeras da televisão, a melhor coisa que eu podia fazer era voltar para o meu devido lugar, ou seja, o chão da fábrica, e calar a minha boca[272].

No chão da fábrica, os peões precisam calar a boca. Fora dali, em contextos menos manifestamente opressivos, o cenário se altera, mas, nem por isso, a voz do povo ganha força e eco para se fazer ouvir, tal como seria justo e necessário. Em espaços de fala nos quais há particular concentração de poder nas coisas ditas, os membros das classes populares podem mais ou menos excepcionalmente até falar, porém suas falas serão *grosso modo* menosprezadas por não dominarem completamente os "códigos exigidos". Por ora, é preciso repeti-lo: há meios diversos e distintos modos de manter o silêncio e a submissão de oprimidos e explorados.

No tópico "Falas e silêncios no chão da fábrica", de nosso primeiro capítulo, vimos que a experiência empírica de Simone Weil e o registro ficcional de Graciliano Ramos e de Pagu confirmam essa triste realidade: "Desde o momento em que se bate o cartão na entrada até aquele em que se bate o cartão na saída, as ordens podem ser dadas, a qualquer momento, de qualquer teor. É preciso sempre calar e obedecer. Dirigir a palavra a um chefe, é sempre expor-se a uma bronca; e quando isso acontece, mais uma vez é preciso calar-se. É preciso sempre se calar e obedecer", "O patrão

---

272. Ibid., p. 9-10.

atual, por exemplo, berrava sem precisão. Fabiano ouvia as descomposturas com o chapéu de couro debaixo do braço, desculpava-se e prometia emendar-se", "O chefe da oficina se aproxima, vagaroso, carrancudo. – Eu já falei que não quero prosa aqui! Malandros! É por isso que o trabalho não rende! Sua vagabunda! Bruna desperta. A moça abaixa a cabeça revoltada. É preciso calar a boca!"

O mando e a empáfia de quem manda e a obediência e a consternação de quem obedece têm configurações próprias e inconfundíveis. De cada lado, há corpo e rosto bem típicos, língua e voz inequívocas. A repetição e o padrão dos gestos que se impõem e dos que se submetem são de tal modo estabelecidos que nos permitem esquematicamente imaginar o corpo ereto e a cabeça erguida, o rosto sisudo e o dedo em riste, as palavras duras e o alto volume da voz de uns poucos contrapostos ao corpo dobrado e à cabeça abaixada, ao rosto entre sorridente e agoniado e ao silêncio de quem engole seco, contrapostos, enfim, às palavras afáveis e à voz sussurrada de tantos outros. Não que isso signifique que não há resistência e luta. Ao contrário, ao lado de alguma resignação, ela está aí bem presente no espírito das Simones, Fabianos, Brunas e de outros tantos reduzidos a Zé Ninguém. Daí deriva a cobrança de alguns oprimidos e revoltados por uma postura consciente, indignada e mais enfática da parte de seus semelhantes e porta-vozes. Frequentemente, a fala trabalhadora é imaginada como algo que se manifesta ou é desejada como algo que deveria se manifestar num corpo, numa língua e numa voz que carregassem a energia da força do trabalho e o tamanho da revolta:

> Alguns me reprovaram por não ter sido suficientemente agressivo diante da violência do dispositivo dos programas de tevê. A agressividade não faz parte dos meus hábitos, nem do meu temperamento. Na tribuna da televisão, eu ouvi polidamente todos os presentes e, em seguida, tentei responder às questões da melhor maneira que eu podia. Não é porque eu sou um sindicalista, e ainda mais um operário do ramo da metalurgia, que eu sou necessariamente um troglodita[273].

Além disso, Felipe Poutou insiste ainda no silêncio, na submissão e nas punições infligidas aos trabalhadores em seus ambientes de trabalho e na inculcação desde tenra idade da crença de que a pobreza material imposta responde à pobreza de espírito e de formação. Crença produzida e induzida por uns que dela se beneficiam e estendida e reproduzida por outros que ela

---

273. Ibid., p. 23.

diminui. Aos jovens pobres se ensina que eles seriam inferiores e que, assim, naturalmente, lhes caberia o silêncio e a sujeição:

> Desde o começo de nossa juventude, nos ensinam que nós precisamos aceitar a sociedade como ela é. Haveria nela os que sabem e os que não sabem. Nós, os operários, os proletários, os pobres e os oprimidos, somos os que não têm nada além de sua própria dignidade. Logo, estaríamos do lado dos que não sabem nada.
>
> Em nossos locais de trabalho, tudo é ainda mais cru e brutal, porque a empresa é um lugar profundamente antidemocrático. É o reino do pleno poder patronal. Uma vez que você está em seu interior, o direito do assalariado é quase nulo. Nós somos bons somente para duas coisas: para pegarmos no batente e para nos calarmos.
>
> Desde criança, o oprimido aprende a sofrer e a se calar[274].

Uma metalinguagem da emancipação popular pode tanto reivindicar a legitimidade constantemente negada à voz do povo quanto denunciar e até mesmo suspender os poderes opressores. É o que notamos nas distintas versões da história desta personagem da Roma antiga, à qual já nos referimos. De Cícero e Tito Lívio, passando por Dionísio de Halicarnasso e por Plutarco, até Shakespeare, foram vários os autores que se dedicaram a retratar passagens da vida do general Caio Márcio, o Coriolano. Nós o mencionamos, inicialmente, quando, ainda em nosso primeiro capítulo, tratávamos da construção histórica e social dos sentidos e analisávamos algumas manifestações elitistas que fazem corresponder pobreza e mau cheiro. Naquela altura, além das declarações preconceituosas de uma relativamente conhecida jornalista brasileira e de um ex-presidente da República, reproduzimos um dos enunciados ditos por Coriolano na peça homônima do célebre dramaturgo inglês: "a essa ignóbil e fedorenta multidão vou dizer umas boas verdades". Voltamos a nos referir ao patrício e militar romano no início da genealogia que realizamos em nosso segundo capítulo, no momento em que examinávamos os discursos sobre a fala pública popular e a escuta popular da fala pública na Antiguidade. Aqui, as rápidas menções à sua história serão baseadas na obra que Plutarco lhe consagrou.

Os fatos relatados teriam acontecido no ano de 493 a.C. Antes de se tornar Coriolano, Caio Márcio já era um notório general romano, conhecido tanto por suas conquistas militares quanto por sua severa oposição às reformas que favoreciam os plebeus nos princípios da Roma republicana. Uma dessas conquistas foi justamente a da cidade de Coríolos, um dos lugares que

---

274. Ibid., p. 27-29.

pertenciam aos volscos, povo latino inimigo dos romanos, o que lhe rendeu o apelido de Coriolano; uma dessas oposições foi ao estabelecimento e ao exercício dos tribunos da plebe. Depois de sua derrota nas eleições ao consulado de Roma, que lhe foi imposta exatamente por esses tribunos e pelo povo romano, Coriolano se empenha em extirpar o tribunal da plebe, sofre acusações de desrespeito às instituições da cidade, passa por um processo e é condenado ao exílio. Exilado, se alia aos volscos para empreender uma guerra contra Roma. Após subjugar muitos territórios dos romanos e de seus aliados, as tropas dos volscos comandadas por Coriolano se preparam para invadir e tomar a própria cidade de Roma. Antes de fazê-lo, sucedendo tentativas frustradas de cortejos de romanos que buscavam demover Coriolano de sua vingança, a mãe do general, sua esposa e seus filhos vão ao seu encontro com o mesmo propósito. Com um pronunciamento tão emotivo quanto bem elaborado, sua mãe consegue, finalmente, dissuadi-lo de sacrificar sua própria cidade natal.

Independentemente da condição mais lendária do que factual desses eventos da vida de Coriolano, gostaríamos de nos deter em alguns aspectos e episódios dessa sua história narrada por Plutarco, em razão de nosso particular interesse pela oratória e pelo público popular. Comecemos por um conhecido pronunciamento ao povo. Depois de seguidos distúrbios populares em Roma, motivados pela exploração do trabalho dos plebeus, pelo abuso que estes sofriam dos agiotas, pela desigual participação (grande) nas guerras e (pequena) na distribuição de seus espólios e por promessas não cumpridas de políticas de combate à excessiva desigualdade, "os pobres juntaram-se e, encorajando-se mutuamente, abandonaram a cidade. [...] Isto alarmou o senado que, de entre os seus anciãos, enviou ao povo os que considerava mais justos". É nessa circunstância que Menênio Agripa, um dos cônsules do senado romano, se dirige aos plebeus amotinados. Plutarco descreve assim sua intervenção:

> O porta-voz foi Menénio Agripa, que, com súplicas ao povo e um discurso sincero a favor do senado, disse umas palavras quando terminava, que se transformaram numa fábula de tão recordadas que têm sido. Afirmou então: "Os membros de um homem rebelaram-se todos contra o estômago, acusando-o de ser o único que no corpo nada fazia e que com nada contribuía, permanecendo apenas ali sentado, enquanto os outros sofriam grandes penas e trabalhos para o manter vivo. O estômago riu-se daquela ingenuidade, pois eles não percebiam que ele recebia o alimento e o reenviava depois para todas as outras partes, redistribuindo-o". "Pois bem", comentou ainda, "o mesmo vos diz o senado, ó cidadãos. De facto, as

> resoluções e decisões que ali se tomam devem ser cuidadosamente administradas e distribuídas para o benefício de todos vós"[275].

Na representação que o biógrafo grego de Coriolano constrói do evento, o povo romano é oprimido e injustiçado, mas se rebela, se organiza, deixa a cidade, se instala num monte em suas imediações e abandona os patrícios à sua própria sorte. A revolta e a debandada popular fazem com que um cônsul de Roma tenha de se endereçar ao povo, lhe fazendo "súplicas". Já haveria, portanto, fala dirigida ao povo muito antes de se conceber e de se instituir o tribunal da plebe. O aristocrata fala, então, ao público popular, em conformidade com o predominante imaginário sobre a escuta do povo, ou seja, se valendo de um dos recursos que se recomenda à *eloquentia popularis*: a produção de uma fala simples e alegórica, que discorra sobre ideias e valores abstratos, por meio de figuras e imagens concretas. Nessa versão da história, o pronunciamento de Agripa se mostrou eficaz, porque conseguiu cessar a rebelião popular e trazer o povo de volta à cidade. Os tribunos da plebe teriam surgido no desdobramento desse retorno a Roma.

> Depois disto, reconciliaram-se e pediram ao senado que fossem escolhidos cinco homens para defensores dos que necessitavam de ajuda. Foi o que aconteceu e esses chamam-se agora "tribunos da plebe". Os primeiros a ser eleitos foram os próprios chefes da revolta: Júnio Bruto e Veluto Sicínio. Assim que a cidade voltou a estar unida, foram muitos os que tomaram de imediato as armas e se colocaram às ordens dos chefes, prontos para a guerra. Márcio, a quem não agradava a força que o povo ganhava por concessão da aristocracia e ao ver o mesmo sentimento em muitos outros patrícios, apelava para que não cedessem ao povo nos combates pela pátria, mas que se mostrassem diferentes, pela superioridade em virtude e não em poder[276].

A julgar pela formulação dessa tradução do texto de Plutarco, a fala de Agripa ao povo foi realmente bastante convincente, porque a reconciliação dos plebeus rebeldes com os membros de outras classes e grupos sociais de Roma se deu de tal modo que os revoltados não puderam impor a exigência de um direito ao senado; antes, tiveram de se contentar somente com o pedido de uma concessão. Não se diz a quem coube a escolha dos cinco homens que defenderiam as causas populares no senado romano. Em todo caso, o pedido foi aceito e a concessão, feita: "Foi o que aconteceu". Parece que se

---

275. PLUTARCO. *Vidas paralelas* – Alcebíades e Coriolano. Trad. de Maria do Céu Fialho e Nuno Simões Rodrigues. Coimbra: Imprensa da Universidade de Coimbra, 2010, cap. VI, 1, 3-5, p. 126-127.
276. Ibid., cap. 7, 1, p. 128.

tratou aí, portanto, menos de uma vitória do povo do que de uma permissão aristocrática. A orientação dessa interpretação, porém, poderia ser, antes, devida a uma vontade aristocrática de minimizar a força popular e de aí não reconhecer uma efetiva conquista da plebe.

Plutarco adota deliberadamente ou reproduz à sua revelia a perspectiva patriciana? Em última instância, isso interessa menos do que constatarmos que, ao invés de as palavras simplesmente descreverem um fato, elas impõem um ponto de vista parcial do que se relata, mesmo que se trate de algo factualmente ocorrido. As relações entre as classes e os diversos grupos sociais produzem consensos e conflitos ideológicos e estes determinam o que é dito e os modos de dizer dos sujeitos de uma sociedade. A história está no âmago das palavras empregadas, das equivalências e dos encadeamentos que se estabelecem entre elas, quando todo e qualquer sujeito social fala ou escreve algo. Os sentidos dos termos que são aí utilizados não residem neles mesmos, mas derivam das ideologias a que se filiam aqueles que os empregam e aqueles que os interpretam.

Assim, o adjunto adnominal "da plebe" em "tribunos da plebe" pode significar: que tais tribunos são membros da própria plebe ou que são somente seus porta-vozes, os defensores de suas causas. De modo análogo, em "Os primeiros a ser eleitos (por quem?) foram os próprios chefes da revolta", não se pode cravar que Plutarco esteja dizendo com isso que o povo estava organizado e que dessa sua organização surgiram lideranças provenientes da própria plebe ou que estava submetido ao comando de alguns astutos que ascenderam sobre a multidão manipulada. Não se pode, contudo, negar que a maneira como foi formulado o enunciado produz o efeito de que "evidentemente" houve quem chefiasse a plebe. Também é por essa razão que há nessa perspectiva do enunciador do texto uma correspondência entre união e submissão à ordem de superiores: "a cidade voltou a estar unida" e "foram muitos (os membros da plebe) que tomaram de imediato as armas e que se colocaram às ordens dos chefes".

O texto de Plutarco é prolífico em referências às práticas de fala e de escuta púbicas. Nele, entre outros, temos os seguintes fenômenos oratórios: a eloquência militar enérgica de Caio Márcio no campo de batalha; sua fala que recusa se beneficiar dos espólios da guerra, a aclamação da multidão que o ouve e a outorga de seu título de "Coriolano" pelo cônsul Comínio; as intervenções dos tribunos da plebe, com acusações aos ricos e aos patrícios; a apresentação de Coriolano diante do povo, quando das eleições ao consulado; sua fala no senado, na qual atacou os que defendiam a distribuição gratuita de trigo aos pobres e propôs o fim dos tribunos da plebe; o processo contra

Coriolano, em que falam os tribunos e o próprio acusado; o pronunciamento de Coriolano, já no exílio, aos volscos; e a impressionante fala de sua mãe, que o convence a não atacar Roma, liderando os volscos. Dentre todos esses casos, nos interessa aqui citar apenas uma ou outra dessas ocasiões de fala, particularmente aquelas em que Coriolano fala do povo e para o povo.

Diante de uma nova escassez de recursos em Roma e das dissensões que se seguiam por isso entre ricos e pobres, patrícios e plebeus, o senado estava propenso a acatar o pedido que a cidade de Velitras havia feito para que os romanos lhe enviassem colonos para compensar sua atual baixa demográfica causada por uma peste. Assim se pretendia aproveitar a ocasião para expurgar Roma "dos mais turbulentos e dos que mais se agitavam com a influência dos demagogos da cidade"[277]. Os tribunos da plebe se opuseram àquela decisão e, logo, se instalou uma polêmica no senado e na sociedade romana. Coriolano bastante orgulhoso de suas conquistas militares e gozando de grande apoio dos poderosos, decidiu capitanear a oposição aos tribunos do povo. Foi pouco depois desses episódios que Coriolano disputou as eleições ao consulado.

> A multidão acalmou-se e o povo sentiu vergonha por desonrar um homem que era um príncipe em linhagem e virtude e por humilhá-lo, depois de tantas e tão grandes ações. Era hábito, entre os que disputavam as magistraturas, envergar a toga sem a túnica e ir ao foro apelar e saudar os cidadãos. Com tamanha simplicidade sugeria-se humildade, mas também se mostravam as cicatrizes, que eram sinal de coragem. [...]

> Chegado o dia da votação, Márcio apareceu triunfante no foro, acompanhado pelo senado. Todos os patrícios à sua volta mostravam por ele um interesse como nunca haviam manifestado antes por ninguém, pelo que a multidão deixou de mostrar a sua boa-vontade para com ele, deixando vir ao de cima o ressentimento e a inveja. A estes sentimentos somava-se o do medo de o poder ficar na posse de um aristocrata com tanta reputação entre os patrícios, pois poderia subtrair liberdade ao povo. Com isto em mente, recusaram-se a eleger Márcio[278].

O general "apareceu triunfante", quando se tratava de uma ocasião em que se deveria demonstrar humildade e simplicidade: lhe faltava "a compreensão e a doçura de que é composta a maior parte da virtude política"; "ele era sempre rude e obstinado e pensava que vencer e dominar toda a

---

277. Ibid., cap. XII, 5, p. 136.
278. Ibid., cap. XIV, 1 e cap. XV, 2-3, p. 138-139.

gente em todo o lado era uma prova de coragem". Vemos aí que Plutarco não exime totalmente o próprio Coriolano por seu fracasso eleitoral. Contudo, o malogro de sua eleição ao consulado seria, antes, devido aos sentimentos ruins do povo: o ressentimento, a inveja e o medo. Não muito tempo depois desse insucesso de Coriolano, Roma esperava se livrar ao mesmo tempo da escassez e das dissensões com a chegada de uma grande remessa de trigo à cidade. No senado havia os que defendiam uma distribuição gratuita do trigo aos plebeus. Coriolano "levantou-se e atacou severamente os que favoreciam a multidão, chamando-lhes de demagogos e traidores da aristocracia, por alimentarem, contra si próprios, as sementes malignas da insolência e da soberba que haviam sido lançadas entre o populacho". Em seu pronunciamento, faz equivaler "democracia" e "igualdade" à "desobediência" e à "ruína" e propõe a extinção do tribunal da plebe: "Se formos sensatos, acabaremos com o seu tribunato, que corrói e divide a cidade"[279].

Ameaçados com a possibilidade de vitória da moção proposta por Coriolano no senado, os tribunos da plebe mobilizaram a multidão popular e instauraram um processo contra ele. Depreciando a qualidade da escuta do povo, Plutarco afirma que a multidão estava revoltada e na iminência de um novo motim e que, após uma intervenção de alguns senadores, foram dissuadidos de ações mais radicais: "Assim que a maior parte do povo anuiu, tornou-se evidente que, pela forma ordenada e tranquila com que escutava aquelas palavras, se estava a deixar levar". Os tribunos exortam Coriolano a falar em sua própria defesa, porque, desse modo, ou ele contrariaria a natureza de seu temperamento e se humilharia ou a seguiria e despertaria a ira popular. Dada sua retidão e coragem, Coriolano não poderia nem pretendia fugir àquela armadilha:

> Então, ele pôs-se de pé para falar em sua defesa e o povo manteve o silêncio e a calma. Mas quando, perante homens que esperavam palavras de súplica, começou não apenas a falar com uma franqueza insuportável como também a acusá-los mais do que a defender-se e ainda a mostrar, pelo tom da voz e pela fisionomia do rosto, uma total ausência de medo que resvalava o desdém e o desprezo, o povo exasperou-se e tornou-se visível a indignação e o desagrado que o discurso lhe causava[280].

Se nos fiássemos no texto de Plutarco, acreditaríamos que a multidão popular seria suscetível às manipulações dos tribunos da plebe e incapaz de

---

279. Ibid., cap. XVI, 1-4 e 5-7, p. 141-142.
280. Ibid., cap. XVIII, 1-3, p. 144-145.

ouvir falas francas que não a bajulassem. Poderíamos, contudo, ao invés disso, ler o que em sua formulação está sintomaticamente ausente ou dito apenas de modo enviesado: o povo é capaz de se organizar, de escolher lideranças que o representam e que defendam suas causas, de fazer reinvindicações, quando é tratado injusta e desigualmente e quando lhe faltam direitos fundamentais, e de impugnar poderes e poderosos estabelecidos, quando estes se mostram como inimigos da vontade popular. Essa sua capacidade passa fundamentalmente pela fala, a começar pelo começo dessa história, porque a revolta, o abandono de Roma e a ida para o Monte Sagrado se deram no momento em que os pobres se juntaram e se encorajaram. Mas essa disposição a modificar as condições materiais e simbólicas de existência não raras vezes compreende de maneira decisiva a fala sobre a fala, seja esta última a dos opressores seja a dos que falam em nome do povo. Mais ou menos discretamente presente na biografia de Plutarco, esse fenômeno é apresentado mais claramente numa passagem da tragédia de Shakespeare.

Ao final da segunda cena do segundo ato, o senado já aclama Coriolano como cônsul eleito. Em uníssono, os senadores gritam: "Toda honra e toda glória a Coriolano!" Brutus e Sicínio pressentem o perigo e resolvem tomar uma providência: "Veja como ele pretende agir com o povo", "Tomara que a multidão possa enxergar quais são os verdadeiros interesses de Coriolano. Ele vai lhes pedir seus votos com um tom que não esconderá que ele despreza o poder popular", "Venha, vamos instrui-los, vamos informá-los de tudo o que está se passando por aqui. Vamos à praça pública, onde sei que o povo nos espera". Na cena seguinte, vários plebeus estão reunidos no fórum debatendo justamente a candidatura de Coriolano, o pedido de votos que ele fará ao povo e sua possível vitória. Em seguida, Menênio e Coriolano discutem sobre como proceder na solicitação dos votos plebeus. Com a aproximação de alguns desses cidadãos, Coriolano já inicia sua campanha e, apesar de algumas objeções, sai de cena com a garantia de que receberá os votos populares. No momento em que o general acabara de agradecer os novos votos, Menênio, Sicínio e Brutus entram em cena. Os dois tribunos parecem admitir a vitória de Coriolano e dizem a ele e a seu amigo que bastará somente que o povo confirme sua votação. À saída dos dois patrícios, os tribunos permanecem no fórum para reunir os plebeus, que se manifestarão logo mais, e para tentar reverter o curso favorável das coisas a Coriolano.

Uma multidão de plebeus

Sicínio: E, então, meus amigos, vocês escolheram mesmo esse homem?

Primeiro cidadão: Ele tem nossos votos, senhor.

Brutus: Peçamos aos deuses que ele mereça a consideração que vocês lhe consagraram.

Segundo cidadão: Amém. Mas, se eu desse ouvidos ao que me diz a minha modesta inteligência, eu diria que ele nos menosprezava, quando nos pedia nossos votos.

Terceiro cidadão: Nada é mais certo do que isso. Ele se divertia às nossas custas.

Primeiro cidadão: Não; era apenas a sua maneira de falar. Ele não estava nos menosprezando.

Segundo cidadão: Nenhum de nós, exceto você, diria que ele não nos tratou com desprezo. [...]

Terceiro cidadão: Ele nos dizia que tinha vários ferimentos de guerra e que poderia nos mostrá-los privadamente. Em seguida, ele fazia gestos de puro desdém e dizia: "Sim, quero ser cônsul. Mas uma antiga tradição reza que eu apenas posso sê-lo com o voto de vocês. Me deem, então, seus votos". E, depois que nós lhe concedemos nossos votos, ele ainda estava por aqui e eu o ouvi dizer: "Agradeço seus votos. Agradeço esses seus doces votos. Mas agora que eu já os consegui não tenho mais nada a tratar com vocês". Se isso não for puro desprezo, não sei mais o que é. [...]

Brutus: Vocês então perceberam que ele pedia seus votos com desdém não disfarçado, mesmo nessa circunstância em que ele precisa de seu favor? Vocês não acham que todo esse desprezo será ainda pior e que com ele Coriolano vai esmagá-los, quando ele estiver com o poder de cônsul em suas mãos? [...]

Sicínio: Vocês já não recusaram seus votos a outros candidatos que os haviam pedido? E hoje vocês os concederam a um homem que, ao invés de lhes pedir humildemente, apenas desprezou a todos?[281]

Conhecemos o resultado do pleito. O fracasso eleitoral de Coriolano ocorreria logo mais em praça pública. Podemos ler no texto de Shakespeare tanto a manipulação da massa popular pelos tribunos da plebe quanto uma metalinguagem emancipadora na conjunção entre estes últimos e o povo. Nesse sentido, o que se vê é uma operação política e metalinguística empreendida por pobres e plebeus que falam do que fora dito por um patrício e

---

281. SHAKESPEARE, W. *Coriolanus*, ato II, cena 3 [Disponível em http://shakespeare.mit.edu/coriolanus/index.html].

de suas maneiras de dizer. Um automatismo e certa resignação na concessão dos votos a um aristocrata que sempre os tomou como inferiores e perigosos são progressivamente substituídos por uma politização e por uma mudança de conduta, que deriva de uma interlocução cada vez mais consciente e organizada. Às falas do ludíbrio, do desprezo e da opressão dos poderosos respondem potentes palavras do povo. É a vez de a plebe romana repetir ao seu modo as palavras ditas antes por um soberano grego: "Não chegaremos a lugar algum, se mantivermos nossas bocas fechadas".

Num tempo de relativo recrudescimento de conquistas populares, é preciso saber falar ao povo. Nos primórdios da república em Roma, o Coriolano de Shakespeare não sabia fazê-lo muito bem. "O que é necessário que eu lhes diga? Ajude-me, por favor, Menênio. Essa tradição de se dirigir ao povo é uma peste! Eu não conseguirei adaptar minha língua para lhes falar como é preciso"[282]. Lula parece jamais ter padecido dessa inaptidão: "Eles me criticavam porque eu falava 'menas'. O povo entende mais os meus erros de português do que os acertos deles. Eu não tô falando, preocupado com alguém fazer correção gramatical. Eu tô falando pro povo me entender"[283]. Ao final de nosso segundo capítulo, vimos que as falas públicas marcadas com usos e formas da língua, do corpo e da voz do povo adquiriram certo direito à existência no Brasil contemporâneo. Em que pese o fato de que as intervenções com as supostas graves incorreções gramaticais continuem a ser menosprezadas e atacadas, a capacidade de desempenhos oratórios populares se tornou algo não raras vezes vantajoso e mesmo necessário em boa parte das ocasiões de fala pública. Caso mais ou menos extraordinário de encontro entre a *virtù* e a *fortuna*, Lula sabe falar ao povo como poucos justamente num tempo em que convém fazê-lo por meio de linguagem e ações populares.

Mais do que isso: Lula sofre o desdém elitista, mas também se beneficia de sua eloquência popular e ainda é favorecido por sua procedência social e geográfica e por sua experiência da condição trabalhadora e sindicalista. Desde sua vitória nas eleições presidenciais de 2002, entre partidários e simpatizantes e, às vezes, mesmo entre indiferentes e opositores, enunciados mais ou menos como os seguintes foram formulados: "Lula é o primeiro presidente operário", "É o primeiro presidente trabalhador da história do Brasil", "É o primeiro presidente que veio do povo" etc. Lastro e conhecimento de causa lhe oferecem um lugar de fala bastante legítimo para o exercício da função de

---

282. Ibid.
283. Declaração do ex-presidente Lula, que fora divulgada no dia 13/07/2018 em sua conta oficial no Twitter: https://twitter.com/LulaOficial/status/1017793273107107840

porta-voz das classes populares. Já em sua ascensão ao posto de líder sindicalista, é possível observar que, tal como costuma acontecer com a atuação de um porta-voz, Lula falava àqueles que representava, em nome de suas causas, e, assim, produzia ou manifestava conflitos, mas também se endereçava aos adversários, quando, em suma, fazia demandas e buscava conciliações.

A partir dessa posição, Lula avança, reivindica, negocia e recua, ao se dirigir principalmente aos trabalhadores, mas não sem também falar com integrantes das elites políticas e econômicas[284]. O porta-voz dos trabalhadores não se confunde com os empresários e com os políticos conservadores, porém não é mais só mais um trabalhador: por um lado, as características e o funcionamento da fala pública operária produzem uma afinidade entre orador e ouvintes, e, por outro, as coisas ditas e as maneiras de dizer produzem diferenças e distâncias entre a liderança sindical e os "peões" do chão da fábrica. A observação desse fato, entre outros fatores, pode fazer com que não repitamos de modo imediato a afirmação reiterada no senso comum de que teria havido uma radical metamorfose na posição ideológica, nos hábitos e costumes e ainda na oratória popular de Lula, na virada da década de 1990 para o início dos anos 2000, em particular nas eleições de 2002. Algumas variações de *layout* e um considerável aumento de seu público talvez não sejam suficientes para sustentar que, entre o final dos anos de 1970 e o começo do século XXI, Lula se tornou um outro homem e que suas falas produzem efeitos totalmente distintos nesses dois contextos.

Lá e cá, as marcas e a memória de sua identidade lhe dão trunfos e estigmas. Nordestino, pobre, trabalhador e sem alta instrução formal, Lula tem propriedade para falar como protagonista das lutas de desvalidos e marginalizados. Essas mesmas marcas e memórias são ativadas e referidas pelos discursos que materializam os preconceitos contra os nordestinos, pobres, trabalhadores e pouco letrados. O que legitima um lugar de fala para Lula seria justamente esse conjunto de traços de sua identidade que foram constantemente estigmatizados na história da desigual e injusta sociedade brasileira. Isso lhe permitiria falar pelos que sofrem discriminações como um dos que sofrem discriminações. Mas nem todas as marcas identitárias funcionam do

---

284. O documentário *ABC da Greve*, de Leon Hirszman, mostra com clareza esse fenômeno. Também no texto "Falar em público na política contemporânea", publicado em *História da fala pública* (op. cit.), tratamos desse tema. Para mais bem compreender a noção de porta-voz, cf.: PÊCHEUX, M. Delimitações, Inversões, Deslocamentos. In: *Cadernos de Estudos Linguísticos*, n. 19, 1990, p. 7-24. • FONTANA, M.Z. *Cidadãos modernos*: discurso e representação política. Campinas, Ed. Unicamp, 1997. Já para uma análise dessa função desempenhada por Lula, cf. PEREIRA, M.R. Funcionamento discursivo dos pronunciamentos do presidente Lula a trabalhadores: procedimentos de legitimação do dizer político. UFSCar, 2013 [Dissertação de mestrado].

mesmo modo e suscitam os mesmos efeitos. A proveniência do povo e a experiência de ter vivido como os sujeitos das classes populares dá lugar de fala, mas não evita o preconceito linguístico nutrido por elites e conservadores e compartilhado ora mais ora menos também por pobres e progressistas. Há aí uma espécie de contradição que se perfaz no próprio ato de fala: o locutor traz marcas da língua, do corpo e da voz do povo e isso o legitima a falar por si e pelos seus, mas boa parte dessas mesmas marcas é percebida por muitos privilegiados como erros e mau gosto. Nessa segunda tendência, se desvia o foco do que é dito e se produz uma redução de sua força, quando se destacam, antes e negativamente, as maneiras de dizer.

A conservação dos preconceitos e das deslegitimações da fala pública popular continua firme. Por isso, ainda produz diversas discriminações e concorre para perpetuar inúmeras exclusões. Essa perenidade não impediu que o sangue, o suor e as lágrimas derramados em tantas lutas alcançassem insuficientes, mas importantíssimas conquistas. Esse é o caso da relativa legitimidade adquirida pela voz do povo e dos porta-vozes populares. Durante muitos séculos, a árdua tarefa de oposição ideológica às ações e ideias conservadoras e reacionárias, que poderia usufruir de alguma escuta e de algum respeito, tinha de ser realizada no âmbito discursivo por formas prestigiadas de expressão, ou seja, pela língua, pelo corpo e pela voz de uma intelectualidade burguesa. Em nossos dias, em certas instituições, ambientes e organizações, assistimos à reivindicação de que a mediação autorizada não seja mais a única nem a mais legítima forma de luta de pobres, desvalidos e marginalizados. A experiência diretamente vivida de uma opressão parece se tornar aí cada vez mais valorizada nas discussões e embates para a transformação da sociedade. Tudo se passa como se não mais coubessem somente teorias críticas sobre os oprimidos, mas fossem cada vez mais necessárias as reflexões realizadas pelos próprios subjugados. Por tanto tempo tornadas invisíveis e mantidas em silêncio, as gentes reduzidas a uma ralé social talvez possam começar a mostrar seu rosto e fazer ouvir sua voz sem correr todos os riscos de menosprezos e humilhações de outrora.

No próprio bojo da conquista moram, contudo, os perigos do retrocesso. O lugar de fala dos até então silenciados pode ser apropriado por sujeitos cujos traços identitários indicam a pertença a maiorias minorizadas, como pobres, trabalhadores, negros, mulheres e *LGBTS*, mas cuja posição ideológica é conservadora, porque cooptados por opressores e/ou porque identificados com hábitos, valores e ideias dos dominantes. Por isso, a proveniência ou a pertença identitária não basta para que um dizer seja tomado como legítimo representante do posicionamento igualitário. Nesse caso, aliás, a posição ideológica deveria prevalecer sobre as identidades desses sujeitos. Em contrapartida, o ideal progressista também não deveria anular esses traços identitários, em nome da adoção de uma conduta de combate à injustiça social, como se o fato de sentir na própria carne os preconceitos e discriminações ou de se condoer com quem os sofre mediante certa empatia ou senso de justiça não devesse ser considerado ou não implicasse uma boa diferença. Em todo caso, na contradição performativa de um homem branco, sem problemas econômicos, heterossexual e cisgênero, que é feminista, que defende uma equitativa distribuição de renda e que se opõe aos preconceitos e fobias de sexualidade ou de gênero, o privilégio de não ser objeto direto de discriminações, ao falar em nome de discriminados, cujo ônus poderia ser o de algum incremento na limitação do espaço de intervenção destes últimos, em nada impede o bônus de fazer com que sua voz engrosse o coro dos descontentes ante as desigualdades e exclusões[285].

Se assim não fosse, não estaríamos nós mesmos em condições de propor que esta nossa genealogia da fala pública popular e da escuta popular da fala pública seja uma contribuição à desconstrução dos preconceitos e discriminações sofridas pela voz do povo e por suas capacidades de compreensão, de julgamento e de deliberação. Isso porque nossas reflexões e análises estão formuladas na norma padrão da língua portuguesa, em modalidade escrita e publicadas sob a forma de livro impresso. Todos esses elementos – norma e modalidade linguísticas, forma impressa e suporte editorial – gozam de alto valor simbólico e de considerável prestígio social. Por essa razão, é provável que, embora estas nossas reflexões e análises apresentem o inconveniente de talvez não chegar diretamente a certos setores e sujeitos do povo, possam ser mais eficazes em seu propósito do que se consistissem numa fala isolada, efêmera e estigmatizada, porque circunscrita a seu contexto de emissão e porque marcada pelas próprias formas depreciadas de expressão para as quais aqui justamente reivindicamos respeito, consideração e legitimidade. Ao invés de enfraquecê-las ou de lhes limitar o espaço, nossa aposta é a de que conseguiremos, com este e com outros gestos análogos, fazer com que aos poucos a voz e a escuta do povo sejam devidamente respeitadas, reconhecidas e legitimadas.

Para que os subalternos possam falar, esses gestos podem ser insuficientes, mas são fundamentalmente necessários. Sabemos que quanto mais injus-

---

285. "Quando falamos de direito à existência digna, à voz, estamos falando de *locus* social, de como esse lugar imposto dificulta a possibilidade de transcendência. Absolutamente não tem a ver com uma visão essencialista de que somente o negro pode falar sobre racismo, por exemplo" (RIBEIRO, D. *O Que é Lugar de Fala*. Belo Horizonte: Letramento, 2017, p. 64).

ta e desigual for uma sociedade, mais frequentes e maiores serão os silêncios de suas maiorias rebaixadas e marginalizadas. Desse saber derivam dúvidas cruciais: face às injustiças e desigualdades, por que não há levantes e revoltas destes que têm a força dos números a seu favor? Por que estes que são continuamente explorados e oprimidos não se insurgem contra aqueles que os exploram e oprimem? Por que não questionam e destroem os luxos e privilégios daqueles que, ao invés de dissimulá-los, muito frequentemente os ostentam? Reflexões semelhantes já foram feitas: "o que se pretende explicar não é por que motivo o esfomeado rouba ou o explorado faz greve, mas por que motivo a maioria dos esfomeados não rouba e a maioria dos explorados não faz greve"[286]. Não se pode dar uma resposta simples e absoluta a questões tão complexas. Há fatores múltiplos e intrincados aí envolvidos[287]. Isso não significa que não possamos avançar na compreensão de um de seus aspectos essenciais. Nós já o reiteramos logo acima: os mecanismos de reprodução das injustiças sociais e simbólicas e das ações repressoras contra o povo pobre contam com discursos que as justificam e as naturalizam. A depreciação e a deslegitimação da voz e da escuta do povo correspondem a algo fundamentalmente concebido como uma evidência, na esteira da qual outras distinções e injustiças são processadas e abonadas.

Na compreensão desse fenômeno, não deveríamos negligenciar essa ordem do discurso, que insiste em se nos apresentar como algo trivial e de menor importância, mas que carrega poderes e perigos aos quais nem sempre estamos atentos. Nessa ordem, são forjados consensos e conflitos e podem ser constituídas ou eliminadas, reforçadas ou enfraquecidas as dominações de uns e as servidões e emancipações de muitos. Ora, há mais atos, fatos e efeitos que se produzem nos discursos do que talvez pudéssemos supor. Por isso, nosso estudo a propósito da fala e da escuta populares não compartilha da crença numa separação absoluta entre as práticas e as representações. O trajeto que percorremos aqui nos conduziu à constatação de que as discriminações da fala pública popular e da escuta popular da fala pública se constituem tanto como projeções imaginárias quanto como ações reais. Essas discriminações são constituídas principalmente por sujeitos conservadores

---

286. REICH, W. *Psicologia de massas do fascismo*. São Paulo: Martins Fontes, 1988, p. 38.
287. O conjunto das lutas por emancipação popular "deve postular a criação de laços equivalenciais entre demandas sociais profundamente heterogêneas, e ao mesmo tempo elaborar uma linguagem comum entre elas" (LACLAU, E. O retorno do "povo". Razão populista, antagonismo e identidades coletivas. In: *Política & Trabalho* – Revista de Ciências Sociais, n. 23, 2005, p. 9-34). A constituição desses laços e a elaboração dessa linguagem não contam com nenhuma providência divina nem com uma natural tendência humana à rebelião. Uma das dificuldades fundamentais consiste, portanto, justamente no fato de se tratar aí de uma árdua e permanente construção política das ideias e das práticas de emancipação.

das classes médias e superiores e entre eles tendem a mais bem se consolidar e a constantemente se difundir, mas também se espalham progressistas e não estão ausentes das ações e ideias dos próprios oprimidos e marginalizados.

Esse é um dos fatores da eficácia na reprodução dos próprios preconceitos e no estabelecimento de ações e resultados que procedem dessa reprodução e que a retroalimentam. Com os discursos que associam o povo desvalido à rudeza e à brutalidade de um mundo natural, de maneira que sua fala e sua voz sejam concebidas, antes, como ruídos incômodos do que como manifestação do *logos*, do que como expressão do raciocínio e do bom-senso, vêm conjuntamente as ações sociais e políticas que recriam as condições reais e materiais de vida. Porque estão constantemente articulados, os discursos e as práticas hegemônicas dos sujeitos de uma sociedade estratificada tornam muito difícil o acesso dos membros das classes desfavorecidas ao domínio das formas de expressão e das normas linguísticas dotadas de prestígio social.

A crítica e a desconstrução do desprezo pela voz e pela escuta do povo e a conquista do reconhecimento de sua dignidade e mesmo de sua condição humana constituem ações fundamentais para uma sociedade mais igualitária. De nossa parte, seguimos nessa direção por meio do exame dos discursos sobre a fala pública popular e a escuta popular da fala pública e do papel que desempenham na distribuição dos prêmios e das punições, da eloquência e do silêncio, enfim, do usufruto dos direitos e da exclusão da cidadania. Sua importância decisiva parece ser proporcional ao quase desconhecimento que os cercam.

Há espaços mais ou menos específicos para o mando de uns poucos e a obediência de muitos outros, tais como os seguintes: em seus campos e instituições de atuação, sábios, sacerdotes e especialistas detêm o saber e se impõem sobre os leigos; em empresas ou estabelecimentos comerciais, patrões detêm os meios de produção ou de troca e se impõem sobre seus empregados; em domínios das finanças, banqueiros e economistas detêm o poder e saber sobre endividados e pouco instruídos; e, finalmente, na gestão do estado, políticos, magistrados e militares detêm o poder sobre os cidadãos comuns. Quando se trata de linguagem, as pessoas pobres, com baixa instrução formal e dotadas de marcas estigmatizadas, passam de um setor a outro da sociedade civil, da iniciativa privada e da administração pública e, em todos eles, tendem a sofrer censuras, menosprezos e exclusões. Além disso, quanto mais públicas forem as ocasiões de fala e quanto maior for seu potencial transformador, mais intensa e extensivamente ocorrerão tais censuras, menosprezos e exclusões da voz e da escuta populares.

* * *

São muitos os sentidos do povo. Difusos e diversos, quase todos eles foram e ainda são estigmatizados ou reduzidos a objeto de folclore. A dificuldade de uma definição precisa do que é "povo" e "popular" já foi frequentemente apresentada, principalmente por conservadores e reacionários, como objeção às propostas e programas sociais em prol das classes populares. Também poderia voltar a ser argumento contrário à desconstrução aqui proposta dos preconceitos e discriminações que incidem sobre a fala e a escuta do povo. Não nos cabe rebater a esta objeção, passando ao largo do que ela traz de problemático em seu próprio bojo, a saber: a confusão entre a natureza compósita de uma categoria política, que abrange sujeitos de classes e grupo sociais distintos, e os limites mais ou menos tênues e imprecisos de seus contornos, por um lado, e a suposta impossibilidade de uma sua configuração sólida, sustentada por resultados científicos e, sobretudo, pela própria vivência real e imaginária de cada um de nós, aí compreendidos sofrimentos, vontades e demandas, em conformidade com nossas pertenças e identificações sociais e ideológicas, por outro.

Não é fácil, mas, nem por isso, é impossível de se conceber uma comunidade popular de fala. A noção de "comunidade de fala" já está bastante bem constituída no interior dos estudos da Sociolinguística[288]. Na esteira da definição que ali lhe é dada, podemos falar do que seria uma comunidade de fala composta pela gente do povo. Ela compreende sujeitos pobres, desfavorecidos e marginalizados, que compartilham entre si unidades, regras e recursos de uma língua avaliados negativamente, sobretudo, pelos falantes cujas variantes linguísticas gozam de prestígio; sujeitos em tais condições que se comunicam mais entre os seus do que com indivíduos de outras classes e grupos sociais menos excluídos ou mesmo privilegiados; sujeitos desvalidos que tendem a ser mais ou menos indiferentes em relação aos seus próprios usos linguísticos ou a avaliá-los disforicamente, quando comparados aos empregos da língua conformes à norma padrão. Guardadas as devidas diferenças, o que vale para a fala vale também para a escuta. Assim, observamos que uma

---

288. "Não se trata de um termo cujo emprego é totalmente sem controvérsia entre sociolinguistas, mas eles parecem concordar que um conjunto de indivíduos integra uma mesma comunidade de fala quando compartilha variantes linguísticas que o diferenciam de outros grupos; quando se comunica relativamente mais entre si do que com indivíduos de outros grupos; quando compartilha, além das variantes de diferentes variáveis, atitudes diante de seus usos" (MENDES, R.B. "Língua e variação". In: FIORIN, J.L. *Linguística? – Que é isso?* São Paulo: Contexto, 2013, p. 129). Cf. ainda: LUCCHESI, D. *Língua e sociedade partidas.* Op. cit., em particular, o capítulo "A polarização sociolinguística do Brasil: fundamentos teóricos", p. 45-84.

comunidade popular de fala e de escuta se instaura mediante as relações de identidade e de diferença que estabelece com outras comunidades linguísticas. De modo esquemático, ela se distingue das comunidades "burguesas" e "aristocráticas" no uso da língua, mas também nas formas e nos empregos de seus corpos, de suas vozes e de seus ouvidos.

Em suma, não é preciso que a ideia de povo tenha uma definição essencial e definitiva para que possamos denunciar as injustiças sociais e reivindicar os devidos respeito, reconhecimento e legitimidade para a fala e a escuta populares. Se, para tanto, ainda assim, se impuser certa concepção de povo, não tenhamos dúvidas de concebê-lo nestes termos: o povo é sobre quem se exerce o poder... O povo é a soma dos excluídos e o resto de todas e de todos sobre quem se praticam diversas sortes de dominações, opressões e explorações. Trata-se menos de um grupo social composto de dados estatísticos do que de configurações mais ou menos instáveis de exclusões e de demandas relativamente heterogêneas de distintas classes, grupos e sujeitos de uma sociedade. Seu potencial de articulação consiste justamente nas diferentes dores sofridas: "É em nome do mal que lhes é feito por outras partes da sociedade que o 'povo' se identifica com o conjunto da comunidade. O povo não é uma classe entre outras. É a classe dos excluídos, que fere a comunidade e a estabelece como comunidade do justo e do injusto". O povo é a parte que não conta de um todo, é a parte que praticamente só conta consigo mesma: é "a classe dos incontados, que só existe na própria declaração pela qual contam a si mesmos como aqueles que não são contados"[289].

A palavra, o povo e o poder... O povo está nas antípodas do poder: se lhe nega o acesso e o domínio das formas simbólicas e dos objetos culturais de prestígio e, ao mesmo tempo, se lhe exige o uso e a frequentação dessas formas e objetos que lhe foram negados. A diminuição desta imensa distância e uma sua eventual superação passa pela palavra popular e pela política. Não sem razão, assistimos frequentemente a uma demonização da última em perfeita consonância ideológica com a estigmatização da primeira. A denúncia do populismo está sempre na manga e pode ser sacada diante de qualquer ameaça de conquista popular: aí está compreendido "o princípio nunca demonstrado de que as outras classes sociais não são manipuladas por ninguém", que consagra a ideia de que "existem 'classes inteligentes', e as classes do povo, iletradas, um pessoal que não foi à universidade, e que são

---

[289]. RANCIÈRE, J. *O desentendimento* – Política e filosofia. São Paulo: Ed. 34, 1996, p. 50.

facilmente iludidas por um líder carismático ardiloso"[290]. Não é sem razão que os lançados na miséria e na marginalidade tenham uma vida de gado.

Nomear os animais dá à espécie humana o direito de subjugá-los e de lhes retirar a vida. Os que seriam exclusivamente dotados de língua, de espírito e de razão podem dar nome aos que somente possuiriam corpo, voz e sensações rudimentares. Há uma extensão dessa lógica da distinção em divisões e dominações processadas entre os humanos: a despeito de suas metamorfoses, a separação entre o privilégio dos que nomeiam e a precariedade dos nomeados se estende às diferenças atribuídas aos homens e mulheres de um ou de outro país, habitantes de seus campos ou de suas cidades, de suas regiões centrais, de seus bairros "nobres" ou de suas periferias. Essa disposição política dos espaços, num encontro entre hierarquia social e geometria urbana, se conjuga com outras posses e propriedades: pertença a este ou àquele extrato econômico, monopólios de capitais simbólicos valorizados e prerrogativa de bens culturais escassos. Quando não mais se pode afirmar que o outro humano não é humano, se passa a dizer que ele não é civilizado. Quando não mais se pode afirmar que ele não fala uma língua e que não entende o que lhe é dito, se passa a dizer que ele não sabe escrevê-la, que a fala mal e que não a entende bem. Eis aqui o que se pode conceber como o dever maior da política: a incessante busca por discernir e propagar a igualdade entre a voz e a escuta do povo e as palavras e decisões do poder; ou seja, a necessidade de romper com a lógica da dominação, fazendo "ouvir como discurso o que antes só era ouvido como ruído".

O fato e mesmo a possibilidade de as pessoas empobrecidas e discriminadas falarem, ouvirem e tomarem decisões que não reproduzam sua própria exclusão se tornam escândalos insuportáveis para os bem-nascidos e para os que se tomam como exclusivamente virtuosos: "para grande escândalo das pessoas de bem, o *demos*, esse amontoado de pessoas de nada, torna-se o povo, a comunidade política dos atenienses livres, a que fala, que conta a si mesma e decide na Assembleia". Isso que parece ser uma desordem intolerável aos antidemocratas resolutos, aos que odeiam toda gente do povo pobre que ousou falar e deliberar, não ficará sem as suas reações. Nesse cenário, os homens e as mulheres do povo são concebidos pelos que temem perder seus poderes e privilégios como sujeitos que só teriam as ilusões, as dores e os prazeres do corpo. Assim, o povo seria apenas "a aparência produzida pelas sensações de prazer e dor manejadas pelos retóricos e sofistas para adular ou

---

290. SOUZA, J. *A elite do atraso* – Da escravidão à lava-jato. Rio de Janeiro: Leya, 2017, p. 138.

assustar o grande animal, a massa indistinta das pessoas de nada reunidas na assembleia"[291].

Sua escuta seria débil e suscetível às manipulações. Se esse "grande animal" não sabe ouvir, não poderia tampouco ter o direito de se manifestar. O povo não sabe falar nem tem o que dizer. Embora seja constantemente negada, há uma igualdade que habita o próprio âmago de sua negação: "Há ordem na sociedade porque uns mandam e os outros obedecem. Mas, para obedecer a uma ordem, são necessárias pelo menos duas coisas: deve-se compreender a ordem e deve-se compreender que é preciso obedecer-lhe. E, para fazer isso, é preciso já ser o igual daquele que manda". Essa negação de nossa igual condição de seres falantes pretende tomar como natureza o que é produção política, histórica e social: "A autoridade e a obediência não são apenas necessárias, elas são também eminentemente úteis. Alguns seres, desde seu nascimento, estão destinados a obedecer, ao passo que outros estão destinados a comandar". Nesse sentido, a oposição entre o corpo e a alma, tomada como uma evidência, serve muito bem aos propósitos da distinção: "o ser vivo é composto de uma alma e de um corpo, de modo que a primeira foi naturalmente feita para comandar e que o segundo o foi, para obedecer. A alma comanda o corpo como um senhor comanda seu escravo". Uma vez mais, a argumentação ganha ares de relação lógica entre premissas e conclusão:

> Ora, evidentemente, ninguém negaria que é bom e natural para o corpo que ele obedeça a alma. [...] A igualdade ou a subversão do poder estabelecido entre senhores e escravos seriam nefastas para todos. Por outro lado, a relação entre os sexos é análoga: o masculino é superior ao feminino. Aquele foi feito para comandar e este, para obedecer.
>
> Esta é a ordem geral que deve necessariamente reinar entre os homens. Quando alguém é inferior aos seus semelhantes tanto quanto o corpo o é em relação à alma, tanto quanto o animal o é em relação ao homem, e esta é a condição de todos os que somente têm a força de seus braços como a melhor utilidade de sua existência, esse alguém é um escravo por natureza. Para esses homens, assim como para o animal e para a mulher, o melhor é se submeter à autoridade de seu senhor. Aquele que é escravo por natureza deve submeter-se ao seu senhor, porque apenas é capaz de compreender o que é razoável, quando um outro lhe apresenta um raciocínio, uma vez que ele mesmo não possui razão própria[292].

---

291. RANCIÈRE. Op. cit., p. 22.
292. ARISTÓTELES. *Politique*. Op. cit., livro I, cap. II, par. 8-13.

Toda opressão precisa de legitimidade. Não nos parece excessivo repeti-lo. O mecanismo compreende diversos níveis de crença na superioridade cognitiva, física ou moral de si diante dos outros. Compreende igualmente medidas diversificadas de elaboração, reprodução e difusão dessas crenças. Um de seus funcionamentos fundamentais é o estabelecimento de diferenças de natureza e de grau entre os seres e a extensão dessas variações de umas às outras. A superioridade da espécie humana sobre os animais, com base na qual se estende a do homem sobre a mulher, a do senhor sobre o escravo, a do patrício sobre o plebeu e a do instruído sobre o de pouca instrução formal, já havia sido afirmada antes de Aristóteles, seria repetida por ele e o sucederia, ecoando ainda fortemente em nossos dias.

Vimos que a versão dada por Plutarco ao desfecho da rebelião plebeia na república romana produzira o sentido de que o surgimento dos tribunos da plebe teria sido uma concessão aristocrática e não uma conquista popular. Nada impede que concebamos essa interpretação como uma forma de o poder dos ricos e dos virtuosos tentar diminuir uma vitória do povo. É uma inversão interpretativa análoga a que poderíamos fazer de duas das passagens mais conhecidas desse episódio, a que já nos referimos: o curso das negociações entre o senado romano e a plebe rebelada, e o pronunciamento feito ao povo por Menênio Agripa.

Inicialmente, a "posição dos patrícios intransigentes é simples: não há por que discutir com os plebeus, pela simples razão de que estes não falam. E não falam porque são seres sem nome, privados de *logos*". Paradoxalmente, os patrícios se valem da linguagem humana para falar com os plebeus e para lhes dar ordens; estes últimos compartilham essa linguagem, compreendem as falas e as ordens que lhes são dirigidas e as executam ou não. Os patrícios insistem, contudo, na crença ou na simulação de que os membros da plebe são inferiores, porque não possuiriam linguagem e razão. Diante dessa negação de suas capacidades de expressão e de compreensão, os plebeus reunidos se constituem "como seres falantes". Comportam-se como seres que têm nome, cuja fala deve ser ouvida e cujo voto deve contar: "não exprimem simplesmente a necessidade, o sofrimento e o furor, mas manifestam a inteligência". Quando Agripa lhes fala, os plebeus escutam e compreendem o que ele diz, discutem entre si e exigem o direito de serem ouvidos: "Os plebeus falam como os patrícios e a dominação destes só se fundamenta na pura contingência de toda ordem social"[293].

---

293. RANCIÈRE. Op. cit., p. 37-39.

Pura contingência histórica e simples desejo de perpetuar a dominação. Eis do que deriva essa busca por justificar opressões de diversos tipos. Para fazê-lo, se inventam e se ressaltam inferioridades ("Quando alguém é inferior aos seus semelhantes..."), onde há e só deveriam haver semelhanças e igualdades fundamentais. Não são poucos os que o fazem. Mas a força e o alcance disso que afirmam foram e continuam a ser muito maiores do que o número dos sujeitos que gestam e professam essa fé. Diante da fala do povo, se erguem as interdições e as tutelas da gente importante: ricos e poderosos, patrícios e aristocratas, barões e senadores, proprietários e pensadores, dos tempos antigos aos contemporâneos. Nas ocasiões em que os plebeus mostram que "falam como os patrícios", estes últimos alegam que a plebe pode até falar, mas não o faz devidamente: ela não falaria direito, não saberia o que diz e não entenderia muito bem o que lhes é dito. Isto já foi e continua a ser tantas vezes repetido: "Estão vendo o que é o povo? Um imbecil, um analfabeto, um despolitizado!" Já vai tarde a hora de suspender essas discriminações, que fundamentam ou atravessam quase todas as outras.

Ainda mais conhecidos do que a cena em que Paulo tapa a boca de Jerônimo e insulta o povo são estes versículos: "Para tudo há uma ocasião, e um tempo para cada propósito debaixo do céu: tempo de nascer e tempo de morrer, tempo de plantar e tempo de colher..."[294] Logo depois, ainda no mesmo livro, lemos que há o tempo de calar e o tempo de falar, como também há o tempo de lutar e o de viver em paz. Vimos aqui vários capítulos de uma persistente história de preconceitos contra a voz e a escuta do povo, permeados por surgimentos tardios, às vezes ambivalentes, ainda escassos, mas crescentes de legitimidades conquistadas pelas práticas populares de linguagem. Vimos igualmente que os fragilizados estão por ora ainda condenados a lutar com armas enfraquecidas, porque sua linguagem e sua interpretação são menosprezadas por opressores, para mais bem combater qualquer suspiro da soberania popular. Já é tempo de lutar e de desconstruir as falas que são pura discriminação da voz do povo. Já é tempo de não mais ouvirmos os insultos de Paulo e de outros tantos que se tomam como superiores aos empobrecidos e marginalizados. Já é tempo de escutar o que nos têm a dizer os que foram reduzidos à ralé, os que até então quase não tiveram voz nem vez. Já é tempo de ouvir Jerônimo, mas também Felício: "Eu vou falar agora. Eu vou falar... com a licença dos doutores. Seu Jerônimo faz a política da gente. Mas, o seu Jerônimo não é o povo. O povo sou eu, que tenho 7 filhos e não tenho onde morar".

---

294. *Bíblia*, Ecl 3,1-2.

Uma metalinguagem da emancipação popular. Apesar de testemunhar a terrível sanção que Jerônimo acabara de sofrer e de talvez imaginar uma ainda pior que ele próprio sofreria, é isso o que faz Felício. Ele fala do que fora dito por outros, para tentar dar outros caminhos e sentidos ao povo. Sua fala indica quem é e quem não é da sua gente. Mostra que todos aqueles que pretendem representá-lo, e que querem falar em seu nome, não vivem na própria pele as dores que ele sente. Por isso, pelo que mostramos nestas páginas e por tudo aquilo que não coube aqui, mas que vai na mesma direção, já é tempo de ouvir a voz do povo. Já é tempo de ouvi-la, sem romanticamente julgá-la infalível e sem nem tampouco reduzi-la ao folclore ou à coisa de museu. Se ainda não o fizemos, podemos começar a fazê-lo, guardando em nossas memórias as palavras que chegam aos nossos olhos e aos nossos ouvidos pela escrita de Felipe e pela boca de Luíza:

> Exprimir a revolta contra as injustiças sociais no espaço público, denunciar a usurpação do poder do povo e acusar as opressões do sistema econômico capitalista nos permite reencontrar nossa dignidade e nosso orgulho. Dignidade e orgulho de sermos humanos, porque não nascemos naturalmente destinados a sofrer e a sermos explorados por um pequeno grupo de nossos semelhantes. Nascemos, antes, com o direito de sermos respeitados. A defesa da dignidade popular é absolutamente urgente e fundamental.
>
> Eu sempre fui uma mulher muito espontânea. Eu não gosto que ninguém manda em mim, não... que diga: "Para! Cala a boca!" Não. Eu tenho que todos nós tem o seu direito de falar o que quer, que teja certo ou que teja errado. Depois vamos consertar[295].

---

295. Respectivamente: Philippe Poutou (Op. cit., p. 43) e depoimento de Luíza de Souza da Silva em *Peões* (documentário de Eduardo Coutinho. Rio de Janeiro: V. Filmes, 2004).

Agradecimentos

A Jean-Jacques Courtine pela leitura em primeira mão de uma primeira versão deste texto, por suas correções e por suas críticas. Pela generosidade intelectual de sempre, por uma amizade sólida e por uma interlocução constante que já se estendem por muitos anos.

A Marc Angenot, Elvira Arnoux, José Luiz Fiorin, Marcio Alexandre Cruz e Luzmara Curcino por suas sugestões e por seus comentários, pelos ajustes e pelas retificações que recomendaram à última versão de meu manuscrito. Pela propriedade e franqueza de suas críticas e pela compreensão das minhas escolhas.

A Yves Cohen e Georges Vigarello pelo estágio de pesquisa na *Ehess/Paris* e a Mónica Zoppi Fontana pelo estágio de pesquisa na *Unicamp*, durante os quais realizei boa parte dos estudos cujos resultados se encontram aqui expostos. Pelas oportunidades de apresentar meu trabalho a seus colegas e a seus alunos e pelos diálogos e contribuições que precederam e sucederam essas ocasiões.

A Patrick Sériot, Vanice Sargentini, Carlos Rubens de Souza Costa e Margarida Salomão pelas valiosas indicações de obras e autores que eu desconhecia e que foram fundamentais para a realização do percurso que fiz pela história da fala e da escuta populares.

Aos amigos e colegas do Departamento de Letras e do Programa de Pós-Graduação em Linguística da Universidade Federal de São Carlos e aos amigos e colegas dos grupos de pesquisa *Labor*, *VOX* e *Lire*, da UFSCar, *Geada*, da Unesp, *Poehmas* e *História das ideias linguísticas*, da Unicamp, *GEF*, da UEM, *Ledif*, da UFU, *Trama*, da UFG, e *Observatório do discurso*, da UFPB.

À Allice Toledo Lima da Silveira, à Ana Paula Zanesco Salgado, ao Carlos Alberto Turatti, à Denise Leppos, à Diane Heire Paludetto, ao Georges Sosthene Koman, à Joseane Bittencourt, à Maísa Ramos Pereira, à Mónica Guerrero Garay e ao Thiago Barbosa Soares, a quem pude ensinar e com quem pude aprender sobre discriminações sofridas por negros e por mulheres, por pobres e por marginalizados. Novamente, à Joseane Bittencourt e à Ana Paula Zanesco Salgado pela preciosa ajuda na coleta, seleção e organização dos textos da mídia sobre os desempenhos oratórios de Lula.

Às alunas e aos alunos da disciplina *Análise do discurso e História das ideias linguísticas*, que ministrei no *PPGL / UFSCar* no segundo semestre de 2018 e durante a qual lemos o texto que deu origem a este livro: Adenilson dos Santos Rocha, Ana Laura Gonçalves Garcia, Ana Paula Zanesco Salgado, Barbara de Souza Freitas, Daniel Perico Graciano, Gabriel Machiaveli, Jéssica de Oliveira, Jóice Corsi, José Francisco Toledo, Julio César Ribeiro dos Santos, Livia Beatriz Damaceno, Maísa Ramos Pereira, Manoel Sebastião Alves Filho, Patrícia Andréa Borges, Patrícia Zamboni, Rafael Borges Ribeiro dos Santos e Rafael Marcurio da Col. Por suas críticas, comentários e sugestões, minha gratidão.

À *Fapesp* e ao *CNPq* pelas bolsas que me foram concedidas para a realização do pós-doutorado. À Editora *Vozes*, pela generosa oportunidade de publicação e pela *expertise* e gentileza de seu grupo de profissionais, em particular, na pessoa da editora Aline dos Santos Carneiro. Novamente, à *Fapesp* pelo auxílio à publicação, que tornou viável este projeto editorial, e ao *CNPq* pela concessão de uma bolsa de produtividade em pesquisa para a continuação de meus trabalhos sobre a fala pública popular no Brasil.

À Marlene, à Janaina e à Lilian, por serem as tão queridas leitoras ideais deste livro. À Cecília, à Isadora, à Estela e ao Inácio, para que ouçam a voz do povo sem discriminações.

À Luzmara, mulher, militante e companheira de uma vida inteira, por colocar meus pés no chão e meus olhos em festa. Por colocar ânimo e entusiasmo no meu corpo, e amor e ternura no meu coração. Por colocar, enfim, meus passos no senso de justiça e minha consciência nas lutas por igualdade.

Sobre o autor

Carlos Piovezani é professor associado do Departamento de Letras e do Programa de Pós-Graduação em Linguística da Universidade Federal de São Carlos e Pesquisador do CNPq. Foi coordenador do PPGL/UFSCar e coordena atualmente o Laboratório de Estudos do Discurso (*Labor*/UFSCar) e o Grupo de estudos em Análise do discurso e História das ideias linguísticas (*VOX*/UFSCar). É autor de *Verbo, corpo e voz* (Editora UNESP, 2009) e organizador das seguintes obras: *Legados de Michel Pêcheux* (Contexto, 2011), *Presenças de Foucault na Análise do discurso* (EdUFSCar, 2014); *História da fala pública* (Vozes, 2015), O *Discurso Social e as Retóricas da Incompreensão* (EdUFSCar, 2015), *Saussure, o texto e o discurso* (Parábola, 2016) e *Le discours et le texte: Saussure en héritage* (Academia/L'Harmattan, 2016). Foi professor convidado da École des Hautes Études en Sciences Sociales (EHESS/Paris), entre 2016 e 2017, e professor visitante da Universidad de Buenos Aires (UBA), em 2014 e em 2016.

LEIA TAMBÉM:

O retorno da sociedade

André Botelho

Em *O retorno da sociedade*, André Botelho convida o leitor a voltar os olhos para as interpretações clássicas do Brasil a fim de compreender de modo renovado as relações entre sociedade e política.

Mudanças institucionais na política não ocorrem no vazio das relações sociais. Esse é o principal ensinamento da tradição intelectual que, entre as décadas de 1920 e 1970, formula uma agenda de reflexão e pesquisa no Brasil sobre as bases sociais da vida política. De Oliveira Vianna a Maria Sylvia de Carvalho Franco, essa vertente da sociologia política, internamente diversificada, revela como os vínculos entre Estado e sociedade não são via de mão única. Formam relações múltiplas. Se analisadas da perspectiva *da* sociedade e *na* sociedade, a política e as políticas ganham densidade e complexidade nem sempre perceptíveis quando observadas apenas através da lógica institucional.

O retorno da sociedade reconstitui os argumentos dessa tradição intelectual e busca explorar não só o alcance teórico das suas formulações, como também sua capacidade de interpelação contemporânea. No Brasil de hoje, sua lição parece dramaticamente maior e ainda mais urgente. Vai-se tornando claro que as inovações democráticas das últimas décadas não anularam a sociabilidade e os valores autoritários marcantes na nossa história. De fato, é preciso deixar de lado as dicotomias simples, como antes *ou* depois, passado *ou* futuro, para podermos qualificar a dimensão de *processo* sempre ofuscada pelas luzes do presente.

André Botelho é professor do Departamento de Sociologia da Universidade Federal do Rio de Janeiro – UFRJ – e pesquisador do CNPq. Doutor em Ciências Sociais pela Unicamp (2002), já publicou vários livros na área da Sociologia e do Pensamento Social Brasileiro. Entre eles *Essencial sociologia*, em 2013, e *Um enigma chamado Brasil*, em 2009 (Prêmio Jabuti 2010), com Lilia Schwarcz.

O livro da mitologia nórdica

John Lindow

Quando em uma conversa nós usamos a palavra "mito" nos referimos geralmente a algo que não é verdade. Quando historiadores da religião usam o termo, eles costumam se referir a uma representação do sagrado em palavras. Quando antropólogos o usam, eles muitas vezes se referem a narrativas que contam sobre a formação de alguma instituição social ou algum costume. Contudo, nenhuma das definições está diretamente relacionada aos personagens e estórias tratados nesse livro.

De modo geral, é esperado que o mito apresente eventos importantes que aconteceram no início dos tempos e ajudaram a dar forma ao mundo. E, de fato, a mitologia escandinava possui sequências que relatam sobre a origem do cosmos e dos seres humanos.

É útil pensar em três períodos de tempo, nos quais a mitologia se desenvolve. No passado mítico os æsir criaram e ordenaram o mundo e se associaram a outro grupo, os vanir, para fazer surgir a comunidade dos deuses. De alguma maneira essa era dourada foi interrompida no presente mítico. À medida que anões, humanos e, por vezes, elfos observam e ocasionalmente são arrastados para o conflito, os æsir e os jötnar lutam por recursos, objetos preciosos e, sobretudo, mulheres. O fluxo dessa riqueza se dá somente em uma direção, dos jötnar aos æsir. De fato, é possível dividir as narrativas do presente mítico entre aquelas em que os deuses conquistam algo dos gigantes e aquelas em que os gigantes tentam usurpar algo dos deuses, mas são frustrados. No futuro mítico a ordem deste mundo chegará a um fim impetuoso, enquanto deuses e gigantes destroem uns aos outros e o cosmos. Todavia, uma nova ordem do mundo deve seguir a esta, na qual o universo renascerá e será habitado por uma nova geração de æsir.

John Lindow é professor de Estudos Escandinavos na Universidade da Califórnia. Possui dezenas de livros publicados ligados à mitologia.

Modernidade, pluralismo e crise de sentido
A orientação do homem moderno

Peter L. Berger e Thomas Luckmann

Essa importante obra produzida por dois renomados sociólogos, Peter L. Berger e Thomas Luckmann, volta agora ao mercado com projeto gráfico e capa reformulados.

Segundo os autores, a característica de nosso tempo é a convulsão das certezas e o questionamento das identidades. A crescente velocidade com que se desenvolvem as sociedades modernas agrava esta tendência por uma transformação cada vez mais intensa das estruturas familiares e das certezas baseadas na experiência. O saber tradicional, como o transmitem a Igreja, a escola, a família ou o Estado, envelhece com maior rapidez. As instituições tradicionais de orientação vão sendo suplementadas, quando não substituídas, por novas. Os conflitos entre as diferentes ofertas de orientação são resolvidos no "mercado"; os fins e os conteúdos da vida fazem concorrência uns com os outros, de modo que neste contexto as orientações que se pretendem eficazes devem responder ao desafio de tornar compatíveis certos conceitos da vida que sejam válidos para o indivíduo com outras indicações que apoiem a condição comunitária da sociedade.

Se a crise de sentido no mundo atual surge dos processos de modernização, pluralização e secularização da sociedade, talvez a solução esteja nas instituições intermediárias, que fazem a ponte entre o indivíduo e o macrossistema social. "Somente quando as instituições intermediárias contribuírem para que os padrões subjetivos de experiência e de ação dos indivíduos participem da discussão e estabelecimento de sentido será possível evitar que as pessoas se sintam totalmente estranhas no mundo moderno; e somente então será possível evitar que a identidade das pessoas individuais e a coesão intersubjetiva das sociedades sejam ameaçadas ou, até mesmo, destruídas pela afecção de crises da Modernidade."

Peter L. Berger e **Thomas Luckmann** são sem dúvida dois dos sociólogos mais importantes da atualidade. Nasceram na Europa. Berger em Viena e Luckmann na Eslovênia. Emigraram ambos para os Estados Unidos, tornando-se cidadãos americanos. Encontraram-se no curso de pós-graduação na New School for Social Research, onde seriam professores em 1963. Começa nesse ano estreita colaboração, que culmina na publicação em coautoria do famoso livro The Social Construction of Reality. Nova York, Doubleday, 1966 (em português A construção social da realidade, Vozes) e de três artigos sobre sociologia da religião, identidade pessoal, secularização e pluralismo. Depois disso, Berger ficou nos Estados Unidos e Luckmann foi para a Alemanha. A distância – o Oceano Atlântico entre os dois – impedia a realização de estudos empíricos em comum. Apesar da relativa diferença de interesses e de estudos, produziram em colaboração este fecundo estudo, Modernidade, pluralismo e crise de sentido.

CULTURAL
Administração
Antropologia
Biografias
Comunicação
Dinâmicas e Jogos
Ecologia e Meio Ambiente
Educação e Pedagogia
Filosofia
História
Letras e Literatura
Obras de referência
Política
Psicologia
Saúde e Nutrição
Serviço Social e Trabalho
Sociologia

CATEQUÉTICO PASTORAL
Catequese
Geral
Crisma
Primeira Eucaristia

Pastoral
Geral
Sacramental
Familiar
Social
Ensino Religioso Escolar

TEOLÓGICO ESPIRITUAL
Biografias
Devocionários
Espiritualidade e Mística
Espiritualidade Mariana
Franciscanismo
Autoconhecimento
Liturgia
Obras de referência
Sagrada Escritura e Livros Apócrifos

Teologia
Bíblica
Histórica
Prática
Sistemática

REVISTAS
Concilium
Estudos Bíblicos
Grande Sinal
REB (Revista Eclesiástica Brasileira)

VOZES NOBILIS
Uma linha editorial especial, com importantes autores, alto valor agregado e qualidade superior.

PRODUTOS SAZONAIS
Folhinha do Sagrado Coração de Jesus
Calendário de mesa do Sagrado Coração de Jesus
Agenda do Sagrado Coração de Jesus
Almanaque Santo Antônio
Agendinha
Diário Vozes
Meditações para o dia a dia
Encontro diário com Deus
Guia Litúrgico

VOZES DE BOLSO
Obras clássicas de Ciências Humanas em formato de bolso.

CADASTRE-SE
www.vozes.com.br

EDITORA VOZES LTDA.
Rua Frei Luís, 100 – Centro – Cep 25689-900 – Petrópolis, RJ
Tel.: (24) 2233-9000 – Fax: (24) 2231-4676 – E-mail: vendas@vozes.com.br

UNIDADES NO BRASIL: Belo Horizonte, MG – Brasília, DF – Campinas, SP – Cuiabá, MT
Curitiba, PR – Fortaleza, CE – Goiânia, GO – Juiz de Fora, MG
Manaus, AM – Petrópolis, RJ – Porto Alegre, RS – Recife, PE – Rio de Janeiro, RJ
Salvador, BA – São Paulo, SP